高等职业教育铁道交通运营管理专业教材

铁路货运检查

主编　李树章　李保成

中国铁道出版社有限公司

2025年·北京

内 容 简 介

本书是高等职业教育铁道交通运营管理专业教材，依据国家职业标准《货运检查员》、铁路特有工种技能培训规范《货运检查员》、高等职业学校铁道交通运营管理专业人才培养方案和“铁路货运检查”课程标准编写。按照货运检查员中级工/高级工/技师标准构建，以岗位技能为核心，遵循“知识够用、技能服务”的原则，在反映铁路运输行业的新设备、新技术、新工艺及新规章的同时，重点突出货运检查实作技能和应急处置工作，具有很强的实用性。

本书内容包括铁路车站、铁路运输的货物、装运货物的车辆、货运基础知识、货物装载加固、货运检查站、货运交接检查、货物(车)交接检查、事故应急管理等九章。

本书既可作为高等职业教育铁道交通运营管理专业教材，也适用于货运检查员新职、转职(岗)、晋升的岗位资格性培训和岗位适应性培训。

图书在版编目(CIP)数据

铁路货运检查/李树章，李保成主编．—北京：中国铁道出版社有限公司，2022.8(2025.3 重印)
高等职业教育铁道交通运营管理专业教材
ISBN 978-7-113-28963-8

Ⅰ.①铁… Ⅱ.①李… ②李… Ⅲ.①铁路运输-货物运输-安全检查-高等职业教育-教材 Ⅳ.①U294.1

中国版本图书馆 CIP 数据核字(2022)第 041705 号

书　　名：铁路货运检查
作　　者：李树章　李保成

责任编辑：悦　彩　　**编辑部电话：**(010)51873206　　**电子邮箱：**sxyuecai@163.com
封面设计：刘　莎
责任校对：孙　玫
责任印制：高春晓

出版发行：中国铁道出版社有限公司(100054，北京市西城区右安门西街 8 号)
网　　址：https://www.tdpress.com
印　　刷：三河市航远印刷有限公司
版　　次：2022 年 8 月第 1 版　2025 年 3 月第 2 次印刷
开　　本：787 mm×1 092 mm 1/16　**印张：**17.5　**字数：**429 千
书　　号：ISBN 978-7-113-28963-8
定　　价：53.00 元

前 言

铁路是国民经济的大动脉。铁路货运是铁路运输服务的主业之一,涉及国计民生的关键领域,是联系社会生产、流通与消费的纽带,是沟通企业之间、部门之间、地区之间和城乡之间经济联系的重要环节,也是联系国际经济贸易和科技文化交流的重要途径。

货运检查工作是对货物装载加固情况、货物及车体安全状况的再次确认,是确保行车安全畅通的重要保障。它具有以下特点:

1. 涉及面广。要了解各种货物的特性,所装车辆的特点,相关的线路、信号知识,相关行车、装卸等工种的作业特点及作业过程等。

2. 技术性强。要熟悉货运作业过程、各种货物的装载加固方案及技术要求,并根据相关的规章、办法进行货物的装载加固检查及处理。

3. 责任重大。要及时准确地将装载加固、超偏载、货车门窗、盖阀关闭、篷布及篷布绳索苫盖捆绑、施封和危险货物途中运输等方面的隐患消灭在萌芽状态,确保途经车站货物车辆的绝对安全,保证铁路运输的畅通。不断强化安全风险管理意识,切实加强现场作业的安全卡控。

4. 劳动强度大。要对行经编组站的到发货车进行逐列、逐辆检查,遇到装载加固状态不良的货车要及时进行修整,消除安全隐患。

本书具有以下特色:

1. 基于职业岗位编写。将知识、技能和能力(素质)融为一体,融入职业道德、职业素养、课程思政等内容,具备以德树人的教育功能。

2. 采用国铁集团现行的规章,同时反映四新知识,内容精练、通俗易懂。

3. 校企合作。由河北轨道运输职业技术学院与中国铁路郑州局集团有限公司共同组织编写。

4. 实用性强。本书在编写过程中汲取了相关教材的精华并吸收各校多年教学经验，符合教学规律；通过生产一线管理人员审核，符合铁路生产实际。

5. 理实一体。本书在介绍货运检查工作理论知识的基础上，突出技能操作。

6. 紧贴现场实际。依据国铁集团铁路特有工种技能培训规范，结合职业教育特点，突出现场性、实用性，可以满足不同层次的教学、职业培训要求。

本书由河北轨道运输职业技术学院李树章、中国铁路郑州局集团有限公司李保成主编。具体编写分工如下：河北轨道运输职业技术学院宋亚夺（第一章第一、二节）、河北轨道运输职业技术学院魏建鹏（第一章第三节）、中国铁路郑州局集团有限公司孙宏伟（第一章第四节）、中国铁路郑州局集团有限公司崔强（第一章第五节）、河北轨道运输职业技术学院韩策策（第二章）、郑州铁路职业技术学院马松花（第三章第一、二、三、四节）、中国铁路郑州局集团有限公司李利民（第三章第五、六节）、中国铁路郑州局集团有限公司王占伟（第三章第七节）、河北轨道运输职业技术学院张瑞（第四章）、河北轨道运输职业技术学院郝丽娟（第五章）、中国铁路郑州局集团有限公司李保成（第六章）、中国铁路郑州局集团有限公司王合亭（第七章第一、二节）、中国铁路郑州局集团有限公司姜少坤（第七章第三、四节）、中国铁路郑州局集团有限公司韩子亮（第七章第五、六节）、河北轨道运输职业技术学院李树章（第八章）、中国铁路郑州局集团有限公司李亚军（第九章）。参加教材审核的有河北轨道运输职业技术学院党鸿雷、范书恒、杨建秋、贾毓杰、任萍，中国铁路郑州局集团有限公司刘志勇、赵少峰、王景道、高宇、李西发、冯东升、郝同信、王根成、徐东江、柴本庆、史振京、杨建征、古雨松、王向阳、谷青源、汤其光、张志国、耿利军等。在编写过程中，现场业务人员给予了大力帮助，提出了许多宝贵意见，在此表示衷心的感谢。

由于编者水平所限，书中难免有不足之处，恳请读者批评指正。

编者

2021 年 7 月

目　录

第一章　铁路车站

车站既是铁路办理客、货运输的基地，又是铁路运输的基层生产单位。车站是铁路对外联系的窗口，是铁路运输过程与产销过程或其他运输过程的联系点，办理旅客与货物运输的各项作业，直接服务于工农业生产与交通旅行。车站又是铁路运输的一个主要生产车间，进行运输过程中除列车区间运行外的与列车运行有关的各项作业，如列车的接发、会让与越行，车列的解体与编组，机车的换挂与整备，车辆的检修等。

第一节　车　　站

一、车站的定义及分类

(一)车站的定义

车站是铁路线上设有配线的分界点，主要办理列车的到发、会让、客货运输业务。图 1-1-1所示，甲、乙、丙、A、B、C、D、E、F、G、H 车站都是分界点。

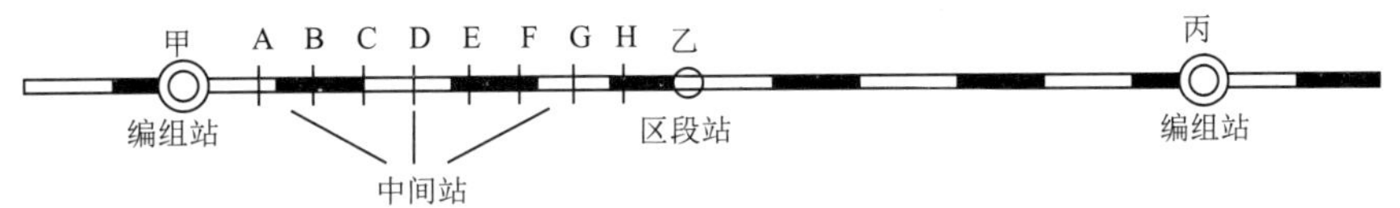

图 1-1-1　铁路线路车站示意图

(二)车站的分类

1. 按业务性质分类

车站按业务性质分为营业站、非营业站，营业站分为客运站、货运站、客货运站。

2. 按技术作业分类

车站按技术作业性质可分为编组站、区段站和中间站。

(1)编组站。编组站通常设于大量车辆集散、港口附近或若干铁路线衔接的地点(枢纽)。编组站分为路网性编组站、区域性编组站和地方性编组站。

(2)区段站。区段站设于机车牵引区段的两端，为机务段和机务折返段所在站，主要办理更换机车和乘务组，进行列车技术检查、货运检查等无调中转列车作业，也担当部分列车的编组、解体及直达，直通列车的补、减轴甩挂作业。

(3)中间站。中间站设于两技术站之间，其中包括单线区段的会让站和双线区段的越行站，主要办理列车接发、会让、越行和摘挂车辆的作业。个别中间站也进行编组列车作业以及补机摘挂、列车技术检查等作业。

3. 按车站等级分类

按车站所担负的客、货运量，改编作业量的大小及所在国家政治上、经济上的地位等，车站分为特等站、一等站、二等站、三等站、四等站、五等站共六个等级。

二、车站主要设备

1. 运转设备

(1)车站线路，包括到发线、调车线、牵出线、机车走行线、车辆站修线、安全线、避难线等。

(2)通信、信号、联锁、闭塞设备。

(3)调车设备，包括无线调车设备，编组站、区段站根据调车作业需要分别修建的驼峰等。

(4)安全生产信息管理系统，主要包括铁路车站综合管理信息系统(以下简称“现车系统”)、铁路确报管理信息系统(以下简称“确报系统”)、铁路运输信息集成平台(以下简称“集成平台”)、货车技术管理信息系统(以下简称“HMIS 系统”)、车站十八点统计分析系统(以下简称“十八点系统”)、口岸站管理信息系统、运输调度管理系统等。

2. 货运设备

(1)办理货物营业的货运设备，包括货场配线(货物装卸线、存车线、货场牵出线等)、场库设备(仓库、雨棚、站台、堆放场等)等。

(2)装卸设备。铁路运输装卸机械是铁路运输生产的重要设备，主要包括门(桥)式起重机、叉车、臂架式起重机、装(卸)车机、集装箱吊运机等机械设备。

(3)货运安全检测计量设备，主要包括轨道衡、超偏载检测装置、汽车衡、装载机电子秤、轮重测定仪及其附属设备。

(4)货运安全生产管理信息系统，主要包括电子货运票据管理系统(以下简称货票系统)、铁路货运电子商务系统(以下简称电商系统)、铁路货运站安全监控与管理系统(以下简称货运站系统)、铁路集装箱运输管理信息系统(以下简称集装箱系统)、铁路零散货物快运平台(以下简称零散系统)、铁路集装化用具管理系统(以下简称集装化系统)、铁路保价运输管理系统(以下简称保价系统)、接取送达系统、铁路危险货物运输安全管理与监控系统、铁路货运计量安全检测监控系统、铁路货检安全监控与管理系统(以下简称货检系统)等。

3. 客运设备

客运设备包括为旅客运输服务的站台、各种房屋(如候车室、售票厅等)、站前广场等。

三、车站作业

车站的生产活动包括运转作业、货运作业和客运作业三大部分。

1. 运转作业

运转作业主要有办理列车的接发作业、到达技术作业和出发技术作业、列车的解体和编组工作、车辆的摘挂和取送作业等。

2. 货运作业

货运作业主要包括货物的承运、装车、卸车、交付、保管等。

3. 客运作业

客运作业主要包括客票发售，行包承运交付、旅客上下车、候车、问询、小件寄存，以及对旅客文化、饮食、住宿、购物和卫生方面的服务等。

第二节　车站线路

一、铁路线路的组成

铁路线路由路基、桥隧建筑物及轨道组成。

1. 路基

路基是铺设轨道的基础，是铁路的重要组成部分。它直接承受轨道传递的压力，并将其传递到地基。路基工程主要由路基本体、防护加固建筑物、排水设备组成。在铁路线路工程中，路基常见的两种基本形式是路堤和路堑。

2. 桥隧建筑物

当铁路线路要通过江河、溪沟、谷地以及山岭等天然障碍，或要跨越公路、铁路时，就需要修建桥隧建筑物，以使铁路线路得以继续向前延伸。桥隧建筑物包括桥梁、隧道和涵洞。

3. 轨道

轨道铺设在路基、桥隧建筑物的上面，由钢轨、轨枕、联结零件、道床、防爬设备和道岔等主要部件组成。它起着机车车辆运行的导向作用，直接承受由车轮传来的巨大压力，并把它传递给路基或桥隧建筑物，如图 1-2-1 所示。

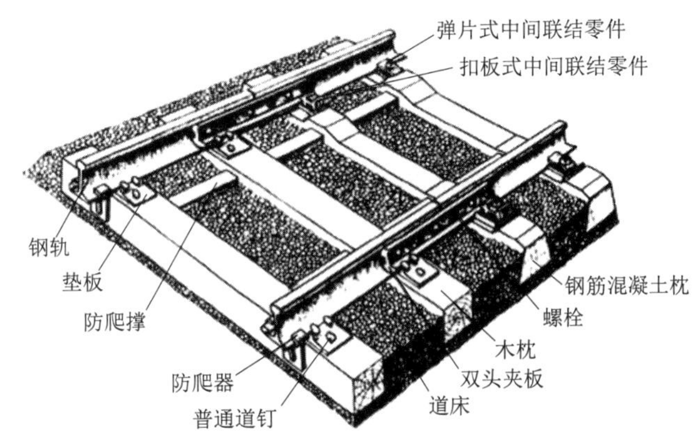

图 1-2-1　轨道的基本组成

注：图中扣件是为示例之用，并非现场线路中的实际使用情况。

(1)钢轨。

钢轨的作用是支承和引导车轮；为车轮滚动提供阻力较小的表面；承受车轮的作用力并传布于轨枕；在电气化铁路和自动闭塞区段，还兼作轨道电路使用。

(2)轨枕。

轨枕的作用是支承钢轨，并将钢轨传来的压力均匀地传递给道床，保持钢轨应有的位置和轨距。轨枕按其制作材料的不同，主要有木枕和钢筋混凝土枕两种。按使用地点不同，有普通轨枕、岔枕和桥枕。

(3)联结零件。

联结零件包括接头联结零件和中间联结零件（钢轨扣件）两类。接头联结零件是用来联结钢轨与钢轨间接头的零件。中间联结零件，又称扣件，其作用是将钢轨紧扣在轨枕上，使钢轨与轨枕联为一体，有木枕用扣件和钢筋混凝土枕用扣件两类。

(4)道床。

传统道床是铺设在路基面上的石碴(道砟)层。其作用是支承轨枕，把从轨枕传来的压力均匀地传递给路基；并固定轨枕的位置，阻止轨枕纵向和横向移动；缓和机车车辆轮对对钢轨的冲击；调整线路的平面和纵断面。常用的材料有碎石、粗砂等。高速铁路上也采用无砟道床。

(5)防爬设备。

在列车运行所产生的纵向力的作用下，钢轨会产生纵向移动，有时还会带动轨枕一起移动，这种现象叫作轨道爬行。为减少轨道爬行，一方面加强钢轨与轨枕间的扣压力和道床阻力；另一方面是设置防爬器与防爬撑。常用的防爬器为穿销式防爬器。

(6)道岔。

把一条轨道分支为两条或以上的设备称为道岔。道岔是铁路轨道的重要组成部分，是实现股道转换的重要设备，广泛存在于铁路线路上。常用的道岔种类有单开道岔，对称道岔，三开道岔，交叉道岔，交分道岔和渡线道岔等。

单开道岔主要由转辙器部分、连接部分、辙叉及护轨部分组成，如图 1-2-2 所示。

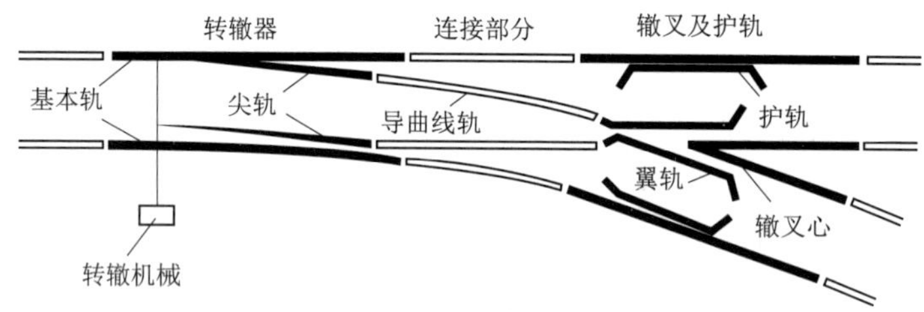

图 1-2-2　单开道岔构造图

4. 轨距

轨距是钢轨头部踏面下 16 mm 范围内两股钢轨工作边之间的最小距离。轨距分为直线轨距和曲线轨距。我国铁路规定标准直线轨距为 1 435 mm。

车辆运行在曲线上时，由于机车车辆固定轴距的影响，为使转向架通过曲线时，不被卡住，小半径曲线的轨距应适当加宽。曲线加宽值按《铁路技术管理规程(普速铁路部分)》(以下简称《技规》)规定加宽，见表 1-2-1。

表 1-2-1　曲线轨距加宽值

曲线半径 R(m)	加 宽 值(mm)
$R \geqslant 295$	0
$295 > R \geqslant 245$	5
$245 > R \geqslant 195$	10
$R < 195$	15

二、车站线路的种类

铁路线路按用途分为正线、站线、段管线、岔线、安全线及避难线，如图 1-2-3 所示。

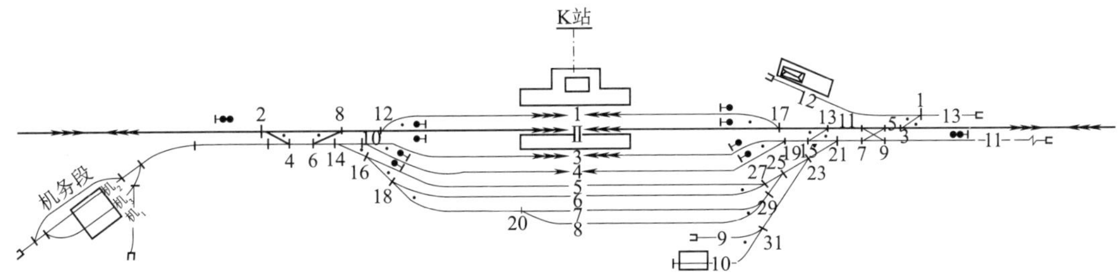

图 1-2-3　K 站示意图

1. 正线

正线是指连接车站并贯穿或直股伸入车站的线路。

2. 站线

站线是指站内除正线外的线路，包括以下几类：

(1)供接发旅客列车或货物列车用的到发线。

(2)供解体或编组货物列车用的调车线和牵出线。

(3)供办理装卸作业用的货物线。

(4)站内指定用途的其他线路，如机车走行线、存车线、检修线等。

3. 段管线

段管线是指机务、车辆、工务、电务、供电等段专用并由其管理的线路。

4. 岔线

岔线是指在区间或站内接轨，通向路内外单位的专用线路(包括专用线和专用铁路)。

5. 安全线及避难线

安全线是为防止列车或机车车辆从一进路进入另一列车或机车车辆占用的进路而发生冲突的一种安全隔开设备。

避难线是在长大下坡道上能使失控列车安全进入的线路。

三、车站线路的编号

为了便于车站作业和设备管理、维修，在同一车站或同一车场的线路应进行统一编号，且不得有相同的编号。

线路编号时，正线应编为罗马数字，站线应编为阿拉伯数字。

1. 单线铁路车站内的线路编号

单线铁路车站内的线路，由靠近站房的线路起向站房对侧依次顺序编号；位于站房左、右或后方的线路，在站房前的线路编完后，再由正线方向起，向远离正线顺序编号，如图 1-2-4所示。

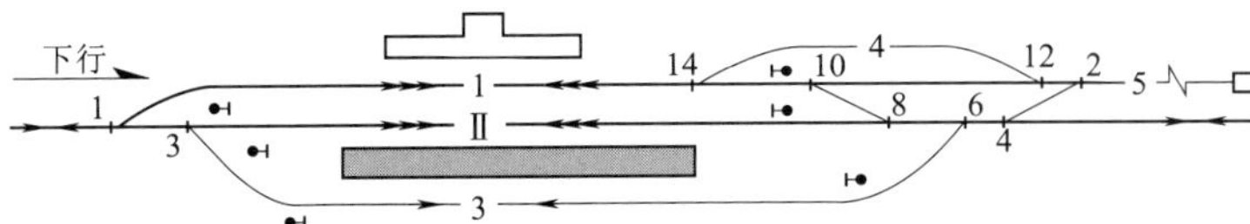

图 1-2-4　单线铁路车站内的线路编号

2. 双线铁路车站内的线路编号

双线铁路车站内的线路，从正线起按列车运行方向分别向外顺序编号，上行编双数，下行编单数，如图 1-2-5 所示。双线铁路横列式区段站的线路，不适宜按列车运行方向分别编号，可比照单线铁路车站的线路线号。

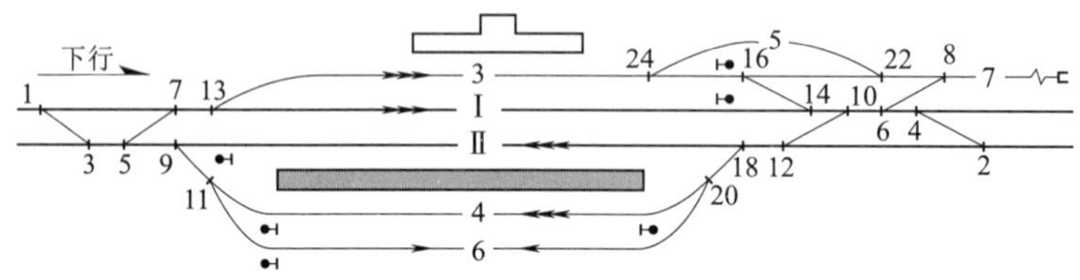

图 1-2-5　双线铁路车站内的线路编号

3. 尽头式车站线路编号

站房位于线路一侧时，由靠近站房的线路起，向远离站房方向顺序编号。站房位于线路终端时，面向终点方向由左侧线路起顺序向右编号。

4. 大型铁路车站有多个车场时的线路编号

大型铁路车站有多个车场时，每一车场线路编号时，应冠以车场号(用罗马数字)，另加线路号码(用阿拉伯数字)。

无站房车站线路的编号，应从运转室向外编号。

四、车站道岔编号

为了便于车站作业和设备管理、维修，除对在同一车站或同一车场的线路应进行统一编号外，还应对道岔进行编号。

站内道岔一般以信号楼中心线(或车站中心线)划分上、下行区域。上行列车到达端编为双数，下行列车到达端编为单数。每一道岔均应编以单独的号码，渡线道岔，交叉渡线道岔及交分道岔等处的联动道岔，应编为连续的单数或双数。从车站两端用阿拉伯数字，由外向内，先主要线路，后次要线路依次编号，如图 1-2-4 所示。

尽头式车站的道岔向线路终端方向顺序编号。

当车站有几个车场时，每一车场的道岔必须单独编号，此时道岔号码应使用三位数字，百位数字表示车场号码，个位和十位数字表示道岔号码。应当避免在同一车站内有相同的道岔号码。

第三节　铁路信号

铁路信号是指示列车运行及调车作业的命令，是保证运输安全、提高运输效率的重要设备，有关行车人员必须严格执行。

一、铁路信号的分类

1. 按感官分类

(1)视觉信号。视觉信号是以物体和灯光颜色、形状、位置、显示数目和灯光状态等表达的信号，如地面信号机、手信号灯(旗)、信号牌、火炬以及信号表示器等显示的信号。

基本颜色包括红色、黄色、绿色，其显示意义如下：红色表示停车；黄色表示注意或减速运行;绿色表示按规定速度运行。

(2)听觉信号。又称音响信号,以发出不同强度、频率和时间长短的音响来表达信号的含义,如机车、轨道车鸣笛声以及号角、口笛、响墩等发出的音响。

2. 按使用时间分类

(1)昼间信号。根据信号设备的不同形状、数目或位置来表示信号的意义,如信号旗、臂板信号机的臂板等。

(2)夜间信号。根据信号设备的不同灯光颜色或数量来表示信号的意义,如臂板信号机的灯光等。

(3)昼夜通用信号。在昼间及夜间,信号显示方式一致,如色灯信号机灯光显示。

3. 按设置方式分类

按设置方式,铁路信号可分为固定信号和移动信号。

固定信号的设置地点固定不变,如信号机。固定信号又分为地面信号和机车信号。

二、地面固定信号

1. 按信号机类型分类

地面固定信号按信号机类型分为色灯信号机、臂板信号机(图 1-3-1)和机车信号机。

2. 按用途分类

地面固定信号按用途不同可分为信号机、信号表示器和信号标志等。

(1)信号机按用途又可分为进站、出站,通过、进路、预告、接近、遮断、驼峰、驼峰辅助、复示、调车信号机。其中进站、出站、进路、通过、驼峰、调车等信号机,都能独立构成信号显示,指示列车或调车车列运行的条件,叫作主体信号机。预告和复示信号机不能独立存在,而是从属于主体信号机,叫作从属信号机。

(2)信号表示器是对行车人员传达行车或调车意图,或对信号进行某些补充说明的设备。信号表示器分为道岔、脱轨、进路、发车、发车线路、调车及车挡表示器。

(3)信号标志包括警冲标、站界标、预告标、引导员接车地点标、放置响墩地点标、司机鸣笛标、作业标、减速地点标、桥梁减速信号标、补机终止推进标、机车停车位置标和电气化区段的断电标、合电标、接触网终点标、准备断下受电弓标、降下受电弓标、升起受电弓标、四显示区段机车信号通断标、点式标、调谐区标以及除雪机用的临时信号标志等。

3. 按安装方式分类

信号机按安装方式不同可分为高柱信号机(图 1-3-2)、矮型信号机(图 1-3-3)、信号托架和信号桥。

图 1-3-1　臂板信号机

图 1-3-2　高柱信号机

图 1-3-3　矮型信号机

三、站内信号机

信号机应设在列车运行方向的左侧或其所属线路的中心线上空。特殊地段因条件限制，需设于右侧时，须经中国国家铁路集团有限公司(以下简称"国铁集团")批准。

1. 进站信号机

进站信号机设置于车站的入口处，用于防护车站，指示列车进站条件，并表示接车进路是否安全可靠。车站每一个接车方向必须设置一架进站信号机。

进站信号机的名称是按运行方向命名的，用于指示上行列车运行的称为上行进站信号机，用S表示，下行进站信号机用X表示。在设有双向闭塞设备的自动闭塞区间，用S_F(或S_N)、X_F(或X_N)表示车站的反方向进站信号机。

2. 出站信号机

出站信号机应设置在车站有发车作业的正线和到发线端部的适当地点。其作用是防护区间，其允许显示作为列车占用区间的凭证，指示列车能否由车站进入区间。当显示禁止灯光时，指示列车在站内的停车位置。

出站信号机的名称按照运行方向命名，用于指示上行列车运行的称为上行出站信号机，用S表示，下行出站信号机用X表示，并以所属股道号码作为S或X的下标，当有数个车场时，下标应先加车场号，再缀以股道号码，例如$S_{Ⅲ1}$、$X_{Ⅰ3}$。

3. 进路信号机

有几个车场的车站，应设置进路信号机，指示列车由一个车场开往另一个车场。进路信号机按用途可分为接车进路信号机、发车进路信号机和接发车进路信号机。

4. 调车信号机

调车信号机用以指示站内各种调车作业，起开始调车、折返调车和阻挡调车的作用，如取送、摘挂、转线、转场、整编、机车出入段等。

调车信号机有蓝色和月白色两种灯光，显示蓝色灯光表示不准越过该信号机调车，月白色灯光表示准许越过该信号机调车。

第四节　铁路限界

为保证机车车辆运行安全，防止运行中的机车车辆与周围的建筑物或设备相碰撞，铁路规定了线路四周建筑物或设备不得侵入的和机车车辆本身不得超出的轮廓尺寸线，即铁路限界。

铁路限界主要包括《技规》规定的机车车辆限界、建筑限界；《铁路货物装载加固规则》(以下简称《加规》)规定的机车车辆限界基本轮廓和特定区段的装载限制；《铁路超限超重货物运输规则》(以下简称《超规》)规定的各级超限限界。

一、机车车辆限界

机车车辆限界系与线路中心线垂直的，限制机车车辆外形尺寸的极限横断面轮廓。

客货共线铁路机车车辆上部限界如图1-4-1所示，其最大半宽为1 700 mm，最大高度为4 800 mm。

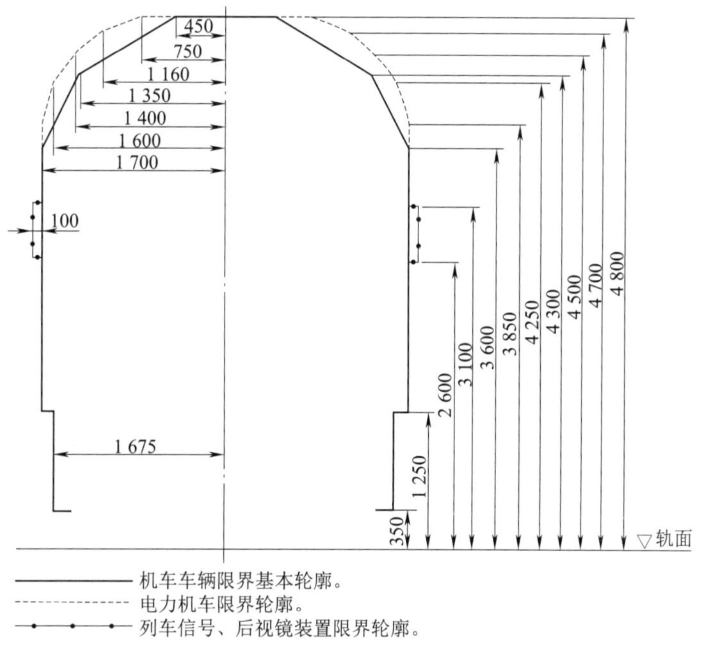

图 1-4-1　客货共线机车车辆上部限界图(单位:mm)

机车车辆的任何部位,在任何情况下都不得超出机车车辆限界规定的尺寸,特殊情况除外。

二、建筑限界

建筑限界是指与线路中心线垂直的极限横断面轮廓,此轮廓内,除机车车辆和与机车车辆有相互作用及相关的设备外,其他设备或建筑物均不得侵入。

《技规》规定的铁路建筑限界包括客货共线建筑限界($v\leqslant160$ km/h)、客货共线建筑限界($v>160$ km/h)、双层集装箱运输装载限界及双层集装箱运输铁路建筑限界。铁路超限货物运输研究中采用的建筑限界是客货共线建筑限界($v\leqslant160$ km/h),分为基本建筑限界、隧道建筑限界和桥梁建筑限界。

1. 基本建筑限界

基本建筑限界如图 1-4-2 所示。其中旅客站台上柱类建(构)筑物距站台边缘距离不小于 1 500 mm,建(构)筑物距站台边缘不小于 2 000 mm。旅客站台分为低站台、高站台,低站台高度为 300 mm、500 mm,高站台高度为 1 250 mm。货物站台高度为 900～1 100 mm。在非电气化区段的车站上,车辆活动频繁的站场内,天桥的高度不小于 5 800 mm。货物站台边缘(只适用于线路的一侧)在高出轨面 1 100～4 800 mm 范围,距线路中心线距离可按 1 850 mm 设计。

2. 安全空间

安全空间是指建筑限界与机车车辆限界之间的空隙。留有安全空间的目的:一是组织“超限货物列车”运行;二是适应运行中的列车横向晃动偏移和竖向上下振动,防止与邻近的建筑物或设备发生碰撞。

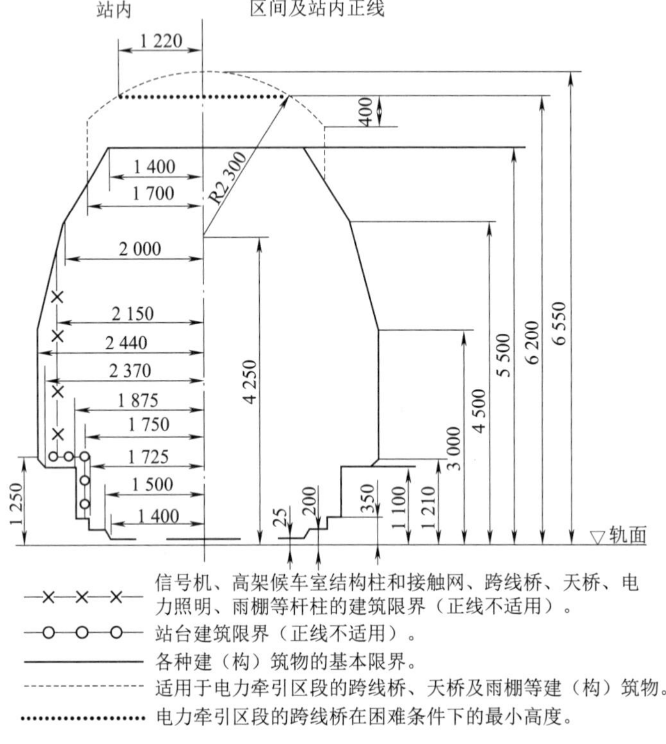

图 1-4-2　基本建筑限界(单位:mm)

3. 建筑限界在曲线上的加宽

机车车辆在经过曲线线路时,车辆两转向架中心内方向线路中心线内侧发生偏移,车辆两转向架外侧向线路中心线外侧发生偏移,为了使车辆在曲线上与建筑限界之间的距离与其在直线上时相等,曲线建筑限界应予加宽。

曲线建筑限界的加宽值与车辆长度、销距大小、曲线半径相关。我国规定建筑限界在曲线上的加宽值按照车长为 26 m、销距为 18 m 的车辆(称为计算车辆)和曲线的实际半径进行计算,同时要考虑由于曲线外轨超高引起的车辆倾斜量。

建筑限界在曲线上的加宽值,可按下式计算:

在曲线内侧的加宽值:$W_{内}=\dfrac{40\ 500}{R}+\dfrac{H}{1\ 500}h$ (mm)

在曲线外侧的加宽值:$W_{外}=\dfrac{44\ 000}{R}$ (mm)

式中　R——曲线半径,m;

H——计算点自轨面起算的高度,mm;

h——外轨超高,mm。

三、机车车辆限界基本轮廓和特定区段装载限制

《加规》以机车车辆限界基本轮廓(图 1-4-3)作为货物装载的限界,货物装车后,货物的任何部位超出机车车辆限界基本轮廓,称为超限货物。因此,装载货物时,除超限货物外,货物装载的高度和宽度不得超出机车车辆限界基本轮廓。

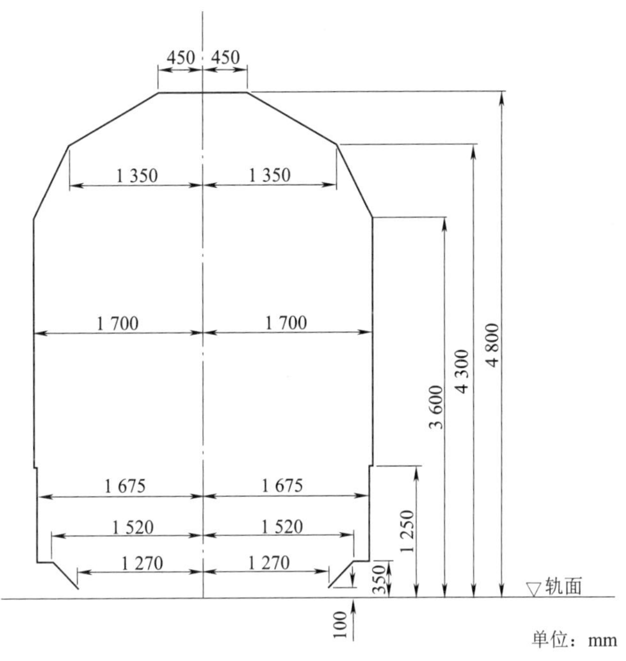

图 1-4-3　机车车辆限界基本轮廓

我国铁路有个别区段的建筑限界小于《技规》所规定的建筑限界，为保证货物和行车的安全，对通过或到达这些特定区段的货物，应严格遵守《加规》中公布的"特定区段装载限制"，见表 1-4-1。

表 1-4-1　特定区段装载限制

序号	线名	区段	限制事项		附记
			装载限界	车体自重加实际载重最大吨数	
1	京包线	南口—西拨子间	装载货物高度和宽度按表 1-4-2 规定		
2		运往朝鲜的货物	按货物装载限界装载，但最高不得超过 4 750 mm		
3	京广线	坪木线		100	坪石站出岔
4	丰沙线	沙城—三家店间上行线	装载货物中心高度由钢轨面起不得超过 4 600 mm		

表　1-4-2

由钢轨面起算的高度(mm)	由车辆纵中心线起算每侧的宽度(mm)	全部宽度(mm)
4 300	1 050	2 100
4 200	1 150	2 300
4 100	1 250	2 500
4 000	1 350	2 700

续上表

由钢轨面起算的 高度(mm)	由车辆纵中心线起算 每侧的宽度(mm)	全部宽度 (mm)
3 900	1 450	2 900
1 250～3 600	1 600	3 200

四、超限限界

为便于超限车的运输组织,《超规》规定了一级超限限界和二级超限限界。

一级超限限界是一级超限货物装载的最大轮廓尺寸图,超过此限界即为二级超限。其最大半宽为 1 900 mm,最大高度为 4 950 mm,如图 1-4-4 所示。

二级超限限界是二级超限货物装载的最大轮廓尺寸图,超过此限界即为超级超限。其最大半宽为 1 940 mm,最大高度为 5 000 mm,如图 1-4-5 所示。

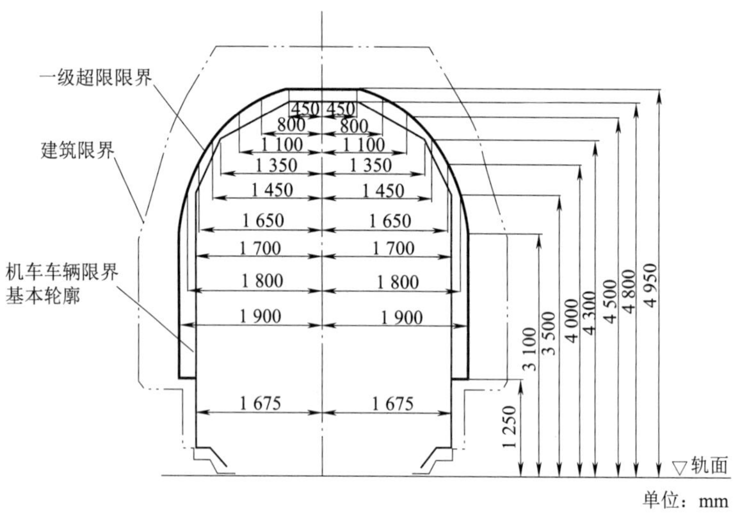

图 1-4-4 《超规》规定的一级限界

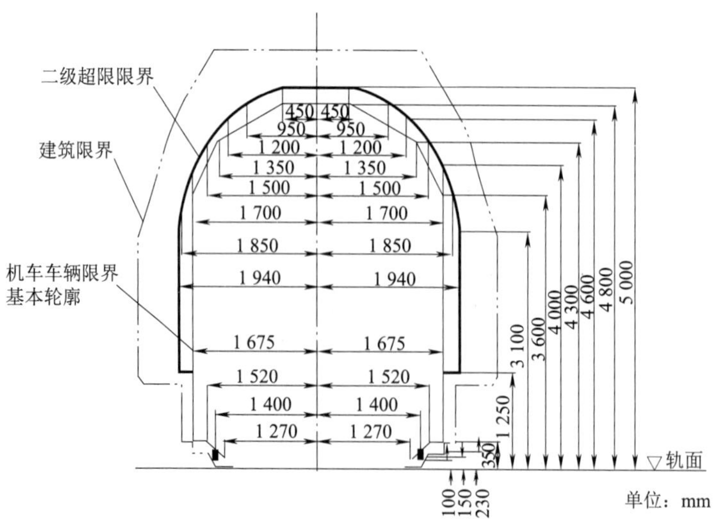

图 1-4-5 《超规》规定的二级限界

第五节 货运站及货场

一、货运站

货运站是指专门办理或主要办理货运营业的车站，主要办理货物承运、仓储、装卸、中转、换装和交付等作业或为专用线、专用铁路服务的车站。

（一）货运站的分类

1. 按办理的货物运输种类及货物品类

（1）综合性货运站。综合性货运站是指办理多种货物运输种类或多种品类货物的货运营业站和专用线作业的车站，一般设置在大城市、工业区或港口等有大量货物装卸的地点，并设有较大的货场，通常可办理各类货物的整车、零担及集装箱货物的发、到作业。

（2）专业性货运站。专业性货运站仅办理单一运输种类且办理的主要货物品类不超过3种，如为办理煤、矿石、石油、木材、粮食等大宗货物的车站或危险货物的车站，一般设置在货源生产的地点。

2. 按办理货运作业的性质分类

（1）装车站，指装车量大于卸车量的车站。

（2）卸车站，指卸车量大于装车量的车站。

（3）装卸站，指装卸作业量大致相等的车站。

（4）换装站，指办理不同轨距铁路之间或水陆联运货物换装作业的车站。港口站、国际铁路货物联运的国境站、不同轨距铁路联轨站都属于此类。

3. 按与正线连接的方式分

（1）尽头式货运站，指车站到发场仅一端衔接铁路正线的货运站。

（2）通过式货运站，指车站到发场两端均衔接铁路正线的货运站。

4. 按车场与货场的配置关系分

（1）横列式货运站，指车场与货场横向布置的货运站。

（2）纵列式货运站，指车场与货场纵向布置的货运站。

（3）车场与货场分离布置的货运站，指货场远离车场的货运站。

（二）货运营业办理限制

车站的营业办理限制是指车站办理的货物运输种类和货物种类，包括临时停限装和起重能力。除临时停限装外，营业办理限制分别按整车、零担、集装箱在《铁路货物运价里程表》（以下简称《里程表》）公布。

1. 营业办理限制符号

营业办理限制用符号△表示不办理；用○表示仅办理。不能用符号表示的，另加文字说明。各种营业办理限制，除明定适用于专用线者外，都指站内营业办理范围。常用的营业办理限制用符号包括：

△货——站内及专用线均不办理货运营业；

○专——仅办理专用线、专用铁路货运作业，具体办理内容另查《铁路专用线专用铁路名称表》；

㊣路——站内仅办理路用货物发到；

△牲——站内不办理活牲畜到达；

△湿——站内不办理怕湿货物发到；

△散——站内不办理散堆装货物发到；

△蜂——站内不办理蜜蜂发到；

[危]——站内办理危险货物运输，具体办理内容按《铁路危险货物运输管理规则》(以下简称《危规》)的有关规定办理。

以上符号中，△货和㊣专是对车站货运范围的总体描述，适用于零担、集装箱和整车，其他符号仅适用于整车。

2. 起重能力

《里程表》起重能力栏中，数字表示车站货场起重设备的最大吊装吨数，“叉”字表示车站配有叉车。一件货物重量超过 500 kg，且到站无起重能力的，发站必须联系到站，经同意后，要按到站同意使用的车种装运。

二、货场

货场是车站办理货运营业的场所，是铁路运输企业的营业窗口，也是铁路与其他运输方式相衔接的场所。货场的主要任务是为货主提供安全、迅速、经济、便利和文明的服务。

(一)货场的分类

货场按办理的运输种类和货物品类分类分为综合性货场和专业性货场。

(1)综合性货场，指办理整车、零担、集装箱两种以上运输种类及多种品类货物作业的货场。

(2)专业性货场，指专门办理单项运输种类或单一货物品类的货场，有整车货场、零担货场、危险品货场、粗杂品货场、集装箱场等。

综合性货场根据年办理货运量分为大、中、小型货场。大型货场的年货运量 100 万 t 以上；中型货场的年货运量 30 万 t 以上不足 100 万 t；小型货场的年货运量不足 30 万 t。

(二)货场的配置形式

货场配置类型基本上可分为尽头式、通过式和混合式三类。

1. 尽头式货场

尽头式货场是由一组以上尽头式装卸线组成的货场。其装卸线一端连接车站的站线，另一端是设置车挡的终端，如图 1-5-1 所示。

此类货场的优点：布局紧凑；货场线路和通道都较短，车辆取送和货物搬运距离相对较短；线路呈扇形分布，线路与通道交叉少，因而进出货的搬运车辆和取送车作业干扰少，有利于作业安全；运量增加时，货场扩建比较方便。

缺点：车辆取送作业只能在货场一端进行，使作业车辆的取送受到较大限制；取送车作业与装卸作业有干扰。

2. 通过式货场

通过式货场是由一组以上贯通两端的装卸线组成的货场，其装卸线两端均连接车站站线，如图 1-5-2 所示。

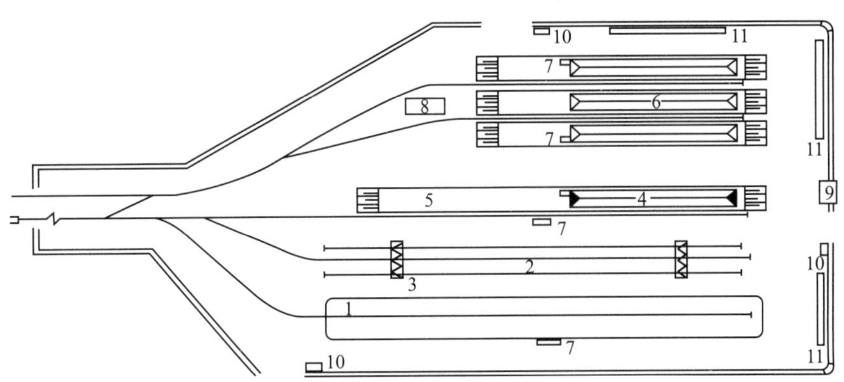

图 1-5-1 尽头式货场布置图

1—货物线；2—笨重货物及集装箱场；3—门吊；4—仓库；5—普通货物站台；6—雨棚；7—货运员办公室；8—中转货运办公室；9—货运营业室；10—门卫室；11—其他办公用房

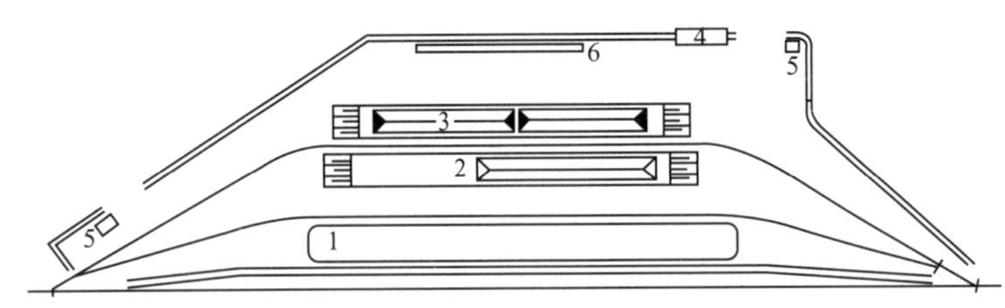

图 1-5-2 通过式货场布置图

1—堆放场；2—雨棚、站台；3—仓库；4—货运办公室；5—门卫室；6—其他办公用房

此类货场的优点：货场两端均可进行取送车作业，这对无配置调车机的中间站，利用本务机车取送时，上下行方向均可作业，十分方便；取送车与装卸作业干扰少；利于办理成组、整列的装卸作业。

缺点：货场线路较长，建设投资相对较大；取送零星车辆时走行距离较长；货场通道和装卸线交叉较多，取送车与搬运作业易产生干扰。

3. 混合式货场

混合式货场是根据办理货物的种类、作业方法，将装卸线一部分修成尽头式，一部分修成通过式，所以混合式货场具有尽头式货场与通过式货场的优点、缺点。

（三）货场配线

为保障货场作业的顺利进行，货场必须配有适应货场作业的配线。货场配线包括货物装卸线、存车线、牵出线、轨道衡线等。

装卸线是指办理各类货物装卸作业的线路。

大型货场的牵出线是为货场各装卸地点挑选车辆、牵出转线等调车作业而设置的，小型货场的牵出线是为摘挂列车甩挂作业和取送车作业而设置的。

存车线是指暂时存放或分选车组用的专用线路。

轨道衡线是指装有轨道衡器设备，专门用来称量铁路重、空车重量的线路。在工业站、国境站、港口站及其他需要用轨道衡检斤的货场内，应设置轨道衡线。

（四）场库设备

为了对发送、到达的货物进行临时保管，对中转集结货物进行配装，以便集结货物，组织直达、成组运输，在货场内需要设置货物站台、仓库、雨棚和堆放场等场库设备。

1. 货物站台

货物站台是指为了便于装卸车作业，主要用于存放不受自然条件影响的货物而修建的高出货物线轨面 1 m 及其以上的平台建筑物。为便于排水，货物站台可采用坡度为 1%～3%的一面或双面横坡。货物站台按其结构及高度可分为普通站台和高站台两种。

(1)普通站台。普通站台是指站台面与普通货车地板高度基本相同的货物站台。通常，棚车在货物站台高出货物线轨面 1.1 m 时作业便利，而铁路主型敞车则要求为 1 m。

普通站台按其与装卸线的配置形式可分为侧式站台(图 1-5-3)、端式站台(图 1-5-4)和综合式站台。

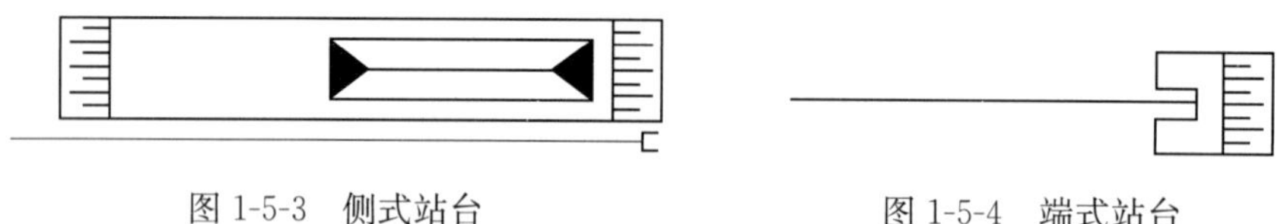

图 1-5-3 侧式站台　　图 1-5-4 端式站台

(2)高站台。凡站台面距轨面的高度大于 1.1 m 的站台，统称为高站台。它有利于散堆装货物及不易破碎的小型货物装入敞车的作业，可以节省人力并加速货物的装车作业速度。高站台分平顶式、滑坡式和跨线漏斗式三种。

2. 仓库

仓库是为存放怕受自然条件影响的货物、危险货物和贵重货物而修建在普通站台的封闭式建筑物。

仓库一般设计成库外布置装卸线路，如图 1-5-5 所示。但在雨雪多、风沙大、气候严寒的地区，作业量大时，也可设计为跨线仓库，如图 1-5-6 所示。其优点是货车在库内作业，不仅改善了装卸工人的劳动条件，并可保证雨雪天不中断作业，避免货物遭受湿损。

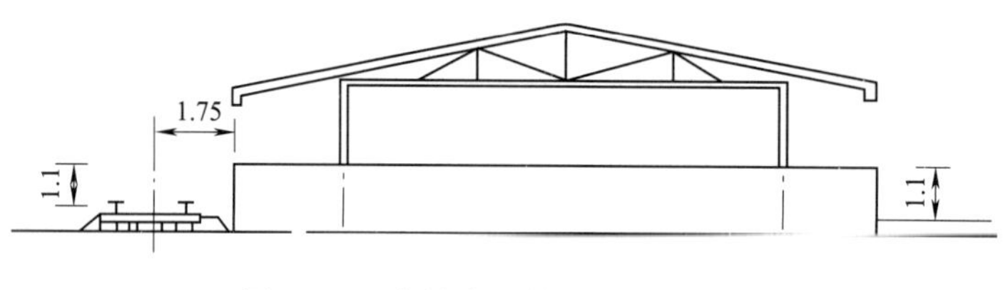

图 1-5-5 库外布置装卸线(单位：m)

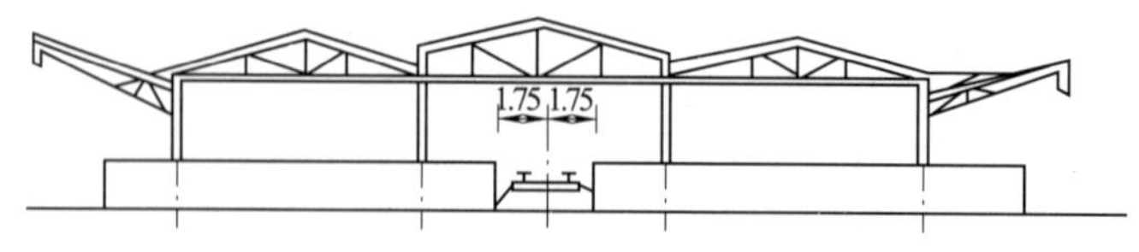

图 1-5-6 跨线仓库(单位：m)

3. 雨棚

雨棚又称货棚，是为避免货物受自然条件影响而修建在普通站台上的带有顶棚的建筑物。雨棚主要用于存放怕湿、怕晒货物。在多雨雪地区，作业量大的货场可根据需要采用跨线雨棚。

4. 堆放场

堆放场是主要用来装卸并短期存放煤炭、砂石、木材等散堆装货物、长大笨重货物的场所。按其与装卸线的水平位置分为平货位和低货位两种。

三、货运生产经营管理组织机构

铁路货运生产实行国铁集团、铁路局集团公司、铁路物流中心三级管理。国铁集团货运部是全路货物运输的主管部门，负责全路货运生产经营管理；铁路局集团公司货运部是本铁路局集团公司管内货物运输主管部门，负责本铁路局集团公司货运生产经营管理；铁路物流中心负责本物流中心的货运生产经营管理；铁路物流中心下设货运营业部，负责各营业室的货运生产管理。

复习思考题

1. 简述车站的概念及其分类。
2. 简述车站主要设备及作业。
3. 简述铁路线路的作用及其组成。
4. 简述车站线路的种类及其用途。
5. 简述铁路信号的定义及其分类。
6. 简述铁路限界的概念及种类。
7. 简述机车车辆限界的概念，绘制出客货共线铁路机车车辆上部限界图。
8. 什么是建筑限界？绘制速度小于160 km/h客货共线线路基本建筑限界图。
9. 简述安全空间的概念及其作用。
10. 简述货运站的概念及分类。
11. 简述货场的概念及分类。
12. 简述货场主要设备。

第二章　铁路运输的货物

铁路货物运输所涉及的货物种类繁多，货物性质各异，运输条件不尽相同。熟悉铁路运输的货物及其运输条件，对做好货运检查工作具有重要意义。

第一节　货物的分类

铁路运输的货物具有品类繁多，组织工作复杂的特点。为便于确定货物的运输条件和统计分析，铁路将运输的货物按不同方式进行分类。

一、按托运时的外部状态分类

根据货物托运时的外部形态不同，铁路运输的货物可分为散堆装货物、成件货物和集装箱货物。其中，成件货物按货物重量、体积、形状又分为成件包装货物和大件货物。

（一）散堆装货物

1. 散堆装货物范围

散堆装货物主要是指《铁路货物运价规则》（以下简称《价规》）附件一"铁路货物运输品名分类与代码表"中所列载的下列货物：

01 类煤；03 类焦炭；04 类金属矿石中 0410 铁矿石、0490 其他金属矿石；05 类 0510 生铁；06 类非金属矿石中 0610 硫铁矿、0620 石灰石、0630 铝矾土、0640 石膏；07 类磷矿石；08 类矿物性建筑材料中 0811 泥土、0812 砂、0813 石料、0898 灰渣等散堆装货物。

一般情况下，铁路依据重量和件数来承运和交付货物，而散堆装货物的共同特点是在无包装状态下运输，都只能依据货物重量进行承运和交付。

2. 散堆装货物运输的特点

（1）散堆装货物运量一直居铁路货物运输之首。如 2021 年，国家铁路货物发送量 37.24 亿 t，其中煤炭发送量 19.5 亿 t，占总运量的 52%以上。

（2）装车集中、成组装车比重大。

（3）货物重量易受外界自然条件的影响等特点。散堆装货物一般多放在露天堆放场，使用敞车装运，货物重量易受天气影响。

（二）成件包装货物

铁路运输的货物中，重量（小于等于 1 t）、体积（小于等于 2 m^3）、长度（小于等于 5 m）宜使用棚车装运的货物统称为成件包装货物。

（1）成件包装货物具有外形规则、体积较小、重量轻的特点。

（2）为保证安全，成件包装货物多具有运输包装。

（3）成件包装货物价值较高，性质或包装易受自然条件影响。

（4）一般情况下，使用棚车装运。

（三）大件货物

成件货物中除集装箱货物和成件包装货物外，其他货物都属于大件货物。大件货物具有单件货物重量大，或体积大，或长度大等特点，多使用敞车、平车装运。

在铁路货物运输中，习惯上将大件货物中的超限货物、超长货物、超重货物称为阔大货物。图 2-1-1 为跨装运输的水泥预应力梁，图 2-1-2 为 D_{32A} 型凹底平车装运西门子600 MW 发电机定子。

图 2-1-1　跨装运输的水泥预应力梁

图 2-1-2　D_{32A} 型凹底平车装运 600 MW 发电机定子

阔大货物具有单件货物重量大、体积大、长度长等特点。对装运阔大货物的车辆除必须满足普通货物装载的一般要求外，还应符合下列要求：

（1）具有足够的强度，尤其是承受集中载荷的能力强。

（2）要便于对货物进行装载加固，对于超限货物还应有利于降低超限等级，以保证运输安全和车辆的正常使用寿命。

（四）集装箱货物

集装箱是一种设备，凡货物性质适宜使用集装箱装运，并使用集装箱运输的货物统称为集装箱货物。

二、按货物的运输条件划分

根据货物的运输条件，铁路运输的货物可以分为按普通条件运输的货物和按特殊条件运输的货物。

按特殊条件运输的货物包括危险货物、鲜活货物、超长货物、超限货物等，一般需使用特殊的设备或采取特殊的方法来保证货物运输的安全。

三、按品类划分

铁路运输的货物种类繁多，品名十分庞杂。为了便于计划安排、日常运输管理和统计分析以及其他运输组织管理工作，铁路对所有需经铁路运输的货物都进行了归纳和分类，原有的货物名称为“品名”，归纳后的货物分类称为“品类”。

铁路货物品类主要按货物的“自然属性”和“生产特征”划分为 26 类，见表 2-1-1。另外还设有零担和集装箱两个品类。

表 2-1-1　货物品类表

品类代码	品类名称	品类代码	品类名称	品类代码	品类名称
01	煤	10	木材	19	农业机具
02	石油	11	粮食	20	鲜活货物
03	焦炭	12	棉花	21	农副产品
04	金属矿石	13	化肥及农药	22	饮食品及烟草制品
05	钢铁及有色金属	14	盐	23	纺织品、皮革、毛皮及其制品
06	非金属矿石	15	化工品	24	纸及文教用品
07	磷矿石	16	金属制品	25	医药品
08	矿物性建筑材料	17	工业机械	99	其他货物
09	水泥	18	电子、电气机械		

为便于统计分析，更好地服务于生产，提高货运服务水平，铁路将运输的货物在分类的基础上进行编码，即“货物品类代码”，并编写了《铁路货物运输品名检查表》和“铁路货物运输品名分类与代码表”，作为《价规》附件。

四、按运量大小划分

铁路运输的货物按运量大小分为大宗货物和零散白货两大类。

零散白货是指“铁路货物运输品名分类与代码表”中列举的 16 金属制品，17 工业机械，18 电子、电气机械，19 农业机具，21 农副产品，22 饮食品及烟草制品，23 纺织品、皮革、毛皮及其制品，24 纸及文教用品，25 医药品，99 其他货物等品类货物，以及零散货物和集装箱装运的货物，但不包括危险货物、超限超重货物、鲜活货物、国际联运货物以及协议运输的货物。

“铁路货物运输品名分类与代码表”中列举的 05 钢铁及有色金属、06 非金属矿石、07 磷矿石、08 矿物性建筑材料、09 水泥、10 木材、11 粮食、12 棉花、13 化肥及农药、14 盐等品类货物，原则上应按零散白货办理，铁路局集团公司结合季节、去向能力和区域能力等情况，参考客户运量大小，也可按大宗稳定物资办理。

第二节　集装箱货物

把一定数量的物料整齐地汇集成便于装卸、搬运、存储的整体，称为集装单元，而对这些“集装单元”的运输，就是集装运输。我国铁路集装运输包括集装箱运输和集装化运输。

一、集装箱的定义

集装箱是指具备下列条件的运输设备：

(1)具有足够的强度，在有效期内可反复使用。

(2)适于一种或多种运输方式运送货物，途中无需倒装。

(3)设有供快速装卸的装置，便于从一种运输方式转移到另一种运输方式。

(4)便于箱内货物装满和卸空。

(5)内部容积不小于 1 m^3。

集装箱不包括车辆和一般包装。

二、集装箱分类

1. 按箱主分类

集装箱按箱主分为铁路箱和自备箱。其中铁路箱是承运人提供的集装箱，自备箱是托运人自有或租用的集装箱。

2. 按尺寸分类

铁路运输的集装箱按尺寸分为 20 ft 箱、40 ft 箱、45 ft 箱以及经国铁集团货运部批准运输的其他长度的集装箱。

集装箱以 TEU 作为统计单位，表示一个 20 ft 的国际标准集装箱。1 个 40 ft 集装箱折合为 2 个 TEU。

3. 按所装货物种类和箱体结构分类

集装箱按所装货物种类和箱体结构可分为普通货物箱和特种货物箱。

(1)普通货物箱。

普通货物箱包括通用箱和专用箱。

通用箱又称干货集装箱，杂货集装箱，是指全封闭式，具有刚性的箱顶、侧壁、端壁和箱底，至少在一面端壁上有箱门的集装箱。通用箱适合装运大多数普通货物，该类集装箱占全部集装箱总数的 70%～80%。

专用箱是指为不通过端门装卸货物或为通风等特殊用途而设有独特结构的普通货物集装箱，包括封闭式通风箱、敞顶箱、台架箱和平台箱等。

(2)特种货物箱。

特种货物箱是指专门适用于运输某种状态或特殊性质的货物的集装箱，包括保温箱、罐式箱、干散货箱和按货物命名的集装箱等。

4. 按是否符合标准分类

按是否符合集装箱标准，铁路运输的集装箱分为标准箱和非标箱。符合国家标准、行业标准或国铁集团企业标准的为标准箱，其他为非标箱。

三、集装箱标记

为了在运输中更好地进行识别、管理和信息传递，在集装箱的箱体上涂刷各种清晰、易辨、耐久的标记和标志。国内使用的集装箱按国家标准《集装箱代码、识别和标记》(GB/T 1836—2017)规定涂刷，国际使用的集装箱按国际标准(ISO 6346—1995)规定涂刷。集装箱的主要标记如图 2-2-1 所示。

1. 识别标记

集装箱必备识别标记包括箱主代码、设备识别码、箱号和校验码(以下简称“核对数字”)。

(1)箱主代码

箱主代码是指集装箱所属位代号。集装箱的箱主代码由三个大写拉丁字母组成；具备唯一性，且应在国际集装箱局(BIC)注册。

(2)设备识别码

设备识别码由 1 个大写拉丁字母表示：“U”代表所有集装箱；“J”表示集装箱所配置的挂装设备；“Z”表示集装箱拖挂车和底盘挂车。

(3)箱号

箱号又称为集装箱顺序号,由6位阿拉伯数字组成。如果有效数字不足6位时,则在有效数字前用“0”补足六位。例如,箱号为1234时,则以001234表示。

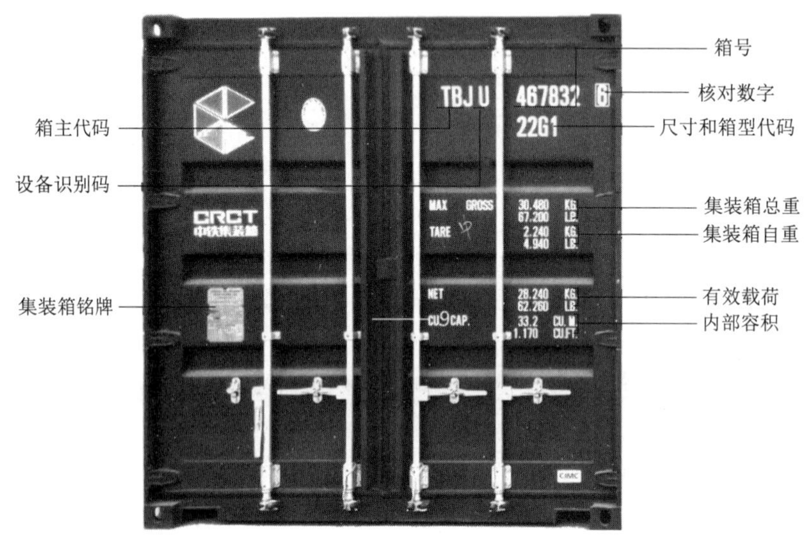

图2-2-1　集装箱的主要标记

(4)核对数字

核对数字用于检验箱主代码和箱号传递的准确性,按《集装箱代码、识别和标记》(GB/T 1836—2017)附录A“校验码(核对数字)的确定”所列的方法,通过箱主代码、设备识别码和箱号求得。例如,20 ft通用集装箱TBJU426136的核对数字为9。

2. 国家代号、尺寸和箱型代码

集装箱箱体上涂打的国家代号表示国家或地区,按规定用两个拉丁字母表示。例如,CN表示中国,US表示美国等。我国铁路集装箱不使用国家及地区代号。

集装箱的外部尺寸和类型均应在箱体上标出以便识别。

集装箱尺寸是指集装箱的外部尺寸,尺寸代码用两位字符表示。第1位用数字或拉丁字母表示箱长;第2位用数字或拉丁字母表示箱宽和箱高;上述两字符的细节详见《集装箱代码、识别和标记》(GB/T 1836—2017)附录D。

集装箱的箱型代码包括箱型及其特征信息,并用两位字符表示。第1位由1个拉丁字母表示箱型;第2位由1个数字表示该型箱的特征;上述两字符的细节详见《集装箱代码、识别和标记》(GB/T 1836—2017)附录E。

例如,22G1指箱长为20 ft(6 058 mm),箱宽为8 ft(2 438 mm)和箱高为8 ft 6 in(2 591 mm),无通风设备,货物上部空间设有透气孔的通用集装箱。

3. 性能标记

集装箱的性能标记包括集装箱的总重、自重、有效载荷、容积等。

集装箱总重(MAX GROSS/GROSS WT/MAX G. W.)(又称集装箱额定质量)是集装箱的空箱重量和箱内装载货物的最大容许重量之和。

集装箱的自重(TARE/TARE WT)指的是空集装箱的重量,包括各种集装箱在正常工作状态时应备用的附件和各种设备的重量。

集装箱的有效载荷(NET/PAYLOAD)又称为集装箱的最大允许载货量。

集装箱的容积(CU.)是指集装箱内部尺寸的长×宽×高。

集装箱的总重、自重、有效载荷和容积应标于箱门上,如图 2-2-1 所示。其中,集装箱的总重、自重、有效载荷均以千克(集装箱上标记为 KG.)和磅(集装箱上标记为 LB.)同时标记,集装箱的容积以立方米(集装箱上标记为 CU. M.)和立方英尺(集装箱上标记为 CU. FT.)表示。

4. 集装箱的通行标记

为保证集装箱能通行全国各地和顺利通过他国国境进入他国境内,必须设立各种通行证明并标识在集装箱上,这就是集装箱的通行标记。集装箱通行标记主要有国际铁路联盟(UIC)标记、海关加封运输批准牌照(CCC)、国际集装箱安全公约(CSC)安全合格牌照、集装箱检验单位徽记及标记等,除国际铁路联盟(UIC)标记和检验单位徽记外,其他通行标记一般标记在集装箱铭牌上,如图 2-2-2 所示。

5. 其他标记

除上述标记外,还应在集装箱上选择性地标出超高标记、登箱顶触电标记等标记。

(1)超高标记。凡高度超过 2.6 m 的集装箱,均需标出超高标记。该标记为在黄色底上标出黑色数字(箱高),上面为米制,下面为英制,标志的四周为黑色边框。

(2)登箱顶触电标记。该标记为黄色底三角形,一般标打在罐式集装箱和位于箱顶的扶梯处,以警告登顶者有触电危险。

所有标记均采用不同于箱体的颜色进行涂刷。我国铁路集装箱采用的是白漆涂刷。

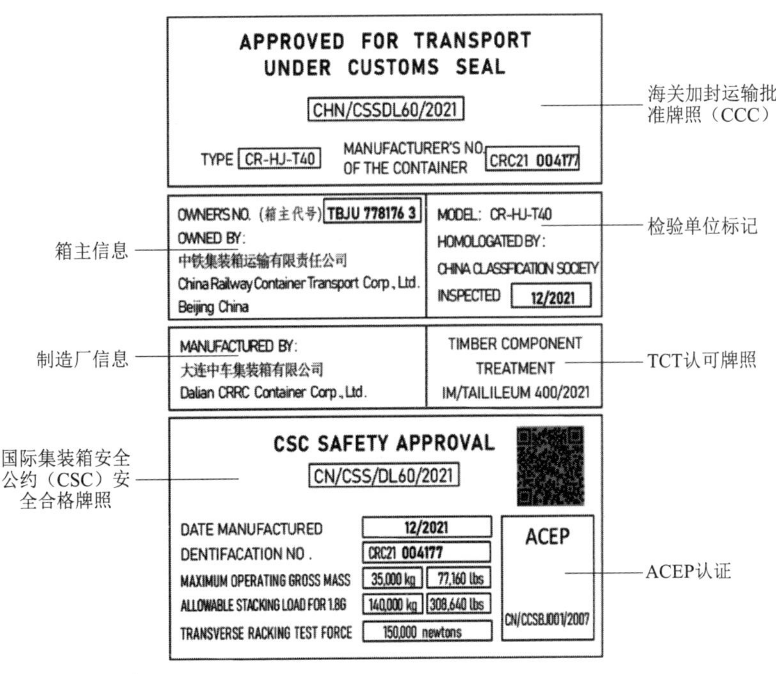

图 2-2-2　40 ft 35 t 干货集装箱铭牌

四、集装箱的方位及主要部件

(一)集装箱的方位

为便于集装箱的运用管理,集装箱设有箱门的一端称为后端,未设箱门的一端称为前端。对未设箱门的集装箱，粘贴集装箱铭牌的一端为后端，另一端为前端。

对集装箱部件称呼时，可站在后端面向前端，对集装箱两侧都装设的配件，由后端左侧向右交互数到前端；对非左右两侧都装设的配件称呼时，则由后端顺序数到前端。

（二）集装箱主要部件

干货集装箱由角柱、角件、端侧梁、端侧墙、箱顶、地板及箱门等部件组成，如图 2-2-3 所示。

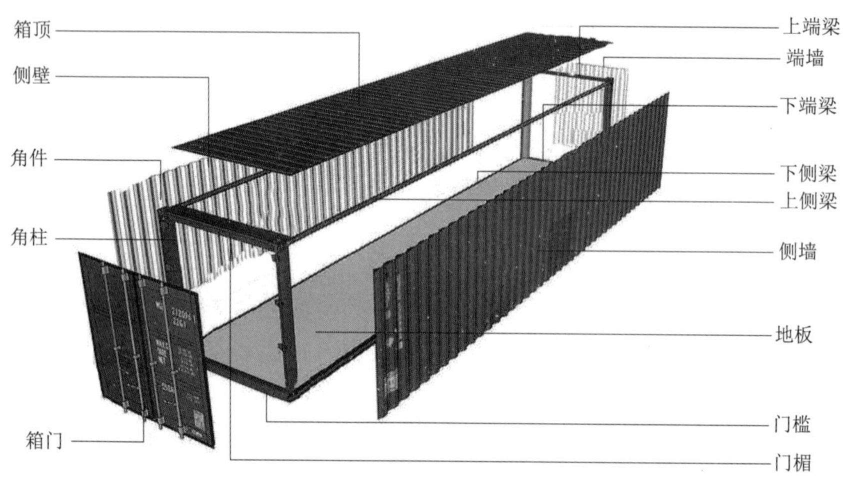

图 2-2-3　集装箱主要部件

干货集装箱的箱门由门板、锁闭装置组成，通过铰链安装在角柱上。箱门主要部件如图 2-2-4所示。

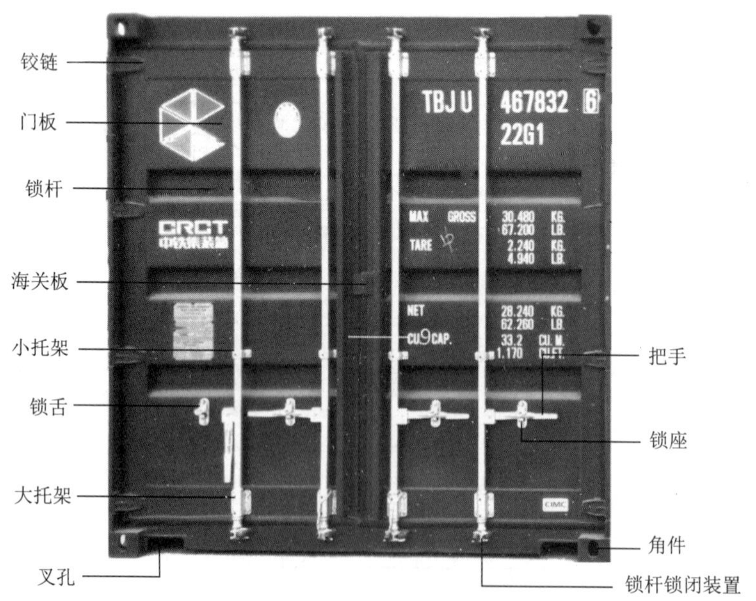

图 2-2-4　箱门主要部件

五、集装箱运输条件

集装箱只能在办理该箱型的集装箱办理站间运输，并遵守集装箱运输的有关规定。

1. 必须使用符合规定的集装箱

经铁路运输的集装箱应符合国家标准或行业标准，按规定涂打标记和标志，具有集装箱检验单位徽记、国际集装箱安全公约（CSC）安全合格牌照、国际铁路联盟标记，标有定期检验日期或连续检验计划标记。

非标铁路箱由国铁集团货运部公布运输条件后，方可上路运输。非标自备箱办理海铁联运、国际铁路联运（发站或到站为港口站、国境站）以及管内运输的，由发送铁路局集团公司确定运输条件，确保满足运输安全要求后方可上路运输；其他由发送铁路局集团公司提出运输条件，报国铁集团货运部公布后方可上路运输。

不符合国际标准的集装箱国际铁路联运出口的，应确保满足相关国家铁路运输安全要求后，方可上路运输。

2. 必须是适合集装箱运输的货物

集装箱所装货物应符合所用箱型适箱货物要求，不得腐蚀、损坏箱体。铁路通用箱不得装运煤、焦炭等易污染箱体的货物。下列货物不得混装于同一集装箱内：

（1）易腐货物与非易腐货物。

（2）危险货物与非危险货物。

（3）性质互抵的货物。

（4）运输条件不同的货物。

在一定季节和区域内不易腐烂、变质、冻损的易腐货物，经托运人和承运人协商一致并签订书面协议后，在保证不影响货物质量的前提下，可使用通用集装箱装运。

3. 符合集装箱按一批办理的条件

按一批托运的集装箱，每批必须是标记总重相同的同一类型集装箱。铁路箱和自备箱不得按一批办理。

4. 集装箱的装掏箱和施启封

集装箱的装掏箱工作应在站外进行，根据托运人（收货人）要求，可在站内指定区域装、掏箱。

（1）装箱和施封。

集装箱的装箱工作由托运人负责。

货物装箱时应码放稳固，装载均衡，不超载、不集重、不偏重、不偏载、不撞砸箱体，采取防止货物移动、滚动或开门时倒塌的措施，保证箱内货物和集装箱运输安全。敞顶箱装运易扬尘货物，应采取苫盖篷布或抑尘等环保措施。

托运的重集装箱应当施封（结构上无法施封的除外），集装箱施封由托运人负责。

通用集装箱施封时，确认左右箱门锁舌和把手入座后，在右侧箱门把手锁件施封孔处施封一枚；其他类型集装箱根据实际情况采取适合的施封方法。

（2）掏箱和启封。

集装箱的启封和掏箱工作由收货人负责。

铁路箱掏空后，应清扫干净，将箱门关闭良好，清除与本次运输有关的附加标记，有污染的须洗刷除污；车站应对交回的空箱进行检查，发现未清扫或未洗刷的，应在清扫或洗刷干净后接收。

5. 集装箱重量的限制

集装箱货物的重量由承运人确定。

托运的集装箱，单箱总重不得超过其标记总重，且不得超过发站和到站的集装箱起重能力（在车上直接装卸货物的特种货物箱、专用箱等除外）。

对超过标记总重或偏载、偏重的集装箱，车站要纠正后方可运输，并按规定核收复查产生的作业费。

6. 集装箱的交接

（1）交接凭证

铁路集装箱进出站的交接凭证为“铁路箱出站单”，自备箱凭货物运单交接。

（2）交接地点和交接方法

在车站装卸车的集装箱，车站与托运人或收货人交接集装箱时，施封的凭箱号、封印和箱体外状交接，不施封的凭箱号和箱体外状交接。

在铁路专用线、专用铁路装卸车的集装箱，交接办法由车站与铁路专用线、专用铁路的使用单位商定，并在铁路专用线、专用铁路运输协议中明确。

（3）责任划分

交接前由交方承担，交接后由接方承担。

集装箱在承运人的运输责任期内，箱体没有发生危及货物安全的损坏，箱号、施封号码与运单记载一致，施封有效时，箱内货物由托运人负责。但运输过程中由于托运人责任造成的事故和损失由托运人负责；因集装箱质量发生的问题，责任由箱主或集装箱承租人负责。

（4）发现问题的处理

托运人在接收空集装箱时，应认真检查箱体状态，发现箱体状况不良时应及时提出，车站应予以更换。

发站在接收集装箱时，检查发现箱号或封印内容与运单记载不符或未按规定关闭箱门、施封的，应由托运人改善后接收。箱体损坏危及货物和运输安全的不得接收。

到站卸车发现集装箱施封锁丢失、封印内容不符、施封失效时，应按《铁路货物运输管理规则》（以下简称《管规》）、《铁路货物损失处理规则》（以下简称《货损规则》）等有关规定处理。

收货人在接收集装箱时，应按运单记载核对箱号，检查施封状态、封印内容和箱体外状，发现不符或有异状时，应在接收当时向车站提出，车站按有关规定处理。

第三节　超限超重货物

一、超限货物的定义

针对铁路运输特点，在国铁集团制定的《超规》中，将铁路超限货物定义为：货物装车后，车辆停留在水平直线上，货物的任何部位超出机车车辆限界基本轮廓者或车辆行经半径为300 m的曲线时，货物的计算宽度超出机车车辆限界基本轮廓者，均为超限货物。

二、超限货物的等级和类型

1. 超限货物等级

根据货物的超限程度，超限货物分为三个等级：一级超限、二级超限和超级超限。

(1)一级超限：自轨面起高度在 1 250 mm 以上超限但未超出一级超限限界者。

(2)二级超限：超出一级超限限界而未超出二级超限限界者，以及自轨面起高度在 150 mm至未满 230 mm 间超限但未超出二级超限限界者。

(3)超级超限：超出二级超限限界者，以及自轨面起高度在 230 mm 至 1 250 mm 间超限者。

2. 超限货物类型

根据货物超限部位所在的高度，超限货物分为三种类型：上部超限、中部超限和下部超限。

(1)上部超限：自轨面起高度超过 3 600 mm，任何部位超限者。

(2)中部超限：自轨面起高度超过 1 250 mm 至 3 600 mm 之间，任何部位超限者。

(3)下部超限：自轨面起高度在 150 mm 至 1 250 mm 之间，任何部位超限者。

三、超限等级的确定

(一)计算点和检定断面

计算点系指超限货物任意一个部位，需要计算超限等级的点。此点是以计算点至线路中心线垂直面的宽度和至钢轨平面的高度而确定的。

检定断面系指计算点所在的与线路中心线垂直的横断面，是以钢轨平面为横坐标，以线路中心线的垂直线为纵坐标的坐标轴，它是确定超限等级的横断面。

当装有超限货物的列车行经在平直线路上时，确定超限等级的宽度是实测宽度；当装有超限货物的列车行经在曲线线路上时，确定超限等级的宽度是计算宽度。

(二)确定计算宽度

影响计算宽度的主要因素有货物检定断面的实测宽度、货物偏差量、偏差量增大值、曲线线路建筑限界内外侧水平距离的加宽值。

1. 货物检定断面的实测宽度

货物检定断面的实测宽度系指计算点至负重车纵中心线垂直面的水平距离。通常用米尺测量而定。用符号“B”表示。

2. 货物偏差量

当超限车行经在曲线线路上时，两转向架中心销的垂直投影落在线路中心线上，而车辆纵中心线在两销间偏向内方，在两销之外偏向外方。图 2-3-1 中，圆弧为半径 300 m 曲线的线路中心线；AB 直线为货车纵中心线；M，N 为货车两转向架中心销在线路中心线上的投影。

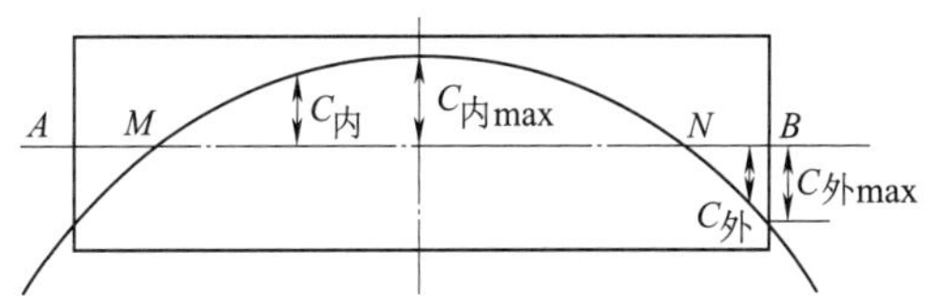

图 2-3-1　货物偏差量的命名

当货物的检定断面位于装载车两转向架中心销之间任何部位时，称为内偏差，以“$C_内$”表示。由图 2-3-1 可以看出，当货物检定断面位于车两转向架中心销之间的中央部位时，内偏差最大。

当货物检定断面位于装载车两转向架中心销外方货物的任何部位时，称为外偏差，以“$C_{外}$”表示。由图 2-3-1 可以看出，当货物检定断面位于装载车两转向架中心销外方的端部时，外偏差最大。

用一辆六轴及以下货车装载时，偏差量的计算公式如下：

$$C_{内}=\frac{l^2-(2x)^2}{8R}\times 1\,000(\text{mm}) \tag{2-3-1}$$

$$C_{外}=\frac{(2x)^2-l^2}{8R}\times 1\,000(\text{mm}) \tag{2-3-2}$$

式中 l——销距，m；

x——计算点所在检定断面至车辆横中心线所在断面的距离，m；

R——取 300 m 的曲线半径，《超规》以行经在半径为 300 m 的曲线线路上时的计算宽度作为确定超限等级的依据。

偏差量 $C_{内}$、$C_{外}$，以 mm 为单位，计算结果精确到 mm。

3. 偏差量增大值

超限车行经在曲线线路上时，还必须考虑由于车辆走行部分的游间、曲线线路轨距的加宽量及车辆在线路上蛇行运动的摆动量及转向架中心销偏离线路中心而产生的偏差量，称为货物偏差量增大值，用“K”表示。

用一辆六轴及以下货车装载时，偏差量的增大值的计算公式如下：

$$K=75\left(\frac{2x}{l}-1.4\right)(\text{mm}) \tag{2-3-3}$$

当$\frac{2x}{l}\leqslant 1.4$时，货物附加偏差量不计算；同一件货物，计算点不同时，K 值亦不同。

4. 曲线线路建筑限界内外侧水平距离的加宽值

《超规》所采用的曲线内、外侧水平距离加宽值为 36 mm，它是以车长为 13.2 m，销距为 9.35 m 的平车，行经半径为 300 m 的曲线线路时，所产生的内、外偏差量(均为 36 mm)作为曲线线路建筑接近限界内外侧水平距离的加宽值。在确定曲线线路建筑接近限界的实际宽度时，已考虑了该值，所以确定计算宽度时，须减去 36 mm。

综上所述，用一辆六轴及以下货车装载货物时的计算宽度按下式计算：

当货物的检定断面位于车辆两心盘中心之间时，计算宽度用 $X_{内}$ 表示，其计算公式为

$$X_{内}=B+C_{内}-36(\text{mm}) \tag{2-3-4}$$

当货物的检定断面位于车辆两心盘中心外方时，计算宽度用 $X_{外}$ 表示，其计算公式为

$$X_{外}=B+C_{外}+K-36(\text{mm}) \tag{2-3-5}$$

式中 B——实测宽度，即货物检定断面的计算点至车辆纵中心线所在垂直平面的距离，mm。

(三)确定超限等级

超限等级是以计算点所在检定断面的计算点宽度(或实测宽度)和相对应的计算高度查《超规》附件 4 而确定。具体步骤如下：

1. 标点——标出需要计算的点

在端视图上标出不同高度、不同宽度的点。

在等宽条件下，计算点高度在 1 250 mm 以上时，标高不标低；高度不足 1 250 mm 时，标低不标高。

2. 选面——选择检定断面

在主视图上选出与所标出的点相对应的检定断面，当高度和宽度相同时，应选偏差量大的检定断面。

在两转向架中心销之间，应选近(靠近货车横中心线)，不选远；在两转向架中心销外方，应选远(距转向架中心销)，不选近。

3. 计算——确定计算点高度、宽度

计算点高度(h)一般包括货车地板高度 $h_{车地板}$、垫木(或转向架)高度 $h_{垫}$ 和计算点至货物支重面的高度。

计算点宽度是由线路中心线的垂直面至计算点的宽度。在直线线路上为货物的实测宽度 B；在曲线线路上为货物的计算宽度 X。

4. 查表

根据计算点高度和计算点宽度查《超规》附件 4，确定超限等级。

【例 2-3-1】 木箱包装均重货物一件，重 45 t，长 9 000 mm，宽 3 600 mm，高 1 799 mm，使用 N17AK 型 60 t 平车装运，货物直接装在车地板上，货物重心落在车辆纵横中心线交叉点上，如图 2-3-2 所示。试确定超限等级。

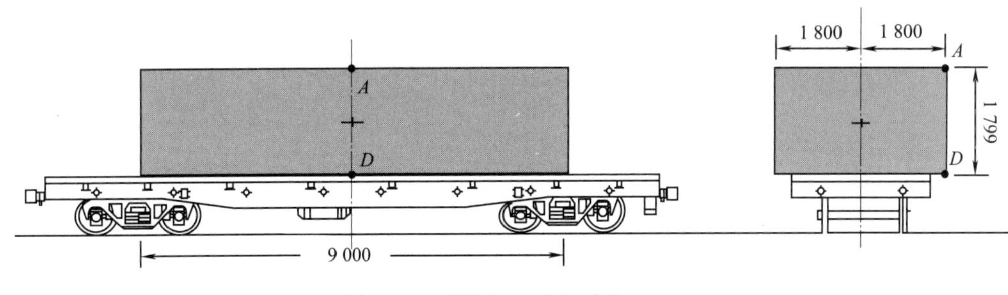

图 2-3-2 【例 2-3-1】图(单位：mm)

【解】 N17AK 型平车的销距 $l=9\ 000$ mm，车底板高度为 $h_{车地板}=1\ 211$ mm。

(1)标计算点

在等宽条件下，计算点在 1 250 mm 以上时，标高不标低；高度不足 1 250 mm 时，标低不标高。所以在端视图上标 A、D 两点。

(2)选择检定断面

因为货物为等断面体，在两转向架中心销之间，应选近，不选远。所以 A、D 点在主视图上相对应的检定断面应在两销间中央部位 A、D 处。应计算 $C_{内}(x=0)$

$$C_{内}=\frac{l^2-(2x)^2}{8R}\times 1\ 000=\frac{9^2}{8\times 300}\times 1\ 000=34\ (\text{mm})$$

(3)确定计算点的高度和宽度

计算点的高度

$h_{A计}=h_{车地板}+h_{A货计}=1\ 211+1\ 799=3\ 010\ (\text{mm})$

$h_{D计}=h_{车地板}=1\ 211$ mm

A、D 点应计算 $X_{内}$

$X_{内}=B+C_{内}-36=1\ 800+34-36=1\ 798(\text{mm})$

计算宽度小于实测宽度时，按实测宽度 B 取 1 800 mm。

(4)确定超限等级

根据计算点的高度和宽度查《超规》附件 4。

$h_{A计}$=3 010 mm,$X_{内}$=1 800 mm,超出机车车辆限界 1 700 mm,但未超出一级限界 1 900 mm,在 A 点为中部两侧一级超限；$h_{D计}$=1 211 mm,$X_{内}$=1 800 mm,超出二级超限限界 1 675 mm,在 D 点为下部两侧超级超限。

四、超重货物

超重货物是指货物装载后,重车总重活载效应超过桥涵设计标准活载(中—活载)的货物。

根据货物的超重程度,超重货物分为一级超重、二级超重和超级超重三个等级。超重货物等级可通过查《超规》附件 5“超重货物分级表”确定。

第四节　危险货物

一、危险货物的定义

针对铁路运输特点,在国铁集团制定的《危规》中,将铁路危险货物定义为:具有爆炸、易燃、毒害、感染、腐蚀、放射性等危险特性,在铁路运输、装卸和储存保管过程中,容易造成人身伤亡、财产毁损或者环境污染而需要特别防护的物质和物品。

二、危险货物的判定

正确判定危险货物是防止从严或降低货物运输条件,确定货物运输条件,保证运输安全的重要手段。危险货物的具体判定方法,可按下述步骤进行:

(1)在《铁路危险货物品名表》(以下简称《品名表》)中列载的品名,均属危险货物(特殊规定可按普通货物运输条件运输的品名除外),均按危险货物运输条件运输。

(2)未列入《品名表》中,但国铁集团已确定并公布为危险货物的品名时,按规定办理。

(3)在《品名表》中未列载的产品且货物性质不明确的应进行性质技术鉴定,按有关条件办理运输。

三、危险货物的分类及品名编号

(一)危险货物分类

危险货物品种繁多,性质复杂,要求运输、仓储条件各异。为了便于制订相应的运输条件,采取相应的防护措施,及一旦发生事故便于施救,根据《危险货物分类和品名编号》(GB 6944—2012)和《危险货物品名表》(GB 12268—2012),结合铁路运输实际情况,铁路运输的危险货物按其具有的危险性或主要危险性和运输要求划分为 9 类,除第 7 类和第 9 类外,其他各类危险货物按其性质或危险性进行分项。其类项划分见表 2-4-1。

表 2-4-1　危险货物类项名称及铁危编号

类号及名称	项号及名称	铁危编号
一、爆炸品	1. 有整体爆炸危险的物质和物品	11001～11149
	2. 有进射危险,但无整体爆炸危险的物质和物品	12001～12057

续上表

类号及名称	项号及名称		铁危编号
一、爆炸品	3. 有燃烧危险并有局部爆炸危险或局部迸射危险，或两种危险都有，但无整体爆炸危险的物质和物品		13001～13070
	4. 不呈现重大危险的物质和物品		14001～14069
	5. 有整体爆炸危险的非常不敏感物质		15001～15005
	6. 无整体爆炸危险的极端不敏感物品		16001
二、气体	1. 易燃气体		21001～21074
	2. 非易燃无毒气体		22001～22069
	3. 毒性气体		23001～23080
三、易燃液体	1. 一级易燃液体		31001～31321
	2. 二级易燃液体		32001～32158
四、易燃固体、易于自燃的物质、遇水放出易燃气体的物质	1. 易燃固体	（一级易燃固体）	41001～41075
		（二级易燃固体）	41501～41571
	2. 易于自燃的物质	（一级自燃物质）	42001～42052
		（二级自燃物质）	42501～42537
	3. 遇水放出易燃气体的物质	（一级遇水易燃物质）	43001～43058
		（二级遇水易燃物质）	43501～43510
五、氧化性物质和有机过氧化物	1. 氧化性物质	（一级氧化性物质）	51001～51087
		（二级氧化性物质）	51501～51530
	2. 有机过氧化物		52001～52172
六、毒性物质和感染性物质	1. 毒性物质	一级毒性物质（剧毒品）	61001～61212
		二级毒性物质（有毒品）	61501～61941
	2. 感染性物质		62001～62004
七、放射性物质	六种形式：易裂变物质、低弥散放射性物质、低比活度放射性物质、表面污染物体、特殊形式放射性物质、非特殊形式放射性物质		71001～71030
八、腐蚀性物质	1. 酸性腐蚀性物质	（一级酸性腐蚀性物质）	81001～81135
		（二级酸性腐蚀性物质）	81501～81648
	2. 碱性腐蚀性物质	（一级碱性腐蚀性物质）	82001～82041
		（二级碱性腐蚀性物质）	82501～82526
	3. 其他腐蚀性物质	（一级其他腐蚀性物质）	83001～83031
		（二级其他腐蚀性物质）	83501～83516
九、杂项危险物质和物品，包括危害环境的物质			91001～91046 91121，91122 91161

铁路危险货物除划分类、项之外，有些项的危险货物还按货物危险程度进行分级。即将危险性较大的货物划分为一级危险货物，而危险性相对较小的货物划分为二级危险货物，如第6类第1项毒性物质，按其毒性大小划分为一级毒性物质和二级毒性物质。

铁路货物运输中，有些货物虽不属于上述九类危险货物，但易引起燃烧，在铁路运输过程中需采取防火措施，这些货物属于“易燃普通货物”，如棉花、麻类、牧草等，见表 2-4-2。

表 2-4-2　易燃普通货物品名表

顺　号	品　　名
1	《品名表》规定之外的籽棉，皮棉，黄棉花，废棉，飞花，破籽花
2	《品名表》规定之外的各种麻类和麻屑
3	麻袋(包括废、破麻袋)，各种破布，碎布，线屑，乱线，化学纤维
4	牧草，谷草，油草，蒲草，羊草，芦苇，荻苇，玉米棒(去掉玉米的)，玉蜀黍秸，豆秸，秫秸，麦秸，蒲叶，烟秸，甘蔗渣，蒲棒，蒲棒绒，芒杆，亚麻草，烤烟叶，晒烟叶，棕叶以及其他草秸类
5	葵扇(芭蕉扇)，蒲扇，草扇，棕扇，草帽辫，草席，草帘，草包，草袋，蒲包，草绳，芦席，芦苇帘子，笤帚以及其他芦苇、草秸的制品
6	干树皮，干树枝，干树条，树枝(经脱叶加工)，带叶的竹枝，薪柴(劈柴除外)，松明子，腐朽木材(喷涂化学防火涂料的除外)
7	刨花，木屑，锯末
8	纸屑，废纸，纸浆，柏油纸，油毡纸
9	炭黑，煤粉
10	粮谷壳，花生壳，笋壳
11	羊毛，驼毛，马毛，羽毛，猪鬃以及其他禽兽毛绒
12	麻黄，甘草

注：1. 用敞、平、砂石车装运易燃普通货物时，应用篷布苫盖严密，在调车或编入列车时，应进行隔离。但对干树皮、干树枝、干树条和带叶的竹枝，由于干湿程度、带叶多少不同应否苫盖篷布由发站根据气温和运输距离在确保运输安全的原则下负责确定。

2. 腐朽木材喷防火涂料或采取其他防火措施后，可不苫盖篷布。

3. 本表未列的品名，是否也属于易燃普通货物，由发站报铁路局集团公司确定。

4. 以易燃材料作包装、捆扎、填塞物，以竹席、芦席、棉被等苫盖的非易燃货物，以及用木箱、木桶、铁桶包装的易燃普通货物，均按普通货物运输。以敞车装运时，是否应苫盖篷布，由托运人根据货物的运输安全情况负责确定，并在货物运单托运人记事栏内注明。

(二)危险货物的编号

危险货物品种繁多，为便于管理，还将危险货物进行了编号。危险货物的品名编号采用联合国编号，铁路危险货物还有铁危编号。每一危险货物对应一个铁危编号和一个联合国编号。

铁危编号是铁路运输货物时，判断货物是否为危险货物的重要标志，是办理承运、配放、确定运输条件的主要依据，还是发生事故时判定货物性质、采取施救措施的依据。

铁危编号由 5 位阿拉伯数字及英文大写字母组成。第 1 位数字表示该危险货物的类别；第 2 位数字表示该危险货物的项别；后 3 位数字表示该危险货物的品名顺序号。顺序号还表示了危险货物的级别，顺序号 001～499 为一级，501～999 为二级(二级易燃液体除外)。

例如，黄磷的联合国编号为 1381，铁危编号为 42001，该铁危编号含义如下：

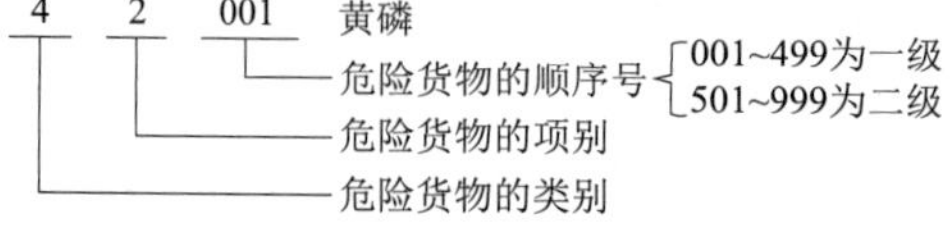

即黄磷为第4类第2项第1级(一级易于自燃的物质)。

同一铁危编号中因货物的状态、组成成分等不同而需要不同运输条件的危险货物，在编号后用英文字母表示。例如，氢氧化钠[固态]的铁危编号是82001A、氢氧化钠溶液的铁危编号是82001B。

四、危险货物办理站及办理限制

危险货物应在危险货物办理站间运输，并遵守办理限制有关规定。

危险货物办理站是站内或接轨的专用线(含专用铁路，下同)用来办理危险货物发送(含换装，下同)、到达业务的车站。按类型分为三种：

(1)站内办理站：仅在站内办理危险货物业务的车站。

(2)专用线接轨站：仅在接轨的专用线办理危险货物业务的车站。

(3)兼办站：在站内和接轨的专用线均办理危险货物业务的车站。

办理站除应执行铁路货场、专用线一般规定外，还应符合《铁路危险货物办理站、专用线(专用铁路)货运安全设备设施暂行技术条件》等相关规定以及有关法律、法规、规章对危险货物运输安全管理、安全作业、安全培训和应急处置等要求。

经国铁过轨运输的非国家铁路控股的合资铁路、地方铁路(已委托铁路局集团公司管理的除外)办理危险货物业务的，应按《铁路危险货物运输安全监督管理规定》要求，向社会公布办理危险货物的车站名称、作业地点、办理品名、装运方式等信息；然后与其所属铁路运输企业签订危险货物过轨运输协议，交换上述有关信息；按照约定的交接地点、方式、内容、条件和安全责任等，与其所属铁路运输企业办理危险货物交接。

在专用线办理危险货物运输时，产权单位应与办理站(货运中心)签订专用线运输协议和危险货物运输安全协议。危险货物运输需要共用专用线时，应由产权单位、共用单位、办理站(货运中心)签订危险货物专用线共用协议。

危险货物运输安全协议、危险货物专用线共用协议每年签订一次。

五、危险货物办理条件

1. 办理种别

铁路危险货物运输管理，坚持“安全第一、预防为主、综合治理”的方针，在保证安全的基础上，提高运输效率。

铁路危险货物运输仅办理整车和集装箱运输。铁路轮渡不办理危险货物运输。遇特殊需求时，应按国家有关规定执行。

2. 托运危险货物安全协议

铁路局集团公司应与托运人每年签订托运危险货物安全协议，并将托运人名称、托运品名范围、协议有效期(起止日期)等上报国铁集团货运部备案，国铁集团货运部在危险货物托运人名称表中公布。

3. 禁止运输的危险货物

禁止运输法律、法规禁止生产和运输的危险物品。

禁止运输危险性质不明以及未采取安全措施的过度敏感或者能自发反应而产生危险的物品，如叠氮铵、无水雷汞、高氯酸(＞72％)、高锰酸铵、4-亚硝基苯酚等。

禁止运输《品名表》“特殊规定”栏中规定禁止运输的，如生活用液化气钢瓶禁止运输。

4. 有条件运输的危险货物

对易发生爆炸性分解反应或需控温运输等危险性大的货物，应由国铁集团组织研究确定运输条件，如乙酰过氧化磺酰环己烷、过氧重碳酸二仲丁酯等。

凡性质不稳定或由于聚合、分解在运输中能引起剧烈反应的危险货物，托运人应采用加入稳定剂或抑制剂等方法，保证运输安全，如乙烯基甲醚、乙酰乙烯酮、丙烯醛、丙烯酸、醋酸乙烯、甲基丙烯酸甲酯等，并在货物运单“托运人记事”栏内填写“已加入稳定剂或抑制剂”字样。

5. 危险货物按普通货物条件运输

《品名表》“特殊规定”栏规定符合按普通货物运输条件的，铁路局集团公司应在其包装方法和包装标志满足危险货物要求，并使用整车或集装箱装载单一品名的情况下，批准其可按普通货物条件运输。运输时，托运人应在货物运单“托运人记事”栏内注明“×××(铁危编号)，可按普通货物运输”，其包装、标志应符合《品名表》关于危险货物运输保障的相应规定。

按普通货物条件运输的危险货物，限使用棚车装运。符合危险货物集装箱要求的，可使用集装箱装运，但应符合《品名表》“特殊规定”栏的特殊规定。

六、危险货物防护

1. 危险货物包装

危险货物运输包装(以下简称“包装”)是指以保障运输、存储、安全为主要目的，根据危险货物性质、特点，按国家有关法规、标准，专门设计制造的包装物、容器和采取的防护技术。

危险货物包装按其内装物的危险程度划分为以下三种包装类别：

Ⅰ类包装：盛装具有较大危险性的货物，包装强度要求高；

Ⅱ类包装：盛装具有中等危险性的货物，包装强度要求较高；

Ⅲ类包装：盛装具有较小危险性的货物，包装强度要求一般。

(1)包装的要求

包装应符合国家有关法律、法规、标准和《危规》的要求，并与内装物的性质、特点相适应。除盛装气体类危险货物的钢瓶外，危险货物包装不得重复使用。

①包装材料材质、规格和包装结构应与所装危险货物性质和重量相适应。包装材料不得与所装货物产生危险反应或削弱包装强度。

②充装液态货物的包装容器内至少留有5%的余量。

③包装封口应根据内装物性质采用严密封口、液密封口或气密封口。装有通气孔的容器，其设计和安装应能防止货物流出和杂质、水分进入。

④包装应坚固完好，能抗御运输、储存和装卸过程中正常的冲击、振动和挤压，并便于装卸和搬运。

⑤包装的衬垫物不得与所装货物发生反应而降低安全性，应能防止内装物移动和起到减震及吸收作用。

⑥包装表面应保持清洁干燥，不得粘附所装物质和其他有害物质。

进出口危险货物在国内段运输时应粘贴或拴挂、喷涂相应的中文危险货物包装标志和储运标志。

放射性物质(物品)运输包装容器应符合《放射性物品运输安全管理条例》《放射性物质安全运输规程》的相关规定;钢瓶应符合《气瓶安全监察规程》的规定。

压力容器应当符合国家特种设备安全监督管理部门制定并公布的《移动式压力容器安全技术监察规程》《气瓶安全技术监察规程》等有关安全技术规范要求,并在经核准的检验机构出具的压力容器安全检验合格有效期内。

采用集装化运输的危险货物,包装应符合《危规》的要求,使用的集装器具应有足够的强度,能够经受堆码和多次搬运,并便于机械装卸。

(2)危险货物的包装标志和包装储运图标标志

为了保证运输安全、方便指导作业,以及一旦发生事故能尽快地判定危险货物的性质,采取相应的施救方法,危险货物运输包装应按国家标准《危险货物包装标志》(GB 190—2009)粘贴或涂打危险货物包装标志。

在货物运输过程中,对怕湿、怕震、怕热、怕冻等有特殊要求的包装,应按《包装储运图示标志》(GB/T 191—2008)粘贴或涂打包装储运图示标志。

2. 调车作业限制

调车作业是运输过程中的一个重要环节。调车连挂时速度高低、冲击大小,与货物的安全有密切关系。装有危险货物的车辆尤其如此。如果在调车作业中将装有危险货物的车辆和装有普通货物的车辆都用同样的方法进行溜放,就很容易造成事故。但是把所有装危险货物的车辆都禁止溜放或溜放时限速连挂,就会大大影响作业效率。

为保证调车作业安全和积极提高作业效率,相关部门制订了铁路车辆禁止溜放和限速连挂表,见表 2-4-3。

表 2-4-3　铁路车辆禁止溜放和限速连挂表

顺号	种类	禁止溜放 (调动这些车辆时禁止溜放和由驼峰上解体)	限速连挂 (溜放或由驼峰上解体调车, 车辆连挂速度不得超过 2 km/h)
1	爆炸品	有整体爆炸危险的物质和物品;有迸射危险,但无整体爆炸危险的物质和物品;有燃烧危险并有局部爆炸危险或局部迸射危险或这两种危险都有,但无整体爆炸危险的物质和物品	不呈现重大危险的物质和物品;有整体爆炸危险的非常不敏感物质;无整体爆炸危险的极端不敏感物品
2	气体	罐车(含空罐车)和钢质气瓶装载的易燃气体、毒性气体	①非易燃无毒气体 ②钢质气瓶以外其他包装装载的气体类危险货物
3	易燃液体	乙醚,二硫化碳,石油醚,苯,丙酮,甲醇,乙醇,甲苯	①除禁止溜放栏内规定以外的装入玻璃或陶瓷容器的易燃液体 ②汽油
4	易燃固体、易于自燃的物质、遇水放出易燃气体的物质	硝化纤维素,黄磷,硝化纤维胶片	三硝基苯酚(含水≥30%),六硝基二苯胺(含水>75%),三乙基铝,浸没在煤油或密封于石蜡中的金属钠、钾、铯、锂、铷、硼氢化物

续上表

顺号	种类	禁止溜放 （调动这些车辆时禁止溜放和由驼峰上解体）	限速连挂 （溜放或由驼峰上解体调车， 车辆连挂速度不得超过 2 km/h）
5	氧化性物质和有机过氧化物	过氧化氢，过氧化钠，过氧化钾，氯酸钠，氯酸钾，氯酸铵，高氯酸钠，高氯酸钾，高氯酸铵，硝酸胍，漂粉精和有机过氧化物	除禁止溜放栏内规定以外的装入玻璃容器的氧化性物质和有机过氧化物
6	毒性物质和感染性物质	玻璃瓶装的氯化苦、硫酸二甲酯、四乙基铅（包括溶液）、一级（剧毒）有机磷液态农药、一级（剧毒）有机锡类、磷酸三甲苯酯、硫代膦酰氯	①禁止溜放栏内的货物装入铁桶包装时 ②除禁止溜放栏内规定以外的装入玻璃或陶瓷容器的毒害性物质
7	放射性物质（物品）	二、三级运输包装或气体的放射性货物	—
8	腐蚀性物质	罐车装载以及玻璃或陶瓷容器盛装的发烟硝酸、硝酸、发烟硫酸、硫酸、三氧化硫、氯磺酸、氯化亚砜、三氯化磷、五氯化磷、氧氯化磷、氢氟酸、氯化硫酰、高氯酸、氢溴酸、溴	除禁止溜放栏内规定以外的装入玻璃或陶瓷容器的腐蚀性物质
9	特种车辆	非工作机车，轨道起重机，机械冷藏车，大型的凹型和落下孔车，空客车及特种用途车（发电车、无线电车、轨道检查车、钢轨探伤车、电务试验车、通信车），检衡车	—
10	特种货物	按规定“禁止溜放”的军用危险货物和军用特种货物	—
11	其他车辆	搭乘旅客的车辆，国铁集团临时指定的货物车辆	乘有押运人员的货车
12	贵重、精密货物	由发站和托运人共同确定的贵重的以及高级的精密机械、仪器仪表	电子管、收音机、电视机以及装有电子管的机械
13	易碎货物	易碎的历史文物，易碎的展览品，外贸出口的易碎工艺美术品，易碎的涉外物质（指各国驻华使、领馆公用或个人用物品，外交用品，国际礼品，展品，外侨及归国华侨的搬家货物）	鲜蛋类，生铁制品，陶瓷制品，缸砂制品，玻璃制品以及用玻璃、陶瓷、缸砂容器盛装的液体货物
注	除顺号 1、2、9、10、11“禁止溜放”外，其他“禁止溜放”的货物车辆可向空线溜放		

3. 车辆编组隔离

由于挂有危险货物车辆的列车在运行中接触的外界条件复杂，编入同一列车的危险货物车辆性质也各不相同，列车中除了危险货物车辆外，还有乘务人员、押运人员，为了保证人身、货物安全以及发生事故后不致使事故扩大，危险货物车辆在编入列车时，就要用普通货物车进行隔离。为此，相关部门制订了铁路车辆编组隔离表，见表 2-4-4。

表 2-4-4　铁路车辆编组隔离表

货物种类（品名编号）		隔离标记	隔离对象						备注
			距牵引的内燃、电力机车，推进运行或后部补机及使用火炉的车辆	距乘坐旅客的车辆	距装载雷管及导爆索（11001，11002，11007，11008）的车辆 △7	距装载除雷管及导爆索以外爆炸品的车辆 △8	距装载易燃普通货物的敞车、平车	距装载高出车帮易窜动货物的车辆	
气体（含空罐车）	易燃气体 非易燃无毒气体 毒性气体	△1	4	4	4	4	2	2	运输气体类危险货物重、空罐车时，每列编挂不得超过 3 组。每组间的隔离车不得少于 10 辆
一级易燃液体 一级易燃固体 一级易于自燃的物质 一级氧化性物质 有机过氧化物 一级毒性物质（剧毒品） 一级酸性腐蚀性物质 一级碱性腐蚀性物质 一级其他腐蚀性物质		△2	2	3	3	4	2		运输原油时，与机车及使用火炉的车辆可不隔离。运输硝酸铵时，与机车及使用火炉的车辆隔离不少于 4 辆
放射性物质（物品）（矿石、矿砂除外）		△3	2	4	×	×	2	1	×标记表示不能编入同一列车
七〇七	一级	△4	4	4	4	4	4	2	一级与二级编入同一列车时，相互隔离 2 辆以上，停放车站时相互隔离 10 m 以上，严禁明火靠近
	二级	△5	4	4	4	4	4	2	
敞、平车装载的易燃普通货物及敞车装载的散装硫黄		△6	2	2	2	2			装载未涂防火剂的腐朽木材的车辆，运行在规定的区段和季节须与牵引机车隔离 10 辆，如隔离有困难时，各铁路局集团公司与相邻铁路局集团公司协商规定隔离办法
爆炸品	雷管及导爆索（11001，11002，11007，11008）	△7	4	4		4	2	2	
	除雷管及导爆索以外的爆炸品	△8	4	4	4		2	2	

注：1. 小运转列车及调车隔离规定，由铁路局集团公司自行制定。

2. 有△丰标记的车辆与装载蜜蜂的车辆运输时按有关规定办理。

3. 空罐车可不隔离（气体类危险货物除外）。

4. 停止制动作用

某些危险货物因货物性质需停止制动作用，即关闭车辆截断塞门，使本车制动不起作用。在《品名表》第12栏有下列特殊规定的危险货物，仅限使用停止制动作用的棚车：

①特殊规定4：仅限使用停止制动作用的棚车。

②特殊规定26：含氮量≤12.6%、含水或其他润湿剂<32%的硝化纤维素，限按整车办理，并仅限使用停止制动作用的棚车装运。

如电引爆雷管（爆破用）(11001)、重氮甲烷(11020)等货物装运时，仅限使用停止制动作用的棚车。

装运需停止制动作用的货车时，车站应书面通知所在地货车车辆段，由货车车辆段组织相关运用作业场派员关闭截断塞门并施封，封上应有"停止制动"字样。到站卸车后，车站应书面通知所在地货车车辆段，由货车车辆段组织相关运用作业场派员拆封，并确认铁路货车自动制动机技术状态良好后开启截断塞门。

5. 特殊防护事项

根据危险货物特殊性质，在调车作业和运输编组隔离、车辆技术检查、整备、检修等技术作业中需采取特殊防护事项，要有明确规定，并应书面通知有关单位和人员。有关运输单据和货车上的表示方式见表2-4-5。

表2-4-5 特殊防护事项表

特殊防护事项	货车上的表示	运输单据上的表示
规定禁止溜放或溜放时限速连挂的货车	在货车两侧插挂"禁止溜放"或"限速连挂"的货车表示牌	在货物运单、票据封套上标记"禁止溜放"或"限速连挂"记事
规定编组需要隔离的货车	在货车表示牌上要记明三角标记。未限定"禁止溜放"或"限速连挂"的货车可用货车表示牌背面记明三角标记，并插于货车两侧	在货物运单、票据封套上标记规定的编组隔离标记
规定停止制动作用的货车	在货车表示牌上记明"停止制动作用"字样	在货物运单、票据封套上标记"停止制动作用"

派有押运员的成组危险货物车辆，要求成组连挂，不得拆解；发站应在该组车辆每一张货物运单上标记"成组连挂，不得拆解"，并将该组票据单独装入封套（剧毒品除外），封套上标记"成组连挂，不得拆解"。

第五节 鲜活货物

一、鲜活货物的定义

针对铁路运输特点，在国铁集团制定的《铁路鲜活货物运输规则》（以下简称《鲜规》）(TG/HY 104—2018)中，将铁路鲜活货物定义为：在铁路运输过程中需要采取制冷、加温、保温、通风、上水等特殊措施，以防止出现腐烂、变质、冻损、生理病害、病残死亡等问题的货物。

二、鲜活货物的分类

鲜活货物分为易腐货物和活动物两大类。

1. 易腐货物

易腐货物包括肉、蛋、乳制品、速冻食品、冻水产品、鲜蔬菜、鲜水果、花卉植物等。

按其热状态不同，易腐货物又分为冻结货物、冷却货物和未冷却货物。

(1)冻结货物是指经过冷冻加工成为冻结状态的易腐货物，如冻肉、冻鱼、冰淇淋等，承运时货物的温度一般在－12 ℃以下。

(2)冷却货物是指经过冷却处理后，温度在冻结点以上的易腐货物，如经过冷却的肉类制品、奶、水果、蔬菜等。承运时货物的温度一般在 0 ℃以上。

(3)未冷却货物是指未经过任何冷处理，完全处于自然状态的易腐货物，如采收后以初始状态提交运输的水果、蔬菜，还有花卉、盆景等鲜活植物。

2. 活动物

活动物包括禽、畜、兽、蜜蜂、活水产品等。

三、鲜活货物运输的特点和要求

1. 鲜活货物运输的特点

(1)季节性强，运量波动大。

大部分鲜活货物的生产具有季节性，如水果集中在第三、四季度，南菜北运集中在冬春两季，水产品集中在春秋汛期，从而也形成了鲜活货物运输的旺季和淡季，旺季运量集中，运输时间紧迫；淡季运量减少，专用运输设备利用率低。

(2)品种多，运输工作复杂。

我国物产丰富，鲜活货物品种多，性质不一。不同的鲜活货物，运输条件各异，运输时需要采取冷藏、保温、加温、通风等不同的运输方式，提供预冷、制冷、供暖、上水等运输服务，运输工作复杂。

(3)运距长，运输时间要求短。

我国地域辽阔，鲜活货物分布不同，需要通过运输来调节，满足各地消费市场的需求，而且产地集中、销地分散，运输距离一般较长。如运输时间过长，易腐货物的养分减少，干耗增大，质量下降甚至腐烂变质；活动物则有可能掉膘、病残、死亡。运输易腐货物有严格的容许运输期限，运输活动物也须注意容许在途时间。

(4)批量小，去向分散。

近年来，鲜活货物市场总体需求量增大，但各地市场则呈现需求品种多、批量小的发展趋势，除少数大宗鲜活货物的流向流量较为明显和稳定外，多数货物的流向流量都较为分散。

(5)货物质量易受外界气温、湿度和卫生条件的影响。

鲜活货物较一般货物最大的不同是具有鲜活的特性，其质量易受外界气温、湿度和卫生条件的影响。

(6)货物品质要求高。

随着社会和经济的发展，人们生活水平不断提高，对鲜活货物质量的要求也越来越高，更加注重食品的营养价值、风味口感、色泽外观和卫生安全。

2. 鲜活货物运输的要求

(1)承运货物要符合运输条件的规定。

易腐货物的热状态、承运质量、承运温度、包装和容许运输期限等要符合运输条件的规定；活动物应无病残，有规定的检疫证明，需要的容器、饲料和装车备品也应符合运输安全和卫生要求。

(2)需配备相应的运输车辆、运载器具和运输设施。

为保证鲜活货物的运输质量,需要有冷藏车、保温车、家畜车、活鱼车等专用货车和保温汽车、冷藏集装箱等运输车辆、运载器具以及为鲜活货物运输服务的预冷、制冷、上水、供电等设施。

(3)运输中需保持适宜的温度和湿度。

(4)要有良好的卫生和通风条件。

鲜活货物的储运环境应符合卫生防疫的要求,必须按规定严格对货车、货位进行清扫、洗刷除污和消毒,使用的装卸搬运机具、用品应清洁,运输需要的饮用水要卫生,防止货物受到污染和微生物侵害,还要有良好的通风条件,便于散热降温,排除有害气体、异味和多余水汽,保持空气清新适宜。

(5)做到灵活、快速运输。

为适应易腐货物运输去向分散、批量小的发展趋势,需要增加适应市场需求的单节式机械冷藏车、保温车、冷藏集装箱等专用货车和运载工具,采用灵活多样的运输方式。

(6)提供冷藏物流服务。

为高度保持货物的鲜活特性,铁路应以冷藏运输为主体,逐步构建和拓展易腐货物产储运销一体化的冷藏链,实现冷藏运输网络与冷藏仓储配送网络的无缝对接,形成具有铁路特色的冷藏物流网络体系,为易腐货物的物流过程提供更优质的物流服务。

复习思考题

1. 铁路运输的货物是如何分类的?
2. 简述散堆装货物的范围及特点。
3. 简述成件货物的范围及特点。
4. 简述集装箱定义及分类。
5. 集装箱的主要标记有哪些?
6. 简述集装箱的运输条件。
7. 什么是超限货物? 超限等级是如何划分的?
8. 什么是超重货物? 如何确定超重等级?
9. 什么是危险货物? 危险货物如何分类?
10. 简述铁危编号的组成及含义。
11. 简述危险货物办理站的定义及分类。
12. 简述危险货物办理条件。
13. 某站运输箱装均重货物一件,规格为 12 000 mm×3 600 mm×3 200 mm,使用N17AK 一辆装载,货物重心投影落在车辆纵横中心线交叉点上,试确定超限等级。
14. 某站运输钢构架一件,外形尺寸为 16 000 mm×3 200 mm×3 200 mm,使用 N17AK 一辆两端均衡突出装载,用 N17AK 作游车,货物重心投影落在车辆纵横中心线交叉点上,试确定超限等级。

第三章　装运货物的车辆

铁路车辆是运送旅客和货物的工具，车辆按用途分为客车、货车及特种用途车。货车是运载货物，完成铁路货物运输任务的运载工具，是铁路运输的重要设备。铁路货物运输所涉及的货物种类繁多，货物性质不同，运输条件不尽相同，车货匹配才能物尽其用，更好地发挥其应有的作用。

第一节　铁路货车

一、货车的分类

铁路货车按用途不同可分为通用货车、专用货车；按轨距不同可分为准轨车、宽轨车和窄轨车；按载重量不同又可分为 60 t、70 t、80 t、90 t 等多种货车。

1. 通用货车

铁路通用货车是为了适应日常的货物运输需求，满足大部分货物的装载和运输的车辆。随着铁路运输的不断发展，其种类和功能已基本定型，通用货车包括棚车、敞车和平车，这些车辆大约占铁路货车总数的 85%。

2. 专用货车

专用货车是指专供运送某些种类的货物而设计制造的货车，包括以装运气体和液体类货物为主的罐车、用来装运阔大货物的长大货物车、用以装运对温度有特殊要求的货物的冷藏车、运送集装箱的集装箱专用车、运送有毒性货物的毒品专用车、运送各种粮食物品的粮食专用车等。

二、车辆的基本构造

铁路货车的种类虽然很多，但它们的构造是相似的，一般由车体、车底架、走行部、车钩缓冲装置和制动装置五大部分组成。

1. 车体

车体是容纳运输对象的地方，又是安装与连接其他组成部分的基础。车体一般和车底架构成一个整体，按其结构外观形式分为棚车、敞车、罐车、平车等。

2. 车底架

车底架是车体的基础，它承受车体和所装货物的重量，并通过上、下心盘将重量传给走行部。在列车运行时，它还承受牵引力各种冲击力，所以必须具有足够的强度和刚度。车底架由中梁、枕梁、横梁、端梁、侧梁及地板托梁等组成，如图 3-1-1 所示。

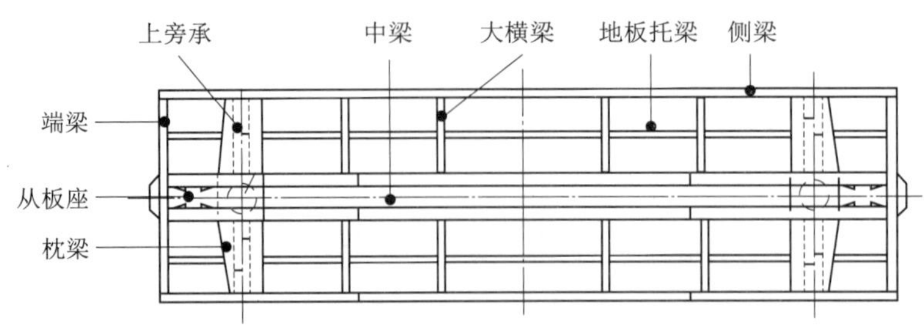

图 3-1-1　货车车底架的一般结构(俯视图)

3. 走行部

铁路货车走行部的作用是引导车辆沿轨道运行,并把车辆的重量和货物载重传给钢轨,它应保证车辆以最小的阻力在轨道上运行,并顺利地通过曲线。

铁路货车大部分是四轴车辆,走行部采用两台两轴转向架。货车转向架(图 3-1-2)主要由轮对、轴箱装置(滚动轴承)、侧架、摇枕、下心盘、下旁承、弹簧减振装置、楔块、交叉支撑装置组成。

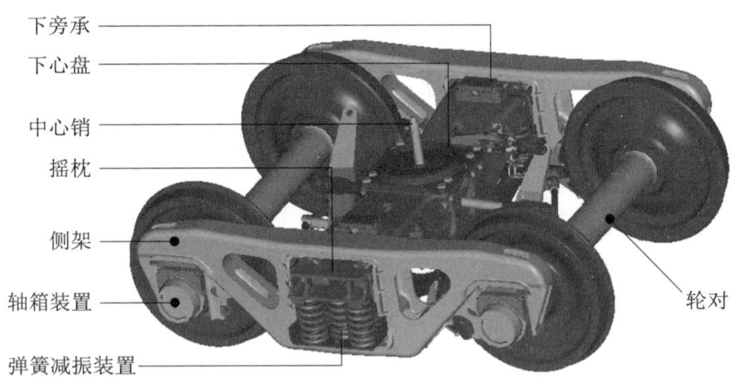

图 3-1-2　K6 型货车转向架

在摇枕的中心安装有下心盘,其和装在车体枕梁上的上心盘通过中心销联系在一起。摇枕上部两端各设一个下旁承,与车底架枕梁下部两端的上旁承相对。当车辆在线路上运行,车体发生左右摇摆时,上、下旁承接触从而支撑车体,防止车体过度倾斜。当车辆处于正常状态时,上下旁承之间要保持一定的间隙,称为游间。当上下旁承游间过大时,会导致车体倾斜过量或侧滚;游间过小时上、下旁承提前接触,增大了阻力,不利于经过曲线。因此,游间大小必须控制在合理范围之内。《技规》第 269 条规定:同一转向架旁承游间左右之和(弹性旁承及旁承承载结构的除外),客车为 2～6 mm,货车为 2～20 mm;常接触式旁承上下无间隙。

4. 车钩缓冲装置

车钩缓冲装置由车钩及缓冲器等部件组成,如图 3-1-3 所示。车钩缓冲装置安装在车底架两端,其作用是将机车车辆连挂到一起,并传递纵向牵引力和推送力,缓和车辆在连挂时或列车运行减速、停车时引起的纵向冲击和振动。

(1)车钩

车钩由钩体和钩头配件两部分组成。

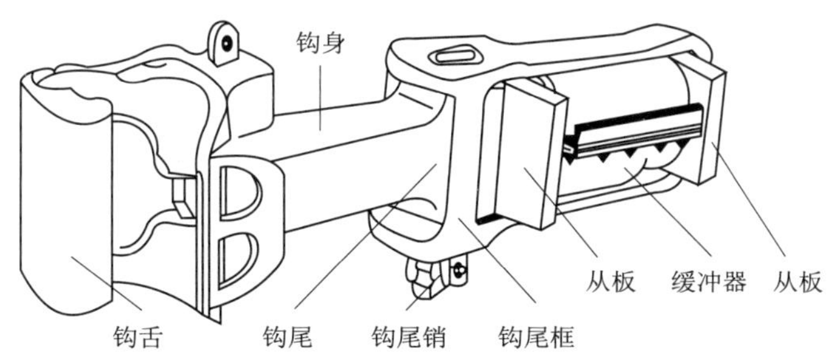

图 3-1-3　车钩缓冲装置的组成

钩体由钩头、钩身、钩尾三部分组成。钩头在钩体的前端，用于安装钩头配件；钩体中部为钩身，为中空矩形断面结构，用来传递牵引力和冲击力。钩体末端为钩尾，在钩尾上装有钩尾框，钩尾框内有缓冲器，缓冲器的两侧有从板，它和车底架中梁上的从板座相贴合。

钩头配件有钩舌、钩舌销、钩提销、钩舌推铁和钩锁铁等。通过钩头配件的相互作用，实现车钩的闭锁位（两车辆连挂后车钩应具有的状态）、开锁位（两车辆需要分离时车钩应具有的状态）和全开位（两车辆连挂前车钩应具有的状态）三种作用状态。

(2)缓冲器

缓冲器安装在车钩后面的钩尾框内，用来缓和列车在运行中由于机车牵引力的变化或在起动、制动及调车作业时车辆相互碰撞而引起的纵向冲击和振动，从而提高列车的平衡性，减轻对车体结构和装载货物的破坏作用，延长车辆的使用寿命。

5. 制动装置

制动装置是保证列车安全运行的最重要部分，使高速运行中的车辆能于规定距离内停车或减速。制动装置一般包括空气制动机、人力制动机和基础制动装置三部分，如图 3-1-4 所示。

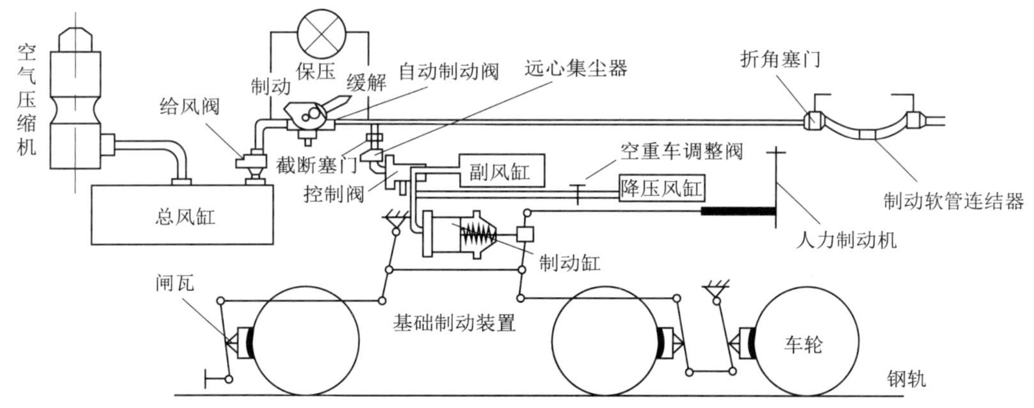

图 3-1-4　列车空气制动系统的组成

(1)基础制动装置。由制动缸活塞推杆至闸瓦间的一系列杠杆、拉杆、制动梁等传动部分所组成，其作用是把制动缸活塞上的推力增大若干倍以后平均地传给各个闸瓦，使之压紧车轮而产生制动作用。

(2)空气制动机。空气制动机是以压缩空气为动力的制动机。空气制动机的部件，一部分装在机车上，另一部分装在车辆上。

空气压缩机、总风缸、制动阀等安装在机车上。空气压缩机产生的压缩空气储存在总风缸内。列车中的车辆的制动与缓解，由机车司机操纵自动制动阀（大闸）来实现。

安装在车辆上的设备包括制动主管、折角塞门、制动支管、截断塞门、远心集尘器、三通阀、副风缸、降压风缸、空重车调整装置、制动缸、闸瓦。

空气制动机的工作原理是:充风缓解、排风制动。司机通过位于司机室操作台的自动制动阀来向制动管充风(大闸在缓解位)或者把制动管的风排向大气(大闸在制动位)。控制阀根据制动管风压的变化来控制压缩空气的流向。当制动管风压增大时,控制阀将压缩空气引向副风缸储存起来,同时将制动缸的压缩空气排向大气,制动缸活塞杆收回,带动基础制动装置使闸瓦离开车轮,使车辆缓解。当制动管风压降低时,控制阀将副风缸与制动缸连通,压缩空气从副风缸流进制动缸,推动制动缸活塞杆伸出,带动基础制动装置使闸瓦抱紧车轮踏面,使车辆制动。

货车空车和重车时所需的制动力差别很大,为此货车上装设了空重车调整装置,通过操作空重车调整阀,配合降压风缸的使用,来控制进入制动缸内压缩空气的量,从而达到调整制动力大小的目的。

在车辆制动支管上设有截断塞门,正常情况下截断塞门处于开通状态。货物列车中因装载的货物需要停止制动作用的车辆、制动机临时发生故障的车辆,准许关闭截断塞门,停止该车辆制动机的作用,这种停止车辆制动机作用的车辆称为关门车。

(3)人力制动机。在每节车辆的一端,都装有一套人力制动机,可以用人力来使单节车辆或车组减速或停车。我国铁路货车上多用链式人力制动机,结构简单、操纵灵活、制动力强。

三、货车标记

为了表示车辆的性能及特殊设备,在车辆上须涂刷规定的各种标记,以便识别并合理使用车辆,即车辆标记,如图 3-1-5 所示。

(一)共同标记

1. 产权标志

凡国铁集团所属的货车均应在车体两侧的侧墙上涂打路徽标记。

我国各路外厂矿企业的自备车因运送货物或委托路内厂、段检修而需在正线上行驶,为避免铁路运输部门混淆使用,必须有明显的路外厂矿企业自备车辆的产权标志。

2. 车种、车型、车号

为了表示车辆类型、构造特点以及便于运用和管理,在车辆规定的处所,由车辆工厂或车辆段涂写规定的车种、车型、车号编码,如图 3-1-6 所示。

路徽
性能标记
车辆换长
车型车号
C70
15 90350

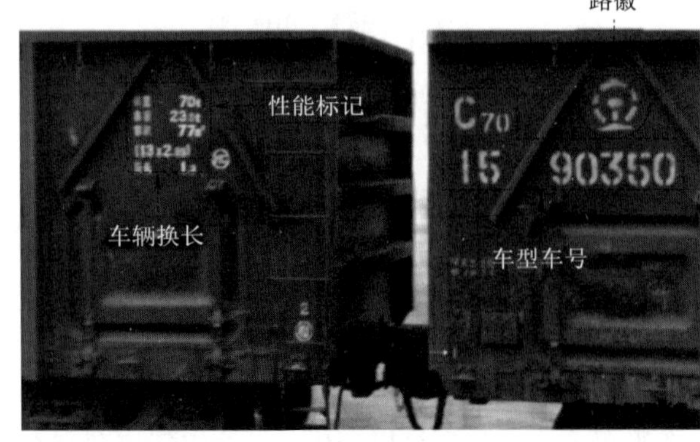

图 3-1-5 车辆标记

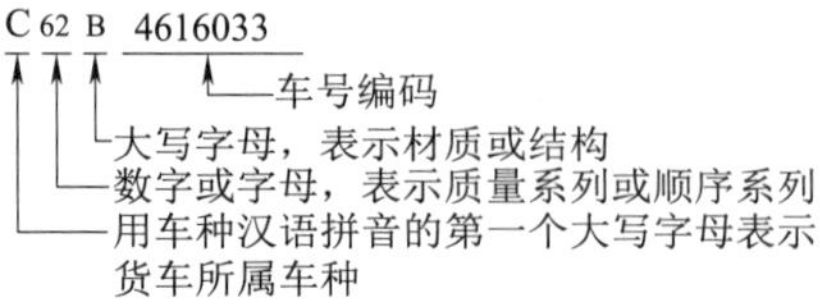

C 62 B 4616033
车号编码
大写字母，表示材质或结构
数字或字母，表示质量系列或顺序系列
用车种汉语拼音的第一个大写字母表示货车所属车种

图 3-1-6 车辆车种、车型、车号编码

在图 3-1-6 中，C_{62B} 表示车辆的车种、车型编码，用大写汉语拼音字母和数字混合表示，其最大位数不得超过五位。

车号采用七位数字代码，货车的容量为 9 999 999 辆。车号编码时，同型货车车辆必须集中在划定的码域内，且每辆货车的车号编码在全国范围唯一。

3. 货车性能标记

(1)自重：车辆在空车状态时本身的全部重量，以 t 为单位。

(2)载重：表示车辆技术条件所允许的载重量，以 t 为单位。

(3)容积：表示货车内部容纳货物的体积，一般以车辆内部的"长×宽×高"表示，尺寸以米(m)为单位，容积以立方米(m^3)为单位。

平车、集装箱车、长大货物车不涂打容积标记，而涂打长、宽标记。

(4)换长：换长也称为计长，是车辆长度的换算标记，标明换算标记是为了便于计算列车的总长度。其值为货车车体两端车钩在闭锁位时，两钩舌内侧之间的距离与标准长度的比值。标准长度规定为 11 m，是以 30 t 棚车的平均长度为计算标准规定的。

(二)特殊标记

1. 人字标记

涂打人字标记㊅的棚车，设有床托，可以利用床托拱床板；车顶中央设有烟囱，可以安装火炉；车体两侧有较多的车窗，能通风换气，且为竹、木底板，并设有便器等。必要时，该车可以代替客车运送人员。

2. 环形标记

涂打环形标记Ⓣ的货车，表示车内设有拴马环或拦马杆座的敞车或棚车。

3. 国际联运标记

货车上涂打国际联运标记Ⓜ时，表示该车辆各部分符合国际联运的技术要求，可以参加国际联运。

4. 关字标记

涂打关字标记㊎的平车在运行时，端板应处于立起关闭状态。特殊情况下，在安装车钩缓冲停止器后允许将端板放倒运行；或将两平车相邻端的一辆平车的端板采取可靠吊起措施后，可将另一辆平车的端板放倒运行。

5. 卷字标记

货车上涂打卷字标记㊄时，表示该车辆两侧梁端部设有挂卷扬机钢丝绳的挂钩，以便进行卷扬倒车。

6. 集中载重标记

集中载重标记标明货车中部在一定尺寸范围内允许承受的装载质量。标重 60 t 及以上的普通平车、共用车及长大货车上均应涂打集中载重标记。

7. 毒品专用车标记

主要用于装运农药等有毒货物的专用车辆，车体采用全黄色，应按规定在货车车体涂打☠标记。

(三)车辆方位标记

为便于运用、检修车辆，国铁集团规定车辆两端分别为 1 位端和 2 位端，并在货车两侧分别涂打相应的标记，如图 3-1-7 所示。

车辆方位是按制动缸活塞杆推出方向来确定，即制动缸活塞杆推出的方向为该车的1位端（人力制动机一般设在1位端），另一端为2位端。对于多制动缸的车辆以人力制动机一端为1位端。

对车辆部件称呼时，可站在车辆1位端面向2位端，对车辆两侧都装设的配件，由1位端左侧向右交互数到2位端；对非左右两侧都装设的配件称呼时，则由1位端顺序数到2位端。

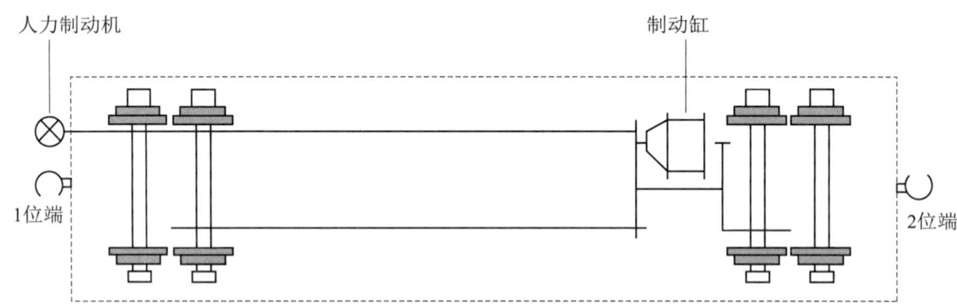

图 3-1-7　车辆方位示意图

四、车辆的检修

1. 车辆的修程

为了保证行车安全，提高运输效率，保证车辆质量，每当车辆运用一定期限后，进行一定内容的修理工作，这样能有计划地使车辆恢复运用性能，保证良好的技术状态，并避免在下一次定期修理前出现重大故障。当前，我国铁路车辆实行定期检修制度，并逐步扩大实施状态修、换件修和主要零部件的专业化集中修。

铁路货车定检周期分为以时间和运行里程结合时间两种。以时间确定定检周期的铁路货车分为厂修、段修、辅修，其中取消辅修的铁路货车分为厂修、段修两级修程。以里程结合时间确定定检周期的铁路货车分为大修（厂修）、全面检查修（段修）。

（1）厂修：按厂修期限将车辆送到车辆修理工厂进行的定期检修，其主要任务是恢复车辆的基本性能。

（2）段修：按段修期限将车辆送到车辆段进行的定期检修。段修要求分解检查车辆转向架、车钩缓冲装置及制动装置等部件，并检查修理车辆的故障。其主要任务是保证车辆在检修质量保证期内，各部状态性能良好。

（3）辅修。辅修是在站修所或专用修车线施修，主要针对制动装置和轴箱部分实行检修，并对其他部分作辅助性修理。

2. 定检标记

在车辆进行定检修竣工之后，为了明确检修责任，掌握检修周期，应在车辆规定处所涂打定检标记，图3-1-8为车辆的段修、厂修标记。

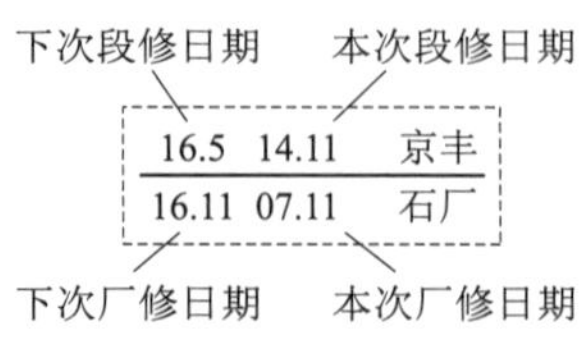

图 3-1-8　段修、厂修标记

3. 车辆的扣修

在车辆使用过程中，车辆检修部门要对车辆进行检查，对车辆定检到期的车辆或者发生故障的车辆要进行扣修，扣修结束后，应在车辆规定处所涂打定检标记或者维修标记。

五、货车使用的基本要求

货车是铁路货物运输的主要工具，装运货物的车辆必须是经国铁集团公布的货车，凡未经国铁集团公布的，技术参数不全的敞车、平车及长大货物车，一律不得使用。未按管理权限经国铁集团或铁路局集团公司批准，各类货车装载的货物不得超出货车的设计用途范围。

货车的技术参数由国铁集团有关部门公布，凡货车车体上的标记技术参数与国铁集团公布的货车技术参数不一致时，以车体上的标记技术参数为准。

货车状态的好坏，直接影响行车安全、货物质量，因此，装运货物必须使用状态良好的货车。货车状态主要包括以下内容：

(1)货车技术状态良好。货车技术状态良好是指车辆的主要部件无损坏，敞、棚车的门、窗，罐车的盖、阀完整良好，能正常开启关闭，无扣修通知、色票，无货车洗刷回送标签。

(2)定检未过期。

(3)卫生状况良好。货车卫生状况良好是指车辆应清扫干净、无污染。

第二节　敞　　车

敞车是指具有端墙、侧墙、地板而无车顶的货车，属于侧壁承载结构(图 3-2-1)，主要供运送煤炭、矿石等不易受自然条件影响的货物。若在所装运的货物上苫盖篷布后，敞车还可替代棚车来装运易受自然条件影响的货物，因此敞车具有很大的通用性，在货车组成中数量最多，全路敞车约占货车总数的 60%以上。

铁路敞车按其适用范围又可分为通用敞车和专用敞车。我国铁路专用敞车主要为大秦线运煤专用敞车(如 C_{76}、C_{76A}、C_{76B}、C_{80}、C_{80B})，以及用于装运矿石、矿粉、卷钢、钢板、线材、盘条等货物的 C_{100} 型三支点专用敞车等。

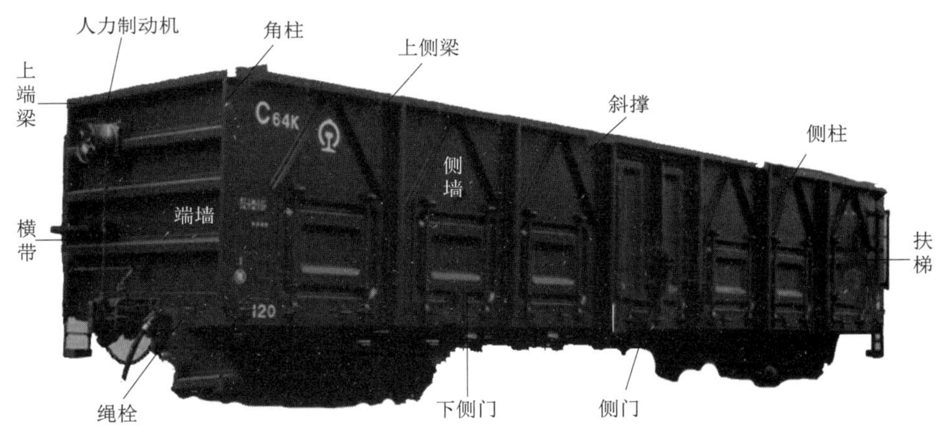

图 3-2-1　铁路敞车

一、敞车侧开门

敞车侧开门门锁和下侧门门搭扣的可靠性及操作的规范性对铁路货物运输安全性具有重要作用，侧开门门锁一直是铁路货车设计及运用检修部门关注的焦点之一，也是困扰运输部门和铁路货车检修部门的共性问题。为此，国铁集团组织相关单位对敞车侧开门门锁进行了多次运用情况调研和结构改进。我国铁路线上运行的通用敞车侧开门锁主要有直通式插销拉杆侧开门和直杆式插销拉杆式侧开门两种，下侧门一直采用同一种结构。

我国铁路通用敞车侧开门设置在铁路货车侧墙中部．每侧侧墙上设置一个，全车共两个。下面以直通式插销拉杆侧开门为例介绍敞车侧开门。

直通式插销拉杆侧开门主要由门板、门轴、折页、上门锁、下门锁组成，如图 3-2-2 所示。上门锁包括上侧梁锁套、锁头、上门锁座、手把、手把支座、止挡铁等；下门锁包括下门锁锁座、下门锁铁（下门锁紧铁）。

图 3-2-2　直通式插销拉杆侧开门结构

1. 直通式插销拉杆侧开门的开门操作

直通式插销拉杆侧开门的开门操作要点是：先开上门锁，再开下门锁，打开右侧门，再开左侧门。

具体操作步骤是：将止挡铁旋转打开，将上门锁手把向左旋转 90°，至锁头从上侧梁锁套中脱出；敲击锁铁底部，向上提起下门锁紧铁向外翻转 180°至门全开；先开右侧门，再开左侧门。

注意事项：敞车侧门开启后，须固定牢靠。

2. 直通式插销拉杆侧开门的关门操作

直通式插销拉杆侧开门的关门操作要点是：先关左侧门，后关右侧门，先锁闭下门锁，再锁闭上门锁。

具体操作步骤是：先关左侧门，后关右侧门；将下门锁紧铁向上翻起朝内翻转 180°并落下，向下压紧锁铁至闭锁位；转动并向上抬起上门锁手把至锁头插入上侧梁锁孔中，转动手把向右旋转 90°，将手把完全卡进止挡铁内，完成闭锁。

注意事项：关门操作中一定确保锁头插入上侧梁锁孔，严禁先关闭手把，后关闭锁铁。敞车侧门关闭后，须确认闭锁可靠，并用 8 号或 10 号镀锌铁线将上、下门锁拧固 3 周，剪断余尾。

二、敞车下侧门

我国铁路通用敞车下侧门对称分布在侧墙开门两侧，每侧侧墙上设置 6 个，全车共 12 个。各型敞车采用相同结构的下侧门，主要包括门轴、门带、折页、挂环、钩链、门搭扣等部件，如图 3-2-3 所示。

图 3-2-3　敞车下侧门结构

1. 开门操作

下侧门搭扣向上旋转至折页处于打开位置，此时下侧门处于半开位；向上提起下侧门折页直至挂环挂到固定在上方的钩链上，以固定下侧门，下侧门处于完全打开位置；下侧门无须翻转时，可在车门开启到一定开度后，用支门器支开。

2. 关门操作

向上提起下侧门折页直至挂环与上方的钩链分离，下侧门处于半开位置；将下侧门放下至折页贴紧侧墙，同时将下侧门搭扣向下旋转，直至完全锁死折页。

3. 开关敞车下侧门注意事项

(1)全开作业要求。

开启敞车下侧门，应先检查下侧门上方钩链完整牢固，然后由两人用两根拉门绳将车门拉起，将挂环挂于钩链上，如图 3-2-4 所示。

图 3-2-4　使用拉门绳开启敞车下侧门

(2)半开操作要求。

开启敞车下侧门,下侧门无需翻转时,可在车门开启到一定开度后,用支门器支开或车门卡卡牢,不准掩夹石块等易碎、易滚动物体,车上人员要防止车门开启后随货物滑落,如图 3-2-5所示。

支门器应用直径 27 mm 镀锌管和 40 mm×4 mm 扁铁制作,全长 700 mm。支门器一端敲成 50 mm×5 mm 扁形,另一端用 40 mm×4 mm 扁铁做成长度 180 mm U 形环。支门器结构如图 3-2-6 所示。

使用支门器时,应将支门器 U 形环插在车辆丁字铁或门搭扣座上,另一扁头顶在下侧门翻起端适当安全位置。

图 3-2-5 开启敞车下侧门使用支门器

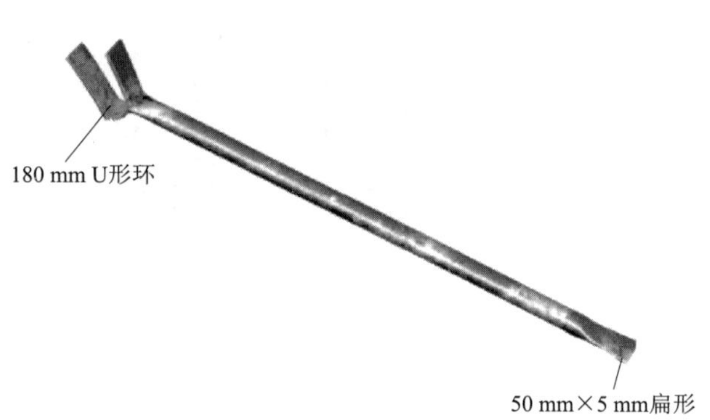

图 3-2-6 支门器结构

(3)门搭扣不能入槽时的处理。

关闭有轻微变形门搭扣无法入槽的敞车下侧门时,应使用关门器进行关闭,如图 3-2-7 所示。

关门器由手柄和钩舌组成。手柄用直径 27 mm 六角钢制成,总长 870 mm,两头翘起长 85 mm 扁头。钩舌用 10 mm 钢板制作,通过螺栓与手柄相连。钩长 170 mm,钩底宽 50 mm,钩尖高 45 mm,开口 20 mm。关门器结构如图 3-2-8 所示。

图 3-2-7 使用关门器使搭扣入槽

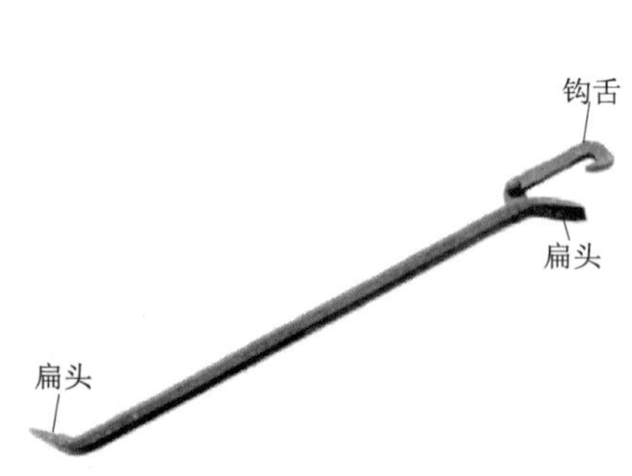

图 3-2-8 关门器结构

使用关门器时,将关门器钩头先钩牢敞车底部槽钢,翘起扁头顶住下侧门折页,然后向上压,使搭扣入槽。

(4)开关下侧门注意事项。

①开关敞车车门必须逐个进行开或关。

②开关下侧门时应做好呼唤应答,确认门下无人后再开启或放下。

③使用拉门绳开关敞车下侧门时,车门迎面禁止站人。

④进出敞车车厢应从中门进出,禁止人员从开启的敞车下侧门钻进或钻出。

三、敞车拴结点

我国铁路既有 60 t 级和 70 t 级敞车车内拴结点绳栓,分布位置为每侧侧墙上设有 6 个侧墙绳栓,每端端墙角部设有 2 个端墙绳栓,如图 3-2-9 所示。

车外拴结点为绳栓(即丁字铁),如图 3-2-10 所示。每侧下侧梁上设有 6~7 个下侧梁绳栓,每端端梁上设有 2 个端梁绳栓,下侧梁绳栓与端梁绳栓采用相同件,下侧梁、端梁绳栓与车体间 60 t 级通用敞车采用热铆钉连接,70 t 级通用敞车采用强度更高的专用拉铆钉连接。

图 3-2-9 车内栓结点示意图

图 3-2-10 车外栓结点示意图

1. 拴结点的作用

我国铁路用通用敞车运输集载货物时,为防止货物产生纵、横向移动和纵、横向倾覆,利用车内、外拴结点对货物进行加固,以防止运行中及调车作业时因惯性力的作用而发生窜动。当 1 个拴结点上有多根拉牵绳时,最大拉力为多根拉牵绳的合力。

2. 注意事项

(1)使用叉车、装载机等装卸机械装载货物时,应注意不要磕碰车外侧梁绳栓,以免绳栓变形影响正常使用。发生该故障的绳栓可通过火焰加热校正修复。

(2)不能在绳栓上施加过大捆绑力,以免绳栓产生永久变形。发生该故障绳栓须进行更换。

四、敞车运用时的注意事项

铁路敞车主要用来运送煤炭、矿石、矿建物资、木材、钢材等大宗货物,也可用来运送集装箱及重量不大的机械设备。

1. 敞车运用时的基本要求

敞车在装卸车作业完了,必须按规定关闭侧门和下侧门,清除车体异物;卸后空车必须清扫干净。

2. 敞车装运煤炭、矿石等散装货物时应做好下列工作

一是装车前和装车后，均应检查车门关闭状态、对车门关闭不严的货车，应进行封堵，以防止在运送途中货物撒漏，造成货物损失，污染环境。

二是在装车后，应按规定进行平顶，防止因货物装载状态不良造成偏载或偏重，危及行车安全。

三是对运输过程中易出现扬尘的货物，应按规定进行抑尘处理。

四是在货物装卸车作业完了，应认真清扫车体、车钩连接处的残货，防止车辆运行中，抛洒的残货对线路周围设备、人员及会让的列车造成伤害。

3. 敞车装运轻浮货物起脊装载时

为提高货车载重力的利用率，可充分利用限界空间，超出货车端侧墙装载货物，但货物装载的高度和宽度不得超出机车车辆限界基本轮廓和特定区段的装载限制。

超出货车端侧墙装载货物，应根据货物的性质使用合适的加固材料，以防止货物滚动或窜动，危及运输安全。

4. 敞车装运货物加固时的要求

使用敞车装运货物，为防止货物产生纵、横向移动和纵、横向倾覆，可利用车内、外拴结点对货物进行加固，遵守下列规定：

(1)每个拴结点上所承受的力不得超过拴结点所能承受的最大拉力。

(2)用钢丝绳等拉牵绳穿过下侧门进行加固时，不得强力锁闭搭扣，必要时应采用铁线等对搭扣、下侧门进行捆绑固定。

(3)使用敞车装运活动物时，为了通风散热，可吊起下侧门，吊起的下侧门最外突出部位不得超限。吊起的下侧门应固定并捆绑牢固，并用栅栏将活动物挡住，防止活动物头脚伸出或坠落，避免活动物发生伤残死亡和引发行车事故。

第三节 棚 车

棚车是有顶棚、侧墙、地板、车门和车窗的铁路货车，属于整体承载结构(图 3-3-1)。棚车主要用来装运贵重、怕湿等易受自然条件影响的货物，有的棚车还可在车内安装火炉、烟囱、床板等，必要时可以运送人员和牲畜，全路棚车约占货车总数的 20%。

图 3-3-1 普通棚车

棚车包括普通棚车和专用棚车两类。专用棚车是指专门用于装运某一类货物的棚车，如行包专用车、邮政车、活顶棚车等。普通棚车主要用于装运普通货物，在棚车家族中数量最多。本节主要介绍普通棚车。

一、棚车车门

我国铁路普通棚车采用推拉式车门，设置在货车侧墙中部，每侧侧墙上设一个，全车共两个。车门由门板、侧框和滑动装置（包括导轨和滑轮）组成。棚车车门结构主要分为 P_{62} 系列和 P_{64}、P_{70} 系列。

（一）P_{64} 系列、P_{70} 型棚车车门

P_{64} 系列、P_{70} 型棚车门板上设有门鼻、拉手、半开装置，门锁等，如图 3-3-2 所示。

1. P_{64} 系列、P_{70} 型棚车车门锁

P_{64} 系列、P_{70} 型棚车车门主要由锁钩、锁钩座、锁紧铁、拉板、止铁和止铁座等组成，如图 3-3-3 所示。

图 3-3-2　P_{64} 系列、P_{70} 型棚车车门部件

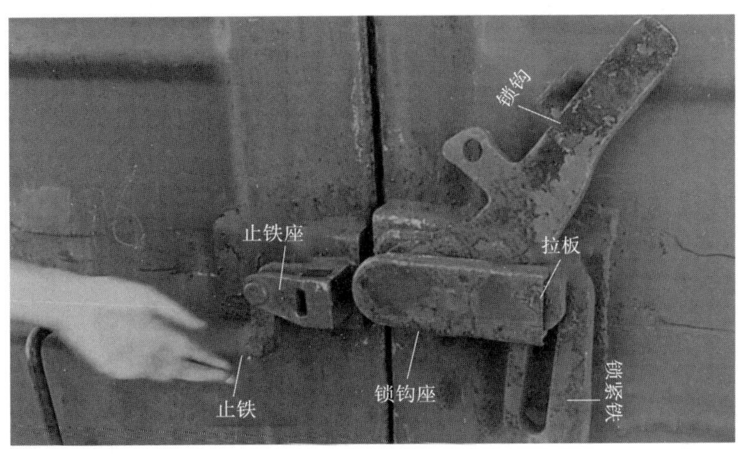

图 3-3-3　P_{64} 系列、P_{70} 型棚车车门锁结构

(1)开锁操作。

向上敲击锁紧铁,使其松动,提起锁紧铁,将其顺时针旋转 180°,将止铁转至水平位置,顺时针转动锁钩,打开门锁,如图 3-3-4 所示。

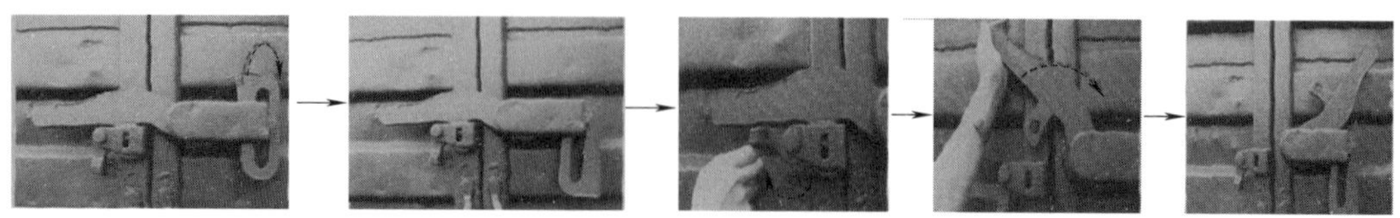

图 3-3-4　P_{64} 系列、P_{70} 型棚车车门锁开锁操作

(2)关锁操作。

关闭车锁时,逆时针转动锁钩,将锁钩入到止铁座内,将锁紧铁逆时针旋转 180°,向下敲击锁紧铁,拉紧车门,如图 3-3-5 所示。

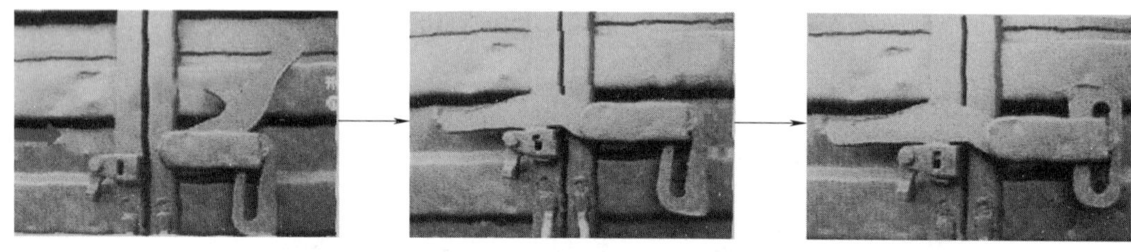

图 3-3-5　P_{64} 系列、P_{70} 型棚车车门锁关锁操作

2. 车门半开装置

P_{64} 系列、P_{70} 型棚车车门半开装置由栏杆座、栏杆和圆销组成。关闭车门时,当两车门需要保持一定的间隙时,可将栏杆插入到左门的栏杆座内,并将圆销插入到栏杆孔内,如图 3-3-6所示。

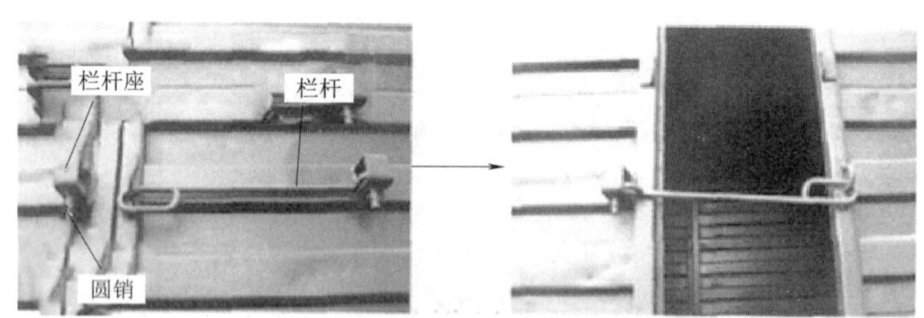

图 3-3-6　P_{64} 系列、P_{70} 型棚车车门半开装置

3. 车门限位装置

当需要从车厢内将车门限位时,可将车门止铁插入到车门止架内,如图 3-3-7 所示。

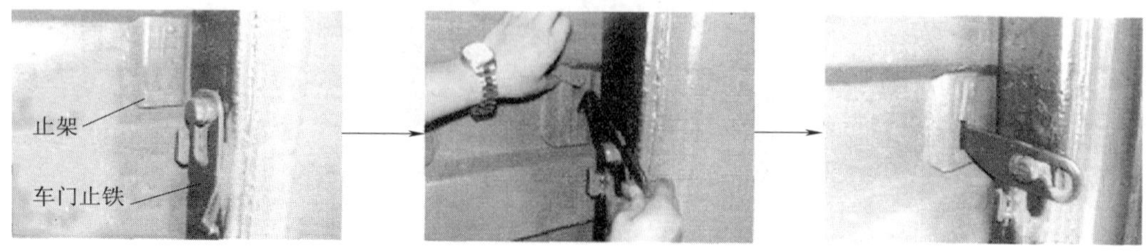

图 3-3-7　车门限位法

(二)P62 系列棚车车门

P62 系列棚车车门的门板上设有门鼻、拉手、上门锁和下门锁等。

1. 上门锁

P62 系列棚车车门上门锁由锁钩、止铁、止铁座、锁钩座等组成，如图 3-3-8 所示。

打开上部门锁的方法：转动止铁，使其处于水平位置，顺时针转动锁钩，打开上部门锁，如图 3-3-8 所示。

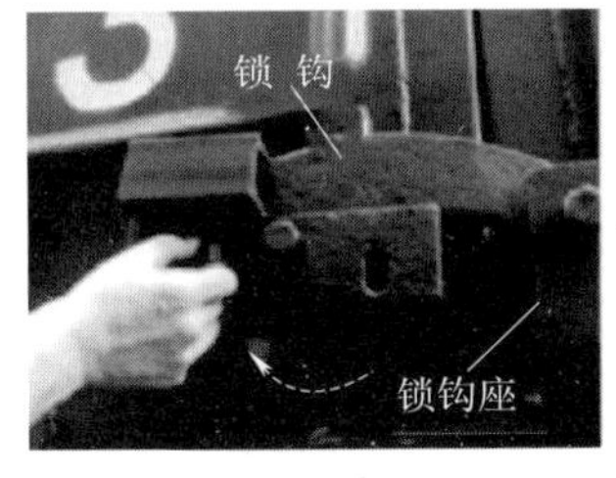

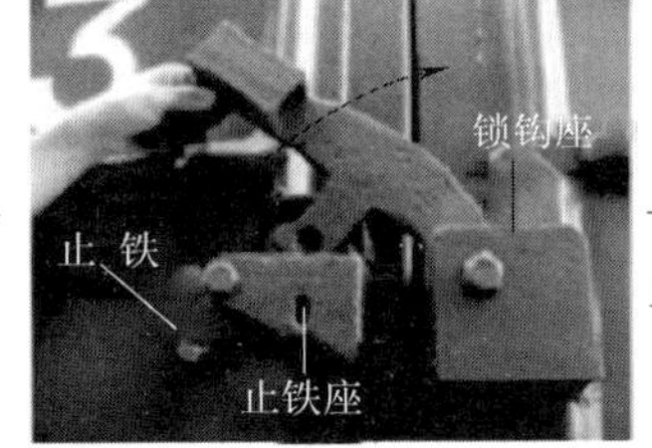

图 3-3-8　P62 系列棚车车门上门锁组成及开锁操作

关锁时，按上述步骤反向操作即可。需要两车门需保持一定间隙时，可将最外边的钩头插入到止铁座内，如图 3-3-9 所示。

2. 下门锁

P62 系列棚车车门下门锁由压紧环钩、压紧手柄、马蹄环、手把支座、门锁销和门锁座等组成，如图 3-3-10 所示。

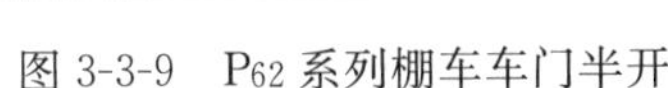

图 3-3-9　P62 系列棚车车门半开　　图 3-3-10　P62 系列棚车车门下门锁组成

打开下门锁的方法：向上提起并转动门锁销，使其处于水平位置，向左侧拉开压紧手柄，转动马蹄环，使其与压紧环钩相脱离，打开下部锁，如图 3-3-11 所示。

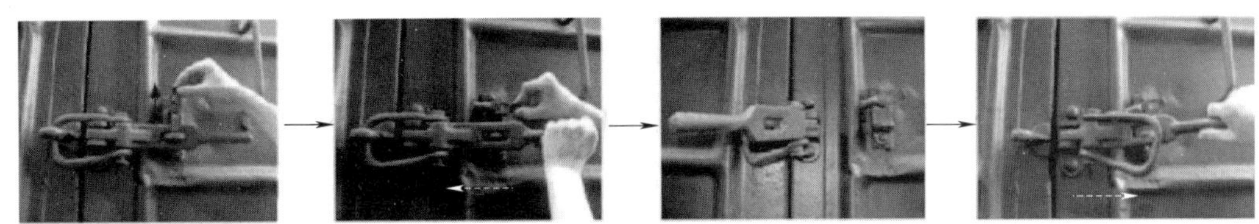

图 3-3-11　P62 系列棚车车门下门锁开锁操作

关锁时，按上述步骤反向操作即可。

二、棚车的车窗

为便于棚车内空气流通，棚车一般设有车窗。

（一）P64 系列、P70 型棚车车窗

P64 系列、P70 型棚车采用下翻式车窗，对称分布在侧墙车门的两侧，每侧侧墙上设置 4 个，全车共 8 个车窗。

P64 系列、P70 型棚车下翻式车窗主要由窗框、内窗、外窗和窗卡等组成，如图 3-3-12 所示。

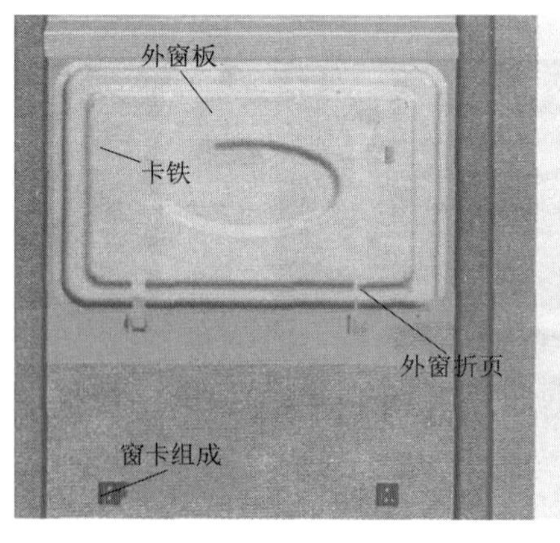

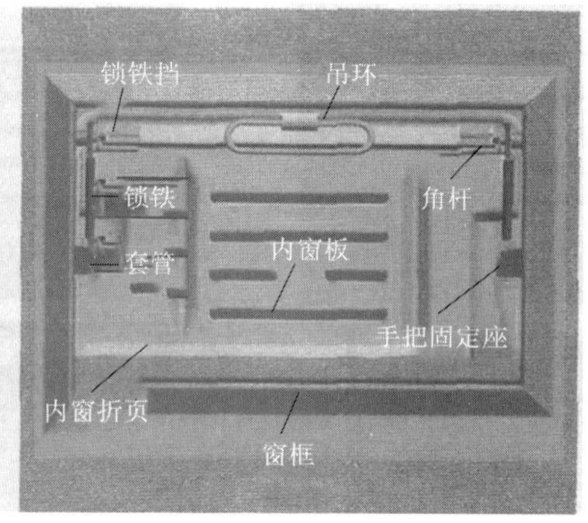

图 3-3-12　P64 系列、P70 型棚车下翻式车窗

开关车窗时，无论是打开还是关闭内、外窗后，都应将锁铁手柄转回原位，并把套管放入手固定座内。

（二）P62K、P62NK 系列棚车通风窗

P62K、P62NK 系列棚车在两侧侧墙上分别设有 8 个固定式通风用车窗。该车窗结构为侧墙一体式百叶加外罩的车窗结构，与侧墙间通过焊接连接，其结构如图 3-3-13 所示。

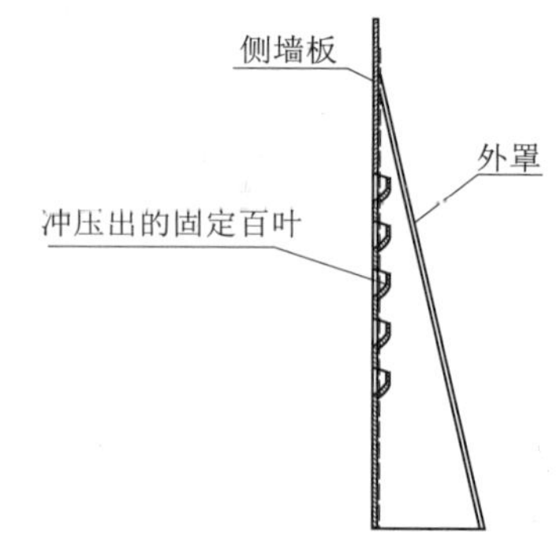

图 3-3-13　P62K、P62NK 系列棚车固定式通风窗

三、棚车运用时的注意事项

1. 车辆使用要求

棚车可以有效防止雨水浸入车内，主要用来装运贵重、怕潮湿的货物，如各种粮食、日用工业品及贵重仪器等非易腐货物。

（1）棚车代替客车运送人员，应选用带有㊅字标记的棚车。

（2）使用棚车装运牛、马、驴、骡、骆驼等大牲畜，应选择有㊄标记的棚车。

（3）在特定季节，经铁路局集团公司批准，也可使用棚车运送易腐货物，但托运人应与承

运人商定运输条件，签订运输协议。

(4)卸车完了，应将车内清扫干净。

2. 货物装载要求

使用棚车装载货物时，应从车辆的两端向车辆中部连续装载货物，应排列紧密、整齐，做到紧密装载，大不压小、重不压轻，大件、重件不堵车门。

3. 开关车门要求

(1)开关车门须使用拉门绳，迎面禁止站人，禁止手扶、肩靠门框直接推拉车门，防止车门落下或货物溜下砸伤。

禁止使用手推车、叉车等装卸机具顶撞车门。不得擅自拆卸车门、车窗。

(2)开启棚车车门前，要先检查确认门鼻、滑轮、轮槽无损坏，无出槽及其他异状，再用拉门绳将门拉开小缝，检查车内货物有无倒塌，确认车门无脱落危险后再将车门拉开到最大，然后翻转门柱上的车门止铁，阻挡车门滑动。关门时，也要先检查，后用绳拉。

(3)装卸车作业完了，按规定关闭车门、车窗。车门关闭后，应用 8 号或 10 号镀锌铁线将上部门鼻拧固，对外露滑轮按规定进行加固。

第四节　平车与长大货物车

平车是我国铁路货运的主要车型之一，主要用来运送集装箱、钢材、木材、汽车等体积、重量比较大的货物、机械设备、大型混凝土桥梁、军用装备等货物，有的平车装有活动墙板，还可用来装运矿石、沙土等散堆装货物，具有适载性好，集载能力强的特点。

铁路平车按其适用范围分为普通平车、共用平车和集装箱专用平车。长大货物车包含凹底平车、长大平车、落下孔车、钳夹车和双联平车等。

一、平车

(一)普通平车

普通平车具有结构简单、适用范围广等特点。N_{17} 系列平车为当前我国铁路普通平车主力车型，大多数普通平车具有活动端板(图 3-4-1)，部分平车还具有活动端侧板。

图 3-4-1　N_{17A} 型普通平车

平车属于底架承载结构，为了提高平车承受集重载荷的能力，普通平车车底架采用了鱼腹形梁。

1. 平车的主要技术参数

平车的主要技术参数有车辆自重、载重(车辆标记载重量)、钩舌内侧距离(车辆全长)、车地板长度、转向架中心距(销距)、固定轴距、车地板高度、空车重心高度等，如图 3-4-2 所示。常用平车技术参数见表 3-4-1。

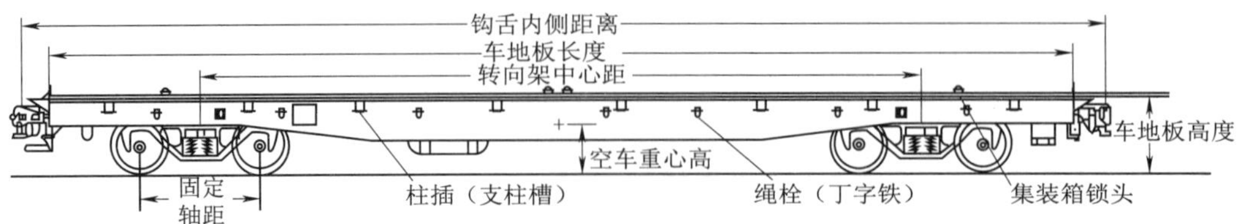

图 3-4-2 平车技术参数

(1)车辆全长:车辆全长是指车辆两端车钩均处于闭锁位置,钩舌内侧面之间的距离。

(2)全轴距:车辆的全轴距是指任何车辆最前位和最后位车轴中心线间的距离。

(3)销距:车辆销距又称车辆定距,是底架端支承处,即两转向架心盘中心之间的距离。

(4)固定轴距:车辆转向架固定轴距简称固定轴距,是指同一转向架上各轴相互之间保持固定的位置,其最前位和最后位轮轴中间的距离。

(5)其他尺寸:除上述主要尺寸外,与货物装载有关的其他尺寸还包括车地板的长度、宽度、高度及空车重心高等。

表 3-4-1 常用平车技术参数表(摘)

顺号	车型	自重(t)	载重(t)	车底架长×宽(mm)	地板面至轨面高度(mm)	钩舌内侧距离(mm)	轴数	构造速度(km/h)	转向架中心距(mm)	固定轴距(mm)	空车重心高度(mm)	特点
1	N17AK N17AT N17GK N17GT	19.7 20.2 20.6 20.8	60	13 000×2 980	1 211	13 938	4	120	9 000	1 750	723	有活动的端板,均为木地板,无网纹地板
2	N17T	19.5 20.2 20.6 20.7	60	13 000×2 980	1 209	13 938	4	120	9 000	1 750	723	有活动的端板,均为木地板,无网纹地板
3	NX17AK NX17AT	22.5	60	13 000×2 980	1 211	13 938	4	120	9 000	1 750	768	有活动的端板,均为木地板,无网纹地板,有活动锁头
4	NX17BK	22.9	61	15 400×2 960	1 214	16 338	4	120	10 920	1 750	740	有活动的端板,均为木地板,无网纹地板,有活动锁头
	NX17BT	22.9	61	15 400×2 960	1216	16 338			10 920	1 750	740	
5	NX17BH	22.8	61	15 400×2 960	1 207	16 338	4	120	10 920	1 750	740	
6	NX17K	22.4	60	13 000×2 980	1 212	13 938	4	120	9 000	1 750	730	有活动的端板,均为木地板,无网纹地板,有活动锁头
7	NX17T	22.5	60	13 000×2 980	1 216	13 938	4	120	9 000	1 750	777	
8	NX70	23.8	70	15 400×2 960	1 216	16 366	4	120	10 920	1 830	738	有活动的端板,均为木地板,无网纹地板,有活动锁头
9	NX70A	23.8	70	13 000×2 980	1 216	13 966	4	120	9 000	1 830	727	
10	NX70H	23.8	70	15 400×2 960	1 216	16 366	4	120	10 920	1 800	738	

2. 平车标记

为正确使用平车，在平车上涂打了各种标记，除路徽、车种车号、定检日期、集重标记等标记外，部分平车还涂打了下列标记。

(1)㊎标记。表示平车在运行时，端板应处于立起关闭状态。特殊情况下，在安装车钩缓冲停止器后允许将端板放倒运行；或将两平车相邻端的一辆平车的端板采取可靠吊起措施后，可将另一辆平车的端板放倒运行。

(2)㊕标记。表示可以装运坦克及其他质量较大的特殊货物车辆。

(二)共用平车

为提高集装箱专用车的使用范围，1998 年，我国铁路研制了 NX_{17A}、NX_{17B} 型共用平车。共用车带有活动集装箱锁头，当集装箱锁头处于工作位时，可用于装运集装箱；当集装箱锁头处于非工作位时，可作为普通平车使用。

当前，我国铁路的共用平车主要有 NX_{17} 系列和 NX_{70} 系列共用平车，图 3-4-3 为 NX_{70} 型共用平车。共用平车技术参数见表 3-4-1。

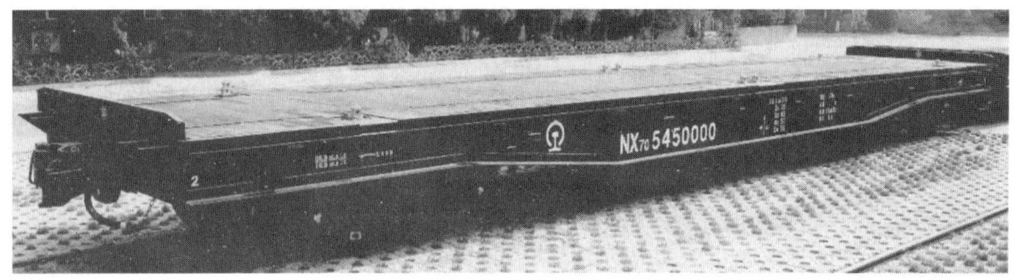

图 3-4-3　NX_{70} 型共用平车

(三)集装箱专用平车

集装箱专用平车是专门用于装运集装箱的特种车辆。集装箱专用车有早期生产的 X_{6A}、X_{6B}、X_{6C} 型车，为适应快运生产的 X_{1K}、X_{3K}、X_{4K}、X_{6K}、X_{6BK}、X_{6BT}、X_{6CK}、X_{6CT}、X_{70} 型车等。图 3-4-4 为 X_{70} 型集装箱专用车。

双层集装箱车专用车有 X_{2K}、X_{2H} 型(图 3-4-6)，适用于 20 ft、40 ft 国际标准集装箱。装后集装箱和货物总重不得超过 78 t，重车重心高不得超过 2 400 mm。

图 3-4-4　X_{70} 型集装箱专用车

图 3-4-5　X_{2H} 型集装箱专用车

二、长大货物车

铁路运输的货物品种繁多，对货车的技术要求各不相同。一般货物单件体积小，重量较轻,用普通货车装运。当前普通货车的载重为 60～80 t,长度 13 m,宽度 2.9 m 左右。但是,有些特殊货物(如大型机械设备等)重量上百吨甚至几百吨,轮廓尺寸和体积庞大,普通货车无法装载,或者装后运输断面超过铁路容许限界无法运行。经过长期研究,铁路部门制造了能够运送这些特殊货物的车辆,这就是长大货物车的由来。

长大货物车是铁路运输中的一种特种货车,又称 D 型车,主要供装运普通货车无法装运的长大笨重货物。按照不同的车体承载结构形式,长大货物车分为凹底平车、长大平车、落下孔车、钳夹车和双联平车五种。

(一)凹底平车

凹底平车的结构特点是转向架或转向架群分布于车辆的两端,中部为装载货物的凹底架,如图 3-4-6 所示。凹底平车具有结构简单、使用方便、运行安全可靠等优点,是长大货物车中适运货物范围最广的车型。

图 3-4-6 DA_{37} 型凹底平车

凹底平车的品种和数量在长大货物车家族中占的比重最大,已形成系列,可以运输 50～370 t的大型货物。由于凹底平车采用凹底部分的地板面承载,在设计时要降低地板面高度,否则货物装车后高度可能超出限界。但是由于此种车辆承载面占据一定的高度及不可能太长,不适合运输太高和特别长的货物。当前我国铁路上运输的凹底平车主要有 DA_{37}、D_{32}、D_{32A}、D_{10}、D_{25A} 等车型。

(二)长大平车

从底架结构形式上看,长大平车与通用平车基本上相同,其差别主要是前者的底架长度和地板面距轨面高度都比较大。它主要用于装运长度很长的型钢、锅筒、长钢轨、桥梁等。长大平车主要车型有 D_{70}、D_{22}、D_{22A}、D_{22G}、$D_{26A/K}$、D_{23G} 型等。图 3-4-7 为 D_{23G} 型载重 265 t的长大平车。

(三)落下孔车

落下孔车是底架中部开有一定长度和宽度的落孔,装货时货物落入孔内。货物的重量由两根截面高度较大的侧梁承担。它自重系数较小,能充分利用铁路限界的高度,适合运输截面尺寸很高的货物。但由于两根侧梁占据了一定的宽度及落下孔长度有一定的限制,不适合运输较宽及特别长的货物。落下孔车主要车型有 D_{45}、DK_{36A} 型等,图 3-4-8 为 DK_{36A} 型 360 t 落下孔车。

图 3-4-7　D_{23G} 型载重 265 t 长大平车装运东锅汽包

图 3-4-8　DK_{36A} 型 360 t 落下孔车装运变压器

（四）钳夹车

钳夹车具有独特的超限货物运输能力。它由两个对称的半节车构成。运输货物时，货物被悬挂在两个钳形梁之间，使货物与钳形梁成为一个整体，货物成为整个车辆的一部分，如图 3-4-9 所示。空车运行时，两个对称的半节车由辅助装置将它们连在一起，称为短连挂，如图 3-4-10 所示。

钳夹车不仅能运输有自承载能力的货物，而且通过附加的装备也可运输那些没有自承载能力的货物。钳夹车除不适合运输特别长的货物外，是运输能力最强的铁路运输工具，多用于装运宽度和高度都很大的发电机定子、变压器等重型货物。钳夹车主要车型有 DQ_{45}、D_{38}、DQ_{35} 型等。

图 3-4-9　DQ_{45} 型载重 450 t 钳夹车装运货物

图 3-4-10　DQ_{45} 型载重 450 t 钳夹车短连挂

（五）双联平车

双联平车无承载底架，由两个安装于两转向架群中央心盘上的可回转鞍座支承货物。货物一般比较长，跨装在两个转向装置上，如图 3-4-11 所示。为了使货物免受过大纵向冲击力的作用，在两节车之间有缓冲装置。

图 3-4-11　D_{30G} 型双联平车

这种车的主要特点是自重系数小，货物支承点可根据货物长度进行调节，适合运输细长、较重、有自承载能力的货物。

第五节　罐　　车

罐车是用来装运各种液体、液化气体和粉末状货物等的铁路车辆，罐车在铁路运输中占有很重要的地位。当前，铁路罐车已完成 K2 型转向架改造，K2 型转向架改造提速车型和载重 70 t 级铁路罐车的商业运营速度为 120 km/h。

一、罐车的种类及其装运的货物

罐车按运输的介质（所装载的货物）分为轻油类、黏油类、酸碱车、化工产品、氧化铝粉、液化石油气、水泥等罐车；按工作压力可分为常压罐车和压力罐车；按结构特点可分为有底架和无底架罐车；按装卸方式为上装上卸式和上装下卸式。

（一）轻油罐车

轻油罐车主要运输轻质油类介质，如汽油、煤油、柴油等轻质油类产品，也可用于装运甲醇、乙醇、苯、甲苯、氯化苯等轻质液体化工产品，主要车型有 G_{17DK}、G_{60K}、G_{70K}、GQ_{70}、GQ_{70H} 等。

轻油罐车主要结构特点：罐体体积较大，罐体为银灰色；罐体上部装有两个呼吸式安全阀、一个人孔大盖；有一些车型的罐顶设有打压管和抽料管。图 3-5-1 为 GQ_{70} 型轻油罐车组成。

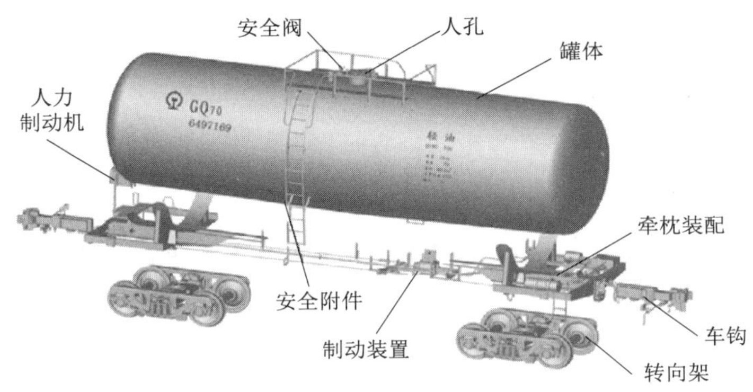

图 3-5-1　GQ_{70} 型轻油罐车组成

1. 人孔

人孔是罐车主要的注料口和罐体检修口，是罐车的重要装置。人孔主要由人孔盖装配、人孔活节螺栓、人孔座装配（内径 500 mm）、铰链板销等零部件组成，如图 3-5-2 所示。

助开式人孔由人孔座装配（内径 500 mm）、人孔盖、紧固件和助开器等部件组成，如图 3-5-3所示。

开（关）人孔盖时，不得敲击活节螺栓，以防损坏，应使用扳手拧松（紧）螺母。打开最后一个螺栓时应缓慢，逐渐释放人孔承受的压力，以防最后一个螺栓快速打开时，罐内的压力可能将人孔弹起。

2. 安全阀

安全阀作为铁路罐车重要的安全附件，安装于罐车顶部，其主要功能为：一是防止罐内工作压力超过设计压力造成罐体破裂；二是防止罐内、外压差超标造成罐体失稳。大多数罐车采用呼吸式安全阀。

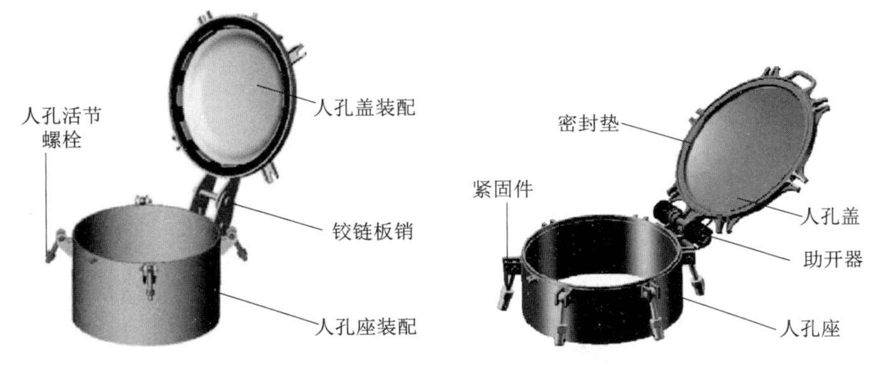

图 3-5-2　人孔　　图 3-5-3　助开式人孔

（二）黏油罐车

黏油罐车主要用于装运原油、重柴油、润滑油等一般性黏油类介质。我国铁路运行的主要有 G_{17K}、G_{17BK}、GN_{70} 型等黏油罐车，图 3-5-4 为 GN_{70} 型黏油罐车。

黏油类罐车的特点是：罐体体积较大，装卸方式采用上装下卸，配有下卸式装置（底开阀）和加温装置，罐体上部装有人孔盖和一个呼吸式安全阀。

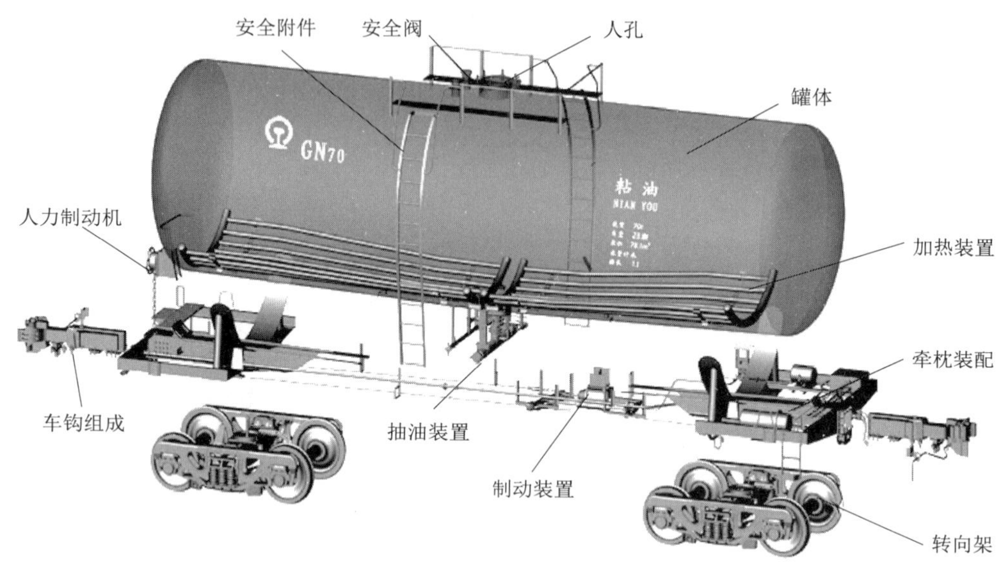

图 3-5-4　GN_{70} 型黏油罐车

（三）酸碱罐车

酸碱罐车主要用于装运 92.5%及以上浓度的浓硫酸、盐酸和液碱等介质，由于酸碱有腐蚀性，因此酸碱罐车均为有底架罐车。

酸碱罐车装卸方式为上装上卸。我国铁路上运行的主要有 G_{11K} 型酸碱罐车、G_{11JK} 型液碱罐车、G_{11SK} 型浓硫酸罐车、GF_{AK} 型盐酸罐车、GS_{70} 型浓硫酸罐车和 GJ_{70} 型液碱罐车等。

酸碱类罐车的结构特点：罐体体积较小，均采用虹吸式上装上卸，罐体无安全阀，设一个人孔大盖（盐酸车为两个人孔大盖，其中一个装有打压、抽料管，供装卸车使用，另一个用于维修时的人员出入），配有进风管、抽料管。图 3-5-5 为 GS_{70} 型浓硫酸罐车主要结构。

图 3-5-5　GS_{70} 型浓硫酸罐车

根据所装介质的不同，部分罐体内衬有橡胶、铅、塑料、陶瓷等材料，部分罐体采用了与介质相容的材质，如硝酸车罐体一般为铝材，部分盐酸车型则采用了玻璃钢罐体。

为有效保护制动部件和底架附属件被腐蚀，罐体两侧还设有导流板。

（四）液化气体罐车

液化气体罐车主要用于装运液化石油气体、液氨等。按结构可分为无底架罐车和有底架罐车两种；装卸方式采用上装下卸。我国铁路上运行的主要有 GQ、GY_{80}、GY_{60}、GY_{95}、GY_{100}、GY_{70A} 型等。在型号后加 S 的表示该车带有押运间，图 3-5-6 为带押运间的 GY_{95S} 型罐车。

安全附件是液化气体铁路罐车得以安全运行所必需的构成部分，包括安全阀、液位计、紧急切断阀、压力表、温度计等装置，除安全阀外，安全附件主要集中在人孔盖保护罩内的加排系统上。图 3-5-7 为液化气体罐车的加排系统。

液化气体罐车押运间主要由钢结构、防寒材、木结构、内部设施等组成。押运间内设有通风器、灭火器、暖瓶架、应急灯、行李架、折叠铺等设施。为押运人员提供了良好的押运条件，从而确保液化气体铁路罐车的安全运行。

（五）粉状货物罐车

粉状货物罐车利用流态化输送的原理来装、卸水泥、氧化铝粉等粉状货物，即用压力空气将粉状货物直接吹送到料仓内，实现装卸货物的机械化和自动化，减少对环境和人体的污染。粉状货物气卸罐车一般有两种结构形式。一种是上卸式，一种是下卸式。

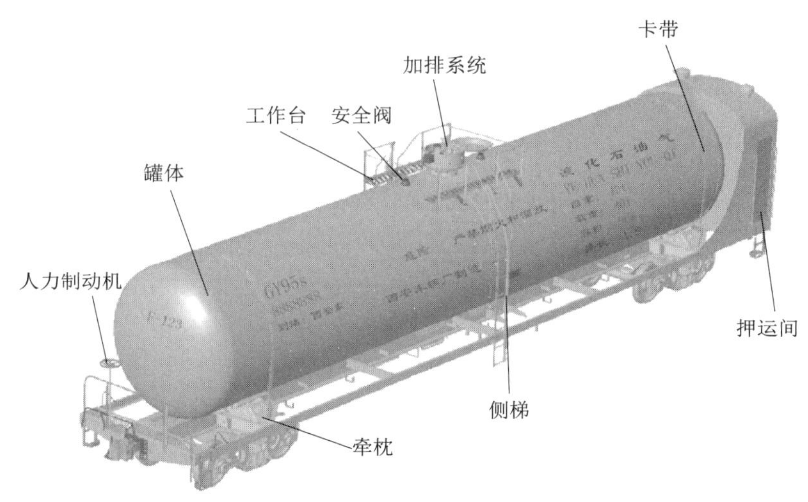

图 3-5-6　GY_{95S} 型罐车

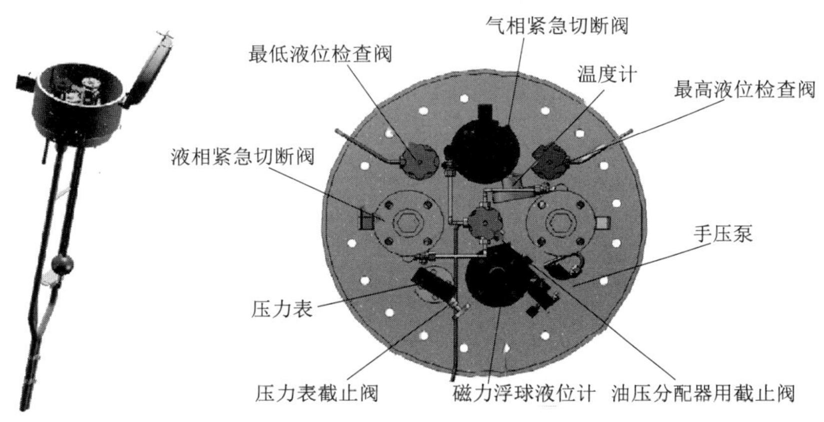

图 3-5-7　液化气体罐车的加排系统

我国的粉状货物罐车主要有氧化铝粉罐车和散装水泥罐车。

1. 氧化铝粉罐车

GF_{70} 型氧化铝粉罐车为无底架罐车，如图 3-5-8 所示。GF_{70} 型罐车主要由罐体装配、牵枕装配、外梯装配、进风管路装配、风手制动装置、车钩缓冲装置及转向架等部件构成。罐体上部设有 4 个加料装置(其中一个兼作人孔)和两个排料机构，为方便作业人员进出罐内，在人孔处装有一个内梯。

2. 散装水泥罐车

U_{62WK} 型水泥罐车采用的装卸方式为上装下卸。罐体为卧式圆筒形容器，内径 2 800 mm。罐顶设有两个人孔(兼装料口)，一个呼吸式安全阀。罐内设有流化装置。

图 3-5-8　GF_{70} 型氧化铝粉罐车

图 3-5-9　U_{62WK} 型水泥罐车

二、罐车的标记

我国铁路上运行的罐车，其中很大一部分用来装运危险货物。罐车装运危险货物主要包括易燃液体(如汽油、煤油、苯等)、毒害性及腐蚀性液体(如浓硝酸、浓硫酸等)和气体(如液氯、液氨)。罐车上除按规定涂打常用标记外，还在车体上涂打表示该货物性质的特殊标记，以便识别车内所装货物的主要性质。

装运酸、碱类的罐体为全黄色，罐体两侧纵向中部应涂刷一条宽 300 mm 黑色水平环形色带(图 3-5-5)；装运煤焦油、焦油的罐体为全黑色，罐体两侧纵向中部应涂装有一条宽 300 mm红色水平环形色带。装运黄磷的罐体为银灰色，罐体中部不用涂打环形色带。

装运其他危险货物罐车罐体本底色应为银灰色，罐体两侧纵向中部应涂刷一条宽 300 mm表示货物主要特性的水平环形色带：红色表示易燃性，绿色表示氧化性，黄色表示毒性，黑色表示腐蚀性。

装运液化气体罐车，罐体两侧纵向中部应涂刷一条宽 300 mm 表示货物主要特性的水平环形色带，环形色带上层 200 mm 宽涂蓝色，下层 100 mm 宽涂红色或黄色，分别表示易燃气体或毒性气体。环形色带 300 mm 为全蓝色时表示非易燃无毒气体。

罐体两侧环形色带中部(有扶梯时在扶梯右侧)以分子、分母形式喷涂货物名称及其危险性，如苯：$\frac{\text{苯}}{\text{易燃、有毒}}$。对遇水会剧烈反应，事故处理严禁用水的货物，还应在分母内喷涂“禁水”二字，如硫酸：$\frac{\text{硫酸}}{\text{腐蚀、禁水}}$。此外，还应按《危险货物包装标志》在罐体两端头两侧环形色带下方喷涂相应标志，规格为 400 mm×400 mm。

苯、粗苯、甲苯、乙苯、二甲苯可用罐体涂打“苯类”字样的自备罐车运输；汽油、煤油、航空煤油、柴油、石脑油、溶剂油、轻质燃料油可用罐体涂打“轻油类”字样的自备罐车运输。

三、罐车运用注意事项

铁路罐车限装品名为原油、汽油、煤油、航空煤油、柴油、石脑油、溶剂油、轻质燃料油及非危险货物的重油、润滑油。对擅自涂改铁路产权罐车标记，装运限定之外品名的，要立即扣车处理，同时追查有关责任单位、责任人的责任。

自备罐车装运的危险货物，品名范围及车种要求应符合《品名表》特殊规定栏的特殊规定；未做规定的，由所属铁路局集团公司组织研究提出安全运输条件建议，报国铁集团货运部。

1. 装卸车作业要求

(1)装车作业时，装车单位要严格执行铁路罐车允许充装量的规定，防止超装超载。

气体类危险货物在充装前应对空车进行检衡；充装后，需用轨道衡再对重车进行计量，严禁超装。充装量应按《危规》计算公式计算，但不得大于标记载重量；计算的充装量大于标记载重量时，充装量以标记载重量为准。

液态货物充装量不得大于罐车标记载重量；同时要留有膨胀余量，充装量上限不得大于罐体标记容积的 95%，下限不得小于罐体标记容积的 83%。

(2)装运危险货物的罐车重车重心高不得超过 2 200 mm。

(3)卸车时必须将罐车卸净。气体类危险货物罐车卸后，罐体内应留有不低于0.05 MPa的余压。

2. 其他要求

罐车装、卸车作业后，罐车的罐体外表应保持清洁，上面涂打的标记文字应清晰可辨；作业完了应及时关严罐车阀件，盖好人孔盖，拧紧螺栓，严禁混入杂质。

第六节　底开门车

一、煤炭漏斗车

煤炭漏斗车主要用来装运煤炭、矿石等散装货物，可满足固定编组、循环使用、定点装卸、大量转运的电站、港口、选煤、钢铁等企业运用。该车可快速自动卸车，也可手动卸车。

我国铁路煤炭漏斗车主要有 K18F、K18DG、K18DG(Ⅱ)、K18DA、K18AT、K18AK、KM70 型等车型(图 3-6-1 为 KM70X 煤炭漏斗车)，卸货方式均为底门纵向侧开卸货方式，机械传动装置分为底开门大刀片式杠杆机构(仅少量 K18F 应用)和顶锁式底门开闭机构两种。卸货方式采用手动和风动两种，其转换由拨叉拨动牙嵌离合器来控制。

由于煤炭漏斗车的底开门车打开时可能会超限，因此，在底开门车装车前和卸车后，必须将底开门关闭，并在发车前认真检查底开门的关闭状态，确认底开门锁闭。

1. K18DA、K18AT、K18AK、KM70 型底开门车

K18DA、K18AT、K18AK、KM70 型底开门车采用顶锁式底门开闭系统，系统进风管路与铁路货车制动主管为一套管路，因此，底开门开闭系统进风管路在铁路货车运行时要与铁路货车制动主管断开，避免影响货车运行。

为保证行车安全，K18DA、K18AT、K18AK、KM70 型底开门车装卸车作业后，必须将底开门关闭，开车前，应认真检查确认下列内容：

(1)底开门锁闭且 8 个锁体处于落锁位置(图 3-6-2)。

(2)连杆应冲过“死点”与上曲拐贴严,到达自锁位置(图 3-6-3)。

(3)双向风缸处于收回位置(图 3-6-4)。

图 3-6-1　KM70X 煤炭漏斗车

图 3-6-2　底门闭锁时锁体位置

图 3-6-3　底门闭锁时连杆与上曲拐位置

图 3-6-4　底门关闭时风缸状态

(4)将列车主管至储风缸的截断塞门(图 3-6-5)与储风缸至操纵阀的截断塞门(图 3-6-6)关闭。

图 3-6-5　列车主管至储风缸的截断塞门

图 3-6-6　储风缸至操纵阀的截断塞门

(5)检查并确认操纵阀手把位于手动位置。

2. K18F、K18DG、K18DG(Ⅱ)型底开门车

K18F、K18DG、K18DG(Ⅱ)型底开门车底开门系统采用单独进风管路,与铁路货车制动主管没有关联。以 K18DG 型底开门车为例,其底门开闭机构同样采用顶锁与曲拐联合作用的二级传动二级锁闭形式。卸车方式为风动、手动两用。其底门开闭机构的原理和结构形式

与上述 KM_{70} 型煤炭漏斗车相似，只是风控管路装置有所区别。

K_{18DG} 型漏斗车风控管路装置由一个 ϕ356 mm×270 mm 双向作用风缸控制两侧四个底门的开闭，为了保证风控管路装置与风制动装置互不干扰独立工作，铁路货车上额外布置了一根 DN25 主管给风控管路装置供风。压力空气经 DN25 管路、截断塞门、集尘器、逆止阀充入储风缸，作为风动开启底门的动力源，方便了现场无风压设备条件下风动卸货。

风控管路装置(图 3-6-7)由截断塞门、集尘器、逆止阀、储风缸、四通塞门(即操纵阀)等组成。

以 K_{18DG} 型底开门车的底门关闭后，还应依次关闭截断塞门 8、截断塞门 10，并将离合器拨叉手把扳至手动位。发车前认真做好下列工作：

(1)四通阀手柄必须置于关门位(图 3-6-8)，绝对禁止置于开门位，以免发生在运动中因机车充风，使底门打开，造成事故。

(2)离合器拨叉手把必须放在手卸位，不得放在风卸位或中间位置。

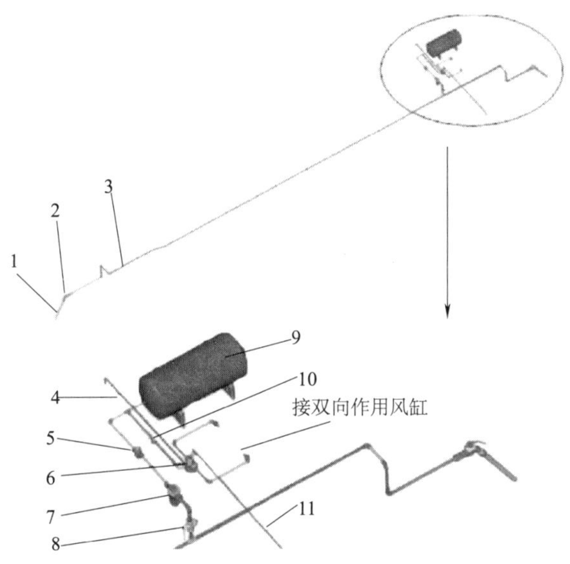

图 3-6-7 风控管路装置

1—制动软管连接器；2—折角塞门 DN25(左侧用)；3—DN25 主管；4—短开闭塞门杆；5—逆止阀；6—四通塞门；7—集尘器；8—截断塞门 DN25；9—开闭副风缸；10—截断塞门 DN25；11—长开闭塞门杆

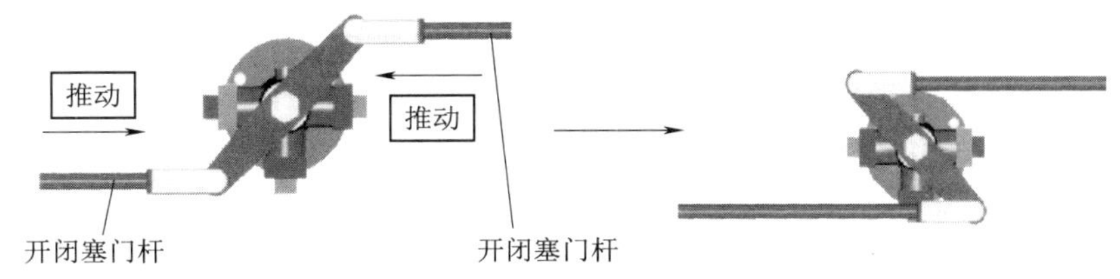

图 3-6-8 关闭底门

(3)在正线运行期间必须将 DN25 主管至储风缸的截断塞门 8 与储风缸至四通阀的截断塞门 10 关闭。

(4)专列中各车的 DN25 主管间可以和制动主管一样以软管连通。在编发和行车途中禁止向控制管内充气，否则会导致风动开门，可能造成事故。

二、石碴漏斗车

石碴漏斗车是用于铁路新线铺设和旧线维修铺设石碴及运送散粒货物的专用漏斗车，主要有 K_{13} 型(图 3-6-9)、K_{13N}(K_{13A})型、K_{13NA} 型、K_{13NT} 型、K_{13NK} 型(图 3-6-10)、KZ_{70} 型(图 3-6-11)石碴漏斗车。

石碴漏斗车风控管路装置布置结构相似，卸碴系统采用以风动为主、手动为辅的机械传动装置，风、手动操纵能各自单独操纵。共有六个卸碴门，每侧各两个，中间两个。风动操纵通过三个 254 mm×220 mm 旋压式双向风缸，由三个操纵阀分别开关两侧和中间底门。手动操纵只能分别控制两侧底门，中门无手动。

图 3-6-9　K_{13} 型石碴漏斗车蜗轮、蜗杆底门开闭系统

图 3-6-10　K_{13NK} 型石碴漏斗车减速器底门开闭系统

图 3-6-11　KZ_{70} 型石碴漏斗车减速器底门开闭系统

石碴漏斗车运行前，应认真检查下列事项：

(1)详细检查各底开门是否关闭良好，即底门关闭状态时，底门与流板之间间隙应不大于 15 mm，风动系统中双向活塞应处于收回位置(图 3-6-12)，装有防误转动装置的货车，须将误转动装置与上部传动装置锁闭(图 3-6-13)。

(2)底门在关闭状态时，各连接件有无松动、脱落，各离合器置于开位置，各操纵阀把手处于中立位(图 3-6-14)。

(3)底门开闭系统进风管路与货车制动主管为一套管路，因此底门开闭系统进风管路在货车运行时需要与铁路货车制动主管断开，避免影响货车制动。在正线运行期间必须将列车主管至储风缸的截断塞门(图 3-6-15)与储风缸至操纵阀的各截断塞门关闭。

图 3-6-12　双向风缸活塞收回状态

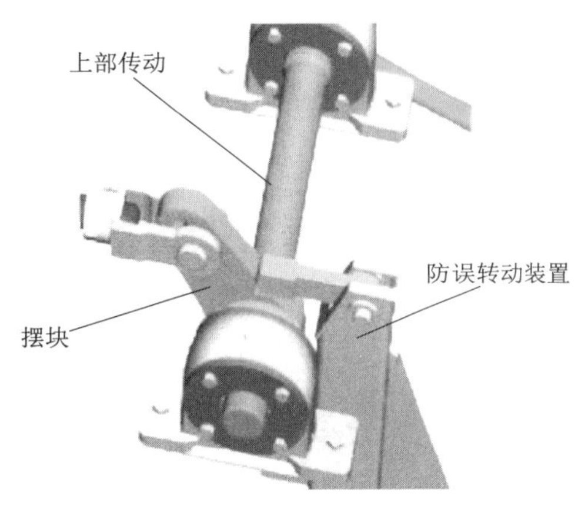

图 3-6-13　石碴漏斗车防误转动装置应用示意图

图 3-6-14　操纵阀中立位

图 3-6-15　列车主管至储风缸的截断塞门

三、粮食专用车

粮食专用车主要用于装运玉米、小麦、大豆等散装粮食类货物，我国铁路的粮食专用车有 L_{18} 和 L_{70} 型两种，图 3-6-16 为 L_{70} 型粮食专用车。

粮食车的底门机构主要包括门锁、转陀、齿条、底门板、底门框架和止挡板等部件，各主要部件分布如图 3-6-17 和图 3-6-18 所示。

图 3-6-16　L_{70} 型粮食专用车

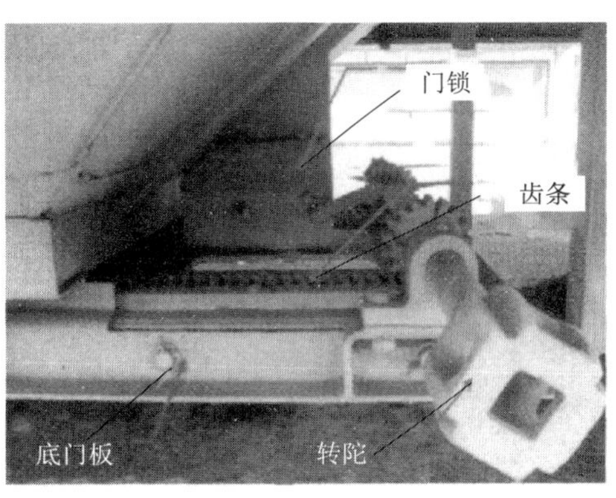

图 3-6-17　粮食车底门结构示意图

在粮食车的顶部有装货口，装货口主要包括装货口盖、防水盖、压紧锁和折页等，其相对位置如图 3-6-19 所示。

图 3-6-18　止挡板

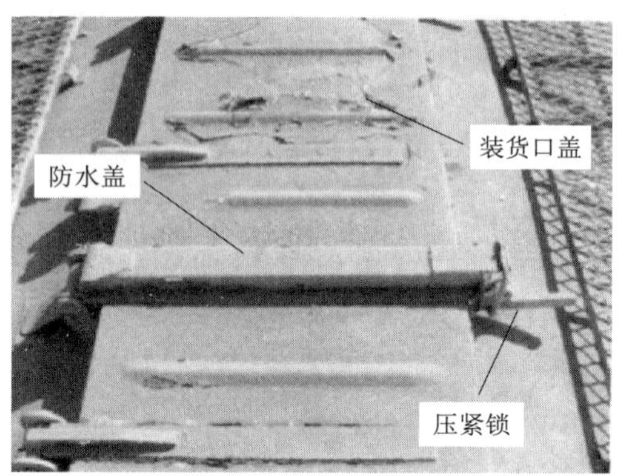

图 3-6-19　粮食车装货口

使用粮食车装货前和卸货后，应将底门关闭，确保门锁处于锁闭状态，止挡板插入齿条缝隙中；装货口盖关闭良好，以防漏雨。

第七节　双层运输汽车专用车

双层运输汽车专用车自 20 世纪 80 年代以来，为我国铁路运输汽车发挥了积极的作用，使汽车的零公里销售成为现实。1989 年我国研制出了第一代 SQ_1 型双层运输汽车专用车，随后相继研发了 SQ_2、SQ_3、SQ_4、SQ_{3K}、SQ_5 和 SQ_6 型双层运输汽车专用车。其间，J_5、J_6 两种类型的家畜车也相继改造成了 J_{5SQ}、J_{6SQ} 型运输汽车专用车。当前，铁路双层运输汽车专用车主要有 JSQ_5、SQ_6 以及 SQ_7 型运输汽车—普货两用车等。

运输汽车专用车设有端门，端门均由 6 扇小门或 4 扇小门组成，小门之间通过折页和销轴连接，整个端门通过集装箱锁杆式锁闭装置锁固。

在进行端门操作时应注意以下几点：

(1)铁路货车在开行前须检查端门的状态。端门内侧有锁闭装置时，内侧锁闭装置须锁固，再锁固外侧端门。

(2)门折页处或锁闭装置采用集装箱锁杆锁闭结构时，在关门的过程中须保证集装箱锁杆头部的锁舌旋入其对应的锁座，确保端门锁好。同时检查端渡板的状态，保证其锁铁将端渡板锁固。

(3)操作人员在车内操作时要注意对汽车的防护，在车内行走时注意安全，上下铁路货车需在端门的扶梯处，要扶稳抓牢，注意安全。

一、JSQ_5 型双层运输汽车专用车

JSQ_5 型双层运输汽车专用车是适应我国标准轨距铁路运行的专用货车，主要用于国产及进口各种微型、小型汽车的铁路运输。

JSQ_5 型车主要由车体、转向架、制动装置及车钩缓冲装置等部分组成。车体为全钢铆焊接结构，主要由底架、侧墙、车顶、上层底架、端门及上下渡板组成，如图 3-7-1 所示。

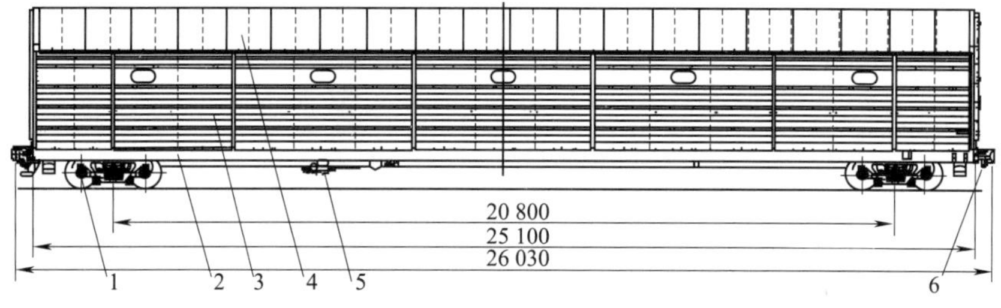

图 3-7-1　JSQ5 型双层运输汽车专用车组成(单位:mm)

1—转 K2 转向架;2—底架;3—侧墙;4—车顶;5—制动装置;

6—车钩缓冲装置;7—端门;8—下层端渡板;9—上层底架;10—上层端渡板

1. 端门主要结构

JSQ5 型双层运输汽车专用车端门由门框、转轴组成,包括左门(1)、左门(2)、右门(1)、右门(2)、扶梯、锁杆、门锁、内侧销锁和转臂卡(部分车采用锁链代替转臂卡)几部分,如图 3-7-2所示。

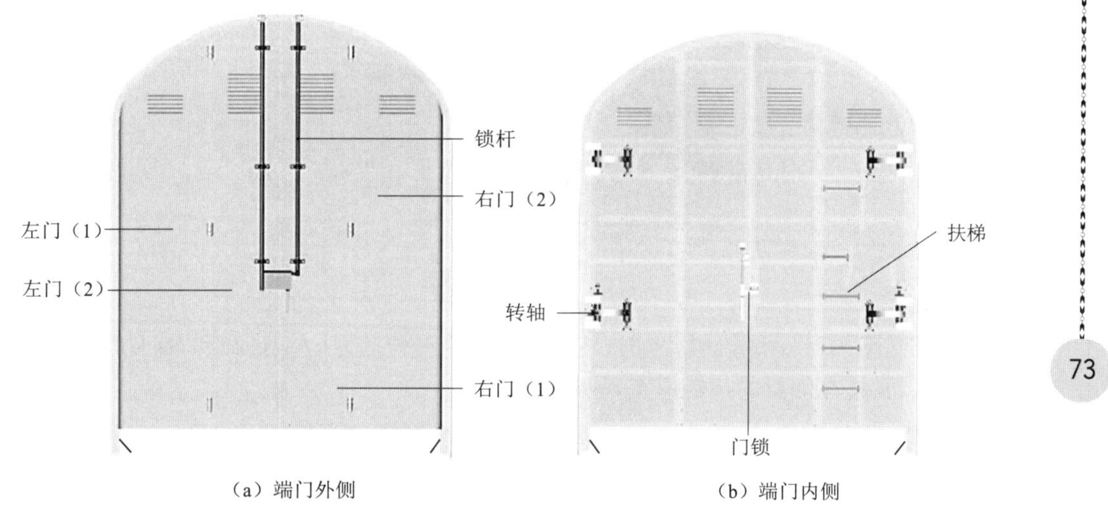

图 3-7-2　JSQ5 型双层运输汽车专用车端门组成

左门(1)和右门(2)宽 776.5 mm,左门(2)和右门(1)宽 585 mm。左门(1)与左门(2)、右门(1)与右门(2)之间采用折页连接,与门框之间用转轴连接,实现端门开合,内侧设有内侧销锁,(图 3-7-3)将左门(1)和右门(2)分别紧锁在门框上。

端门内侧设有扶梯,供工作人员进入上层底架。左门(2)和右门(1)之间采用内侧为锁杆式门锁(图 3-7-4),保证在内、外侧均可以将端门锁紧,其间外侧还装有锁杆,可改善端门的受力情况,和门锁配合将门外侧锁好,可提高防盗性能,方便用户使用。

2. 开门操作

(1)首先要打开明锁,顺时针旋转锁盒,使左锁杆与左锁座脱离,随后再逆时针旋转门锁扶手 90°,将门锁内侧锁杆与内侧锁杆座脱离,最后再逆时针旋转扳手 180°,使右锁杆与右锁座脱离。开锁状态如图 3-7-5 所示。

(2)将左门(2)、右门(1)旋转,使其分别与左门(1)、右门(2)重叠,之后再将左门(1)、右门(2)与门框间的锁销拔起,旋转已重叠的门扇,将其推至全开位,此时转臂卡栓卡入转臂卡内，转臂卡（图 3-7-6）将端门固定在全开状态。

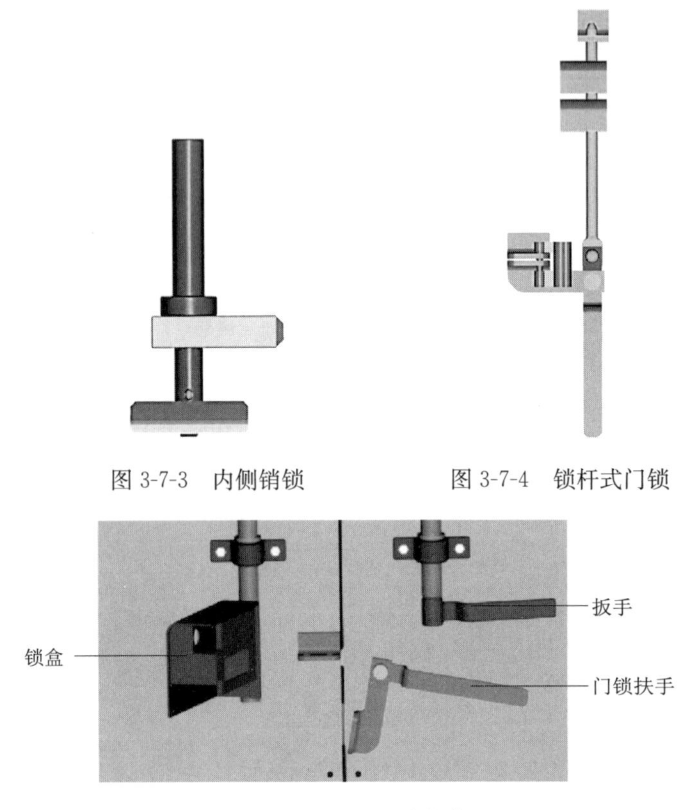

图 3-7-3　内侧销锁

图 3-7-4　锁杆式门锁

图 3-7-5　开锁状态

（3）锁链（图 3-7-7）代替转臂卡时，将端门推至全开位后，从左门（2）和右门（1）上挡板内取出锁链，将其挂在侧梁的挂钩座上，固定好端门。

图 3-7-6　转臂卡

图 3-7-7　锁链

（4）在小曲线上开门时，由于两车间的距离较小，左门（2）或右门（1）在旋开的过程中与相对的端门折页座干涉，因此需将相对的端门向车外侧平移，干涉点脱开，使左门（2）或右门（1）可正常旋转，即可打开车门。

3. 关门操作

（1）首先将全开位的端门从转臂卡中脱离。采用锁链代替转臂卡的车辆，应首先将锁链从侧梁上的挂钩座中脱开，并将锁链放入右门（2）或左门（1）中的挡板内。

（2）旋动左门（1）、右门（2），使其分别紧靠在门框上，随后由操作人员用内侧销锁将这两扇门和门框间锁上，并确认其完全锁好。

(3)转动左门(2)、右门(1)，将其紧靠在门框上，顺时针旋转扳手 180°，使右锁杆的锁舌旋入右锁座。

(4)再顺时针旋转门锁扶手(1)90°，将门锁内侧锁杆插入内侧锁杆座。

(5)再逆时针旋转锁盒，使左锁杆的锁舌旋入左锁座，并使门锁中的上、下锁板插入锁盒上的锁板孔，锁好挂锁，如图 3-7-8 所示。

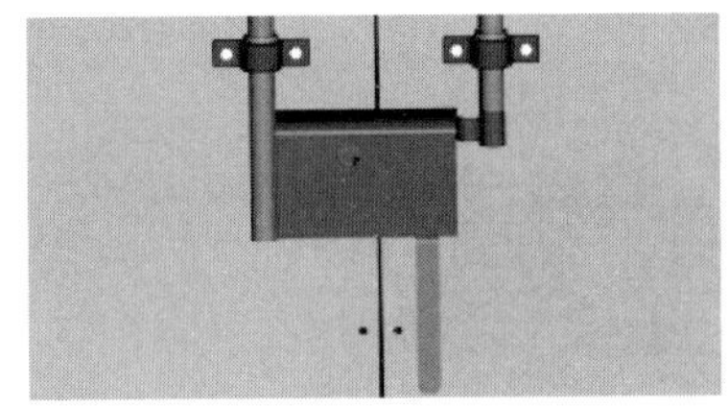

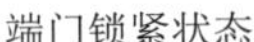

端门锁紧状态

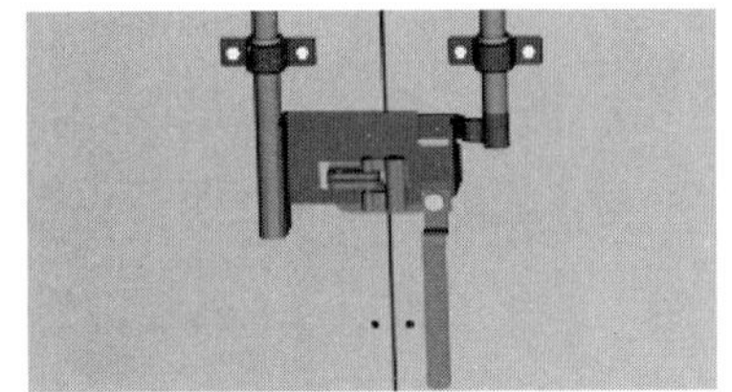

端门锁紧状态（去除锁盒弯板）

图 3-7-8　端门锁闭状态

二、SQ6 型双层运输汽车专用车

1. 端门主要结构

SQ6 型双层运输汽车专用车端门为一体式，主要由门框、6 扇对折端门、锁杆及门锁装置等部分组成，结构如图 3-7-9 所示。

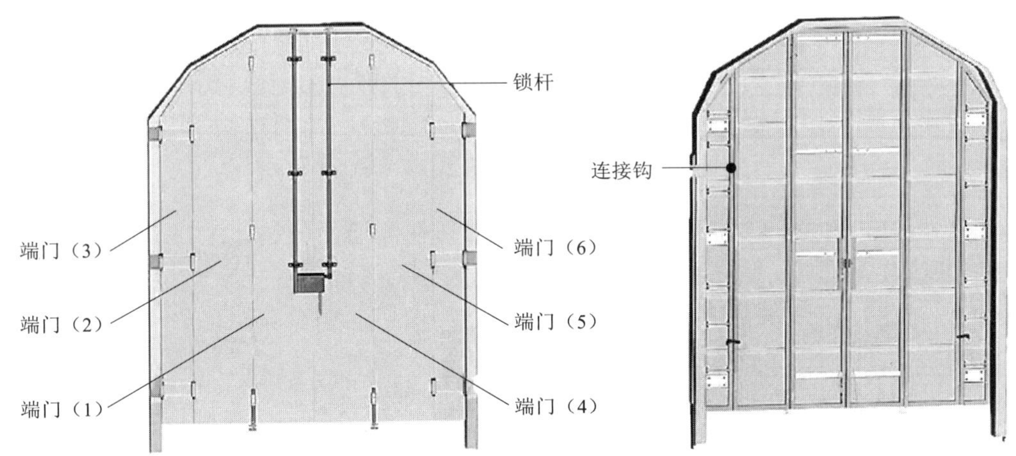

图 3-7-9　SQ6 型车端门组成

2. 端门操作方法

(1)开门操作。

①首先要打开明锁，顺时针旋转锁盒，使左锁杆与左锁座脱离，再逆时针旋转扳手，使右锁杆与右锁座脱离，随后再逆时针旋转门锁扶手 90°，使端门处于开门状态，如图 3-7-10 所示。

②然后将端门(1)、端门(4)旋转，使其下部的锁杆分别与下层端渡板上的锁座脱离，如图 3-7-11 所示。

③操作人员进入车内将端门(2)、端门(3)间和端门(5)、端门(6)间的连接钩(图 3-7-12)打开，再分别拉动端门(1)、端门(4)带动其他端门，将整个端门推至全开位。

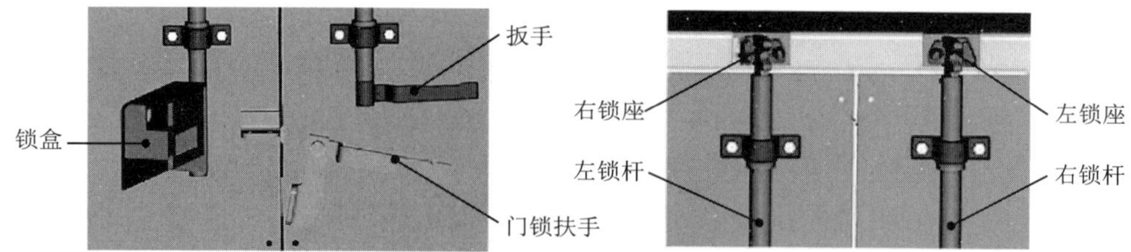

图 3-7-10　开锁状态

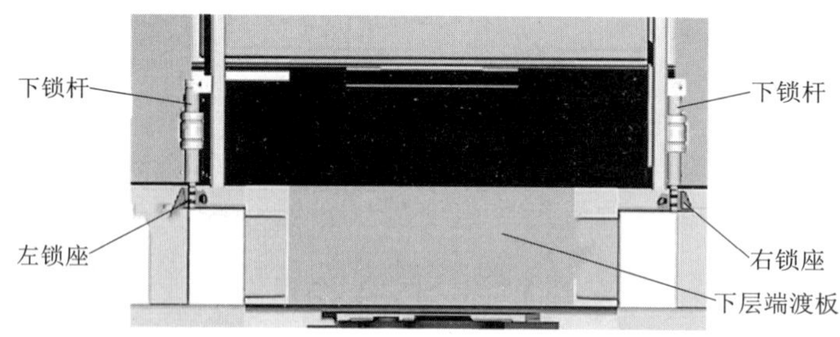

图 3-7-11　脱离锁座

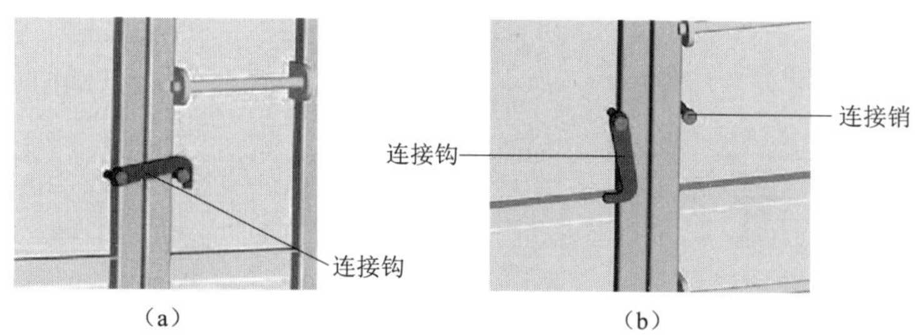

图 3-7-12　连接钩

④从端门(1)和端门(4)上取出限位链,将其挂在侧墙的挂钩座上,固定好端门,如图 3-7-13所示。

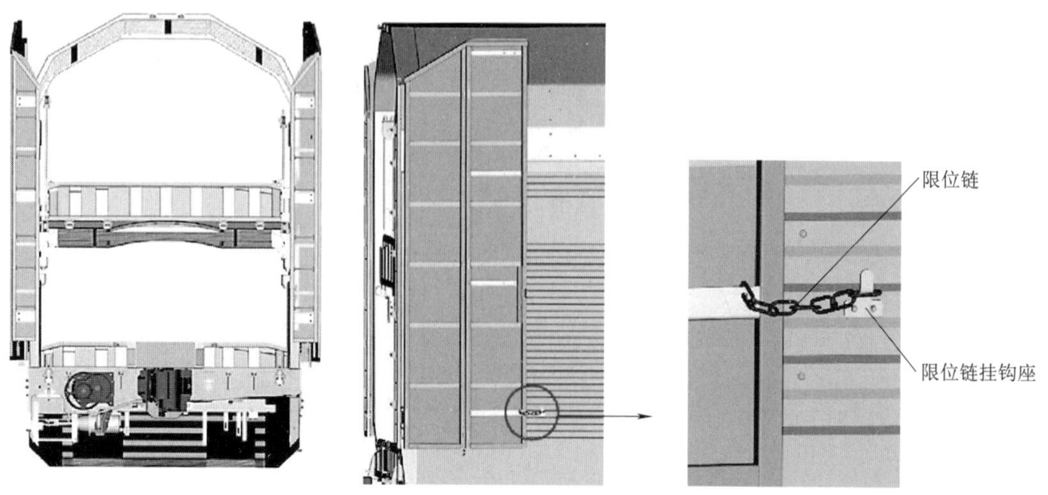

图 3-7-13　车门固定

(2)关门操作。

①作人员首先将端门限位链从侧墙上的挂钩座上摘下,并将其放入限位链座中,拉动并旋动端门(1)、端门(4),首先使端门(2)、端门(3)、端门(5)、端门(6)分别紧靠在门框上。

②操作人员进入车内将端门(2)、端门(3)间和端门(5)、端门(6)间的连接钩连接好[图 3-7-12(a)],随后将端门(1)与端门(4)中的下锁杆的锁舌与下层端渡板中的锁座锁好,将两扇端门紧靠在门框上,如图 3-7-14 所示。

③再顺时针旋转扳手 180°,使右锁杆的锁舌旋入右锁座,逆时针旋转锁盒,使左锁杆的锁舌旋入左锁座(图 3-7-15),并使门锁中的上、下锁板插入锁盒上的锁板孔,锁好挂锁(图 3-7-16、图 3-7-17)。

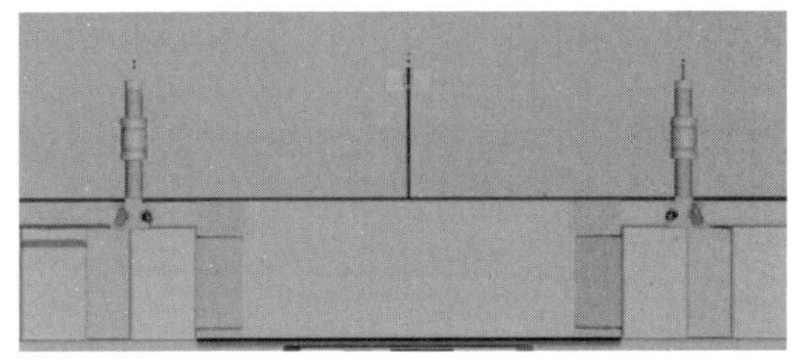

图 3-7-14　锁好下锁杆

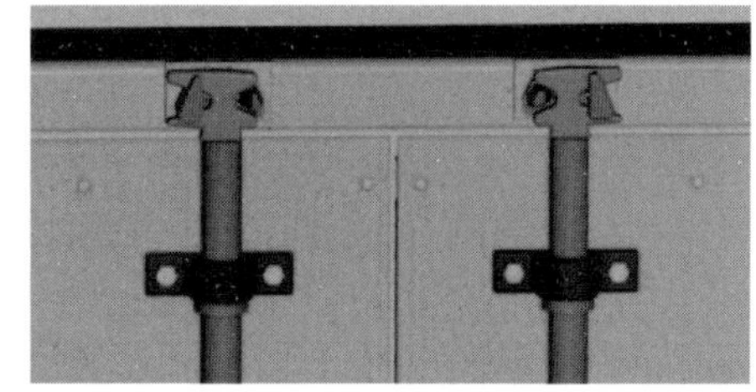

图 3-7-15　锁舌入锁

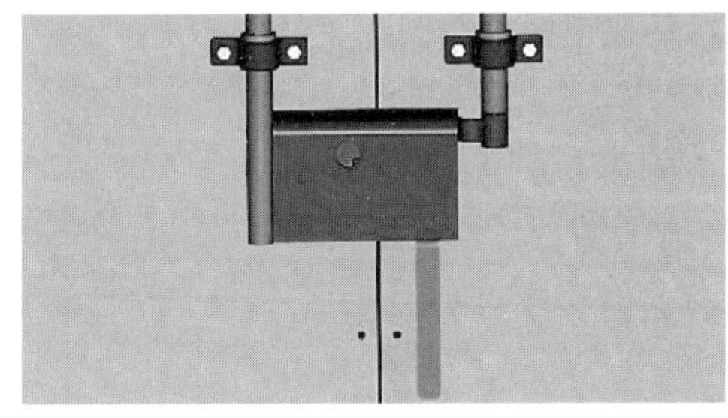

图 3-7-16　端门锁紧状态(锁好挂锁)

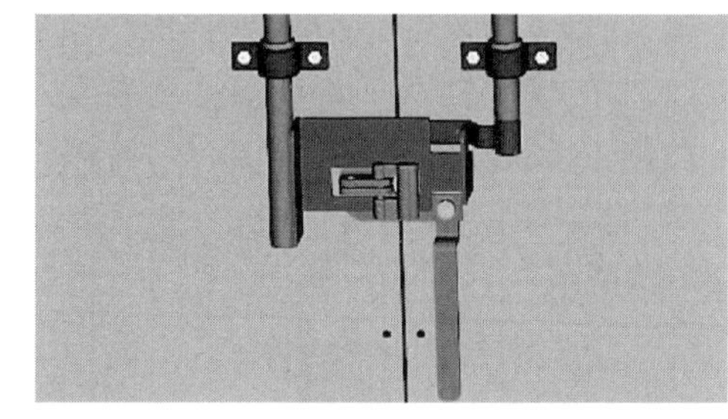

图 3-7-17　端门锁紧状态(去除锁盒弯板)

三、SQ_7 型运输汽车—普货两用车

SQ_7 型车主要用于运输微型及小型汽车(两厢轿车、三厢轿车、SUV、MPV、皮卡等),兼顾运输怕受日晒、雨雪侵蚀的箱装及袋装货物。车辆满足叉车等机械化装卸作业要求。

SQ_7 型车车体主体为全钢焊接结构,主要由底架、下层附加地板、侧墙、上下层渡板、端门、侧开门、车顶、上层端部托架、上层中部托架、气液辅助翻转装置、底架附属件等部件组成,如图 3-7-18 所示。

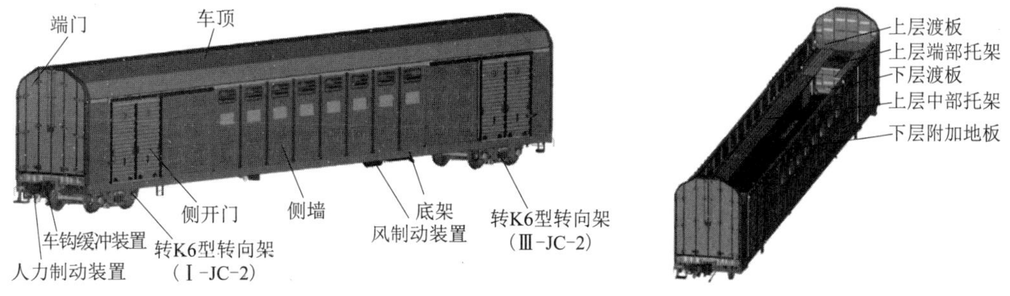

图 3-7-18　SQ_7 型运输汽车—普货两用车

1. 端门主要结构

SQ_7 型运输汽车—普货两用车端门为一体式，主要由门框、6 扇对折端门、锁杆及门锁装置等部分组成，结构如图 3-7-19 所示。

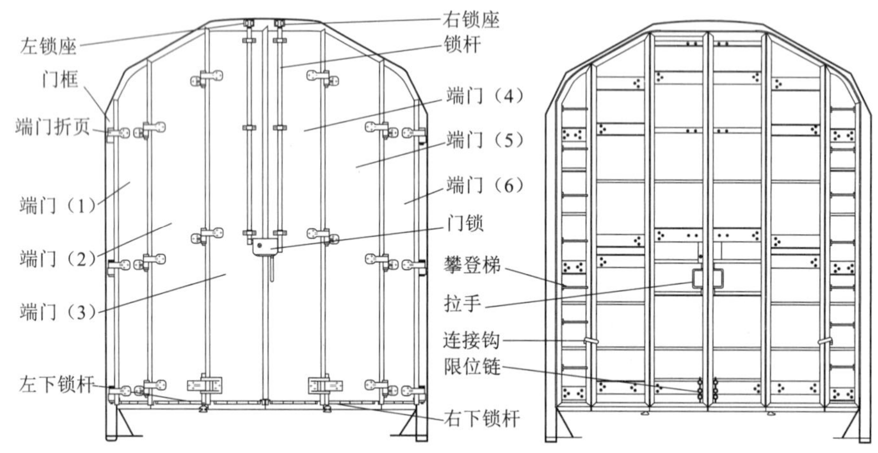

图 3-7-19　SQ_7 型车端门组成

2. 开门操作

(1)操作人员首先打开挂锁，顺时针旋转锁盒，使左锁杆与左锁座脱离。

(2)逆时针旋转锁杆扳手，使右锁杆与右锁座脱离。

(3)逆时针旋转门锁扶手(1)90°，使端门(3)与端门(4)处于开门状态。

(4)旋转端门(3)、端门(4)，使其下部的锁杆分别与下层端渡板上的锁座脱离，如图 3-7-20所示。

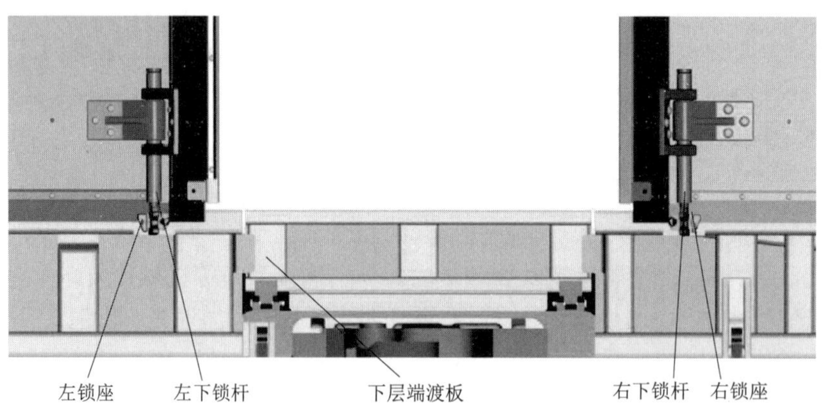

图 3-7-20　脱离锁座

(5)操作人员进入车内将端门(1)与端门(2)间、端门(5)与端门(6)间的连接钩打开，如图 3-7-21 所示。

(6)分别拉动端门(1)和端门(4)带动其他端门，将整个端门打开至全开位，从端门(3)和端门(4)上取出限位链，将其挂在侧墙的挂钩座上，固定好端门，如图 3-7-22 所示。

3. 关门操作

(1)端门关闭操作人员首先将下层渡板立起，翻转渡板挡铁使挡铁钩头朝上，防止渡板倾倒。

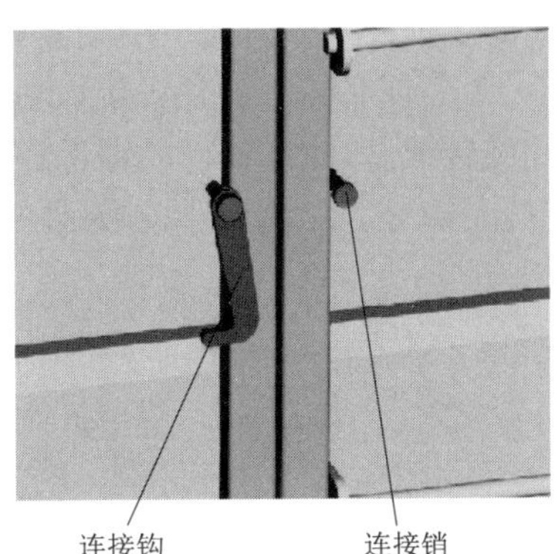

图 3-7-21　连接钩

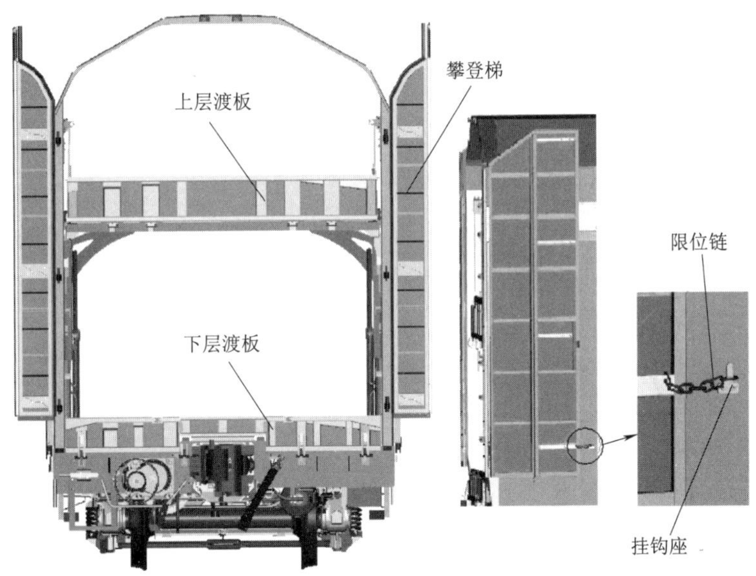

图 3-7-22　车门固定

(2)将端门限位链从侧墙上的挂钩座上摘下，并将其放入限位链座中。

(3)拉动并旋转端门(3)、端门(4)，使端门(1)、端门(2)、端门(5)、端门(6)分别紧靠在门框上。

(4)操作人员进入车内将端门(1)与端门(2)、端门(5)和端门(6)间的连接钩连接好，如图 3-7-23 所示。

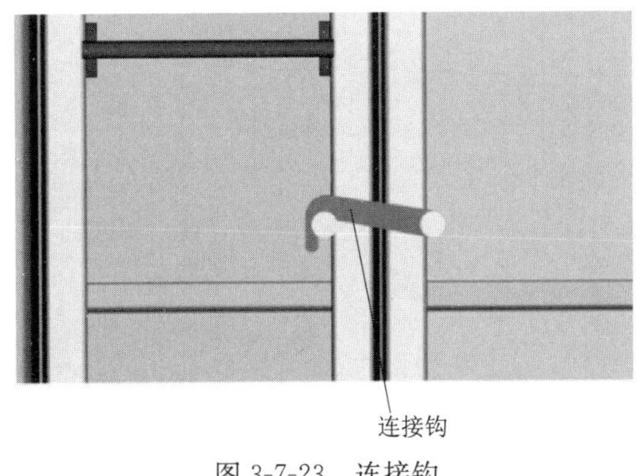

图 3-7-23　连接钩

(5)将端门(1)与端门(4)中的下锁杆中锁舌与下层端渡板中的锁座锁好，将两扇端门紧靠在门框上，再顺时针旋转扳手 180°，使右锁杆的锁舌旋入右锁座。

(6)操作人员在车外逆时针旋转锁盒，使左锁杆的锁舌旋入左锁座。

(7)将门锁中的上、下锁板插入锁盒上的锁板孔，锁好挂锁，如图 3-7-16、图 3-7-17 所示。

复习思考题

1. 铁路货车是如何分类的？
2. 简述车钩缓冲装置的组成及作用。
3. 货车的共同标记有哪些？
4. 货车的特殊标记有哪些？
5. 如何判定车辆的方位？
6. 简述铁路货车的修程。
7. 简述货车使用的基本要求。
8. 简述敞车的特点及适用范围。
9. 开关敞车下侧门应有何要求？
10. 敞车装运煤炭、矿石等散装货物时应做好哪些工作？
11. 敞车装运轻浮货物起脊装载时应做好哪些工作？
12. 敞车装运货物加固时应做好哪些工作？
14. 简述棚车的特点及适用范围。
15. 开关棚车车门有何要求？
16. 使用棚车装运货物应注意哪些问题？
17. 简述平车的特点、种类及适用范围。
18. 简述罐车适用范围及其种类。
19. 危险货物罐车标记除通用标记外，还有哪些标记？

第四章　货运基础知识

货运作业是铁路货物运输的基础。在货运作业中坚持依法经营，认真贯彻执行《中华人民共和国铁路法》(以下简称《铁路法》)等相关法律、法规和规章，正确地办理货运作业，对顺利地完成货物运输至关重要。只有熟悉货物运输基本作业过程，掌握货物运输基本条件，才能在安全的基础上，不断地优化作业程序，提高作业效率，改进服务质量。

第一节　铁路货运产品及服务

一、铁路货运生产过程及货运产品

铁路货运生产的产品是货物的位置移动，以货物周转量表示，系指在一定时期内，铁路局集团公司或全路在运货工作中所完成的货物吨公里数。

铁路货物运输生产过程的内容，包括货物由承运到交付的全部作业。铁路货物运输生产过程可用图 4-1-1 简略表示。

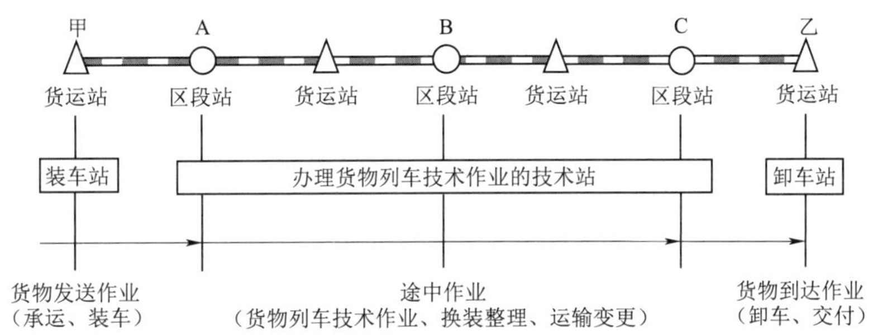

图 4-1-1　铁路货物运输生产过程示意图

在铁路货物运输生产过程中，首先把货物装入铁路货车，然后将货车编成列车，利用铁路线路、机车等技术设备，以列车的方式将货物按托运人的要求，由发送的装车站运至到达的卸车站，交收货人验收。

铁路为完成货物运输，除在货运站和中途站办理有关货运作业外，还需在技术站办理一系列的列车技术作业。

二、铁路货运服务

1. 铁路提供整车货物运输、零担货物运输和集装箱货物运输三种基本货运服务。

2. 特需货物运输服务。

特需货物列车，是根据客户对货物运到时限、运输条件等方面的不同需求而开行，按列车运行速度分为时速 160 km、120 km 及 80 km 三个等级。

3. 货运班列服务。

为适应市场经济的需要，提高货运服务质量，国铁集团开办了货运班列，包括中欧班列、中亚班列、大宗直达班列、多式联运班列、特快班列、快速班列、普快货运班列。

(1)中欧班列

中欧班列是由国铁集团组织，按照固定车次、线路、班期和全程运行时刻开行，运行于中国与欧洲以及“一带一路”沿线国家间的集装箱等铁路国际联运列车，是深化我国与沿线国家经贸合作的重要载体和推进“一带一路”建设的重要抓手。

(2)中亚班列

目前中亚班列口岸有 5 个，分别是连接中亚、西亚的阿拉山口、霍尔果斯口岸，连接蒙古国的二连浩特口岸，以及连接南亚的山腰、凭祥口岸。中亚班列货物主要分为两类：一类是中国的进出口货物(返程亦然)，一类是经日本、韩国、东南亚等国过境中国的过境货物(返程亦然)。

(3)大宗直达班列

大宗直达班列指国铁集团公布的，固定货物发、到站，固定发、收货人，固定车次开行的始发整列直达货物列车。大宗直达的货源以煤炭、石油、矿石、钢铁、焦炭、粮食等大宗品类物资为基础，具有稳定的流量与流向。

(4)多式联运班列

多式联运班列是支持铁水联运、公铁联运等多种联运服务的货物班列，是铁路自身向其他运输方式开展延伸服务，形成具有铁路运输特点的联运系统，包括干线运输、枢纽和信息平台，为其他运输方式开展联运，以及物流服务对铁路联运服务的应用奠定基础。

(5)特快班列

特快班列使用 25T 等专用车辆编组，最高运行速度 160 km/h，按不低于 2 500 km/d 标准铺画运行图；在固定发到站间，有固定车次和运行线、明确的开行周期和运行时刻，按客车化模式组织开行的货物列车。

(6)快速班列

使用专用符合技术标准的货车编组，最高运行速度 120 km/h，按不低于 1 500 km/d 标准铺画运行图；在固定发到站间，有固定车次和运行线、明确的开行周期和运行时刻，按客车化模式组织开行的货物列车。

(7)普快货运班列

使用普通货车编组，按普通货车标尺运行，按不低于 1 000 km/d 标准铺画运行图；在固定发到站间，有固定车次和运行线、明确的开行周期和运行时刻，按客车化模式组织开行的货物列车。

4. 铁路门到门运输服务。

铁路门到门运输是指货物从托运人指定上门取货地点装车开始、接运至发站、运输至到站、送达卸货至收货人指定到门收货地点止的全过程运输服务。

当前，铁路开展的门到门运输服务包括门到站运输、站到门运输，门到门运输三种方式。

5. 货物仓储服务。

货物仓储服务是铁路货运服务内容的重要组成部分。货物仓储服务包括，货物承运前有偿仓储、货物承运后发送前以及卸车后交付前的免费仓储和对外的有偿仓储服务。铁路开展货物仓储服务，一方面是铁路在货物运输服务过程中应尽的义务；另一方面有利于提高铁路货运设备的利用效率和铁路经济效益。

6. 铁路货物保价运输服务。

货物保价运输是铁路运输实行限额赔偿后，为保证托运人、收货人合法利益，供托运人选择的一种赔偿制度。托运人根据自愿，可以办理保价运输，托运人做出这种选择并按规定缴纳一定比例的保价费后，即成为铁路运输合同的组成部分，铁路将承担相应的责任。铁路对承运的货物自承运时起到交付时止发生的灭失、短少、变质、污染、损坏承担赔偿责任。

车站受理一批保价金额在50万元及以上的整车(含批量零散快运)、集装箱货物，一批保价金额在20万元及以上零担(含零散快运)货物，或其他需要重点看护的保价货物，应建立"重点保价行包、货物(△B)运输台账"。车站应在货物运单、货运票据封套和货车装载清单上加盖△B戳记(或用红色书写)，并在列车编组顺序表(运统1)"记事"栏内注明"△B"字样。

(1)保价金额。

保价运输应以全批行包、货物的实际价格办理，不应只保其中一部分。行包、货物的实际价格以托运人声明的价格为准，托运人对行包、货物声明实际价格的真实性负责。

行包、货物的实际价格包括其本身的价格、税款、包装费用和已发生的运输费用。

保价费率不同的货物按一批托运时，可分项填记品名及保价金额，保价费分别计算。保价费率不同的货物合并填记时，按其中最高的保价费率计算保价费。

(2)保价货物的赔偿。

保价运输的货物发生损失时，按照实际损失赔偿，但最高不超过保价金额。如果损失是铁路运输企业的故意或者重大过失造成的，不受保价额的限制，按照实际损失赔偿。一部分损失时，按损失货物占全批货物的比例乘以保价金额赔偿；逾期未能赔付时，处理站应向赔偿要求人支付违约金。

(3)免责条款。

承运人从承运货物时起，至将货物交付收货人时止，对保价货物发生的灭失、短少、变质、污染、损坏承担赔偿责任，但由于下列原因造成的，承运人不承担赔偿责任：

①不可抗力。

②货物或行包中的物品本身的自然属性或合理损耗。

③托运人(含押运人)、收货人或旅客的过错。

7. 专业运输服务。

为了更好地为社会提供优质、便捷的服务，铁路成立了国铁集团直属专业运输公司，针对不同的货物运输需求提供服务。

(1)中铁集装箱运输有限责任公司(简称"集装箱公司")

集装箱公司主营国内、国际集装箱铁路运输、集装箱多式联运、国际铁路联运；仓储、装卸、包装、配送等物流服务；集装箱、集装箱专用车辆、集装箱专用设施、铁路篷布等经营和租赁业务。兼营国际、国内货运代理，以及与上述业务相关的经济、技术、信息咨询和服务业务。

(2)中铁特货运输有限责任公司(简称"特货公司")

特货公司主营业务为商品的汽车物流、冷藏物流和大件物流。

(3)中铁快运股份有限公司(简称"中铁快运")

中铁快运主要经营行李、包裹、邮件、小件等货物铁路快捷运输；仓储、装卸、搬运、包装、加工、配送等物流服务；办理铁路小件货物特快专递、铁路票据特快专递；国际快递业务(信件和具有信件性质的物品除外)。

第二节　货物运输基本条件

一、货物运输的种类

铁路运送的货物，尽管种类繁多，但根据托运货物的数量、性质、形状等条件并结合所用使用的货车，将铁路货物运输的种类划分为整车、零担和集装箱三种。

1. 整车货物运输

一批货物的重量、体积或形状需要以一辆以上货车运输的，应按整车托运。我国大多数的货物运输是使用整车运输方式的。

整车运输有整车分卸、站界内搬运和途中装卸三种特殊形式。

(1)整车分卸

整车分卸是为充分利用货车的载重能力，解决托运数量不足一车而又不能按零担办理的货物的运输。由于运输途中需要分卸，对铁路运输组织工作的影响较大，因此铁路对整车分卸规定了必要的限制条件：

①托运的货物必须是限按整车办理的危险货物、易于污染其他货物的污秽品、未装容器的活动物及一件货物重量超过 2 t，体积超过 3 m^3或长度超过 9 m 的货物；②货物数量不够一车，托运人要求在同一经路上两个或三个车站卸车；③在站内卸车。

按整车分卸办理的货物，除派有押运人外，托运人必须在每件货物上拴挂标记，分卸站卸车后，对车内货物必须整理，以防偏重或倒塌。

(2)站界内搬运

站界内搬运是指在站界内铁路营业线上或站线与专用线之间的运输。

站界内搬运的办理条件是:按整车运输的货物，可在铁路局集团公司自局管内办理，但危险货物不得办理。

(3)途中装卸

途中装卸是指在两个车站之间的区间或在不办理货运营业的车站装卸车。途中装卸的货物，托运人应在装车地点的前方站办理货物的托运手续，收货人应在卸车地点的后方站办理货物的领取手续。自装车地点的后方站至卸车地点的前方站核收运输费用。

途中装卸车的组织工作，由托运人、收货人负责。但车站应派人至装卸车地点进行防护和检查装卸车堆放货物的安全距离是否符合要求。办理条件同站界内搬运。

2. 零担货物运输办理条件

零担货物是指一批货物的重量、体积、形状和性质不需要单独使用一辆铁路货车装运的货物。

按零担托运的货物，一件体积最小不得小于 0.02 m^3(一件重量在 10 kg 以上的除外)，每批不得超过 300 件。但下列货物不得按零担托运：

(1)需要冷藏、保温或加温运输的货物。

(2)规定限按整车办理的危险货物。

(3)易于污染其他货物的污秽品。

(4)蜜蜂。

(5)不易计算件数的货物。

(6)未装容器的活动物(铁路局集团公司规定在管内可按零担运输的除外)。

(7)一件货物重量超过 2 t,体积超过 3 m^3 或长度超过 9 m 的货物(经发站确认不致影响中转站和到站装卸车作业的除外)。

3. 集装箱运输

凡适箱货物均应采用集装箱运输。集装箱运输是发展中的运输方式。

二、一批

一批是铁路承运货物和计算运输费用的一个单位,是指使用一份货物运单,按照同一运输条件运送的货物。

1. 按一批办理的条件

按一批托运的货物,必须托运人、收货人、发站、到站和装卸地点相同(整车分卸货物除外)。按运输种类的不同,一批的具体规定是:

(1)整车货物以每车为一批,跨装、爬装及使用游车的货物,每一车组为一批,如图 4-2-1 所示。

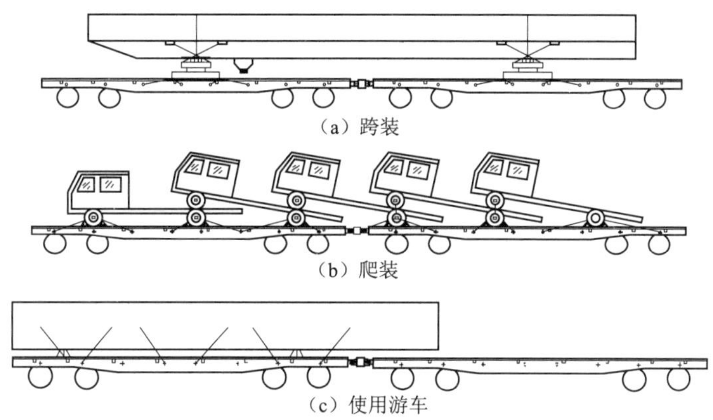

图 4-2-1　跨装、爬装及使用游车的货物

(2)零担货物或使用集装箱的货物,以一份货物运单为一批。

2. 按一批办理的限制

由于货物性质各不相同,其运输条件也不一样。为保证货物安全运输,规定下列货物不得按一批托运:

(1)易腐货物与非易腐货物。

(2)危险货物与非危险货物。

(3)根据货物的性质不能混装运输的货物,如液体货物与怕湿货物,食品与有异味的货物,配装条件不同的货物等。

(4)按保价运输的货物与不按保价运输的货物。

(5)投保货物运输险的货物与未投保货物运输险的货物。

(6)运输条件不同的货物,如需要卫生检疫证的货物与不需要卫生检疫证的货物,海关监管货物与非海关监管货物,不同热状态的易腐货物等。

上述不能按一批托运的货物,在特殊情况下,经铁路局集团公司承认也可按一批托运。

三、货物运到期限

货物运到期限是铁路将货物由发站运至到站的最长时间限制,是根据铁路现有技术设备条件和运输工作组织水平确定的，也是铁路承运部分货物的根据。

货物运到期限是铁路运输合同的重要内容，是对铁路运输企业的要求和约束，也是对托运人或收货人合法权益的保护。

1. 货物运到期限的计算

货物运到期限由货物发送期间、运输期间和特殊作业时间三部分组成，具体规定如下：

(1)货物发送期间为 1 d。

(2)货物运输期间。按一般条件运输的货物，运价里程每 250 km 或其未满为 1 d；按快运办理的整车货物，运价里程每 500 km 或其未满为 1 d。

(3)特殊作业时间：

① 运价里程超过 250 km 的零担货物，另加 2 d；运价里程超过 1 000 km 的零担货物，则另加 3 d。

② 整车分卸货物，每增加一个分卸站，另加 1 d。

③ 准、米轨间直通运输的整车货物，另加 1 d。

④ 需要上门装、卸货物，各另加 1 d。

⑤ 需要门到发站、到站到门接取送达货物，各另加 1 d。

货物运到期限，起码为 3 d。运到期限按自然日计算。

货物的实际运到日数，从货物承运次日起算，在到站由铁路组织卸车的，至卸车完了时终止；在到站由收货人组织卸车的，至货车调到卸车地点或交接地点时终止。

2. 容许运输期限

货物容许运输期限是由托运人提出的货物运输时限，承运人据此确定在规定的运到期限内该货物是否可以承运。

托运易腐货物、“短寿命”放射性货物时，应记明货物的容许运输期限。容许运输期限至少须大于货物运到期限 3 d，方可承运。

3. 货物运到逾期

所谓运到逾期，是指货物的实际运到日数超过规定的运到期限，这是一种违约行为。若货物运到逾期，则铁路应向收货人支付违约金。

第三节　货运工作的法规依据

铁路货运工作既具有市场特性，又具有技术特性，须遵循与市场经济相关的法律法规及交通运输有关技术规范、管理规定。铁路货运检查是铁路货运工作的重要组成部分，是保障行车安全和货物安全的重要措施，必须遵守相关的法律、法规及相关规章要求。

一、法律法规、铁路管理规章的关系

法律法规指中华人民共和国现行有效的法律、行政法规、司法解释、地方法规、地方规章、部门规章及其他规范性文件以及对于该等法律法规的不时修改和补充。

我国法律法规按其效力高低，可分为六个层级。

第一层级具有最高的法律效力。如《中华人民共和国宪法》(以下简称《宪法》)是国家的根本法，任何法律不能与其相抵触，在法律体系中具有最高法律效力。

第二层级为基本法律。专门由全国人民代表大会制定和修改的法律。如《中华人民共

和国民法典》(以下简称《民典法》)、《中华人民共和国刑法》(简称《刑法》)等。

第三层级为普通法律。是由全国人民代表大会常务委员会制定和修改。如《铁路法》,《中华人民共和国邮政法》(以下简称《邮政法》)等带有部门性质,较第二级重要程度略低的法律。

第四层级为行政法规。行政法规的制定基础为宪法和法律,制定主体为国务院。行政法规一般以条例、办法、实施细则、规定等形式组成。具体来说,对某一方面的行政工作作比较全面、系统的规定,称"条例";对某一方面的行政工作作部分的规定,称"规定";对某一项行政工作作比较具体的规定,称"办法"。

第五层级为地方性法规和部门规章。部门规章是由国务院所属的各部、委员会根据法律和行政法规制定的规范性文件,其主要形式是命令、指示、规定等,大多都与经济相关;地方性法规是由省、自治区、直辖市的人民代表大会及其常务委员会制定,前提是不能和宪法、法律、行政法规相抵触。

第六层级为地方政府规章及规范性文件。地方政府规章是省、自治区、直辖市、设区的市、自治州的人民政府等制定的法律文件。规范性文件,又称"红头文件",属于政府机关(一般是市县级政府)制定的文件。

铁路管理规章是铁路运输企业为实现安全生产、标准化作业等要求,依据国家法律、行政法规,制定的仅适用铁路内部管理的规定、办法等。

二、与铁路货物运输有关的主要法律法规

1.《民法典》是新中国成立以来第一部以法典命名的法律,在法律体系中居于基础性地位,也是市场经济的基本法。

《民法典》共 7 编、1 260 条,各编依次为总则、物权、合同、人格权、婚姻家庭、继承、侵权责任,以及附则。通篇贯穿以人民为中心的发展思想,着眼满足人民对美好生活的需要,对公民的人身权、财产权、人格权等做出明确翔实的规定,并规定侵权责任,明确权利受到削弱、减损、侵害时的请求权和救济权等,体现了对人民权利的充分保障,被誉为"新时代人民权利的宣言书"。

《民法典》中对经济合同签订原则,经济合同的订立、履行、变更和解除,违反经济合同的责任,以及经济合同管理等做了明确的法律规定,对货物运输合同作了专款规定,对货物运输合同的内容作了一般性规定。

2.《中华人民共和国铁路法》是保障铁路运输和铁路建设顺利进行的法律规定。

3.《中华人民共和国安全生产法》(以下简称《安全生产法》)是为了加强安全生产监督,防止和减少生产安全事故,保障人民群众生命和财产安全,促进发展而制定的,各生产企业(另有规定除外)都必须严格遵守。

4.《铁路安全管理条例》是为了加强铁路安全管理,保障铁路运输安全和畅通,保护人身安全和财产安全而制定的。

5.《铁路交通事故应急救援和调查处理条例》是为了加强铁路交通事故的应急救援工作,规范铁路交通事故调查处理,减少人员伤亡和财产损失,保障铁路运输安全和畅通,依据有关法律制定的。铁路机车车辆在运行过程中与行人、机动车、非机动车、牲畜及其他障碍物相撞,或者铁路机车车辆发生冲突、脱轨、火灾、爆炸等影响铁路正常行车的铁路交通事故

(以下简称事故)的应急救援和调查处理,适用本条例。

6.《危险化学品安全管理条例》是为了加强危险化学品的安全管理,预防和减少危险化学品事故,保障人民群众生命财产安全,保护环境而制定的,适用于危险化学品生产、储存、使用、经营和运输的安全管理。

7.《铁路危险货物运输安全监督管理规定》。2013 年 3 月,铁路实行政企分开管理体制改革,明确了企业承担安全主体责任,政府负责安全监管。2013 年 7 月,铁路危险货物承运、托运取消行政审批,政府管理由事前审批转为事中事后监管。为加强铁路危险货物运输安全管理,依据《安全生产法》《铁路安全管理条例》《危险化学品安全管理条例》等法律、行政法规,国家铁路局制定了《铁路危险货物运输安全监督管理规定》,内容包括总则、运输条件、运输安全管理、监督检查、附则共五章四十条。

8.《铁路交通事故调查处理规则》(以下简称《事规》)是为及时准确调查处理铁路交通事故,严肃追究事故责任,防止和减少铁路交通事故的发生,根据《铁路交通事故应急救援和调查处理条例》制定的,适用于国家铁路、合资铁路、地方铁路以及专用铁路、铁路专用线等发生事故的调查处理。

9. 其他与铁路运输有关的法律法规。

三、《铁路货物运输规程》及其引申规章

《铁路货物运输规程》(以下简称《货规》)是货物运输的基本规章,它是根据国家有关方针、政策和法令,以《铁路法》《民法典》等为依据而制定的。《货规》具体明确规定了铁路货物运输的基本条件、货物运输合同、货物的搬入搬出、货物的承运和交付、装车和卸车、货运事故的处理和赔偿、承托双方责任的划分,是组织铁路货物运输最为直接的依据,承运人、托运人和收货人都必须遵照执行。

《货规》引申规章主要有:

1.《价规》规定了货物运输费用的计算、货物运费、杂费、国际铁路联运货物国内段的运输费用、铁路非运用车运输费用、附则等,适用于计算国家铁路及合资、地方铁路涉及与国家铁路办理直通运输的有关货物运输费用,包括车站费用、运行费用、服务费用和额外占用铁路设备的费用等。

2.《加规》是铁路货物装载加固和满载工作的依据,规定了货物装载加固的基本技术条件、特殊规定、方案管理、满载工作等。

3.《铁路集装箱运输规则》(以下简称《箱规》)规定了运输基本条件、托运、承运和交付、承运人与托运人、收货人的交接,适用于全国营业铁路的集装箱运输。

4.《危规》是铁路危险货物运输组织的依据,包括总则,办理限制管理,业务办理,运输包装,试运管理,运输及签认制度,押运管理,保管和交付,消防、劳动安全及防护,洗刷除污,培训与考核,危险货物货车,危险货物集装箱,剧毒品运输,放射性物品(物质)运输,危险货物进出口运输,事故应急救援,附则等内容。

5.《超规》是铁路超限、超重货物运输组织的依据,规定了超限、超重货物的定义及等级划分,超限、超重货物的托运、受理和承运,途中检查,超限、超重车运行,电气化区段运输,专列运输,建筑限界管理,国际联运超限货物的办理,长大货物车的运用管理,附则等。

6.《鲜规》是铁路鲜活货物运输组织的依据,包括基本要求、易腐货物运输、活动物运输、附则等内容。

7.《铁路保价运输规则》(以下简称《保价规则》)规定本着自愿的原则,以全批货物价格进行保价,规定了保价费核收方法及费率,以及保价货物发生损失的赔偿办法,适用于铁路办理保价运输。

8.《货运日常工作组织办法》规定了装车工作组织、重点物资组织、卸车工作组织、货运调度工作、货运日常工作分析与考核。

9.《铁路货物运输杂费管理办法》规定了货运杂费的核收、归口管理、收费标准、修改与公布、核收票据、监督、检查等内容,适用于管理铁路运输杂费的收费项目和收费标准。

10. 根据《货规》精神制定的其他规则和办法。

四、铁路内部管理规章

1.《中国铁路总公司安全管理规定》是为了全面加强国铁集团安全管理工作,落实安全生产责任,保障铁路运输安全,保护人身安全和财产安全而制定;是国铁集团安全管理的基本规定,适用于国铁集团及所属单位。

2.《技规》是为了加强国铁集团铁路技术管理,确保国家铁路安全正点、方便快捷、高速高效,根据有关法律、法规、规章和技术标准等制定,适用于国家铁路。国家铁路工作人员必须严格遵守和执行本规程的规定,在自己的职责范围内,以对国家和人民负责的态度,保证安全生产。

3.《铁路货车统计规则》(以下简称《统规》):铁路货车统计是铁路统计的重要组成部分,是铁路运输生产和经营管理的重要基础性工作。为统一铁路货车统计的范围、指标口径、指标含义、计算方法、报告制度和统计资料提供标准等,确保铁路货车统计质量而制定,适用于国铁集团管理的铁路线路范围内的铁路货车统计。

4.《铁路货物装卸安全技术规则》(以下简称《装卸安规》)是为适应铁路现代物流和装卸机械化发展需要,保障铁路货物装卸生产安全而制定,适用于国铁集团所属铁路运输企业铁路运输货物的装卸、搬运作业。

5.《电气化铁路有关人员电气安全规则》(以下简称《电气安全规则》)是为保证电气化铁路沿线有关人员人身安全,防止触电伤亡事故而制定,对于违反本规则的单位和人员,按有关规定追究其责任。

6. 铁路内部货运管理规则与办法。

铁路内部货运管理规则与办法规定了铁路内部货物运输各个环节的作业内容和质量要求,是铁路货运工作人员货物运输的工作细则。

(1)《管规》规定了货物运输基本作业、货物交接检查和换装整理、货场管理、货运监察,适用于铁路内部货运管理。

(2)《货损规则》规定了货物损失种类和等级、货物损失报告与勘查、记录编制、货物损失调查处理、货物损失责任划分、货物损失赔偿、货物损失统计与资料保管、无法交付和无标记货物处理等内容,适用于铁路内部处理货物损失及责任划分。

(3)《铁路货运检查管理规则》(以下简称《检规》)规定了货运检查站、货运检查作业、日常管理、货运检查工具和备品管理、整理和换装等内容,适用于铁路货运检查作业。

(4)《铁路货运票据电子化管理暂行办法》是为适应货运票据电子化条件下运输生产组织需要,确保货物运输安全和信息数据质量而制定,内容包括总则、职责分工、管理要求、系统维护、应急处理、监督检查及附则。

(5)《铁路货运票据电子化作业办法》是为规范铁路货运票据电子化有关作业,保证运输安全和生产秩序而制定,内容包括总则、职责分工、管理要求、系统维护、应急处理、监督检查及附则。

(6)《货车篷布管理规则》(以下简称《篷规》)中规定了货车篷布(以下简称“篷布”)的基本条件、质量管理、运用管理等内容,规范篷布管理,提高运用效率,保证铁路运输和货物安全。

(7)根据有关规定制定的其他铁路内部货运管理规则与办法。

7.《铁路货运计量安全检测设备运用管理规则》(以下简称《计量规则》)是为加强和规范铁路货运计量安全检测设备和铁路货运计量安全检测监控系统的管理而制定,适用于国家铁路及国铁控股的合资铁路车站计量安全检测设备的运用管理,以及国铁集团、所属各铁路运输企业、站段(含货运中心,以下简称“站段”)各级货运计量系统的运用管理工作。

8. 其他铁路内部管理规章。

五、货运作业标准

为提高铁路运输服务质量,规范作业程序,制定了各种作业标准,如:

1.《铁路货物运输服务质量》(TB/T 2968—2018)。

2.《铁路运输装卸安全技术要求》(TB/T 30009—2023)。

3.《铁路货物装载加固技术要求》(TB/T 30004—2021)。

4. 其他。

六、国际联运规章

(1)对铁路、托运人和收货人均有约束力的规章,包括《国际铁路货物联运协定》(以下简称《国际货协》)、《国际铁路货物联运协定统一过境运价规程》(以下简称《统一货价》)等。

(2)仅同铁路有关的规章,包括《国际铁路货物联运协定办事细则》(以下简称《国际货协办事细则》)、《国际旅客联运和铁路货物联运清算规则协约和清算规则》(以下简称《清算规则》)和《国际旅客联运和铁路货物联运车辆使用规则》(以下简称《车规》)。

(3)《国际铁路货物联运办法》适用于通过两个以上国家铁路,使用一份运送票据并以连带责任办理的直通货物运送。本办法仅供国内使用。

(4)《国际集装箱运输管理暂行办法》适用于国际运输的 20 ft、40 ft 国际标准集装箱的铁路运输,分为单程和往返两种形式。

第四节　铁路货物运输合同

铁路货物运输合同是铁路承运人将货物从起运地点以铁路运输的方式,运输到约定地点,托运人或者收货人支付运输费用的合同。按《货规》的规定,托运人利用铁路运输货物,应与承运人签订货物运输合同。

一、铁路货物运单

铁路货物运单是托运人与承运人之间,为运输货物而签订的一种运输合同。它是确定托运人、承运人、收货人之间在运输过程中的权利、义务和责任的原始依据。货物运单既是托运人向承运人托运货物的申请书,也是承运人承运货物和核收运费及编制记录和备查的依据。货物运单格式如图 4-4-1 所示。

货物运单由带编号的 6 联和不带编号的需求联组成,货物运单各联的作用见表 4-4-1。车站可以按照需求分别打印各联,各联打印规格均为 A4(297 mm×210 mm)。

中国铁路　×××　局集团有限公司

BKHZA0123456

需求号：201708HY66666600001

货物运单

（整车、集装箱、批量、零散）

托运人	发站（公司）		专用线		货区	
	名称		经办人		货位	
			手机号码		车种车号	
	□上门取货	取货地址	联系电话		取货里程（km）	
收货人	到站（公司）		专用线		运到期限	标重
	名称		经办人		施封号	
			手机号码		篷布号	
	□上门送货	送货地址	联系电话		送货里程（km）	
付费方式	□现金　□支票　□银行卡　□预付款	领货方式	□电子领货　□纸质领货		装车方	施封方

货物名称	件数	包装	货物价格（元）	重量（kg）	箱型箱类	箱号	集装箱施封号	承运人确定重量（kg）	体积（m³）	运价号	计费重量（kg）
合计											

第×联 ×××联

选择服务		项目	金额（元）	税额（元）	项目	金额（元）	税额（元）
	□上门装车						
	□上门卸车						
	□保价运输 □铁路保险 □其他商业保险						
	□装载加固材料 □仓储 □冷藏（保温）						
	其他服务						
增值税发票类型 □普通票 □专用票	受票方名称： 纳税人名称： 地址、电话： 开户行及账号：	费用合计		大写：			

托运人记事	承运人记事
签章	卸货时间　月　日　时　到站收费票据号 通知时间　月　日　时　领货人身份证号 货运员　车站日期戳

收货人签章　　车站接（交）货人签章　　制单人　　制单日期

背　书

托运人须知

1. 托运人在铁路托运货物，在本单签字或盖章，即证明愿意遵守《中华人民共和国民法典》《中华人民共和国铁路法》《铁路安全管理条例》等法律法规，以及《铁路货物运输规程》等铁路规章的有关规定。

2. 托运人应签署《货物托运安全承诺书》，不得匿报、谎报货物品名，不得托运或在所托运货物中夹带国家禁止运输的物品，不得在普通货物中夹带危险货物，不得在危险货物中夹带禁止配装的货物。

3. 托运人在本单所记载的货物名称、件数、包装、价格、重量等事项应与货物的实际完全相符，并对其真实性负责。

4. 货物的内容、品质和价格是托运人提供的，承运人在接收和承运货物时并未全部核对。

5. 托运人选择电子领货方式时，若收货人是注册客户，可不设置领货密码，承运人交付货物时不再核验领货密码。

6. 托运人应妥善保管电子领货密码或领货凭证，并及时将电子领货密码告知或将领货凭证寄交收货人，收货人凭电子领货密码或领货凭证经到站验证后，在到站领取货物。

7. 托运人选择保价运输时，应填写货物的实际价格，作为计算“保价金额”的依据。当货物在运输过程中发生损失时，承运人对保价货物按照货物的保价金额和损失比例赔偿，对非保价货物，按规定的限额赔偿。

8. 托运人选择保险运输时，应填写货物的实际价格，作为计算”保险金额”的依据。当货物在运输过程中发生损失时，保险公司对保险货物按规定赔偿。

9. 托运人应凭本单于次月底 前开具增值税发票。

10. 本单于托运人和承运人双方签字或盖章之时起生效。

收货人须知

1. 托运人已设置领货密码或领取领货凭证的，收货人应妥善保管电领货密码或领货凭证，接到货物到达通知后，及时领取货物。

2. 凭电子领货密码领取货物时：

选择线上办理的，应登录铁路货运电子商务系统（95306），核验电子领货密码（托运人未设置的除外）后正确填记领货人姓名、身份证号码、手机号码等信息，并在线签署领货委托书。领货人凭本人身份证原件到车站领取货物。

选择线下办理的，收货人为个人的，应出示身份证原件，并配合完成验证电子领货密码（托运人未设置的除外），委托他人领取货物时应同时提供电子领货密码、收货人身份证复印件、被委托人身份证原件和委托书收货人为法人单位的，提供电子领货密码、经办人身份证原件，及加盖单位公章的委托书。

3. 凭领货凭证领取货物时，收货人为个人的，应同时出示身份证原件委托他人领取货物时应同时提供收货人身份证复印件、被委托人身份证原件和委托书。收货人为法人单位时，除提供经办人身份证原件外，还需提供加盖单位公章的委托书。

4. 收货人应按规定支付相关费用。

5. 收货人接收货物时，发现货物损失应立即向承运人提出。

6. 货物交付完毕，合同即为履行完毕此后发生问题，承运人不承担责任。

货物托运安全承诺书

根据《中华人民共和国铁路法》《铁路安全管理条例》，托运货物必须遵守国家关于禁止或者限制运输物品的规定托运人托运货物，不得匿报、谎报货物品名、性质、重量，不得在普通货物中夹带危险货物，不得在危险货物中夹带禁止配装的货物。

依据《铁路安全管理条例》第九十六条规定，托运人托运货物时，将危险货物流报或者匿报为普通货物托运的，或在普通货物中夹带危险货物，由铁路监督管理机构依法处置。依据《中华人民共和国铁路法》第六十条规定，以非危险品品名托运危险品，导致发生重大事故的，依照刑法有关规定追究刑事责任。

本公司（本人）已阅知上述法律法规规定。承诺申报的货物运单和物品清单所填记事项真实，与实际货物相符，没有匿报、错报货物品名。托运的货物没有国家法律法规及铁路部门禁止托运或混装的货物。违反此承诺造成的一切法律责任及后果由本公司（本人）承担。

托运人（盖章/签字）　　年　　月　　日

图 4-4-1　货物运单格式

表 4-4-1 货物运单各联的作用

序号	各联名称	领收人	用途	备注
第 1 联	货物运单正本(发站存查联)	发站	发站留存的已生效的运输合同	相同的运单号
第 2 联	货物运单副本(收款人报告联)	发站	发站收款的已生效的运输合同(财务凭证)	
第 3 联	货物运单正本(托运人存查联)	托运人	托运人留存的已生效的运输合同	
第 4 联	货物运单副本(到站存查联)	到站	到站留存的已生效的运输合同	
第 5 联	货物运单副本(收货人存查联)	收货人	收货人留存的已生效的运输合同	
第 6 联	货物运单副本(领货凭证联)	收货人	收货人在到站办理领货的凭证	
第 7 联	货物运单(需求联)	发站	记录客户提报需求,发站留存	无运单号

货物运单框内左半部分为托运人填写部分,右半部分为承运人填写部分,以黑色加粗折线分隔。

1. 托运人填写部分说明

托运人在填写运输需求时,应按照《铁路货运票据电子化管理暂行办法》附件一"货运票据格式及填写说明"规定的内容及要求填写,并对货物运单内所填记的内容负责。填写运单要做到正确、完备、真实、详细、清楚。运单填写各栏有更改时,在更改处,属于托运人填记事项,应由托运人盖章证明,承运人对托运人填记事项一般不得更改。

货物运单托运人填写部分说明见表 4-4-2。

2. 承运人填写部分说明

货物运单承运人填写部分说明见表 4-4-3。

表 4-4-2 货物运单托运人填写部分说明

栏号	栏目名称		内容填写说明
1	托运人	发站(公司)*	发站按《里程表》规定的站名完整填记,不得简称。(公司)名,为系统自动生成
2		专用线	在专用线或专用铁路装车时,填写该专用线全称
3		名称*	填写托运单位的完整名称,如托运人为个人时,则应填记托运人姓名和身份证号码
4		经办人	填写经办人姓名。姓名超过 5 个汉字时,根据经办人要求填记姓名简称,并在托运人记事栏内填记姓名全称
5		手机号码	填写经办人手机号码
6		取货地址	选择上门取货服务时,应详细填写取货地点所在省、市、自治区城镇街道和门牌号码或乡、村名称及取货联系人姓名
7		联系电话	选择上门取货服务时,应填写取货联系人电话号码
8	收货人	到站(公司)*	到站按《里程表》规定的站名完整填记,不得简称。(公司)名,为系统自动生成
9		专用线	在专用线或专用铁路卸车时,填写该专用线全称
10		名称*	填写收货单位的完整名称,如收货人为个人时,则应填记收货人姓名
11		经办人	填写经办人姓名。姓名超过 5 个汉字时,根据经办人要求填记姓名简称,并在托运人记事栏内填记姓名全称
12		手机号码	填写经办人手机号码
13		送货地址	选择上门送货服务时,应详细填写送货地点所在省、市、自治区城镇街道和门牌号码或乡、村名称及收货联系人姓名
14		联系电话	选择上门送货服务时,应填写收货联系人电话号码
15	付费方式*		客户可选择现金、支票、银行卡、预付款、汇总支付等方式,选择汇总支付或预付款的,应填写汇总支付或预付款的凭证号码

续上表

<table>
<tr><th>栏号</th><th colspan="2">栏目名称</th><th>内容填写说明</th></tr>
<tr><td>16</td><td colspan="2">领货方式＊</td><td>客户可选择纸质领货或电子领货，选择电子领货时，须设置领货经办人身份证号码、领货密码等信息</td></tr>
<tr><td>17</td><td colspan="2">货物名称＊</td><td>应按《价规》附件三“铁路货物运输品名检查表”，危险货物则按《品名表》所列的货物名称完整、正确填写。托运危险货物应在品名之后用括号注明危险货物编号。“铁路货物运输品名检查表”或《品名表》内未经列载的货物，应填写生产或贸易上通用的具体名称，但须用《价规》附件一“铁路货物运输品名分类与代码表”相应类项的品名加括号注明
按一批托运的货物，不能逐一将品名填记在货物运单内时，须另填物品清单，承运后由车站打印一式两份，加盖车站承运日期戳，托运人签章，一份由发站存查，一份交托运人
需要说明货物规格、用途、性质的，在“货物描述”中加以注明</td></tr>
<tr><td>18</td><td colspan="2">件数＊</td><td>应按货物名称及包装种类，分别记明件数，“合计件数”栏填写货物的总件数
承运人只按重量承运的货物，则在本栏填记“堆”“散”“罐”字样</td></tr>
<tr><td>19</td><td colspan="2">包装</td><td>记明包装种类，如“木箱”“纸箱”“麻袋”“条筐”“铁桶”“绳捆”等。按件承运的货物无包装时，填记“无”字。使用集装箱运输的货物或只按重量承运的货物，本栏可以省略不填</td></tr>
<tr><td>20</td><td colspan="2">货物价格(元)</td><td>应填写该项货物的实际价格，全批货物的实际价格为确定货物保价金额的依据(托运人选择保价运输时，为必填项)</td></tr>
<tr><td>21</td><td colspan="2">重量(kg)＊</td><td>应按货物名称及包装种类分别将货物实际重量(包括包装重量)用千克记明，“合计重量”栏，填记该批货物的总重量</td></tr>
<tr><td>22</td><td colspan="2">箱型箱类</td><td>箱型填集装箱对应箱型，如“20”“25”“40”“45”“50”。箱类填集装箱对应箱类，如“通用标准箱”“35 吨敞顶箱”等</td></tr>
<tr><td>23</td><td colspan="2">箱号</td><td>填写包括箱主代码在内的 11 位集装箱箱号</td></tr>
<tr><td>24</td><td colspan="2">集装箱施封号</td><td>填写集装箱的铁路施封锁号码</td></tr>
<tr><td>25</td><td rowspan="4">选择服务</td><td>上门装车</td><td>选择上门装车的，需详细填记货物单件规格、重量等特约事项</td></tr>
<tr><td>26</td><td>上门卸车</td><td>选择上门卸车的，需详细填记货物单件规格、重量等特约事项</td></tr>
<tr><td>27</td><td>保价运输、装载加固材料、仓储、冷藏(保温)</td><td>托运人根据需要选择相应服务</td></tr>
<tr><td>28</td><td>其他服务</td><td>托运人、承运人双方认可的其他服务事项</td></tr>
<tr><td>29</td><td colspan="2">增值税发票类型</td><td>需要开具增值税发票的，选择填记“普通票”“专用票”，并填记受票方名称、纳税人识别号、地址、电话、开户行及账号等信息</td></tr>
<tr><td rowspan="2">30</td><td colspan="2">托运人记事</td><td>填写需要由托运人声明的事项。例如：
1. 货物状态有缺陷，但不致影响货物安全运输，应将其缺陷具体注明
2. 需要凭证明文件运输的货物，应将证明文件名称、号码及填发日期注明
3. 托运人派人押运的货物，注明押运人姓名和证件名称及号码
4. 托运易腐货物或“短寿命”放射性货物时，应记明容许运输期限。选择冷链(保温)运输时，应记明具体运输条件、要求
5. 使用自备货车或租用铁路货车在营业线上运输货物时，应记明“××单位自备车”或“××单位租用车”。使用自备篷布时，应记明自备篷布号码
6. 国外进口危险货物，按原包装托运时，应注明“进口原包装”
7. 托运零散快运货物时，应注明单件最大重量和单件最大长、宽、高
8. 托运人要求办理铁路货物运输保险时，应注明“已投保运输险”
9. 其他按规定需要由托运人在运单内记明的事项
10. 经办人姓名超过 5 个汉字时，应填记姓名全称</td></tr>
<tr><td colspan="2">签章＊</td><td>托运人于货物运单打印完毕，并确认无误后，在此栏盖章或签字</td></tr>
</table>

注：带“＊”的栏目为必填项。

表 4-4-3　货物运单承运人填写部分说明

栏号	栏目名称	内容填写说明
31	货区	填写货物堆存货区
32	货位	填写货物堆存货位
33	车种车号	填写货物装载的铁路货车车种、车型和车号
34	取货里程(km)	根据托运人填写的取货地址确定的取货里程
35	运到期限	填写按规定计算的货物运到期限日数
36	标重	填写铁路货车对应的标记载重
37	施封号	填写货车的施封号码
38	篷布号	填写所苫盖的铁路货车篷布号码
39	送货里程(km)	根据托运人填写的送货地址确定的送货里程
40	装车方	根据装车组织人,填写“托运人”或“承运人”
41	施封方	根据施封负责人,填写“托运人”或“承运人”
42	承运人确定重量(kg)	除一件重量超过车站衡器最大称量的货物外,其他货物由承运人确定货物重量,按货物名称及包装种类分别填记。“合计重量”栏填记该批货物总重量
43	体积(m^3)	按货物名称及包装种类分别填记。“合计体积”栏填记该批货物总体积
44	运价号	填记货物名称对应的运价号
45	计费重量(kg)	整车货物填记货车标记载重量或规定的计费重量;零散货物填记按规定处理尾数后的重量或起码重量
46	费目、金额(元)、税额(元)	按规定的计费科目及费用填写
47	费用合计	填写所有费用合计的小写金额
48	大写	填写所有费用合计的大写金额
49	承运人记事	填记需要由承运人记明的事项,例如: 1. 货车代用记明批准的代用命令; 2. 途中装卸的货物,记明计算运费的起讫站名; 3. 需要限速运行的货物和自有动力行驶的机车,记明铁路局集团公司承认命令; 4. 对危险货物或鲜活货物,应按货物性质,在记事栏中选择“爆炸品”“氧化性物质”“毒性物质”“腐蚀性物质”“易腐货物”等记事,以及经铁路局集团公司批准按普通货物运输的危险货物记载事项; 5. 机械冷藏等有工作车的成组货车装车时,记载工作车车号; 6. 托运人要求办理铁路货物运输保险时,应记载保险单号码; 7.“卸货时间”由到站按卸车完毕的时间填写; 8.“通知时间”按发出领货(送货)通知的时间填写; 9. 填写“到站收费票据号码”和“领货人身份证号码”; 10. 需要由承运人记明的其他事项
50	签章	收货人签章:收货人领货时签字或盖章 车站接(交)货人签章:发站上门取货人员名章、到站上门送货人员名章

二、铁路货物运输合同的合同文件

托运人以铁路运输货物，有条件的可按年度、半年度、季度或月度签订货物运输协议，也可以签订更长期限的运输协议。在协议期内，托运人可与承运人按阶段确定需求。交运货物时，向承运人按批递交货物运单，作为运输合同的组成部分。

其他货物以货物运单作为运输合同。

三、铁路货物运输合同变更、解除及违约责任

货物运输合同生效后，按照合同的全面履行原则，承托双方应当按照合同的约定全面履行自己的义务。

1. 铁路货物运输合同的变更和解除

货物运输合同生效后，当事人协商一致，可以变更、解除合同。在承运人将货物交付收货人之前，托运人可以要求承运人终止运输、返还货物、变更到达地或者将货物交给其他收货人，但应当赔偿承运人因此受到的损失。

2. 铁路货物运输合同的违约责任

当事人一方不履行合同义务或者履行合同义务不符合约定的，应当承担继续履行、采取补救措施或者赔偿损失等违约责任。

当事人双方都违反合同的，应当各自承担相应的责任。

承运人对运输过程中货物的毁损、灭失承担损害赔偿责任，但承运人证明货物的毁损、灭失是因不可抗力、货物本身的自然性质或者合理损耗以及托运人、收货人的过错造成的，不承担损害赔偿责任。赔偿的形式有保价赔偿、保险赔偿和限额赔偿。

第五节　货物运输基本作业过程

铁路为完成货物运输而进行的基本作业主要是在车站进行的。按其作业环节可分为承运、装车、运送、卸车和交付等作业；按作业流程可分为发送作业、途中作业和到达作业。

一、发送作业

货物在发站所进行的各项货运作业，统称货物的发送作业。它是铁路货物运输技术作业过程的开始阶段，主要包括托运与受理、取货、进货、验收与仓储、装车与承运等作业环节。

(一)托运与受理

1. 托运

托运人以货物运单(需求联)向承运人提出货物运输需求，并向承运人交运货物，即为托运。托运人向承运人交运货物时，应向车站按批(车)提出货物运单(需求联)一份。

铁路通过网络、电话、营业场所及上门服务等渠道敞开受理客户需求、运输需求统一通过铁路95306提报。铁路货物运输实行实名制和实货制。托运人通过铁路托运货物时，托运人必须提供有效身份证件和托运物品的详细信息，必要时还需提供物品清单(图4-5-1)。

2. 受理

车站对客户提报的需求进行实货核实，通过铁路95306电商系统受理后确认。

受理运输需求时，应按照《货规》《管规》《铁路货运票据电子化管理暂行办法》附件一“货

运票据格式及填写说明”等有关规定认真审核货物运单各项内容填记是否齐全，是否符合铁路运输规定。

对符合运输条件的运输需求在运单“承运人记事”栏标记有关货运事和运输戳记。如按方案装车的货物，填记“货物装载加固方案号”等。

经车站审核符合铁路运输条件，并标记货运记事和运输戳记后，报铁路局集团公司货运营销系统和货调系统审批，待系统审批后安排进货，客户不能再对需求信息进行补充和修改。

物 品 清 单

发站＿＿＿＿＿＿ 需求号＿＿＿＿＿＿ 车号/箱号＿＿＿＿＿＿

序号	物品名称	包装	件数	重量(kg)	体积(m^3)	价格(元)	备注
合计							

托运人签章＿＿＿＿＿＿ 年 月 日

注：1. 本清单一式二份，由托运人填写，内容必须真实、准确。发站将物品清单与实际货物核实后，打印两份，一份经托运人签字盖章后留存，一份交托运人。

2. 托运物品不得夹带物品清单未列载的物品。

3. 备注栏填记托运人需特殊说明的事项。

规格：210 mm×297 mm

图 4-5-1 物品清单格式

(二)进货、验收与仓储

1. 进货

凭车站签证后的货物运单，按约定交接日期将货物搬入货场指定的位置即为进货。

2. 验收

货场门卫人员和线路货运员对搬入货场的货物进行有关事项的检查核对，确认符合运输要求并同意货物进入场、库指定货位叫验收。

验收货物时，应认真检查货物名称、件数、重量是否与运单记载相符；货物的状态是否良好；货物的运输包装和标志是否符合规定；货签是否齐全、正确；装载整车货物所需的货车装备物品或加固材料是否齐全。对不符合运输条件的，不予接收。

3. 货物仓储

托运人将货物搬入车站，经验收完毕后，一般不能立即装车，需在货场内存放，这就产生了仓储的问题。整车货物可根据协议进行仓储。

(三)货物装车作业

装车作业是铁路货物运输工作的一个重要环节。装车质量直接影响到货物安全、货物运送速度、车辆周转时间以及列车运行安全。因此，合理使用货车、合理组织劳动力和装卸机械、遵守装车作业规章制度和作业程序，对顺利完成装车作业具有重要意义。

1. 货车使用原则

(1)承运人应按照运输合同约定的车种拨配适当的车辆。如无适当的货车拨配,在征得托运人同意,保证货物安全完整和装卸作业方便的条件下可以代用。货车代用时必须遵守承认代用的批准权限,符合表 4-5-1 货车使用限制表的规定。

(2)保密物资、涉外物资、精密仪器、展览品,能用棚车装运的,必须使用棚车,不得用其他货车代替。

(3)对怕湿和易于被盗、丢失的货物,也应使用棚车装运。

(4)毒品专用车不得用于装运普通货物。

(5)承运人应拨配状态良好、清扫干净的货车装运货物。这也是承运人履行货物运输合同应尽的义务之一。

表 4-5-1 货车使用限制表

顺号	货物名称	棚车	敞车	底开门车	有端侧板平车	无端侧板平车	有端板无侧板平车	铁底板平车	共用车	备注
1	散装的煤、灰、焦炭、砂、石、土、矿石、砖	×				×	×	×	×	无端侧板平车或有端侧板(渡板)无侧板平车(共用车除外),在使用围挡并安有支柱时,可装运煤、灰、砂、石、土、砖
2	金属块			×		×	×	×	×	无端侧板平车或有端侧板(渡板)无侧板平车(共用车除外),在使用围挡并安有支柱时,可装运散装的金属块
3	空铁桶				×	×	×	×	×	应加固并外罩绳网
4	木材				×	×	×	×	×	原木不得使用棚车装运
5	超长货物	×	×	×				×		
6	超限货物	×		×				×		
7	钢轨	×		×				×		
8	组成的机动车辆	×	×	×				×		组成的摩托车、手扶拖拉机及小型车辆可以使用棚车,在到站有起重能力时,可使用敞车

注:×为不准使用的车种。

2. 装车前检查

(1)检查货物运单。检查货物运单的记载内容是否符合运输要求,有无漏填和误填。

(2)检查待装货物。按照货物运单记载内容认真核对待装货物的品名、件数,检查标志、标签和货物状态是否符合要求。对集装箱还应检查箱体、箱号和封印。

(3)检查货车。主要检查货车是否符合使用条件,货运状态是否良好。货车检查时,发现有不符合使用的情况,应采取适当措施,必要时应更换车辆。

3. 装车作业

货物的装车,应做到安全、迅速、满载。在装车过程中,无论是谁负责装车都应遵守装载加固技术条件。

装车作业过程中,货运员应立岗监装,指导货物装车作业。货物装车后,对需要施封的货车应按规定施封,对需要苫盖篷布的货车苫盖篷布。

4. 填写运输票据

货车施封后,货运员应将车种、车号、货车标重、使用篷布张数、施封个数及特殊符号记入货物运单内。

5. 插挂表示牌

货车表示牌是给车站调车人员起提示作用,对车内所装货物按规定调车时,需要"禁止溜放""限速连挂"或"编组隔离"的车辆,插挂货车表示牌加以提示,以防违反规定发生事故。

6. 装车后的检查

(1)检查车辆装载。主要检查有无超重、偏重、超限现象,装载是否稳妥,捆绑是否牢固,施封是否符合要求,表示牌插挂是否正确。

(2)检查运单。检查运单有无误填和漏填,车种、车号和运单、货运票据封套记载是否相符。

(3)检查货位。检查货位有无误装或漏装的情况,有无按规定清扫。

(四)货物的承运

1. 核算制票

整车货物装车完毕,零担、集装箱货物接收完毕,车站在货票系统检索"已装车或已接收货物"的电子运单需求联,根据实际补充有关记事,信息核对完整后,生成费用信息,核实费用信息无误,生成带号码的货物运单。

车站根据需要打印相应的货物运单(托运人存查联、领货凭证联)及物品清单,在托运人签字后,加盖车站承运日期戳,将货物运单(托运人存查联、领货凭证联)交托运人。

2. 货物的承运

整车货物装车完毕,零担、集装箱货物接收完毕并核收运费后,发站在货物运单上加盖车站日期戳时起,即为承运。

承运是货物运输合同的成立,是承诺的生效,从承运时起承托双方就要分别履行运输合同的权利、义务和责任。因此,承运意味着铁路负责运输的开始,是承运人与托运人双方划分责任的时间界线。同时,承运标志着货物正式进入运输过程。

二、途中作业

货物在运输途中发生的各项货运作业,均称为途中作业。

(一)途中作业形式

货物的途中作业形式包括"货运交接检查"、"特殊作业"及"异常情况的处理"。

"货运交接检查"是为保证货物安全和列车运行安全,在途中必须进行正常作业。

"特殊作业"包括:整车分卸货物在分卸站的分卸作业,活动物途中上水,托运人或收货人提出的货物运输变更和解除的处理等。

"异常情况的处理"是指货车运行有碍运输安全或货物完整时须作出的处理,如货车装载偏重、超载或货物装载移位须进行的换装或整理及对运输阻碍的处理。

(二)货物运输合同变更和解除

1. 货物运输合同的变更

(1)变更的项目。

托运人在货物托运后,由于特殊原因需要变更的,经承运人同意,对承运后的货物可以按批在货物所在的途中站或到站办理变更到站和收货人。

(2)遇特殊情况货物需变更卸车站时,必须遵守下列规定:

①必须由托运人提出书面申请。

②必须和原到站在同一径路上。

③因自然灾害影响变更卸车地点时,应及时通知收货人。

④局管内变更卸车站,以铁路局集团公司调度命令批准。

⑤跨铁路局集团公司变更卸车站原则上不办理,确须变更时以国铁集团调度命令批准。

(3)对于下列情况,铁路不办理货物合同的变更:

①违反国家法律、行政法规、物资流向、运输限制和蜜蜂的变更。

②变更后货物运到期限大于容许运输期限的变更。

③变更一批货物中的一部分。

④二次变更到站。

2. 货物运输合同的解除

整车货物和大型集装箱在承运后挂运前,零担和其他型集装箱在承运后装车前,托运人可向发站提出取消托运,经承运人同意,运输合同即告解除。

3. 变更和解除合同的程序

托运人要求变更或解除运输合同时,应将运单托运人存查联、货物运输变更要求书交变更处理站。凭纸质领货凭证领货的,还应将领货凭证一并交变更处理站,办理电子领货的,应向处理站提供领货密码。

货物运输变更由车站受理,但整车货物变更到站受理站应报主管铁路局集团公司同意。

(三)运输阻碍

因不可抗力的原因致使行车中断,货物运输发生阻碍,称为运输阻碍。以上所称的“不可抗力”,是指不能预见、不能避免并不能克服的客观情况。货物运输发生阻碍时可按下列方法办理:

(1)铁路局集团公司对已承运的货物,可指示绕路运输。

(2)在必要时先将货物卸下,妥善保管,待恢复运输时再行装车继续运输,所需装卸费用,由装卸作业的铁路局集团公司负担。

(3)因货物性质特殊(如动物死亡、易腐货物腐烂、危险货物发生燃烧、爆炸等)绕路运输或卸下再装,可造成货物损失时,车站应联系托运人或收货人在要求的时间内提出处理办法。超过要求时间未接到答复或因等候答复将使货物造成损失时,比照无法交付货物处理,所得剩余价款(缴纳装卸、保管、运输、清扫、洗刷除污费后)通知托运人领取。

三、到达作业

货物在到站进行的各项货运作业,称为到达作业。

(一)重车到达与票据交接

列车到达后,车站应指定人员按货运交接检查作业要求接收重车,运转室将到达本站卸车的重车票据登记后,移交货运室。

(二)货物卸车作业

卸车是整个运输过程的重要环节之一,是到站工作组织的关键。正确及时地组织卸车作业,能够缩短货车周转时间,提高货车使用效率,保证排空任务和装车的空车来源。车站必须认真贯彻“一卸、二排、三装”的运输组织原则，认真做好卸车工作。

1. 卸车前检查

为使卸车作业顺利进行，防止误卸并确认货物在运输过程中的完整状态，便于划分责任，卸车货运员应根据货调下达的卸车计划，在卸车前认真做好以下三方面的检查：

(1)检查货位。主要检查货位能否容纳下待卸的货物，货位的清洁状态，相邻货位上的货物与卸下货物性质有无抵触。

(2)检查运输票据。主要检查票据记载的到站与货物实际到站是否相符，了解待卸货物的情况。

(3)检查现车。主要检查车辆状态是否良好；货物装载状态有无异状；施封是否良好；现车与运输票据是否相符。

2. 卸车作业

作业开始之前，监装卸货运员应向卸车工组详细传达卸车要求和注意事项。卸车时，货运员应对施封的货车亲自拆封，并会同装卸工一起开启车门或取下苫盖篷布，要逐批核对货物、清点件数，应合理使用货位、按标准进行码放，对于事故货物则应编制记录。此外，注意作业安全，加快卸车进度，加速货车周转。

3. 卸车后检查

(1)检查运输票据。检查票据上记载的货位与实际堆放货位是否相符；票据上的卸车日期是否填写。

(2)检查货物。主要检查货物件数与运单是否相符，堆码是否符合要求；卸后货物安全距离是否符合规定。

(3)检查卸后空车。主要检查车内货物是否卸净和是否清扫干净；车门、窗、端侧板是否关闭严密；表示牌是否撤除。

此外，还需清理好线路，将篷布按规定折叠整齐，送到指定地点存放。托运人自备的货车装备物品和加固材料，应妥善保管。

4. 货车的清扫、洗刷和除污

货车卸空后，负责卸车单位应将货车清扫干净，关闭好车门、车窗、端侧板、盖、阀。

(三)领货通知

货物到达后，承运人应及时向收货人发出领货通知，这是承运人履行运输合同应尽的义务，同时也是为了货物尽快搬出货场，腾空货位，提高场库使用效率，加速货物流转。

发出通知的时间，承运人在车站公共装卸场所内组织卸车的货物，到站应不迟于卸车完了的次日内，用电话、短信或邮件等，向收货人发出领货通知或收货通知，并记明通知的方法和时间。收货人也可与到站商定其他通知方法。

(四)交付工作

交付工作包括票据交付和现货交付两部分。

1. 票据交付

收货人领取货物时，须向铁路提出领货凭证或有效证明文件，车站在货票系统中补充确认到达及卸车相关信息，核收相关费用后，打印收货人存查联并加盖车站日期戳交收货人。

2. 现货交付

外交付货运员凭收货人提出的运单收货人存查联向收货人点交货物，并在运单收货人存查联上加盖“货物交讫”戳记，并记明交付完毕的时间，交还收货人，收货人凭此将货物搬出货场。

由承运人组织卸车或发站由承运人组织装车、到站由收货人组织卸车的货物，在向收货人点交货物或办理交接手续后，即为交付完毕；发站由托运人组织装车，到站由收货人组织卸车的货物，在货车交接地点交接完毕，即为交付完毕。

货物运输合同的履行是从承运开始至货物交付完毕时止。因此交付完毕意味着铁路履行运输合同就此终止，铁路负责运输就此结束。

(五)货物搬出与货物送达

收货人持有加盖"货物交讫"戳记的货物运单将货物搬出货场，门卫对搬出的货物应认真检查品名、件数、交付日期与运单记载是否相符，经确认无误后放行。

对门到门、站到门货物按客户要求的送货地点和要求送达货物。

第六节　铁路货物损失

货物在铁路运输过程中(自铁路运输企业接收货物时起，至将货物交付收货人时止)发生灭失、短少或者损坏属于货物损失。

一、货物损失的种类

为便于货物损失统计、调查处理、货物损失分析，按货物损失的性质，将货物损失分为五类：

1. 火灾

按照《火灾统计管理规定》，凡在时间或空间上失去控制的燃烧所造成的灾害，都为火灾。所有火灾不论损害大小，都列入火灾统计范围。

2. 被盗(有被盗痕迹)

被盗是指有明确证据证明货物被盗走的情况。"被盗痕迹"以包装撕破为表面特征。

3. 丢失(全批未到或部分短少、漏失，没有被盗痕迹)

对于包装封条开裂、捆匝脱落、内品短少货被调换，除有证据证明属于被盗之外，按丢失处理。货物全批灭失，件数短少，包破内少均按丢失处理。

4. 损坏

损坏包括货物破裂、变形、磨伤、摔损、部件破损、湿损、冻损、腐烂、植物枯死、活动物死亡、变质、污染、染毒等。

5. 其他(办理差错及其他原因造成的货物损失)

铁路运输过程中发生的办理差错(未构成货物损失的)，如误办理(违反营业办理限制、停限装命令)、误运送、误交付、货物与票据信息不符、无货物或无票据核算等，按照有关规定处理。

二、货物损失等级

按损失款额不同，铁路货物损失分为以下四个等级：

(1)一级损失。货物损失款额(以下简称损失款额)10 万元以上的。

(2)二级损失。损失款额 1 万元以上未满 10 万元的。

(3)三级损失。损失款额 1 000 元以上未满 1 万元的。

(4)轻微损失。损失款额未满 1 000 元的。

损失款额既包括货物损失，也包括其他直接经济损失，应以此来确定损失的等级。

三、货物损失处理工作的原则及法规依据

1. 货物损失处理工作法规依据

货物损失处理是铁路货物运输工作的重要组成部分，为做好货物损失处理工作，国铁集团制定了《货损规则》。

《货损规则》适用于国铁集团及所属铁路运输企业，用以加强铁路货运安全管理、明确铁路内部货物损失处理的原则、程序和责任划分等，不作为承运人与托运人、收货人划分责任的依据。与国铁集团所属企业办理直通运输的其他铁路可参照执行。

2. 货物损失处理工作的原则

铁路货物损失处理工作应贯彻“预防为主、及时处置、优质服务”的方针，分层管理、逐级负责。

货物发生损失时，应本着对托运人和收货人负责的原则，积极抢救，采取保护措施，尽量减少损失。对货物损失发生的原因和责任认定，必须调查研究，查清事实，根据国家法律、行政法规及国铁集团的有关规定进行处理。

对于承运人责任明确的货物损失，应先对外赔付，后划分铁路内部责任，做到主动、及时、真实、合理。

四、货物损失的处理程序

货物损失处理人员负责货物损失处理工作。货物损失处理人员有权检查作业安全情况，制止违章违纪；履行货物损失勘查、调查、理赔、分析和统计上报等工作职责。货物损失处理人员行使职权时，应坚持原则、秉公办事。铁路货物损失处理程序如下：

1. 货物损失发现和现场处理程序

抢救处理→报告货物损失→货物损失勘查→货物清理→收集资料→编制货物损失报告。

2. 货物损失调查与定责分析程序

现场核实→编制货运记录→确定货物损失种类、等级→拍发货物损失速报→损失调查→查询答复→损失原因和程度鉴定→划分承运人与托运人和收货人间责任→划分承运人内部责任→过失责任分析。

3. 货物损失赔偿与诉讼程序

审核资格→审核资料→赔偿与清算→诉讼。

4. 货物损失统计程序

损失统计→数据上报。

5. 两无货物处理程序

编制记录→收集保管→查询处理→报批变卖。

货物损失处理工作均须通过保价系统进行。各级货物损失处理人员应严格执行系统操作手册，保证录制信息的完整、准确、及时。各级信息部门应保证系统环境安全，运行稳定，网络畅通。系统发生软、硬件故障，无法正常使用时，应由其主管直属站段负责处理。

五、发现货物损失的处理

1. 基本要求

(1)车站发现货物损失的处理。

车站发现货物损失后，发现人员应保护现场，立即向车站负责人和货物损失处理人员报

告。接到报告后，车站负责人应组织有关货运人员立即赶赴现场进行货物损失勘查、清理、资料收集并编制货物损失报告。必要时通知托运人或收货人。

(2)物流企业发现货物损失的处理。

物流企业(包括铁路物流企业或铁路运输企业委托的社会物流企业，下同)在接取送达过程中发现货物损失时，应由物流企业相关人员对发生事故货物情况拍照留存，并编制货物损失报告连同货物损失现场照片一并交车站。

发现货物被盗、火灾等情况，发现单位(人)应立即向公安、消防部门报案。货物损失涉及铁路交通事故的，应报告铁路局集团公司列车调度、安全监督管理部门；涉及车辆技术状态的，应通知车辆部门；涉及活动物或食品污染变质的，应通知防疫、检疫部门；涉及参加保险的货物，必要时应通知保险公司；涉及海关监管的货物，应通知海关监管部门；涉及环境污染的货物，应通知环保部门；必要时还应通知托运人(收货人)。

2. 货物损失勘查与货物损失报告

(1)货物损失勘查

货物损失勘查、清理、资料收集工作是编制货物损失报告的基础依据之一，是认定货物损失的关键，所以发生货物损失后，应根据货物性质认真做好勘查、清理资料收集工作。

勘查货物损失应如实记录损失状况和现场情况，充分利用现代化设备(照相机、音视频记录设备等)留存关键证据影像资料，为货物损失处理提供依据。具体勘查重点按照“货物损失勘查和记录编制的重点要求”和有关规定办理。

(2)货物损失报告

货物损失报告是发现货物损失后，由货运员或负责接取送达的物流企业相关人员根据现场勘查情况，在发现当日编制，是编制货运记录的依据。

货物损失报告应根据现场勘查情况，如实记载事故货物及有关方面的当时状况，填写字体要工整清晰，项目各栏填写齐全，并须编制人本人签字。其他参加检查货物(车)的有关人员也应签字，同时注明其所属单位名称。货物损失报告发生涂改时，在涂改处应加盖编制人员的人名章。

货物损失报告由货运值班员审核签字后，连同收集的施封锁、现场影像等相关资料，一并交货物损失处理人员。

3. 货物损失速报

发现火灾，罐车装运的压缩气体、液化气体泄漏，剧毒品、爆炸品、放射性物品被盗、丢失以及估计损失款额达到一级损失等情况时，应在 1 h 内逐级报告，并在 24 h 内向有关车站、直属站段、铁路局集团公司和有关铁路公安部门以电报形式拍发“货物损失速报”，抄送国铁集团货运部。

货物损失速报内容如下：

(1)损失等级、种类。

(2)发现损失的时间、地点。

(3)发站、到站、货物名称、承运日期。

(4)车种、车型、车号、运单号码、办理种别、保价或保险金额(金额前注明“保价”、“铁险”或“商险”字样)。

(5)损失概要。

(6)对有关单位的要求。

拍发速报时，在电文首部冠以“货物损失速报”字样，(1)～(6)项为各项代号。速报由车站主管领导审核签发。

货物损失速报范例如图 4-6-1 所示。

铁路传真电报

签发：　　核稿：　　拟稿人：　　电话：

发报所名	电报号码	等级	受理日	时分	收到日	时分	值机员

主送：成都东站

抄送：国铁集团货运部、北京局集团公司货运部、成都局集团公司货运部、北京铁路公安处、成都铁路公安处

货物损失速报

(1)一级损失、火灾。

(2)×年 7 月 1 日，石家庄。

(3)成都东、石家庄、棉花、6 月 25 日。

(4)P、60、3035001、200206HY0000032006、整车、保价 45 万元。

(5)成都东发石家庄整车，7 月 1 日 8:30 随 41048 次机后 22 位到达我站，外勤接车发现运行左侧车门缝隙处向外冒烟，立即通知公安及有关部门施救，于 10:20 将火扑灭。施救前货检两侧施封良好，与票据记载相符，卸见上货烧损 38 件，湿损 267 件，估计损失在 10 万元以上。

(6)请查承装情况，并速派员处理。

石家庄站

×年 7 月 1 日

图 4-6-1　货物损失速报范例

4. 货物损失鉴定

货物发生损失，不能判明原因和损坏程度，车站应会同收货人(托运人)或物流企业进行损失鉴定，必要时邀请有能力的第三方机构进行鉴定。车站组织货物损失鉴定时应由货运负责人、货物损失处理人员等两人以上参加鉴定。

货物损失鉴定应在发现站现场就地进行，现场难以鉴定时，经与收货人(托运人)协商同意后，可移至适当场地进行。

损失货物鉴定时，应按批编制“货物损失鉴定书”，并加盖货物损失处理专用章或单位公章，参加人员应签字或盖章。第三方机构参加鉴定的，鉴定机构应在“货物损失鉴定书”上加盖单位公章或出具“货物损失鉴定报告”。

货物损失鉴定一般应自编制货运记录之日起 10 d 内完成，以“货物损失查复书”送有关单位，情况特殊需要延期时，应以查复书或电报说明原因通知有关单位，但最长不得超过 30 d。

鉴定所支出的费用(包括整理、化验等费用)，应在“货物损失鉴定书”中记明，属于收货人(托运人)责任的，由收货人(托运人)支付，属于承运人责任的，由责任单位承担。

第七节　记录的编制

一、记录的种类及作用

记录分货运记录和普通记录两种。

1. 货运记录

货运记录(图 4-7-1)(包括商务记录)作为货物发生损失时的证明,是分析货物损失原因,划清责任的证明文件,也是收货人或托运人向承运人提出赔偿的依据,具有法律效力。

货运记录

(______)

No. ______

补充编制货运记录时记人　补充______公司______站所编第______号______记录

一、一般情况

办理种别______运单号码______于______年______月______日承运

发　站______发公司______托运人______装车单位______

到　站______到公司______收货人______卸车单位______

车种车型______车号______标　重______吨

______年______月______日　第______次列车到达

______年____月____日____时____分卸车______年____月____日____时____分卸完

封印:施封单位______/______施封号码______/______

篷布:篷布号码______保价/保险______货物价格______元

二、货损情况

项目	货物名称	件数	包装	重量(kg)		托运人记载事项
				托运人	承运人	
票据原记载						
按照实际						
货物损失详细情况						

三、参加人签章

车站负责人______编制人______审核人______

公安人员______收货人______其他人员______

四、交付货物时收货人意见______

______年____月____日货运记录(货主页)已交由______领取。

______年__月__日编制　　　　______公司______站(章)

规格:210 mm×297 mm

图 4-7-1　货运记录格式

货运记录分为货主页、存查页。其中货主页为一页绿色 A4 专用纸(背面印有索赔须知),存查页为一页白色 A4 纸。货运记录(包括商务记录)号码由保价系统生成。

各单位应加强货运记录空白货主页的使用管理，健全管理制度，防止记录丢失，且不得挪作他用。

2. 普通记录

普通记录（图 4-7-2）是货物运输过程中，发生换装、整理或交接中需划分责任以及依照其他规定，所编制的一种现状交接证明凭证，不能作为要求赔偿的依据。

普通记录应通过相关系统编制，编制单位打印存查，接方打印留存作为证明。普通记录号码由相关系统生成。

二、货运记录

（一）货运记录的适用范围

货物在铁路运输过程中遇有下列情况之一，车站均应在发现次日内按批（车）编制货运记录。

（1）发生《货规》《管规》及其引申规则办法中所规定需要编制的情况时。

（2）自备篷布、自备集装箱运输发生损失时。

（3）一批货物中的部分货物补送或损失货物及误运送、误办理及其他情况货物需要回送时。

________局集团有限公司

普通记录　　　　No ________

<table>
<tr><td colspan="7">发站________ 发公司________ 托运人________
到站________ 到公司________ 收货人________
运单号码________ 车种车型________ 车号________
货物名称________
于____年____月____日____时____分第________次列车到达</td></tr>
<tr><td rowspan="4">发生的事实情况或车辆技术状态</td><td>新车号 1</td><td></td><td>新车号 2</td><td></td><td>新车号 3</td><td></td></tr>
<tr><td>新封号 1</td><td></td><td>新封号 2</td><td></td><td>新封号 3</td><td></td></tr>
<tr><td>新重量 1</td><td></td><td>新重量 2</td><td></td><td>新重量 3</td><td></td></tr>
<tr><td colspan="6">厂修 ________
段修 ________
轴检 ________</td></tr>
<tr><td colspan="7">参加人员：
车　站：　　　　单位戳记
车 辆 段：
其　他：　　　　年　月　日</td></tr>
</table>

注：1. 带号码的普通记录，编制单位打印存查，接方打印留存作为证明。

2. 普通记录号码由系统自动生成。

图 4-7-2　普通记录

(4)发现无标记、无法交付货物和公安机关查获铁路运输中被盗、被诈骗的货物以及公安机关缴回的赃款移交车站时,沿途拾得的铁路运输货物交给车站处理时。

(5)托运人组织装车,收货人组织卸车,货车施封良好,篷布苫盖和敞车、平车、砂石车货物装载外观无异状,收货人提出货物有损失经承运人确认时。

(6)集装箱运输的货物,箱体完整、施封良好,交付完毕的次日内,收货人提出货物有损失经承运人确认时。

(二)货运记录编制的一般要求

货运记录由车站货物损失处理人员根据货物损失报告编制,记录各项内容应逐项填记。

货物损失处理人员在接到货物损失报告后,要核实货物损失报告各栏填写是否齐全正确,相关资料是否齐全,并在保价系统中加载货物损失报告照片。必要时,要到现场核对事故货物。

编制货运记录要严肃认真,如实记载货物损失及有关方面的当时现状,不得虚构、假想和臆测。记录用词必须准确、简练、明了,不能用揣测、笼统、含糊的词句,不得在记录中作损失责任的结论,以体现记录的真实性和准确性。

货运记录应记明车(箱)体、门窗、施封或篷布的情况、货物包装及装载加固状态、事故货物装载位置、损失程度等。

(1)"一般情况"栏,应根据运单及票据封套记载及到达车次、实际作业时间逐项填记。

(2)"票据原记载"栏,应按事故货物运单记载事项详细填写。

(3)"按照实际"栏,应按货物实际情况填写,凡经检斤的货物应在"重量"栏内加以注明。

货物损失涉及重量的,应将发生损失的货物和完整货物分别检斤,中途站只对成件货物中的损失货物进行检斤,填入记录的"按照实际"栏内。

货物损失处理人员须通过保价系统编制货运记录。通过保价系统打印的货运记录(货主页)加盖货物损失处理专用章和带有所属单位名称的人名章后生效。非系统打印、有涂改或手写的货运记录无效。

(三)货运记录编制后的处理

车站发现货物损失,除按规定编制记录外,还应在货运记录编制当日以查复书形式,通过保价系统对货物损失的原因和责任进行调查,必要时可派人外出调查。

1. 发站编制的货运记录

发站编制的货运记录,由发站负责处理。如确实无法联系托运人时,应在货运记录编制当日将案卷传输到站处理。

2. 中途站编制的记录

中途站编制的货运记录,应在货运记录编制当日将案卷传输到站处理,并向有关站调查,同时告知发站。

一批货物中的部分货物发生损失时,应拴挂"损失货物标签"继运到站,继运到站前对发生损失的货物应采取防护措施,避免扩大损失。

对发生火灾,货物变质,活动物死亡,气体类危险货物泄漏,剧毒品、爆炸品、放射性物品被盗丢失,货物损失能在发现站处理的,发现站应积极处理;不能在发现站处理的,应在货运记录编制当日将案卷传输到站处理,由发现站负责查明原因。

3. 到站编制的货运记录

到站编制的货运记录(货主页)应及时交给收货人。

到站卸车时,遇有发站或中途站编制的记录,应按照记录记载的情况,认真核对现货,无论情况是否相符,均需重新编制一份货运记录交收货人,原记录打印留存。

到站编制的货运记录,应在货运记录编制当日将案卷传输发站及有关站调查。

调查案卷传输后,件数不足的货物补送齐全,在向收货人补交时应收回货运记录(货主页),并及时通知有关站结案。补交时发生损失的,应重新编制货运记录并调查。

整车货物变更到站,新到站检查发现货车封印或货物装载状态有异状,货物发生损失时(包括附有变更站或中途站记录的),案卷传输变更站及有关站调查。

三、普通记录

(一)普通记录的适用范围

遇有下列情况之一,须在当日按批(车)编制普通记录。

(1)发生《货规》《管规》及其引申规则办法中所规定需要编制的情况时。

(2)货物损失涉及车辆技术状态时。

(3)货车发生换装整理时。

(4)集装箱封印失效、丢失或封印站名、号码与票据记载信息不一致或未按规定使用施封锁时。

(5)卸车(换装)发现货物件数或重量较票据信息记载多出时。

(6)依据其他有关规定,需要证明时。

(二)普通记录的编制要求

1. 一般要求

编制普通记录要严肃认真,如实记载有关情况,应记明交接时货车车体、门窗、施封或篷布、绳网的现状,货物包装及装载加固状态。

2. 重点要求

(1)货车封印失效、丢失、封印站名或号码无法辨认时,应记明失效、丢失和无法辨认的具体情况。

(2)封印的站名或号码与货运票据信息或补封记录记载不符时,应记明封印实际站名或号码。

(3)施封的货车未在货运票据信息上记明施封号码时,应记明现车施封状况。

(4)车辆技术状态不良时,应记明车种、车型、车号和车辆不良的具体情况,检修单位名称及年月。

(5)发现货车两侧或一侧上部施封时,应记明下部门扣是否损坏。

(6)棚车车体及集装箱专用车、平车装运的集装箱箱体发生损坏时,应记明损坏位置、尺寸、新痕旧痕和箱号。

四、铁路交接电报

为贯彻区段负责制,划分货检站责任,货检站在货运交接检查过程中,发现问题后,应按规定拍发铁路交接电报。铁路交接电报应视为普通记录。

列车在站车交接和货运检查作业中发现问题后,应及时妥善处理,并在列车到达后

120 min内以电报通知上一货运检查站，必要时抄知有关单位和部门。

交接电报的内容应包括列车的车次、到达时分、车种、车号、发站、到站、品名、发现问题及简要处理情况，需编制记录时按规定要求编制。

车站对交接电报应建立登记制度，自编号码，妥善保管。

铁路交接电报范例如下：

铁路传真电报

签发　×××　　核稿 ×××　　拟稿人×××　　会签 ×××　　电　话×××××

发报所名	电报号码	等级	受理日	时分	收到日	时分	值机员
主送：德州（上一货检站） 抄送：阳泉、阳村（发到站）							
报文：							
×年3月1日14时50分，83289次列车到达济西站，货检发现： 列进第5位为阳泉发阳村的烟煤，运单号201708HY0000634862，车号为C_{62A}4082463，该车运行方向左侧3个下侧门变形，货物撒漏，危及行车安全，扣车处理。 00008号 济西站 ×年3月1日							

复习思考题

1. 简述铁路货运生产过程及货运产品。
2. 何谓铁路货物保价运输？
3. 保价运输的货物发生损失，如何赔偿？
4. 简述铁路货物运输的种类。
5. 简述一批的概念及按一批办理的条件。
6. 什么是货物运到期限？简述货物运到期限的组成。
7. 简述货物容许运到期限的作用。托运人托运哪些货物时应提出货物容许运到期限？
8. 什么是铁路货物运输合同？简述铁路货物运输合同的合同文件。
9. 简述货物运单性质、组成及各联的作用。
10. 何谓运输合同的变更与解除？
11. 如何受理托运人提出的运输需求？
12. 简述货车使用原则。
13. 简述货物承运时机。
14. 简述货物途中作业形式。
15. 货物运输合同的变更应遵守哪些规定？
16. 什么是运输阻碍？发生运输阻碍如何处理？
17. 以整车货物为例，简述货物运输作业过程。
18. 什么是铁路货物损失？
19. 简述铁路货物损失的分类。

20. 简述铁路货物损失的等级。

21. 简述货物损失处理工作法规依据及货物损失处理工作的原则。

22. 车站发现货物损失时如何处理?

23. 什么情况下应拍发货物损失速报?简述货物损失速报的内容。

24. 什么情况下应编制货运记录?

25. 什么情况下应编制普通记录?

26. 4月23日23:20,82485次货物列车编组43辆到达××局集团公司××站Ⅱ场5道,货运检查发现,机后第10~15位编挂液化石油气罐车6辆(车号为$GY_{100}S$0960677~0960687),押运2人,其中1人无身份证,车站扣车处理。试编制普通记录并拍发交接电报(未知条件自设)。

27. 郑州东发贵阳东百货一车,票号06342,车号P_{62}3168452,票据施封2枚"F384567/384568",保价68万元。该车编于85840次列车机后第18位,于6月21日7:38到达赶水站,货检发现列车前进方向左侧无封,车门打开600 mm左右,可视车内货物零乱,车容不满,扣车处理。试编制普通记录并拍发交接电报(未知条件自设)。

第五章　货物装载加固

货物装载加固是铁路货运组织工作的一项重要内容，是保证货物运输安全的有效措施。掌握货物装载基本技术条件，熟悉常用的加固材料及装置，对做好货检工作，保证运输安全具有重要意义。

第一节　货物装载基本技术条件

货物装载加固工作技术性较强，货物装车质量直接关系着列车运行安全和货物的安全，《加规》是铁路货物装载加固和货车满载工作的依据。

货物装载加固和货车满载工作的主要任务是：保证货物、货车的完整和行车安全，充分利用货车载重力和容积，安全、迅速、合理、经济地运输货物。

货物装载加固的基本技术要求是：使货物均衡、稳定、合理地分布在货车上，不超载，不偏载，不偏重，不集重；能够经受正常调车作业以及列车运行中所产生各种力的作用，在运输全过程中，不发生移动、滚动、倾覆、倒塌或坠落等情况。

一、对装运货物车辆的要求

货车是铁路货物运输的主要工具，货车状态的好坏，直接影响行车安全、货物质量，因此，装运货物前应正确选择车辆，并遵守“货车使用限制表”及有关规定。

二、对货物装载量和装载高度及宽度的要求

1. 对货物装载量的要求

装载货物时应充分利用货车的载重力和容积，装载的货物重量(包括货物包装、防护物、装载加固材料及装置)不得超过货车容许载重量。

货物装载量超过所装车辆的容许载重量称为超载。货车超载会对运输安全带来隐患，因此应当避免。

货车容许载重量与装载货物所使用货车的车种、车型、标记载重以及所装货物的种类、装载方法有关。货物装车前，应根据《加规》附件 6 铁路货车增载规定及其他有关规定，正确确定货车容许载重量，装车时正确确定货物装载量，避免出现超载，保证运输安全。

2. 对货物装载高度及宽度的要求

铁路以机车车辆限界基本轮廓作为货物装载限界。装载货物时，为提高货车载重力利用率，可以有效利用限界空间，但货物的装载高度、宽度和计算宽度，除超限货物外，不得超过机车车辆限界基本轮廓和特定区段装载限制。

三、货物重心水平位置的要求

一般情况下，货物重心在水平面上的投影应落在车地板纵、横中心线的交点上(简称“车辆中央”)。必须偏离时，横向偏离量不得超过 100 mm；纵向偏离时，每个车辆转向架所承受的货物重量不得超过货车容许载重量的 1/2，且两转向架承受重量之差不得大于 10 t。

货物装车后，货物总重心投影偏离车地板纵中心线超过 100 mm，称为偏载。

货物装车后，车辆任一转向架所承受的货物重量超过货车容许载重量的 1/2 或两转向架所承受的货物重量之差超过 10 t，称为偏重。

偏载或偏重，都会给行车安全带来隐患，因此应当避免。

1. 货物重心纵向水平合理位置确定

(1)货物重心纵向水平位置确定。

一车负重装一件货物时，货物重心距车辆横中心线的距离(a)可以通过测量直接获得。一车负重装多件货物时，货物总重心距车辆横中心线的距离(a)可通过式(5.1.1)计算。

$$a=\frac{\pm a_1Q_1\pm a_2Q_2\pm\cdots\pm a_nQ_n}{Q_1+Q_2+\cdots+Q_n}\quad(\text{mm})\tag{5.1.1}$$

式中 $Q_1,Q_2,\cdots,Q_n$——每件货物的重量，t；

$a_1,a_2,\cdots,a_n$——每件货物重心距车辆横中心线的距离，以车辆横中心线为准，一侧取正号，则另一侧取负号，mm；

a——多件货物总重心距车辆横中心线的距离，mm。

(2)货物重心纵向最大容许偏移量。

为保证重心纵向水平位置符合要求，实际工作中，根据计划装载方案，确定货物重心纵向偏移量 a，再与货物重心纵向最大容许偏移量($a_{容}$)比较，如果 $a<a_{容}$，说明货物重心在车辆上的纵向水平位置是合理的，符合货物装载的技术条件。

货物重心纵向最大容许偏移量($a_{容}$)可按式(5.1.2)和式(5.1.3)计算。

当 $P_{容}-Q<10$ t 时，

$$a_{容}=\left(\frac{P_{容}}{2Q}-0.5\right)l\ (\text{mm})\tag{5.1.2}$$

当 $P_{容}-Q\geqslant 10$ t 时，

$$a_{容}=\frac{5l}{Q}(\text{mm})\tag{5.1.3}$$

式中 $P_{容}$——车辆的容许载重量，t；

l——车辆转向架中心距，mm；

Q——车辆所装货物重量，t。

【例 5-1-1】 用一辆标重 60 t 的 N17AK 型平车装载货物 4 件，计划装载方案如图 5-1-1 所示，试检验货物总重心纵向水平位置是否合理。

【解】 $Q=Q_1+Q_2+Q_3+Q_4=10+16+12+10=48(\text{t})$

因 $$P_{容}-Q=60-48=12\ (\text{t})>10\ \text{t}$$

所以 $$a_{容}=\frac{5l}{Q}=\frac{5\times 9\ 000}{48}=937.5(\text{mm})$$

$$\begin{aligned}a&=\frac{\pm a_1Q_1\pm a_2Q_2\pm\cdots\pm a_nQ_n}{Q_1+Q_2+\cdots+Q_n}\\&=\frac{10\times 4\ 610+16\times 1\ 180-12\times 1\ 880-10\times 4\ 770}{48}\approx -110(\text{mm})\end{aligned}$$

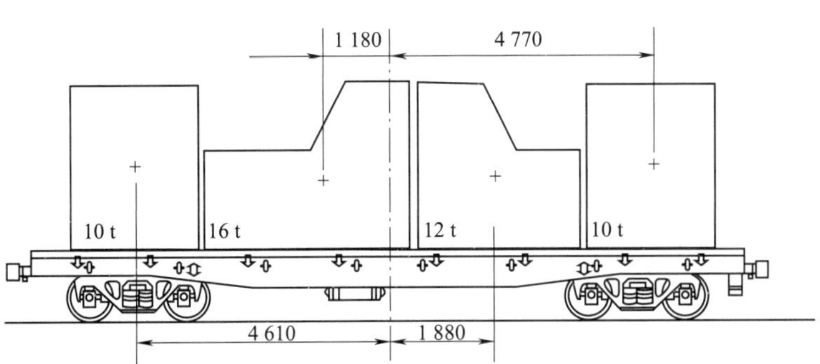

图 5-1-1　货物装载示意图(单位:mm)

由上可知,$a=|a_{总}|=110$ mm,$a_{容}=937.5$ mm,则 $a<a_{容}$,所以货物总重心纵向水平位置合理。

2. 货物重心横向水平合理位置确定

(1)货物重心横向水平位置确定。

一车负重装一件货物时,货物重心距车辆纵中心线的距离(b)可以通过测量直接获得。一车负重装多件货物时,货物总重心距车辆纵中心线的距离(b)可通过式(5.1.4)计算。

$$b=\frac{\pm b_1Q_1\pm b_2Q_2\pm\cdots\pm b_nQ_n}{Q_1+Q_2+\cdots+Q_n}\quad(\text{mm})\tag{5.1.4}$$

式中　$Q_1,Q_2,\cdots,Q_n$——每件货物的重量,t;

$b_1,b_2,\cdots,b_n$——每件货物重心距车辆纵中心线的距离,以车辆纵中心线为准,一侧取正号,则另一侧取负号,mm;

b——多件货物总重心距车辆纵中心线的距离,mm。

【例 5-1-2】　用标重 60 t 的 N17AK 型平车装货物三件,货物装载如图 5-1-2 所示。试检验货物重心横向水平位置是否合理。

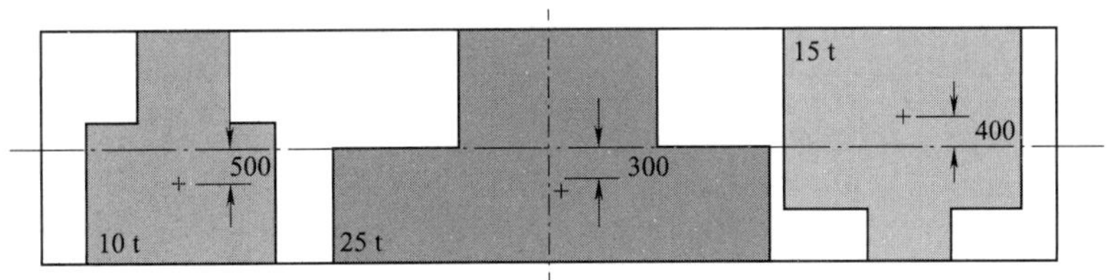

图 5-1-2　货物装载示意图(单位:mm)

【解】　由式(5.1.4)得

$$b=\frac{\pm b_1Q_1\pm b_2Q_2\pm b_3Q_3}{Q_1+Q_2+Q_3}=\frac{10\times500+25\times300-15\times400}{10+25+15}=130(\text{mm})$$

《加规》规定,货物装车后,重心横向偏移量不得超过 100 mm。因 $b>100$ mm,所以重心横向水平位置不合理。

(2)货物重心横向水平位置不合理时的措施。

当货物重心横向位移量超过 100 mm 时,可通过改变货物装载方法或配重措施使货物总重心横向位置符合要求。

采用配重措施使货物总重心横向位置符合要求时,若配重后货物总重心落在车辆纵中心线上,配重货物的重量按式(5.1.5)计算,配重货物重心位置按式(5.1.6)计算。

$$Q_{配}=\frac{Qb}{b_{配}} \quad (\mathrm{t}) \tag{5.1.5}$$

$$b_{配}=\frac{Qb}{Q_{配}} \quad (\mathrm{mm}) \tag{5.1.6}$$

若配重后货物总重心不能落在车辆纵中心线上，配重货物的重心位置 $b_{配}$ 可按式(5.1.7)计算。

$$b_{配}=\frac{b_{总}(Q+Q_{配})-Qb}{Q_{配}} \tag{5.1.7}$$

式中 $Q_{配}$——配重货物的重量，t；

$b_{配}$——配重货物重心距车辆纵中心线的距离，mm；

Q——配重前的货物重量，t；

b——配重前货物重心距车辆纵中心线的距离，mm；

$b_{总}$——配重后货物总重心距车辆纵中心线的距离，mm。

四、货物重量在车地板上的分布

装载货物时，货物重量应均衡、稳定、合理地分布在车地板上，做到不超载、不偏载、不集重、不偏重。

五、重车重心高的要求

货车和所装货物的总重心，称为重车重心。重车重心自轨面起算的高度称为重车重心高。

装运危险货物的罐车重车重心限制高度不得超过 2 200 mm；双层集装箱车重车重心高不得超过 2 400 mm；装运其他货物的车辆，重车重心高不得超过 2 000 mm，超过时应采取措施，以降低重车重心高，否则，应按表 5-1-1 规定限速运行。

表 5-1-1　重车重心高超过 2 000 mm 时运行限速表

重车重心高(mm)	区间限速(km/h)	通过侧向道岔限速(km/h)
$2\,000<H\leqslant 2\,400$	50	15
$2\,400<H\leqslant 2\,800$	40	15
$2\,800<H\leqslant 3\,000$	30	15

1. 重车重心高的计算

一车负重重车重心高(H)可按式(5.1.8)计算。

$$H=\frac{Q_{车}h_{车}+Q_1h_1+Q_2h_2+\cdots+Q_nh_n}{Q_{车}+Q_1+Q_2+\cdots+Q_n} \tag{5.1.8}$$

式中 $Q_1,Q_2,\cdots,Q_n$——每件货物的重量，t；

$h_1,h_2,\cdots,h_n$——装车后每件货物重心自轨面起算的高度，mm；

$Q_{车}$——货车自重，t；

$h_{车}$——空车重心自轨面起算的高度，mm。

跨装运输时，重车重心高可按式(5.1.9)计算。

$$H=\frac{Q_{车1}h_{车1}+Q_{车2}h_{车2}+Q_{货}h_{货}}{Q_{车1}+Q_{车2}+Q_{货}} \tag{5.1.9}$$

式中　$Q_{车1}$,$Q_{车2}$——两负重车车辆自重,t;

$h_{车1}$,$h_{车2}$——两负重车空车重心自轨面起算的高度,mm;

$Q_{货}$——货物重量,t;

$h_{货}$——装车后货物重心自轨面起算的高度,mm。

2. 降低重车重心高的措施

(1)选用能降低重车重心高的货车。

由重车重心高的计算公式可以看出,选用车辆重心高度和车地板高度较低而自重较大的车辆装载货物,有利于降低重车重心高。

(2)采用配重措施降低重车重心高。

重车重心高超过 2 000 mm 时,可通过配装重心较低的货物降低重车重心高。配重的条件是:一是车辆的载重能力尚有富余;二是车地板上有可供配重的装载位置,且符合货物装载技术条件的要求。

设配重前车上所装货物总重量为 $Q'_{货}$,重车总重为 $Q_{总}$,重车重心高为 H;用重量为 $Q_{配}$,装车后的重心高为 $h_{配}$ 的货物作为配重货物,由式(5.1.8)得配重后的重车重心高(H')为

$$H'=\frac{Q_{总}H+Q_{配}h_{配}}{Q_{总}+Q_{配}} \tag{5.1.10}$$

当 $H'\leqslant 2\ 000$ mm 时,得配重货物的起码重量为

$$Q_{配}=\frac{Q_{总}(H-2\ 000)}{2\ 000-h_{配}}\quad (\text{t}) \tag{5.1.11}$$

当 $Q_{配}\leqslant P_{容}-Q'_{货}$ 时,则配重货物装车后的最大重心高度为

$$h_{配}\leqslant 2\ 000-\frac{Q_{总}(H-2\ 000)}{Q_{配}}\quad (\text{mm}) \tag{5.1.12}$$

当 $Q_{配}$、$h_{配}$ 满足上式时,配重后的重车重心高就会小于或等于 2 000 mm。

【例 5-1-3】　A 站承运均重箱型设备一件,货物规格 5 000 mm×2 800 mm×3 200 mm,重 40 t,货物重心高 1 600 mm,拟用自重 20.2 t 的 N_{17T} 型车一车负重均衡装载,货物装车后重车重心高为 2 109 mm。拟用另一托运人托运的同一到站规格为 1 100 mm×800 mm×800 mm 的铸铁块配重,铸铁块重心高 400 mm,件重 5 t,将重车重心高降到 2 000 mm 以下,至少需要多少件铸铁块?已知 N_{17T} 平车的车地板高 1 209 mm。

【解】　由式(5.1.11)得

$$Q_{配}=\frac{Q_{总}(H-2\ 000)}{2\ 000-h_{配}}=\frac{(20.2+40)\times(2\ 109-2\ 000)}{2\ 000-(1\ 209+400)}\approx 16.783(\text{t})$$

因此,至少需要 4 件铸铁块配重,才能将重车重心高降到 2 000 mm 以下。

六、货物突出车辆端梁的长度要求

使用平车装载长度超过车地板长度的货物,或由于其他原因,货物必须突出车辆端梁装载时,若突出端的货物半宽等于或小于车地板半宽,每端各允许突出端梁 300 mm;若突出端的货物半宽大于车地板半宽时,每端各允许突出端梁 200 mm,超过此限,应使用游车或跨装运输。

第二节　避免集重装载的技术条件

一、关于货物装载的几个概念

1. 货物全长

货物全长是指货物的最大长度，如图 5-2-1 所示。

2. 货物支重面

货物支重面是指承载货物重量的货物底面，包括货物支重面长度（$l_{支}$）和货物支重面的宽度，如图 5-2-1 所示。

3. 车辆承载货物的情况

车辆承载货物的情况可分为均布载荷和集中载荷两类。

均布载荷是指装载货物时，将货物直接放置于车地板上，货物的重量通过货物支重面直接传递到车地板上，包括整个车地板承受均布载荷和局部车地板承受均布载荷。图 5-2-1 为局部车地板承受均布载荷。

集中载荷是指装载货物时，在货物与车地板之间使用垫木（支架），货物的重量不再是通过货物支重面直接传递到车地板，而是通过垫木（支架）集中传递到车地板上。以车地板横中心为支点，集中载荷又包括对称集中载荷（图 5-2-2）和非对称集中载荷两种情况。为便于分析，本部分以对称集中载荷为例来分析货物免于集重装载的技术条件。

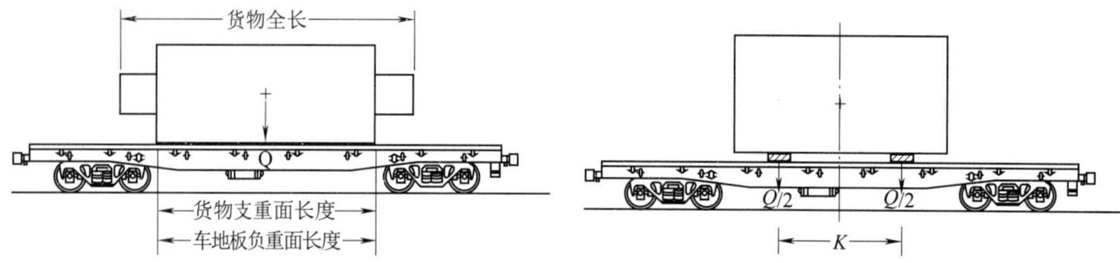

图 5-2-1　局部车地板承受均布载荷　　　图 5-2-2　车地板承受对称集中载荷

4. 车地板负重面长度

车地板负重面长度（$l_{负}$）是指承载货物重量的车地板的长度（图 5-2-1）。在采用均布载荷时，车地板的负重面长度等于货物支重面长度（即 $l_{支}=l_{负}$）。当采用对称集中载荷时，车地板负重面长度与两垫木（支架）中心线之间的距离（K）有关，而与货物支重面长度无关。

二、平车装载货物免于集重的技术条件

1. 平车装载货物免于集重的技术条件

装载货物时，当平车类型一定，其容许载重量是一定的，这并不能说明其装载货物时一定可以达到其容许载重量，其装载货物重量的大小取决于所装货物对其车地板所产生的弯曲力矩（M）大小。

平车所装货物对车底板所产生的弯曲力矩（M）不得超过所装平车车底板的最大容许弯曲力矩（M_c），即 $M \leqslant M_c$，否则将损坏车辆。

（1）均布载荷情况下，货物免于集重的技术条件。

在采用均布载荷，货物均衡装载时(图 5-2-3)，经理论计算，在车辆横中心线处货物产生的最大弯曲力矩值最大，其值为

$$M_0=\frac{9.8Q(2l-l_{负})}{8} \tag{5.2.1}$$

式中　M_0——平车所装货物对车地板所产生的弯曲力矩，kN·mm；

Q——货物重量，t；

l——负重车销距，mm；

$l_{负}$——车地板负重面长度，mm。

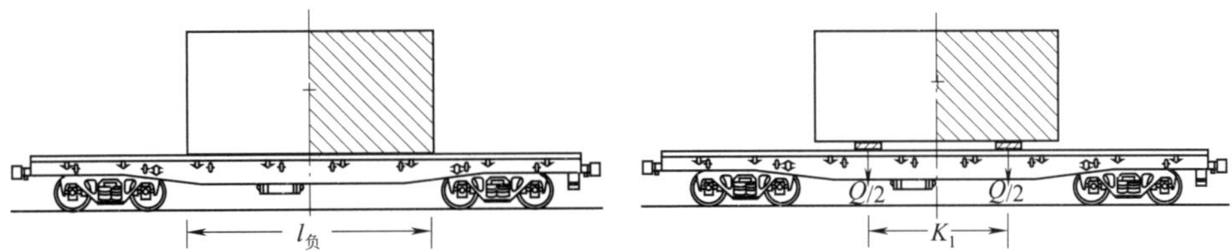

图 5-2-3　车地板负重面最小长度 $l_{负}$　　图 5-2-4　两垫木中心线间最小距离 K_1

装载货物时，若 M_0 大于 M_c，此时称为集重装载，该货物称为集重货物。

当选定车辆、货物重量一定，采用均布载荷装载货物时，为避免集重装载，装载货物前，应通过式(5.2.2)计算出所需要的车地板负重面长度：

$$l_{负}\geqslant 2\left(l-\frac{4M_c}{9.8Q}\right) \tag{5.2.2}$$

然后，与货物支重面长度比较，若 $l_{支}\geqslant l_{负}$，则可采用均布载荷，否则应采用集中载荷。

(2)集中载荷情况下，货物免于集重的技术条件。

在采用对称集中载荷时(图 5-2-4)，经理论计算，在车辆横中心线处货物产生的最大弯曲力矩值最大，其值为：

$$M_0=\frac{9.8Q(l-K_1)}{8} \tag{5.2.3}$$

式中　K_1——两垫木中心线之间的距离，mm。

当选定车辆、货物重量一定时，采用对称集中载荷装载货物时，为避免集重装载，装载货物前，应通过公式(5.2.4)计算出两垫木中心线之间的最小距离：

$$K'_1\geqslant l-\frac{4M_c}{9.8Q} \tag{5.2.4}$$

式中　K'_1——两垫木中心线之间的最小距离，mm。

然后，与货物支重面长度比较，若 $l_{支}\gg K_1$，则可直接使用横垫木，否则应使用纵垫木和横垫木，如图 5-2-5 所示。

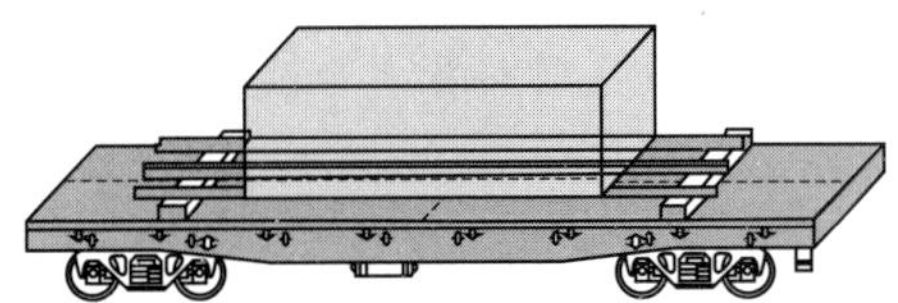

图 5-2-5　装载货物时使用纵垫木和横垫木

为便于货运组织的日常工作，国铁集团制定了各类平车局部地板面承受均布载荷或对称集中载荷时容许载重量表，见表 5-2-1。

2. 平车装载货物免于集重的方法

由表 5-2-1 可以看出,平车装运货物,当车辆一定时,对一定长度的车地板来说,其能承受的货物重量(Q)是一定的(即车地板负重面长度的最大容许载重量,Q_{max}),当货物重量超过车地板负重面长度的最大容许载重量时(即 $Q>Q_{max}$),这种装载称为集重装载,这个货物称为集重货物。由于集重装载容易损坏车辆,因此在货物装载时,应当避免。

表 5-2-1　平车局部地板面承受均布载荷或对称集中载荷时容许载重量　　单位:t

地板负重面长度(mm)	两横垫木中心线间最小距离(mm)	车型				
		N_{17AK} N_{17AT} N_{17GK} N_{17GT} N_{17K} N_{17T}	NX_{17AK} NX_{17AT} NX_{17K} NX_{17T}	NX_{17BK} NX_{17BT} NX_{17BH}	NX_{70}、 NX_{70H}	NX_{70A}
1 000	500	25	25	25	30	40
2 000	1 000	30	30	30	35	50
3 000	1 500	40	40	40	45	62
4 000	2 000	45	45	45	50	66
5 000	2 500	50	50	50	55	70
6 000	3 000	53	53	53	57	—
7 000	3 500	55	55	55	60	—
8 000	4 000	57	57	57	63	—
9 000	4 500	60	60	61	65	—
10 000	5 000	—	—	—	70	—

注:当负重面长度介于上表两数之间时,可采用线性插入法确定容许载重量。

已知某货物的重量为 Q,货物支重面长度为 $l_支$,使用平车装载,查表 5-2-1,可以确定该平车承载重量为 Q 的货物所需要最小负重面长度 $l_负$ 和两横垫木中心线之间的最小距离 K_1。

(1)若 $l_支 \geqslant l_负$ 时,应采用均布载荷方法装载。

(2)若 $l_支 < l_负$ 时,应采用对称集中载荷。$l_支 \gg K_1$ 时,仅使用横垫木(图 5-2-4),否则应同时使用纵、横垫木(图 5-2-5)。

【例 5-2-1】 均重货物一件,长 1 900 mm,重 30 t,用 N_{17AK} 如何装载?

【解】 查表 5-2-1 知,N_{17AK} 型平车承载 30 t 货物,需要 $l_负 = 2\ 000$ mm,$K_1 = 1\ 000$ mm,因 $l_支 < l_负$ 且 $l_支 \gg K_1$,所以采用对称集中载荷,两垫木中心线之间的最小距离取 1 000 mm。

三、敞车装载货物免于集重的技术条件

1. 标重 60 t、61 t 敞车装载货物免于集重的技术条件

C_{62A*}、C_{62A*K}、C_{62AK}、C_{62A*T}、C_{62AT}、C_{62BK}、C_{62BT}、C_{64K}、C_{64H} 及 C_{64T} 型通用敞车局部地板面承受货物重量时,应遵守下列规定:

(1)货物装载宽度不得小于 1.3 m,否则应多排装载或加垫长度不小于 1.3 m 横垫木。

(2)仅在车辆两枕梁之间、横中心线两侧等距离范围内承受均布载荷(图 5-2-6)时,容许载重量见表 5-2-2。

(3)仅在车辆两枕梁之间、横中心线两侧等距离范围内承受对称集中载荷(图 5-2-7)时,容许载重量见表 5-2-3。

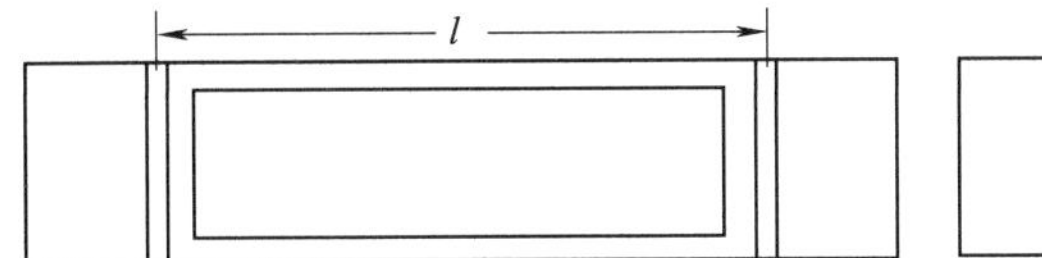

图 5-2-6　均布载荷

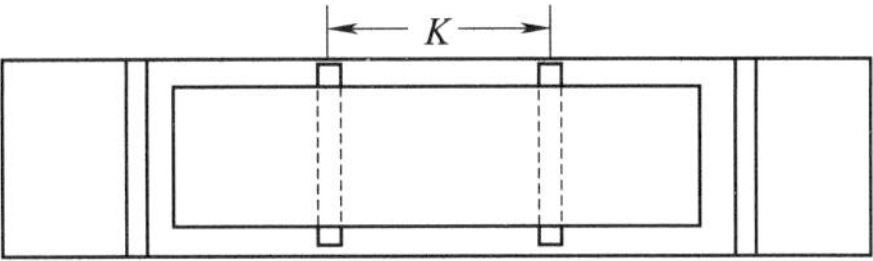

图 5-2-7　对称集中载荷

表 5-2-2　60 t、61 t 敞车两枕梁间承受均布载荷时容许装载重量表

车辆负重面长度(mm)	车辆负重面宽度 B(mm)	容许载重量(t)
2 000	1 300≤B<2 500	15
	B≥2 500	20
3 000	1 300≤B<2 500	16
	B≥2 500	23
4 000	1 300≤B<2 500	17
	B≥2 500	26
5 000	1 300≤B<2 500	18.5
	B≥2 500	29
6 000	1 300≤B<2 500	20
	B≥2 500	32
7 000	1 300≤B<2 500	23.5
	B≥2 500	35.5
8 000	1 300≤B<2 500	27
	B≥2 500	39
9 000	1 300≤B<2 500	30
	B≥2 500	43

注:当负重面长度介于上表两数之间时,可采用线性插入法确定容许载重量。

(4)两枕梁直接承受货物重量且两枕梁承受的货物重量相等时,全车装载重量可以达到车辆容许载重量,如图 5-2-8 所示。

(5)在车辆两枕梁内外等距离(装载长度不超过 3.8 m)、宽度不小于 1.3 m 范围内承受均布载荷时,全车装载重量可以达到车辆标记载重量,如图 5-2-9 所示。

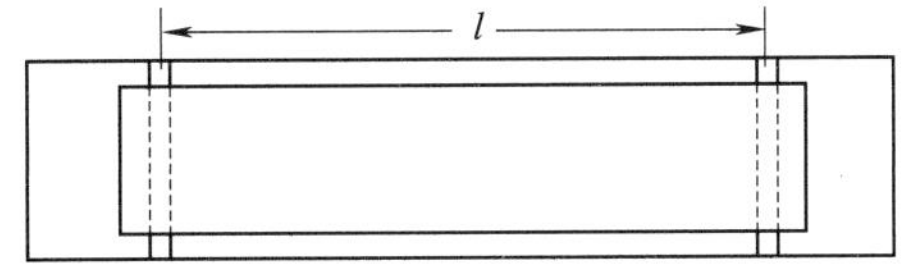

图 5-2-8　两枕梁直接承受货物重量且相等

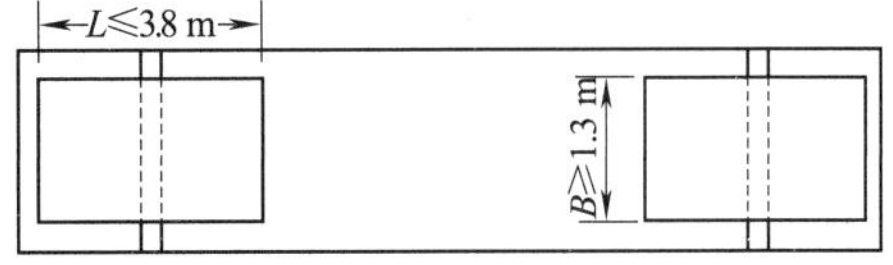

图 5-2-9　两枕梁直接承受货物重量且相等

当装载宽度小于 1.3 m 时，应加垫长度不小于 1.3 m 的横垫木，如果需要在货物下加垫横垫木或条形草支垫（稻草绳把）时，应分别加垫在枕梁上及其内外各 1 m 处，如图 5-2-10 所示。

表 5-2-3　60 t、61 t 敞车两枕梁间承受对称集中载荷时容许装载重量表

横垫木中心间距(mm)	横垫木长度 L(mm)	容许载重量(t)
1 000	1 300≤L<2 500	13
	L≥2 500	17
2 000	1 300≤L<2 500	14
	L≥2 500	20
3 000	1 300≤L<2 500	17
	L≥2 500	21
4 000	1 300≤L<2 500	24
	L≥2 500	30
5 000	1 300≤L<2 500	32
	L≥2 500	42
6 000	1 300≤L<2 500	43
	L≥2 500	49
7 000	1 300≤L<2 500	46
	L≥2 500	55
8 000	1 300≤L<2 500	50
	L≥2 500	60(61)
8 700	—	60(61)

注：1. 当负重面长度介于上表两数之间时，可采用线性插入法确定容许载重量。

2. 表中括号内数据表示当使用 61 t 敞车时，两枕梁间承受对称集中载荷的容许载重量。

（6）靠车辆两端墙向中部连续装载货物，每端装载长度超过 3.8 m 时（图 5-2-11），应遵守下列规定：

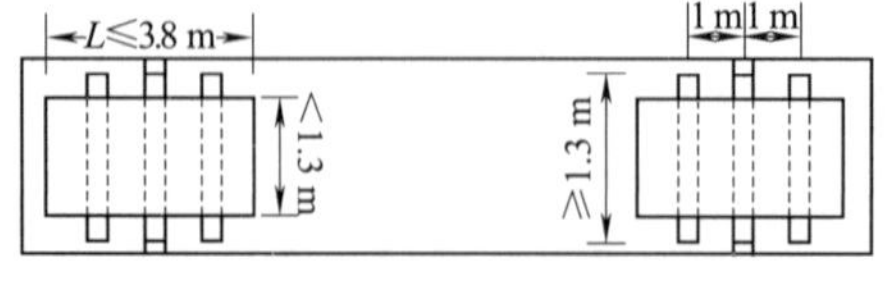

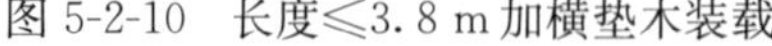
图 5-2-10　长度≤3.8 m 加横垫木装载

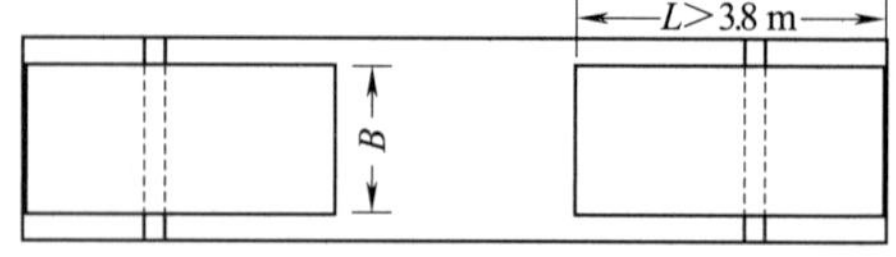

图 5-2-11　长度>3.8 m 的装载

①装载宽度 B≥2.5 m 时，全车装载重量可以达到车辆标记载重量。

②装载宽度 1.3 m≤B<2.5 m 时，全车装载重量不得超过 55 t。

（7）在车辆两枕梁内外等距离、宽度不小于 1.3 m 范围内和车辆中部三处承载时，中部货物重量不得大于 13 t（图 5-2-12），全车装载重量不得超过 57 t。

（8）靠车辆两端墙向中部连续装载，每端装载长度超过 3.8 m，且在车辆中部装载货物时（图 5-2-13），应遵守下列规定：

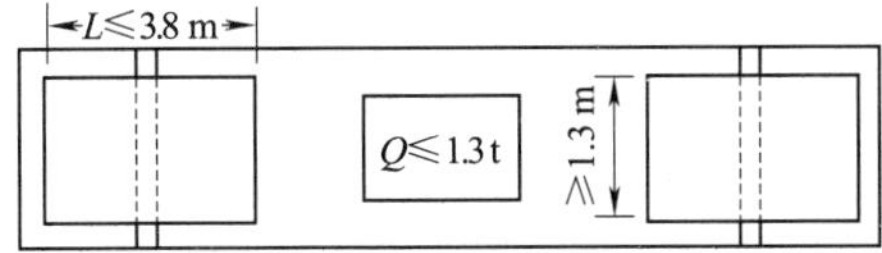

图 5-2-12　枕梁内外等距离三处承载

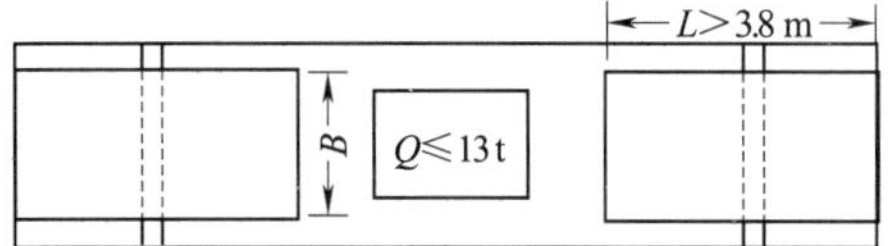

图 5-2-13　两端墙向中部连续装载三处承载

①中部所装货物的重量不得超过 13 t；

②当两端货物的装载宽度 $B \geqslant 2.5$ m 时，全车装载重量不得超过 57 t；

③当两端货物的装载宽度 1.3 m $\leqslant B <$ 2.5 m 时，全车装载重量不得超过 55 t。

(9)仅靠防滑衬垫防止货物移动时，全车装载重量不得超过 55 t。

2. 标重 70 t 敞车装载货物免于集重的技术条件

C70、C70H、C70E、C70EH 型敞车局部地板面承受货物重量时，应遵守下列规定：

(1)货物装载宽度 $B <$ 1.2 m 时，可双排装载或加垫长度不小于 1.2 m 的横垫木。

(2)仅在车辆两枕梁之间、横中心线两侧等距离范围内承受均布载荷时，容许载重量见表 5-2-4。

表 5-2-4　C70、C70H、C70E、C70EH 型敞车两枕梁间承受均布载荷时容许装载重量表

车辆负重面长度(mm)	车辆负重面宽度 B(mm)	容许载重量(t)
2 000	1 300≤B<2 500	25
	B≥2 500	30
3 000	1 300≤B<2 500	28
	B≥2 500	39
4 000	1 300≤B<2 500	34
	B≥2 500	40
4 500	1 300≤B<2 500	34
	B≥2 500	40
5 000	1 300≤B<2 500	36
	B≥2 500	42
6 000	1 300≤B<2 500	42
	B≥2 500	45
7 000	1 300≤B<2 500	44
	B≥2 500	48
8 000	1 300≤B<2 500	48
	B≥2 500	52
9 000	1 300≤B<2 500	52
	B≥2 500	62

注：1. 以下情况，C70、C70H、C70E、C70EH 全车装载重量可以达到车辆标记载重量：

① 当车辆负重面宽度不小于 2 000 mm，在车辆两枕梁处负重面长度各为 3 800 mm 或在车辆两枕梁及中央三处负重面长度不小于 2 000 mm 且均布对称装载时。

② 全车均布装载时。

2. 当负重面长度介于上表两数之间时，可采用线性插入法确定容许载重量。

(3)仅在车辆两枕梁之间、横中心线两侧等距离范围内承受对称集中载荷时，容许载重量见表 5-2-5。

(4)两枕梁直接承受货物重量且两枕梁承受的货物重量相等时，全车装载重量可以达到车辆标记载重量。

(5)在车辆两枕梁内外等距离(装载长度不超过 3.8 m)范围内承受均布载荷时，应遵守下列规定：

① 装载宽度 $B \geqslant 2.5$ m 时，全车装载重量可以达到车辆标记载重量。

② 装载宽度 $1.2 \text{ m} \leqslant B < 2.5$ m 时，全车装载重量不得超过 65 t。

如果需要在货物下加垫横垫木或条形草支垫(稻草绳把)时，应分别加垫在枕梁上及其内外各 1 m 处。

(6)靠车辆两端墙向中部连续装载货物，每端装载长度超过 3.8 m 时，应遵守下列规定：

①装载宽度 $B \geqslant 2.5$ m 时，全车装载重量可以达到车辆标记载重量。

②装载宽度 $1.2 \text{ m} \leqslant B < 2.5$ m 时，全车装载重量不得超过 65 t。

表 5-2-5　C_{70}、C_{70H}、C_{70E}、C_{70EH} 型敞车两枕梁间承受对称集中载荷时容许装载重量表

横垫木中心间距(mm)	横垫木长度 L(mm)	容许载重量(t)
1 000	$1\,300 \leqslant L < 2\,500$	26
	$L \geqslant 2\,500$	30
2 000	$1\,300 \leqslant L < 2\,500$	32
	$L \geqslant 2\,500$	36
3 000	$1\,300 \leqslant L < 2\,500$	35
	$L \geqslant 2\,500$	39
4 000	$1\,300 \leqslant L < 2\,500$	42
	$L \geqslant 2\,500$	46
5 000	$1\,300 \leqslant L < 2\,500$	48
	$L \geqslant 2\,500$	54
6 000	$1\,300 \leqslant L < 2\,500$	58
	$L \geqslant 2\,500$	64
7 000	$1\,300 \leqslant L < 2\,500$	60
	$L \geqslant 2\,500$	68
8 000	$1\,300 \leqslant L < 2\,500$	64
	$L \geqslant 2\,500$	70

注：1. 使用横垫木在两枕梁处对称装载，当横垫木长度不小于 2 000 mm，两横垫木中心间距为 1 000 mm 时，全车装载重量可以达到车辆标记载重量。

2. 当负重面长度介于上表两数之间时，可采用线性插入法确定容许载重量。

(7)在车辆两枕梁内外等距离(装载长度不超过 3.8 m)宽度不小于 1.2 m 范围内和车辆中部三处承载时，应遵守下列规定：

①中部货物重量不得大于 25 t，如图 5-2-14 所示。

②当两端货物装载宽度 $B \geqslant 2.5$ m 时，全车装载重量可以达到车辆标记载重量。

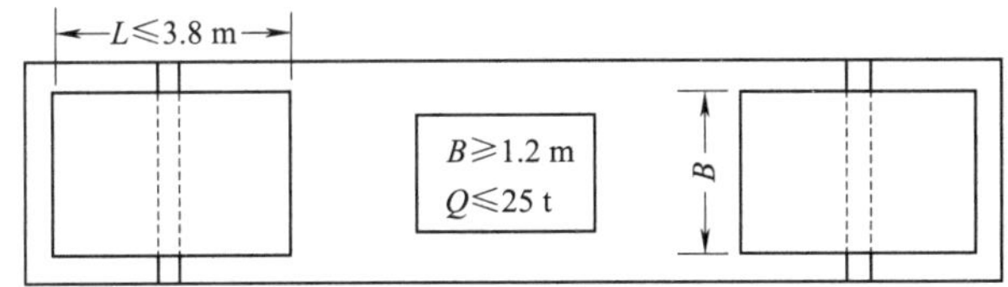

图 5-2-14　70 t 车枕梁内外等距离三处承载

③当两端货物装载宽度 1.2 m≤B<2.5 m 时，全车装载重量不得超过 65 t。

第三节　超长货物装载的技术条件

超长货物系指一车负重，突出车端，需要使用游车或跨装运输的货物。

超长货物是车与货相对而言的，而不是绝对的。例如，某站承运均重货物一件，重 52 t，长 14 500 mm，若用长度 13 000 mm 的平车装运，该货物为超长货物，若用长 15 400 mm 的共用平车装运，则该货物不是超长货物。

一、超长货物常用的装载方法

一车负重超长货物的装载方法有：一端突出使用游车；两端突出一端使用游车；两端突出两端使用游车。

跨装超长货物的装载方法有：两车跨装；两车负重，中间使用游车；两车负重，中间、两端均使用游车。

二、超长货物一车负重装载的技术条件

1. 均重货物使用 60 t、61 t 平车两端均衡突出装载时

均重货物使用 60 t、61 t 平车两端均衡突出装载时，其装载重量不得超过表 5-3-1 有关要求。

表 5-3-1　60 t、61 t 平车两端均衡突出装载重量

突出车端长度 y(mm)	y<1 500	1 500≤y<2 000	2 000≤y<2 500	2 500≤y<3 000
容许载重量(t)	58	57	56	56
突出车端长度 y(mm)	3 000≤y<3 500	3 500≤y<4 000	4 000≤y<4 500	4 500≤y≤5 000
容许载重量(t)	55	54	53	52

2. 重心水平位置符合要求

均重或非均重货物一端突出端梁装载时，重心最大容许纵向偏移量应根据式(5.1.2)和式(5.1.3)计算确定。

3. 所用横垫木或支架的高度应计算确定

为防止装有超长货物的连挂车组通过线路纵向变坡点时，货物突出部分的底部与游车底板相接触，以保证行车和货物安全，垫木高度应通过计算得出最低高度，如图 5-3-1 所示。

$$h_{垫}=0.031a+h_{车差}+f+80 \quad (\text{mm}) \qquad (5.3.1)$$

式中　0.031——按通过驼峰的要求，货物底部与游车地板的接触点所形成的夹角的正切值，取值 0.031；

$h_{车差}$——游车地板高度减去负重车地板高度的差值，mm；

f——货物突出端的挠度，mm。

80——负重车地板空重高差(30 mm)与安全距离(50 mm)之和；

a——货物突出端至负重车最近轮轴轴心所在垂直面的距离，mm；

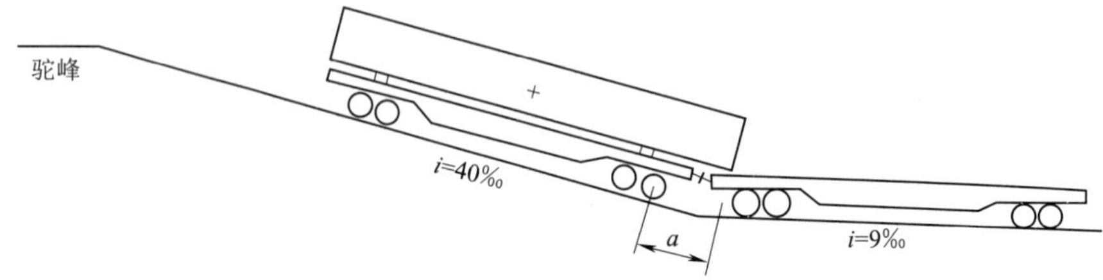

图 5-3-1　垫木或支架高度的计算

$$a=y+\frac{L_{车}-L_{轴}-l}{2}\quad(\text{mm})$$

其中　y——货物突出车端的长度，当两端突出装载时，取突出端长的一端，mm；

$L_{车}$——负重车车地板的长度，mm；

$L_{轴}$——负重车的固定轴距，mm；

l——负重车的销距，mm。

若货物突出车端底部低于其支重面时，垫木高度应加该突出部分低于货物支重面的尺寸；如果货物突出车端部分高于货物支重面时，垫木高度应减去突出车端部分高于货物支重面的尺寸。

【例 5-3-1】　均重货物一件，货重 40 t，长 15 000 mm，用 N17T 型 60 t 平车装载，货物一端与车地板端部平齐，另一端突出装载，使用 N17AK 型 60 t 平车一辆作游车，计算垫木最低高度。

【解】

$$a=y+\frac{L_{车}-L_{轴}-l}{2}=(15\ 000-13\ 000)+\frac{13\ 000-1\ 750-9\ 000}{2}=3\ 125(\text{mm})$$

$$h_{车差}=1\ 211-1\ 209=2(\text{mm})$$

由式(5.3.1)得：

$$\begin{aligned}h_{垫}&=0.031a+h_{车差}+f+80\\&=0.031\times3\ 125+2+0+80\approx179(\text{mm})\end{aligned}$$

答：垫木最低高度为 179 mm。

4. 两批货物共用游车时

两批货物共用游车时，两货物突出端间距不小于 500 mm。

5. 游车上装载货物时

游车上装载的货物，与货物突出端间距不小于 350 mm，货物突出部分的两侧不得装载货物。

三、超长货物跨装时的装载技术条件

跨装系指货物的长度超过一车负重的容许装载长度，其重量由两辆平车承载。跨装货物装载应遵守下列规定：

1. 只准两车负重

两负重车车地板高度应相等，如高度不等时，需要垫平。对未达到容许载重量的货车，可以加装货物，但不得加装在货物的两侧，与跨装货物端部间距不小于 400 mm。

2. 应使用货物转向架

货物转向架是跨装运输时的加固装置。货物转向架每副两个，每个由上架体、下架体组成，如图 5-3-2 所示。其中一个下架体为死心盘，另一个下架体为活心盘。

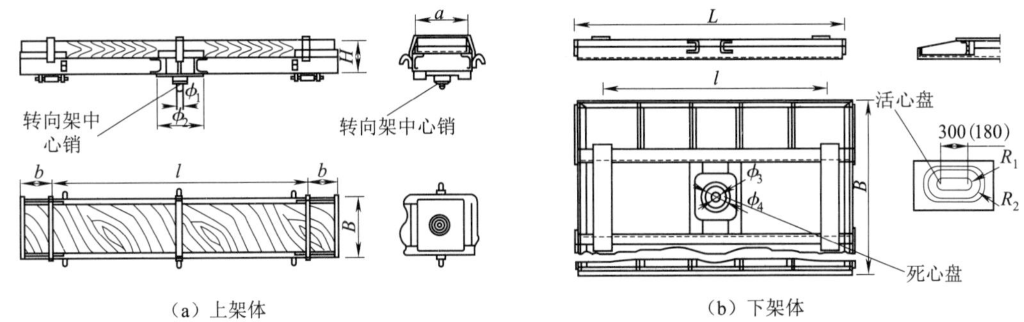

(a) 上架体　(b) 下架体

图 5-3-2　普通货物转向架结构

货物转向架分为普通型和专用型两种。普通型指通用的货物转向架。普通货物转向架又依其活心盘孔长度和能否加挂中间游车分为跨装货物无中间游车和两车负重有中间游车两种，其规格和最小高度见《加规》附件 5。

专用型只为某种超长货物专门制备的货物转向架。专用型货物转向架包括专用型 8149 型混凝土桥梁转向架、“十字形”结构预应力梁转向架、专用型 25 m 钢轨六支点转向架、专用型 25 m 钢轨两支承式转向架等。其具体结构及规格要求见《加规》附件 5。

货物转向架支重面长度应遵守货物免于集重装载技术的有关规定。货物转向架应放在车地板的横中心线上，必须纵向位移时，应符合货物重心偏离货车横中心线的最大容许距离 $a_{容}$ 的规定。

货物转向架的上架体与跨装货物，下架体与车辆分别加固在一起。加固方法不得影响车辆通过曲线，并将提钩杆用镀锌铁线捆紧。

3. 跨装车组应使用车钩缓冲停止器

车钩缓冲停止器安装在车辆端梁的冲击座和车辆的钩头背之间，用以限制列车运行、车组连挂过程中车辆间相互距离的激剧变化。

车钩缓冲停止器由钢板、木板和螺杆等部件组成(图 5-3-3)，其钢板的厚度不得小于 20 mm，连接螺杆的直径不得小于 16 mm。置于冲击座和钩头背之间的钢板，在冲击座一侧，应制作成梯形或圆弧形(圆弧半径不大于 100 mm)，宽度(B)(最宽处)应小于冲击座至钩头背间距离的 3～5 mm。

4. 中间只准加挂一辆游车

跨装车组中间使用游车时，中间只准加挂一辆游车。

5. 调车作业要求

跨装车组禁止溜放。中间加挂游车的跨装车组通过 9 号及其以下道岔时，不得推送调车，以防脱轨。遇设备条件不允许或尽头线时，可以 5 km/h 的速度，匀速推进。

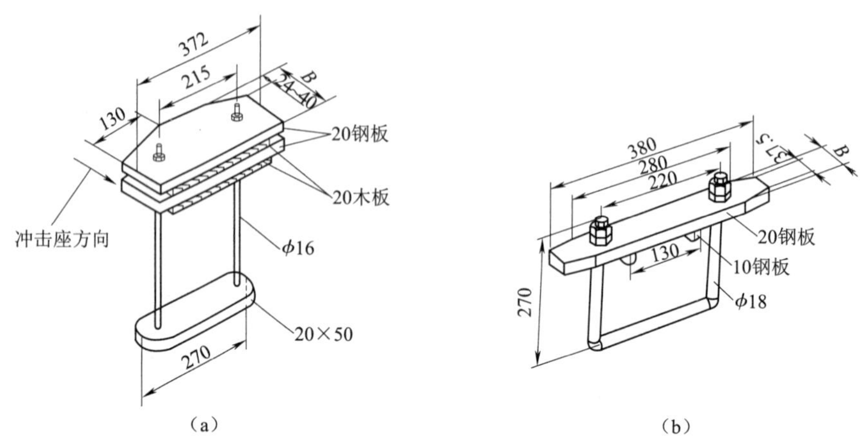

图 5-3-3　车钩缓冲停止器(单位:mm)

第四节　装载加固与方案管理

一、运行中作用于货物上的力

列车在运行时,由于运动状态改变使车辆产生较大的纵向加速度以及由于线路和车辆动力的相互作用而导致货物随着车体产生复杂的振动,这些振动包括摇头振动、点头振动、侧滚振动、沉浮振动、伸缩振动和侧摆振动等。

在实际运行过程中,上述几种振动并非单独存在,而往往是同时出现的。这些振动导致货物在纵向上产生的惯性力均较小,可以忽略不计。但由于点头振动、沉浮振动、侧滚振动,导致货物产生的垂直惯性力;由于侧摆振动、摇头振动,导致货物产生的横向惯性力。这两个力值对货物稳定性的影响是比较大的,必须予以重视。而且,货物重心距车辆横中心线越远,其影响越大。

由于以上振动,列车运行时车上所装载的货物将受到各种外力的作用,如纵向惯性力(T)、横向惯性力(N)、垂直惯性力($Q_{垂}$)、风力(W)、摩擦力(F)及重力(G),各种力的作用点及作用方向如图 5-4-1 所示。

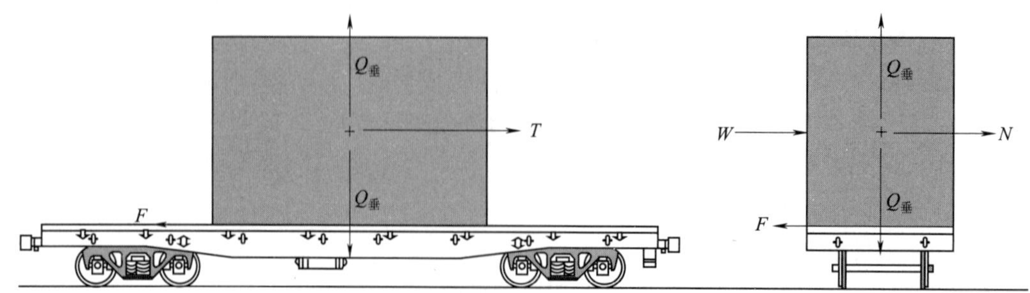

图 5-4-1　各种外力的作用点及作用方向

T—纵向惯性力;N—横向惯性力;$Q_{垂}$—垂直惯性力;W—风力;F—摩擦力

作用于运行中货物上的各种力值大小均是通过试验而确定的,力值计算公式均为试验公式,参见《加规》。

二、货物的稳定性

列车在运行时，车上所装货物将受到多种外力的作用，这些外力除摩擦力和重力是使货物保持稳定的力外，其余均为不稳定力。因此，在货物装载后，必须要先检验货物在受到这些外力作用时的稳定情况，若不稳定，则需加固。

货物稳定性主要表现在倾覆、水平移动和滚动三个方面。

检验货物的稳定性是通过稳定系数来确定的。由于货物所受五种外力的作用点和作用方向不同，所以，我们是通过力矩（力）来计算稳定系数的。

稳定系数是指稳定力产生的稳定力矩（力）与不稳定力产生的不稳定力矩（力）的比值，该比值通常为 1.25（或 1）。

对于不稳定的货物需要使用相应的加固方法，通过加固材料及加固装置来实现对其加固的目的。

三、货物加固的一般要求

装载货物时，应使用必要的装载加固材料和装置。篷布、篷布绳网、篷布支架不能作为装载加固材料，禁止使用菱苦土（菱镁混凝土）、水泥、砖、石等材料作为装载加固材料和制作装载加固装置。

常用加固方法有拉牵加固、挡木或钢挡加固、围挡加固、掩挡加固、腰箍下压式加固、整体捆绑等。

（1）拉牵可采用八字形、倒八字形、交叉、又字形、反又字形或兜头等方式。

（2）使用多股镀锌铁线、盘条加固时，需用绞棍绞紧，绞紧程度不能损伤铁线、盘条。

（3）使用钢丝绳加固时，应采用配套的钢丝绳夹。使用紧线器或钢丝绳紧固器作连接装置时，紧线器或钢丝绳紧固器中的紧固装置与钢丝绳的强度应匹配。

（4）使用挡木或钢挡加固时，其高度不宜过大，与车地板之间要有足够的连接强度。

（5）掩挡的有效高度应符合要求，掩挡与车地板的联结强度必须足以保证掩挡自身不发生移动或倾覆。

（6）使用腰箍下压式加固时，每道腰箍的预紧力必须达到设计要求。

（7）必要时，加固线与货物、车辆棱角接触处应采取防磨措施。

加固货物时，所用绳索或加固线捆绑拴结后的余尾部分，长度一般不得超过 300 mm，不短于 100 mm；超过 300 mm 时应采取有效措施予以固定。

四、装载加固方案管理

1. 装载加固方案的种类、作用和有效期

铁路货物装载加固方案包括装载加固定型方案（以下简称“定型方案”）、装载加固暂行方案（以下简称“暂行方案”）和装载加固试运方案（以下简称“试运方案”）。

定型方案系《加规》附件 1，所列方案是铁路明定品名与规格的货物装载加固定型方案，此方案系列化程度较强，覆盖范围也比较广，是一个规范性的文件，与《加规》具有同等效力，是执行“按方案装车”和“装车质量签认”制度的基本依据。托运人和承运人都应该严格遵守和执行。

暂行方案系由铁路局集团公司审批报国铁集团备案的在铁路局集团公司管内使用的货

物装载加固方案，是对定型方案的有效补充，这些方案很可能在适当时机被纳入定型方案。同时，暂行方案不应与定型方案相抵触，也不应重复。铁路局集团公司审批的暂行方案适用范围均为管内各装车站和托运人。

无论定型方案、暂行方案还是试运方案，对现场工作来讲都具有较强的实用性和可操作性。

2. 定型方案的内容

定型方案包括11类49项，涉及货物装载品类千余种。具体分为：01类成件包装货物，02类集装件及箱装设备，03类水泥制品、料石及箱装玻璃，04类木材、竹子，05类起重机梁及钢结构梁、柱、架，06类轧辊、轮对、电缆、钢丝绳、变压器及卧式锅炉，07类金属材料及制品，08类轮式、履带式货物，09类圆柱形、球形货物，10类大型机电设备，11类国际联运进口设备。

每个品名的定型方案用一个编号来编码。编号由六位阿拉伯数字组成。从左至右，第1、2位为类别代码，第3、4位为项别代码，第5、6位为顺序码。如：

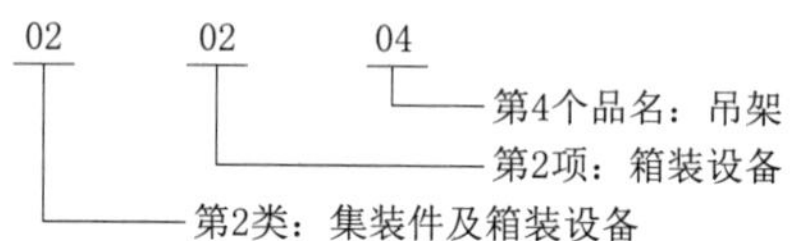

每个品名的定型方案都包括以下内容：

(1)货物装载加固定型方案示意图。

(2)货物规格。指明了货物的重量范围、外形尺寸情况及货物性质。在此内容中，还应指明对货物的包装要求。

(3)准用货车。指明了车辆的使用限制情况。

(4)加固材料(装置)。指出所用加固材料的种类。

(5)装载方法。确定出了合理、具体的装车方案。

(6)加固方法。确定了装车后，具体的加固措施，按方案加固即是严格按此规定进行加固。

(7)其他要求。本规定是一些有关装载加固的特殊规定或强调装载加固后的附属工作。

3. 方案管理

(1)定型方案管理

定型方案的补充、优化和试运方案的审批管理工作由国铁集团货运部负责，定型方案长期有效。

国铁集团货运部负责组织不定期按区域对铁路局集团公司暂行方案质量进行检查，组织每年增补一次定型方案。铁路局集团公司应于每年6月底前提出增补定型方案申请，申请增补为定型方案的应是符合《铁路货物装载加固规则》规定、铁路局集团公司组织装运过、经实践检验安全可靠、方案内容(格式、表述、制图、计算说明书或论证试验报告)符合要求的暂行方案；铁路局集团公司应同时提供执行方案的主要装车站、近三年的装车总数和执行简况以备核查。

(2)暂行方案管理

暂行方案的审批管理工作由铁路局集团公司货物装载加固主管部门负责。铁路局集团公司应明确直属货运站段装载加固方案审批的范围并严格控制审批权限，加强方案制订工作的监督检查；一经发现站段违规批复或出现方案质量严重问题，应立即停止执行相应方案并及时收回相应的审批职权。

卷钢暂行方案应由铁路局集团公司审批。重大并涉及普遍性的试运事项由国铁集团组织立项专题研究。

铁路局集团公司及其直属货运站段应明确方案审批流程和工作标准，并对装载加固方案实行集体审核制度。

暂行方案有效期由铁路局集团公司规定。到期后凡需继续执行的，方案执行单位应在有效期结束前一个月将方案执行情况和下一步运用请求逐级审核上报铁路局集团公司，经批准后方可继续实施。逾期未报的，原暂行方案自行废止。

(3)试运方案管理

①试运方案编号由试运标识、试运年份和顺序代码组成。如 SY(SYC)2022-01，SY 表示试运方案，SYC 表示试运材料；2022 年执行时的顺号为 01。

②铁路局集团公司组织装车站按批准的试运方案组织试运。试运工作要精心组织，根据实际情况进行押运或跟踪监测。

③铁路局集团公司和装车站应严格控制和掌握试运方案的试运范围，未经国铁集团货运部批准，任何单位不得扩大试运范围。

④装车站要建立试运方案管理台账，对试运方案从严掌握，装后对货物装载加固状态进行影像留存，并在货物运单"承运人记事"栏内记明方案编号；装车铁路局集团公司要组织提出按试运方案装车的货物装载加固状况检查重点表，随同货物运单一同寄送到站；到站要按照检查重点表内容进行重点检查和确认，并留存备查；到站、中途站发现问题时，除按规定处理外，同时向国铁集团货运部及发送铁路局集团公司、发站拍发电报，未拍发电报的，追究到站或中途站责任。

国铁集团货运部和装车铁路局集团公司对试运过程中出现严重安全隐患的，应予立即停止试运、分析原因，整改到位后可继续试运。

⑤每年年底前，装车铁路局集团公司应将试运总结(装车量，装车过程或到站、中途站发现的主要问题及解决措施)和下步运用建议以局函(电)报国铁集团货运部。试运满 1 年后且能证明试运效果良好的，可提出扩大试运范围申请。对匿报、谎报试运问题并经查实的，予以通报批评；情节严重的，取消其试运资格。

⑥试运方案不跨年度，连续试运期限一般不超过 3 年。试运到期后，装车铁路局集团公司应将整体试运情况以及下步运用建议以局函(电)报国铁集团货运部，经专家审查后，将安全可靠的方案纳入定型方案管理。

4. 装载加固方案的执行

托运人托运货物时，应详细提供货物的外形尺寸、单件重量、重心位置、支重面长度及宽度、货物运输安全的特殊要求等相关资料；对货物的活动部位(部件)、货物的装载加固特殊要求以及涉及货物和运输安全方面的其他重要情况，托运人须提出书面说明并盖章或签字，对内容的真实性负完全责任。

凡使用铁路敞车、平车、长大货物车及敞车、平车类专用货车装运的成件货物，有定型方案、暂行方案和试运方案的，一律严格按方案装车。

与既有定型方案和暂行方案中货物规格(包括单件重量、重心位置、外形尺寸、支重面长度和宽度等)相近，装载加固方法相同并且使用相同车辆装载的货物，由装车站提出比照申请(试运方案和超过有效期的暂行方案不得比照)，发送铁路局集团公司或直属货运站段按权限确认后批准装车站执行，并纳入暂行方案管理。

暂无方案的，由托运人向装车站申报计划装载加固方案（以下简称计划方案），或由装车站组织制订计划方案并经托运人同意，必要时还应同时提出装载加固计算说明书或论证报告，并按权限报批。经专家审查合格后，准许试运。试运方案的论证、试验程序和管理必须遵守《加规》有关规定。

第五节　常用的加固材料

铁路货物运输中常用的加固材料，按加固方式可分为拉牵加固材料、衬垫材料、掩挡类材料及其他加固材料；按材质分为木质类、钢铁制品类和其他材质类加固材料等。常用加固材料的适用范围见表 5-5-1。

表 5-5-1　常用加固材料的适用范围

货物种类	防止货物不稳定状态	可使用的加固材料
有平支承面的货物	纵向或横向倾覆	镀锌铁线、盘条、绞棍、钢丝绳、钢丝绳夹、紧线器
	纵向或横向位移	镀锌铁线、盘条、绞棍、钢丝绳、钢丝绳夹、挡木、钢挡、钉子或扒锔钉
圆柱形货物	纵向或横向滚动	凹形垫木、掩木、三角挡、钉子或扒锔钉
	顺装时纵向位移	镀锌铁线、盘条、绞棍、钢丝绳、钢丝绳夹、紧线器、横腰箍
	横装时横向位移	镀锌铁线、盘条、绞棍、钢丝绳、钢丝绳夹、紧线器、挡木、钉子或扒锔钉
带轮货物	纵向或横向滚动	三角挡、掩木、钉子或扒锔钉、轮挡、镀锌铁线、绞棍、钢丝绳、紧线器
	纵向或横向位移	挡木、钉子或扒锔钉、镀锌铁线、盘条、绞棍、钢丝绳、紧线器
轻浮货物	倒塌	支柱（侧、端）、U 形钉、镀锌铁线、绳索、绳网

一、拉牵加固材料

拉牵捆绑材料是货物装载加固中使用范围最广的加固材料，主要用来防止货物的位移、倾覆、滚动等。

1. 镀锌铁线

镀锌铁线是一种适应性较强，应用广泛的加固材料。它主要用于拉牵加固捆绑货物，可防止货物产生倾覆、水平移动和滚动。

镀锌铁线的质量应符合国家标准《一般用途低碳钢丝》（YB/T 5294—2009）的要求。拉牵用的镀锌铁线直径不得小于 4 mm；捆绑用的镀锌铁线直径不得小于 2.6 mm。镀锌铁线不得用作腰箍下压式加固，一般不用作整体捆绑。禁止使用已受损、捆绑过货物的铁线。

拉牵加固时，将单股或双股镀锌铁线在货物和车辆的两拴结点间往返缠绕，并应拽紧镀锌铁线，使各股松紧度尽量一致，剩余部分穿插缠绕于自身绳杆后，使用绞棍绞紧，余尾朝向车内。

2. 盘条

盘条既可用于拉牵加固，防止货物移动、倾覆和滚动；也可用作整体捆绑加固；但不得用作腰箍下压式加固。

盘条的质量应符合国家标准《低碳钢热轧圆盘条》(GB/T 701)的要求。拉牵加固时，将单股或双股盘条在货物和车辆的两拴结点间往返缠绕，并应拽紧盘条使各股松紧度尽量一致，绞紧时不得损伤盘条，剩余部分穿插缠绕于自身绳杆后，使用绞棍绞紧，余尾朝向车内。

注意：拉牵时，禁止盘条两端头相互搭接缠绕。

3. 绞棍

绞棍用于将缠绕后的镀锌铁线、盘条绞紧。绞棍的直径一般为 50 mm，长度为600 mm，操作困难时，可根据具体情况确定。绞棍留用时必须予以固定[图 5-5-1(a)]，且不得超限；绞棍不留用时可以采取防松措施，如图 5-5-1(b)所示。

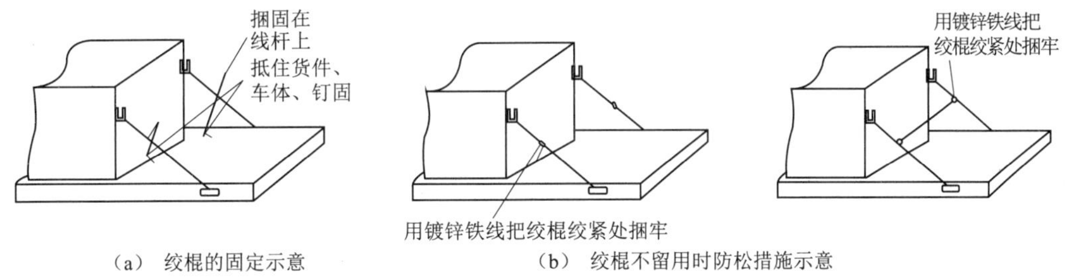

图 5-5-1　绞棍使用示意图

4. 钢丝绳和钢丝绳夹

钢丝绳是应用较为广泛的加固材料，既可用于拉牵加固，还可作腰箍下压式加固和整体捆绑。加固货物用的钢丝绳应选用柔性较好的起重、提升和牵引用钢丝绳。

钢丝绳和钢丝绳夹的质量应分别符合国家标准《钢丝绳通用技术条件》(GB/T 20118)和《钢丝绳夹》(GB/T 5976)的要求。

拉牵加固时，将钢丝绳穿过紧线器或绕过拴结点后，绳头折回与主绳并列，并选用配套的钢丝绳夹固定(图 5-5-2)。

固定单股钢丝绳端头时，使用钢丝绳夹的数量不得少于 3 个，并按图 5-5-3(a)所示进行布置；两根钢丝绳搭接时，并列绳头应拉紧，用不少于 4 个钢丝绳夹正反扣装并紧固，如图 5-5-3(b)所示。钢丝绳夹间的距离 A 等于 6～7 倍钢丝绳直径，绳头余尾长度宜控制在 100～300 mm 间。

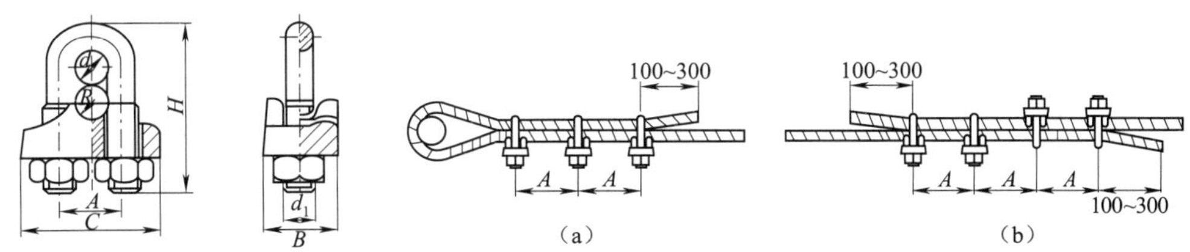

图 5-5-2　钢丝绳夹结构　　图 5-5-3　钢丝绳夹使用示意图(单位：mm)

5. 螺旋式紧线器

螺旋式紧线器又称花兰螺栓，可与钢丝绳配合使用加固货物，主要分“OO 形”“OC 形”“CC 形”“OU 形”四种。

螺旋式紧线器与钢丝绳等配合使用时，抗拉强度应匹配。应优先使用“OO 形”和“OU 形”，如图 5-5-4 所示。

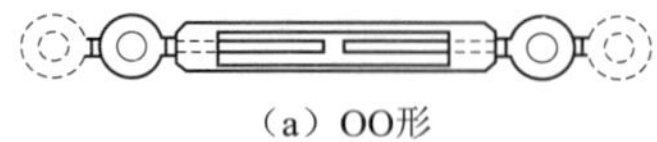
(a) OO形

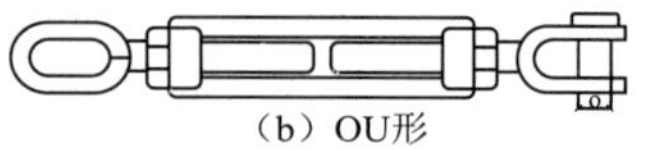
(b) OU形

图 5-5-4 螺旋式紧线器

6. 腰箍

腰箍既可用钢丝绳制作，也可用扁钢制成。禁止使用镀锌铁线、盘条制作腰箍。禁止使用仅一端有紧固装置的扁钢腰箍。

使用扁钢制作腰箍时，扁钢的力学性能应符合国家标准《碳素结构钢》(GB/T 700)、《优质碳素结构钢》(GB/T 699)、《合金结构钢》(GB/T 3077)的要求。扁钢带的断面积可按式(5.5.1)计算：

$$F=\frac{10P_{腰}}{[\sigma]} \quad (5.5.1)$$

式中 F——扁钢带的断面积，cm^2；

$[\sigma]$——扁钢带的许用应力(拉应力)，MPa。普通碳钢的许用应力取 160 MPa；

$P_{腰}$——每道腰箍应承受的力，kN。

制作扁钢腰箍时，应符合《加规》附件 5 常用装载加固材料及装置的要求。腰箍加固应遵守下列要求：

(1)货物必须能承受腰箍的压力。

(2)腰箍两端应分别与车辆拴结点或钢座架相连，其预紧力应达到设计要求。

(3)货物与腰箍间应加防磨衬垫。

7. 绳索

绳索是用优质棕、麻制作或尼龙丝等材料制作而成的加固材料，其破断拉力不得小于 7.84 kN，加固轻浮货物时其破断拉力不得小于 2.94 kN，绳索 80%破断拉力时的伸长率不大于 15%。

使用绳索时，应根据货物装载情况，绳索可采用横向下压捆绑、纵向下压捆绑、端部交叉捆绑和货件串联捆绑等形式。横向下压捆绑应垂直下压，操作有困难时，也可采用横向扇形下压捆绑。

超出车辆端侧板(墙)装载的成件包装货物可采用端部双交叉捆绑；也可采用端部单交叉捆绑，如图 5-5-5 所示。

敞车装载的货物，禁止使用绳索在车侧拴结点上拴结后，绕过货物侧面、顶面和端面与车端拴结点拴结的交叉捆绑，如图 5-5-6(a)所示。禁止使用绳索仅绕过货物侧面和端面，而不绕过货物顶面的捆绑，如图 5-5-6(b)所示。

使用绳索捆绑加固货物时必须两人以上配合操作，一部分人理顺绳索走向，一部分人不断收拉绳索，必须使之紧实有力。也可使用紧线器收拉绳索。

(1)横向下压捆绑时，捆绑绳索不允许有接头，并拴结在车侧丁字铁或支柱槽上，不得拴结在牵引钩上。

(2)纵向下压捆绑时，绳索应拴结在车辆端梁丁字铁或提钩杆支座上，禁止在提钩杆和制动手闸拴结。捆绑绳索经过手闸制动台时，应从其上方绕过；经过手闸制动杆

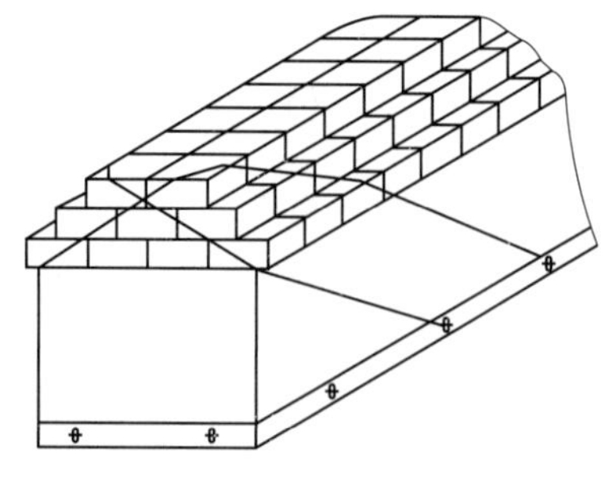
图 5-5-5 绳索单交叉捆绑示意

或提钩杆时应从其内侧穿过，不得妨碍提钩杆和制动手闸等正常使用。

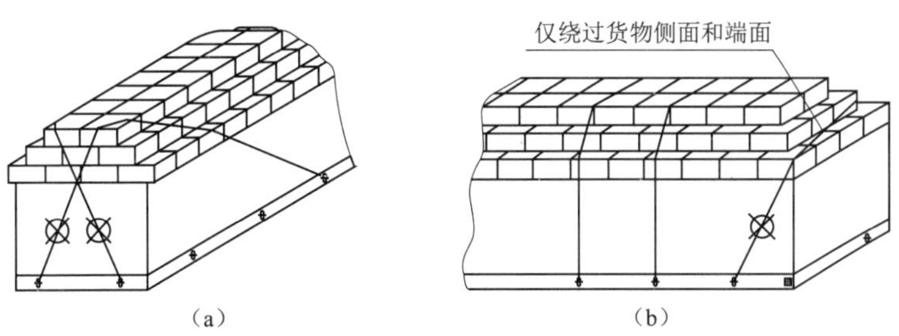

图 5-5-6　禁止使用的绳索拴结方法

(3)拴结绳索时应采用蝴蝶套结拴结法或链扣抽结拴结法。绳索拴结后，应缠绕在自身绳杆上并至少打两个死结，绳头余尾长度不得超过 300 mm，一般不小于 100 mm。

8. 固定捆绑铁索

固定捆绑铁索(图 5-5-7)配合支柱作腰线拦护木材，由 8 号镀锌铁线 4 股制作，铁索两端的环状铁线必须拼齐缠绕。

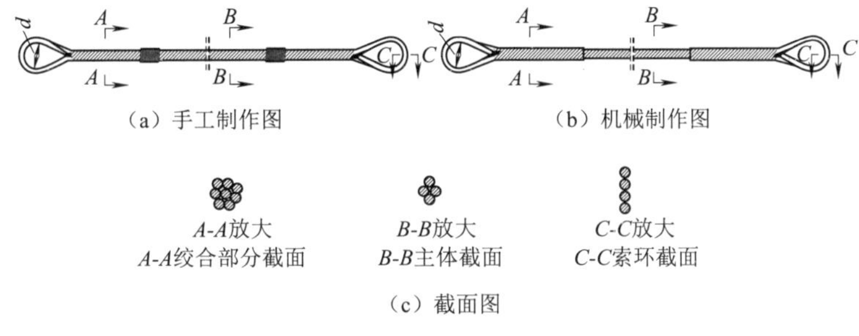

图 5-5-7　固定捆绑铁索结构

固定捆绑铁索的破断拉力不得小于 12 kN，质量应符合铁道行业标准《固定捆绑铁索》(TB/T 3079.5)的要求。禁止使用锈蚀的固定捆绑铁索，固定捆绑铁索两端不得同时使用固定游线。绞紧时不得损伤固定捆绑铁索。固定捆绑铁索可以重复使用。

二、挡、掩类加固材料

1. 挡木与钢挡

挡木主要用来加固平支重面货物。装载平支撑面货物时，可以在货物两端或两侧加挡木，防止货物移动或倾覆，如图 5-5-8 所示。

挡木应采用材质良好，纹理清晰，无腐朽、无木节、无裂纹的木材制作，不得拼接。由于挡木需用钢钉将挡木钉固于车地板上，为防止挡木受力后翻倒，挡木高度不宜过高，常用挡木规格为 400 mm×100 mm×100 mm。

钉固挡木时，圆钢钉一般直径不小于 5 mm，圆钢钉的质量应符合冶金行业标准《一般用途圆钢钉》(YB/T 5002)的要求。禁止使用锈蚀、无钉尖的圆钢钉。圆钢钉应交错布置、垂直钉入，并应避开车地板的缝隙或木板裂纹，圆钢钉的长度必须保证能够接近于将车地板钉穿，以提高挡木强度。

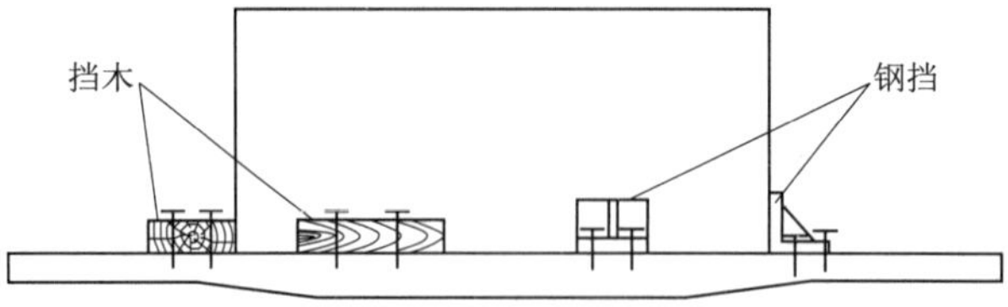

挡木 钢挡

图 5-5-8 挡木、钢挡与车地板钉固

挡木除可以使用木材制作外，还可用型钢或钢板制作成钢挡。钢挡一般采用钉固或螺栓连接的方式固定，使用铁地板货车装运货物时，钢挡还可通过直接焊接的方式固定。

2. 掩挡

三角挡、掩木、方木、凹木统称为掩挡，主要用来对圆柱形货物、带轮货物进行加固，防止货物发生滚动。

掩挡加固的主要原理是，通过提高圆柱形货物和带轮货物的滚动点，减小滚动力矩，从而达到防止货物发生滚动的目的。掩挡加固通常和其他加固方式组合使用。

单独使用掩挡防止圆柱形、球形货物及轮式货物滚动时，掩挡的需要高度可按式(5.5.2)和式(5.5.3)计算：

纵向 $$h_{掩} \geqslant (0.3744 - 0.0018Q_{总})D \quad (\text{mm}) \tag{5.5.2}$$

横向 $$h_{掩} \geqslant 0.08D \quad (\text{mm}) \tag{5.5.3}$$

式中 $Q_{总}$——重车总重，t；

D——货物的直径或轮径，mm。

配合其他方法加固货物时，高度(深度)可适当降低。

木制三角挡应选用无节、无裂纹、无虫眼的一级木材制作，掩木、方木、凹木应用坚实的二级及以上木材制作。

三角挡的底宽不得小于高度的 1.5 倍，其高度经计算不足 100 mm 时，按 100 mm 取用。

常用方木的规格(长×宽×高)为 500 mm×200 mm×160 mm。

凹木可用坚实的横垫木与掩木配合制作，必要时，掩木的斜面应尽可能按被掩圆柱体半径制作成弧面，并用螺栓与横垫木牢固连接，每块掩木使用的螺栓数不得少于 2 个。凹木的宽度不小于凹木底面至凹部最低点高度的 1.2 倍。

采用掩挡加固，掩挡与车地板或垫木的连接强度必须足以防止其自身移动或倾覆。使用三角挡或掩木掩挡轮式货物时，其一侧斜面应与货物贴实，底面与车地板接触处应平整。

固定掩挡时，常用圆钢钉和扒锔钉将掩挡钉固在车地板上。钉固扒锔钉时，应避免钉在木质加固材料同一横纹上，同时避开车地板的缝隙或木板裂纹。为增强稳定性，扒锔钉应钉固成八字形。钉固时，应上下、左右均匀敲打，逐步推进，使加固材料与货物、车地板贴实贴紧。

3. 锅炉挡铁

装载锅炉时使用锅炉挡铁。锅炉挡铁采用厚度 8 mm 及以上钢板焊接而成，使用时，挡铁斜坡(面)应与锅炉翘角底部相吻合，将挡铁横向与锅炉翘角边缘贴紧，纵向挡板与锅炉翘角端部留有 20～30 mm 的间隙，每块挡铁各用 ϕ10 mm 的圆钢钉 6～8 个钉固在车地板上。

4. 铁泥塑料挡

铁泥塑料挡分为铁塑轮挡、铁塑三角挡和铁塑侧挡三种。

铁塑轮挡可掩挡轮式货物;铁塑三角挡可掩挡轮式货物及圆柱形货物;跨装汽车应在其前轮外侧或内侧 50 mm 处钉固侧挡。

5. 支柱

支柱是用来拦护货物的加固材料。加固货物常用支柱包括:木支柱、钢管支柱和竹支柱。各种支柱长度均为 2 800 mm,使用时,安插支柱不得超限;支柱折断时必须更换。

(1)木支柱与竹支柱。

竹支柱需用节密、瓤厚、圆直的竹子制成,不得有腐朽、虫眼和裂缝。竹支柱仅限装运竹子及轻浮货物时使用。

木支柱一般用来加固原木、木材制品及轻浮货物。以坚实圆直的木材制成,不允许有腐朽、死节和虫眼(表皮虫沟除外),活节不超过 2 个。

敞车使用木、竹支柱时必须倒插。

使用平车时,不得使用竹支柱,木支柱不得倒插。

木支柱外插时应将其大头加工成四方形,紧插在支柱槽内,并适当露出支柱槽下,露出的长度不得超过 200 mm。

(2)钢管支柱。

钢管支柱一般用来加固钢管。钢管支柱须圆直,无裂纹,壁厚不小于 4 mm,禁止使用铸铁管作支柱。钢管支柱外插使用时,其插入端应焊有挡铁。

6. 围挡

常用的围挡包括竹笆围挡、竹板围挡、箭竹围挡、木板围挡与钢网围挡。围挡的制作应遵守《加规》附件 5 有关规定。

装运焦炭使用围挡时,在焦炭装到一定高度时,将围挡沿车辆端侧墙内侧一周安插在端侧墙与焦炭之间,并遵守下列规定:

(1)围挡下面的焦炭必须平整,高度一致,使围挡底部落在实处。

(2)竹板围挡的筋板朝内(木板围挡立板朝外),围挡超出车辆端侧墙的高度不得超过围挡总高度的 1/2(箭竹围挡不得超过 600 mm)。

(3)围挡的搭接长度不得小于 100 mm(钢网围挡不得小于 30 mm),每个搭接部分用直径不小于 3.2 mm 的镀锌铁线 2 股上下均匀拧固 4 处(箭竹围挡拧固 3 处、6 道),将围挡连成一体。

(4)使用围挡安装均不得超限。

7. 板、方材挡板(壁)

板、方材挡板用硬杂木制作,禁止使用腐朽木材制作的挡板。挡板长度 2 850～2 900 mm(不小于车辆内侧宽度),高度以板、方材装载高度为限;木板厚度不小于 25 mm,木支柱直径为 ϕ(80～100)mm。

(1)板、方材挡板安插在敞车两端墙上方,木板下沿与车侧墙上沿密贴,木支柱朝外。

(2)在挡板上方的木支柱上用 2 股 8 号镀锌铁线进行拦护,铁线两端在车端起第一个支柱腰线下缠绕支柱 2 周后拧固 3 周,余尾折向车内,拦护铁线用不少于 10 个 U 形钉与挡板钉固。

(3)装车时,挡板的每根木支柱与车门钩环间各用 8 号镀锌铁线 2 股拉牵加固,车侧各拉 2 道。加固完毕后,将车侧 8 号镀锌铁线用 2 个以上 U 形钉钉固在接触的木支柱或板、方材上。

(4)挡板不得超限。

三、衬垫类加固材料

衬垫加固常用的加固材料包括垫木、隔木、条形草支垫、稻草绳把、稻草垫等。使用衬垫类加固材料加固货物时，应严格控制货物的装车温度，以防稻草绳把焦煳、燃烧造成失效。

1. 垫木和隔木

装运货物时，为增大车地板负重面的长度和宽度以避免集重载荷、降低超限等级或防止超长货物突出部分底部与游车车地板接触，常使用垫木。在分层装载货物时，特别是金属制品，为防止层间货物滑动，必须使用隔木。

垫木和隔木必须使用无削弱强度的木节和裂纹、坚实、纹理清晰、无腐烂的整块木材制作。

(1)横垫木

常用横垫木的规格为(2 700～3 000) mm×150 mm×140 mm，装载超长货物时横垫木的高度根据突出车端长度计算确定。

使用横垫木时，垫木长度不应小于货物底宽(特殊情况除外)，不大于车地板宽度；垫木宽度不应小于垫木高度；两垫木中心线之间距离应符合货物免于集重装载的技术条件，必要时应使用纵垫木和横垫木。

(2)纵垫木

纵垫木常配合横垫木使用，以防止出现集重载荷。纵垫木的长度应根据实际需要确定，常用纵垫木的宽度为 150 mm，高度为 140 mm。

(3)隔木

装运金属制品时，为防止层间货物滑动，必须使用隔木。隔木的长度应根据实际需要确定，常用隔木的宽度为 150 mm，高度为 35 mm。横向铺放隔木时，长度不得小于货物的装载宽度，但不大于车辆的宽度。

2. 条形草支垫、稻草绳把

加固货物时，稻草绳把、条形草支垫常用于支承货物并起防滑作用，既可置于车地板之上，也可置于货物层间。

稻草绳把、条形草支垫应采用优质、干燥稻草和镀锌铁线制作，禁止使用腐烂变质的稻草或有伤痕、锈蚀的镀锌铁线制作的稻草绳把、条形草支垫。

(1)稻草绳把。

稻草绳把的长度可根据实际需要确定，常用稻草绳把的直径为 ϕ(110～120) mm，长度为 1 450 mm；单根稻草绳把允许承载 150 kN，且压实后高度不得小于 40 mm。

使用稻草绳把加固货物时，同层货物下衬垫的稻草绳把应规格相同；装车后每端露出货物边缘不小于 100 mm(货物装载宽度与货车内宽接近时除外)；避免集重装载时，稻草绳把在车地板上的铺垫位置应满足货物免于集重装载的技术条件。

(2) 条形草支垫。

使用条形草支垫加固货物时，装车后每端露出货物边缘不小于 100 mm(货物装载宽度与货车内宽接近时除外)；避免集重装载时，条形草支垫在车地板上的铺垫位置应满足货物免于集重装载的技术条件。

3. 稻草垫

稻草垫一般铺垫于货物与车地板间或货物层间用作防滑衬垫材料。稻草垫应采用优质、干燥稻草密实编织成型。稻草垫厚度不得小于 30 mm，压实后不得小于 10 mm。

使用稻草垫加固货物时，货物装车后，其露出货物边缘四周的余量不得小于 100 mm（货物装载宽度与货车内宽接近时除外）。

4. 橡胶垫

加固货物时，常使用橡胶垫作为缓冲材料、防磨材料和防滑材料。

橡胶垫用作衬垫、防滑材料时，一般置于货物与车地板间或货物层间；用作防磨材料时，置于拉牵加固材料与货物、车辆棱角接触处；作为缓冲材料，一般置于货物与阻挡加固材料间。

橡胶垫的尺寸可根据实际情况确定，不得使用再生橡胶制作。用作衬垫的橡胶垫，要求抗压强度高，硬度适中；用作防磨的橡胶垫，要求抗拉强度高。

橡胶垫在安放、使用过程中，应避免与油脂等油类物质以及其他对橡胶有害的物质接触。

四、其他加固材料

1. 绳网

绳网分为上封式绳网和下捆式绳网，采用优质棕、熟麻、丙纶等材料制作，一般用于加固起脊装载的成件包装货物或袋装货物。

使用上封式绳网时，应需预埋在未超出敞车端侧墙的货物下，继续装载货物至规定的层数，然后向上翻起绳网，拉紧系绳，将起脊货物通过绳网上的系绳捆绑成一体。

下捆式绳网通常用于加固空铁桶，使用下捆式绳网时，当铁桶起脊装载至规定的高度后，先按要求捆绑绳索，再苫盖下捆式绳网，拉紧系绳并将其捆绑拴结在敞车下门挂钩或丁字铁上。

2. 焦炭网

焦炭网是运输焦炭时防坠落的下捆式苫盖网，一般采用尼龙等聚合料绳纺织制成。焦炭网网筋的破断拉力不得小于 60 N，围筋和系绳的破断拉力不小于 150 N，80%破断拉力时的伸长率不大于 18%。

敞车起脊装载焦炭后，可用焦炭网苫盖并将其系绳拴结在敞车下门挂钩或车侧丁字铁上，系绳必须拉紧拴牢。

3. 圆钢钉、扒锔钉

挡、掩类加固材料常配合圆钢钉、扒锔钉一起使用，主要是利用它与车底板之间的剪切应力和与木材之间的握裹力来加固货物的，其规格及数量应根据货物所受到外力的大小而确定。

扒锔钉常用圆钢或螺纹钢制作，常用扒锔钉的规格（长×直径×钉脚长度）为 200 mm×10 mm×（50～60）mm。

4. U 形钉、U 形夹、钢板夹

U 形钉骑跨在整体捆绑线（封顶线、腰线、拦护线等）上，并钉固在木材或木质加固材料。U 形钉仅限一次使用。

U 形夹将 U 形夹开口端从货物端部插入至圆环（孔）位置，加固线穿过圆环（孔）紧固。

钢板夹主要用于钢板的整体加固。

复习思考题

1. 简述货物装载加固和货车满载工作的主要任务。

2. 简述货物装载加固的基本技术要求。

3. 货物装车时,对货物装载量和装载高度及宽度的要求如何?

4. 货物装车后,货物重心水平位置的要求如何?

5. 何谓重车重心高? 有何要求?

6. 使用平车装载货物,货物突出车辆端梁的长度有何要求?

7. 车辆承载货物的情况有哪几种?

8. 名词解释

(1)超载

(2)偏载

(3)偏重

(4)均布载荷

(5)集中载荷

(6)超长货物

(7)集重载荷

(8)集重货物

9. 简述超长货物常用的装载方法。

10. 简述超长货物跨装时的装载技术条件。

11. 简述货物加固的一般要求。

12. 简述装载加固方案的种类、作用和有效期。

13. 何谓按方案装车?

14. 镀锌铁线作为常用的加固材料,使用时有何要求?

15. 掩挡作为常用的加固材料,使用时有何要求?

16. 支柱作为常用的加固材料,使用时有何要求?

17. 钢丝绳作为常用的加固材料,使用时有何要求?

18. 绳索作为常用的加固材料,使用时有何要求?

19. 横垫木作为常用的加固材料,使用时有何要求?

20. 条形草支垫、稻草绳把作为常用的衬垫类加固材料,使用时有何要求?

21. 非均重货物一件,重 30 t,用自重 19.7 t、标重 60 t 的 N17AK 型平车一辆装载,A 站货检发现,货物纵向位移 200 mm,经测量,货物重心纵向位移量为 1 250 mm,试问货物重心纵向位是否符合要求?

22. 一件货物重 30 t,用自重 19.7 t、标重 60 t 的 N17AK 型平车一辆装载,装车后重车重心高 2 030 mm。为使重车重心高降至 2 000 mm 以内,选用一件重心高 700 mm 的配重货物。试确定配重货物的重量范围。

第六章　货运检查站

货运检查站(以下简称“货检站”)是货物运输途中,为保证货物安全、列车安全进行货运交接检查作业的技术站。在货检站,货物列车的主要技术作业包括车辆技术检修作业、列尾作业员技术作业、车列及票据的交接、车号员检查票据核对现车、货运检查作业、更换机车及乘务组等。

第一节　货检站管理

货检站是列车运行途经有改编或人工方式列检作业,或无改编或无列检作业但停车时间在 35 min 及以上的编组站或区段站。

一、货检站分类与设置

1. 货检站分类

货检站分为路网性货检站和区域性货检站。

(1)路网性货检站。

路网性货检站是指纳入国铁集团日常考核的编组站,如郑州北、丰台西、石家庄南、南仓、哈尔滨南、三间房等。

(2)区域性货检站。

区域性货检站是指除路网性货检站外,铁路局集团公司管内有货运检查作业的技术作业站。如北京局集团公司的邯郸南、阳泉等。

2. 货检站设置与撤销

新建、改建线路时,铁路局集团公司应根据运输组织和铁路货运安全的需要,设置货检站;因运输组织变化取消货物列车改编或列检作业时,可同步撤销货检站。

区域性货检站由铁路局集团公司自定,报国铁集团备案后公布。各铁路局集团公司应根据到达解体列车、编组始发列车、直通列车数量,同时按照机车交路、列检作业、治安状况及自然环境等合理设置货检站,其布局应满足铁路运输安全和畅通的需要。

铁路局集团公司间交接货检站的增设或撤销应由需求提出铁路局集团公司牵头协商相关铁路局集团公司,重新明确前方货检站、签订交接检查协议或明确相关交接检查要求后,报国铁集团货运部批准、公布。

二、机构及人员

1. 机构及人员配备

铁路货检工作是保证行车安全和货物安全的一项技术性较强的工作,是铁路运输安全生产的重要组成部分。铁路货检人员主要承担铁路运输过程中的货物(车)交接检查工作,是铁路行车的主要工种。

铁路局集团公司货运主管部门应配备专人负责货检管理工作，加强对货检工作的技术业务指导，强化基础管理，加强队伍建设，督促落实作业标准，提高货检人员素质和工作质量。

货检站应根据货检工作需要设置相应的生产机构，并配齐管理及生产作业人员。按班组设置货检值班员岗位，负责货检的现场组织和协调工作。

货检站应结合货物列车数量和作业均衡性、场站布局、安全检测监控设备和信息系统应用及其技术状态、货检作业内容等实际情况，按照“货检作业量适量、保证作业质量和效率”的原则，动态确定每班货运检查员（以下简称“货检员”）配置，并保持货检人员的相对稳定。

2. 货检人员应具备的条件

（1）热爱本职工作，责任心强，具有良好的职业道德，身体健康、符合岗位职务要求。

（2）经职业技能鉴定机构鉴定合格，取得相应职业资格证书。上岗前和任职期间，还须依据有关岗位标准，经培训考核合格取得“铁路岗位培训合格证书”后方可上岗。

（3）熟练掌握《加规》《超规》《管规》《鲜规》《货损规则》《箱规》《篷规》《电气安全规则》等规章中有关装载加固、危险货物运输、超限超重、货运交接检查、超偏载问题车处理、货物损失处理等技术要求和人身安全规定。

（4）熟悉《技规》《事规》《普速铁路行车组织规则》（以下简称《行规》）、《车站行车工作细则》（以下简称《站细》）等行车组织的有关规定。

（5）熟悉有关货车的技术参数和使用要求。

（6）熟悉本站内线路、设备、建筑物和列车到发、通过情况，以及调车作业情况。

（7）熟悉有关安全预案。

（8）熟悉相关安全检测监控系统和货检手持机等工具备品的操作应用。

三、设备设施和工具备品

1. 设备设施

货检站应为货检管理和作业提供必要场所，配备计算机、摄录器材、复印机、传真机等生产作业必要设备。货检设备设施应有利于作业安全和提高作业质量和效率。

（1）货检作业待班场所应设在车站到、发场，便于预检作业或能减少货检员走行距离的适当位置。

（2）货检作业路线应硬化或以细道砟铺平；作业现场需设灯桥等照明设施，照明范围应覆盖全部作业区域，照度符合相关规定，满足夜间和雨雪雾等特殊天气下的作业需要。

（3）货检站应有甩车整理及换装设施，具有符合作业要求的装卸货物线路、场地，装卸机械和计量衡器等。

（4）货检站应配齐超偏载检测装置、轨道衡、轮重测定仪等货运计量安全检测设备，及视频监控设备。

货检站应积极采用新技术、新设备，全面推广铁路货检安全监控与管理应用（以下简称“货检应用”），改善货检作业条件，改进检查手段，提高作业质量和效率。

2. 货检工具及备品

货检站应配备以下主要工具和备品：对讲机（手持机），工具包，钢尺，吊锤，电工刀，断线钳，铁锤，撬棍，照明灯具，8 号、10 号镀锌铁线，绳索，扒锔钉，钉子，绞棍以及施封锁、消防器材、危险货物检测仪、应急救援防毒面具等。

运用“货检应用”的货检站应保证现场作业时货检人员人手1台手持机，并备用适当数量的对讲机以便手持机故障时使用。

货检站应建立货检工具和备品登记簿，按照便于取用的原则，在适当的处所设立工具备品室(柜)，个人备品与公用备品分室(柜)存放，定置管理。

3. 货检台账

货检站货检岗位应配备货运检查工作日志、货运检查工作手册、在列整理登记表、扣车整理登记表、补封登记本、拍发电报登记簿、加固材料登记簿、换装整理分析统计表等台账；其他应该建立的台账。

四、货检站管理制度

为做好货检管理工作，货检站必须建立各项工作制度。

1. 岗位责任制

铁路局集团公司和货检站应制定岗位责任制度，明确管理权限、岗位职责、工作流程、工作标准等内容，并结合生产力布局调整、新技术设备应用、业务流程变化等新情况，动态调整优化。

2. 规章文电管理制度

货检站应建立并落实规章文电管理制度，配齐有关规章文电，并指定专人负责保管，及时组织对规和修订。

3. 职工培训制度

货检站应建立并落实职工培训制度，加强对货检人员的技术业务培训工作，制订培训计划，建立培训档案，开展有针对性地技术业务培训。

4. 分析总结制度

建立并落实分析总结制度。铁路局集团公司及货检站应加强安全生产的统计、分析和总结；对危及人身、行车、货运安全的事故隐患和险情等信息及时上报；对日常发现的本站货检管理和作业方面的问题，及时纳入问题库管理并跟踪销号。

铁路局集团公司应于每年年底前掌握管内各货检站年度工作情况，并于1月10日前将上年度铁路局集团公司货检工作情况总结及本铁路局集团公司标准化货检站自评表(含扣分项)、标准化路网性货检站推荐名单以铁路局集团公司函(电)形式报国铁集团货运部。总结的主要内容:管内货检工作基本情况(包括铁路局集团公司和各货检站开展的主要工作、好的经验做法等)、责任事故和存在的主要问题、下一步工作安排和建议。

5. 工作沟通联系制度

货检站应建立并落实工作沟通联系制度，加强与机务、车辆、公安等相关部门的工作联系，及时沟通信息，加强协作和配合。铁路局集团公司间交接货检站应加强工作联系，建立互联、互控和信息反馈制度，及时解决铁路局集团公司间交接存在的问题。

6. 表报电子化制度

货检站应建立并落实表报电子化制度。通过“货检应用”实现货检相关表报内容的自动生成或电子化填记。

货检站应动态维护“货检应用”中本站货检人员、设备等基本信息，形成电子档案。铁路局集团公司应将电子档案管理纳入货检站日常工作考核内容。

7. 货检设备、工具及备品的管理制度

货检站应建立并落实办公设施、作业工具、备品、普通记录和施封锁的管理、交接、使用和保管制度，加强货检设备、工具及备品的使用培训和日常维护，保证状态良好，可用、会用。

货检工具及备品不得外借或挪作他用，并定期进行检查、补充或修缮。

8. 考评制度

铁路局集团公司及货检站应定期对货检工作进行考评，总结并推广先进经验，全面加强货检安全基础管理。

五、货运检查管理细则

为加强货运检查工作管理，提高货运检查工作质量，确保铁路运输安全，各货检站应依据《技规》《行规》《货规》《管规》《检规》等有关规章的规定和要求，结合本站实际情况，制定《货运检查管理细则》(以下简称《货检细则》)，纳入《站细》。《货检细则》应包括以下主要内容：

(1)车站货检车间概况，包括人员配备、办理业务范围、货检工具和设备概况等。

(2)货检组织管理机制。

(3)各项规章制度。

(4)货检作业标准和流程。

(5)安全管理及应急预案。

(6)附件及附表。

货检工作人员应严格按照《货检细则》要求，遵守各项规章制度，认真履行职责，确保货检工作顺利进行。

六、标准化货检站建设

标准化货检站建设是货检站工作的重要工作内容。开展标准化货检站建设，对提高货检作业质量，促进货检管理规范化和货检作业标准化具有重要意义。

1. 标准化货检站的达标条件

标准化货检站建设实行百分制，满分 100 分，90 分及以上的达标。具体内容见《检规》附件一“标准化货检站建设标准和自评表”。

2. 标准化货检站验收

标准化货检站建设的验收工作采取铁路局集团公司组织全面自查和国铁集团组织重点抽查的方式。铁路局集团公司应于每年 12 月底前完成自查工作，国铁集团适时组织重点抽查。

标准化货检站验收工作中，下列情况采用“一票否决”：

(1)发生货检责任一般 C 类及以上铁路交通事故，或年度内发生两次及以上货检责任一般 D 类铁路交通事故。

(2)路网性货检站未成立货检车间、区域性货检站未成立专门机构进行专业管理。

(3)未实现货运计量安全检测设备三级联网应用。

(4)路网性货检站未建设运用“货检应用”，已建设“货检应用”的区域性货检站未运用“货检应用”进行货检作业。

(5)年度内发生两次及以上经本站改编的卷钢问题车出站运行。

(6)隐瞒事故或在重大问题上弄虚作假。

(7)存在货检人员内盗及其他违法行为。

(8)发生货检责任严重路风事件。

国铁集团负责结合重点抽查情况、铁路局集团公司自查自验结果，以及日常掌握的有关情况，公布标准化路网性货检站名单；铁路局集团公司负责公布管内标准化区域性货检站名单。

铁路局集团公司应对标准化货检站按规定予以表彰奖励，对未达标的货检站进行重点帮促。

第二节　列　　车

列车是铁路完成运输任务的主要形式。列车是指挂有机车及规定的列车标志的编成车列。列车必须具备三个条件：

(1)按有关规定编成的车列。

(2)挂有牵引本次列车的机车。

(3)有规定的列车标志。

单机(包括单机挂车)、动车及重型轨道车，虽未完全具备列车条件，亦按列车办理。

一、列车的分类

为适应旅客和货物运输的不同需要，以市场为导向，以经济效益为中心，按照运输性质和用途，将列车按如下顺序分类：

(1)旅客列车，包括动车组列车、特快旅客列车、快速旅客列车和普通旅客列车等。

(2)特快货物班列。

(3)军用列车。

(4)货物列车，包括快速货物班列、快运重载、直达、直通、冷藏、自备车、区段、摘挂、超限及小运转列车等。

(5)路用列车。

货物列车的分类示意图如图 6-2-1 所示。

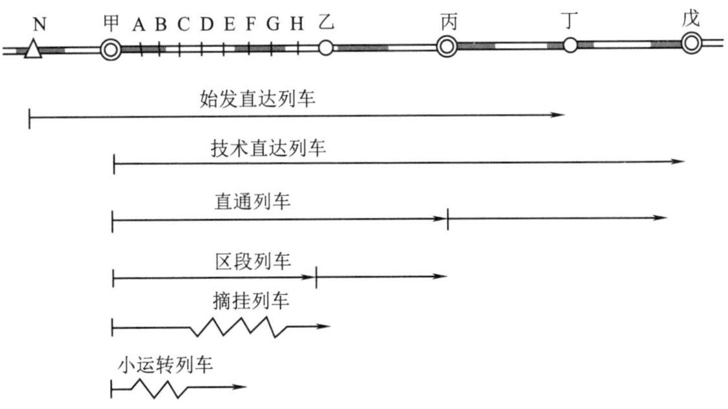

图 6-2-1　货物列车分类

二、列车的车次

列车运行，原则上以开往北京方向为上行，车次编定为双数；相反方向为下行，车次编定为单数。干支线衔接的车站，开往干线为上行，开往支线为下行。特殊情况时，个别区间使用直通车次，可与此规定不符，即使用一个直通车次。各类列车均有固定车次，车次的形式为：列车各类标识符＋车次号码。表 6-2-1 为部分列车等级及车次范围。

表 6-2-1 部分列车等级及车次范围

列车种类	车次范围	列车种类	车次范围
一、特快货物班列	X1—X198	6. 技术直达列车	10001—19998
二、货物列车		7. 直通货物列车	20001—29998
1. 快运货物列车		8. 区段货物列车	30001—39998
(1)快速货物班列	X201—X398	9. 摘挂列车	40001—44998
(2)货物快运列车		10. 小运转列车	45001—49998
其中：直通	X2401—X2998	11. 重载货物列车	71001—77998
管内	X401—X998	12. 自备车列车	60001—69998
(3)中欧、中亚集装箱班列，铁水联运班列	X8001—X9998	13. 超限货物列车	70001—70998
中欧、中亚集装箱班列(120 km/h)	X8001—X8998	14. 保温列车	78001—78998
中亚集装箱(普通货车标尺)	X9001—X9500	三、单机和路用列车	
铁水联运班列(普通货车标尺)	X9501—9998	1. 试运转列车	
(4)普通货物班列(普通货车标尺)	8001—81998	普通客、货列车	55001—55300
2. 煤炭直达列车	82001—84998	2. 路用列车	57001—57998
3. 石油直达列车	85001—85998	3. 救援列车	58101—58998
4. 始发直达列车	86001—86998		
5. 空车直达列车	87001—87998		

三、列车编组顺序表

(一)列车编组顺序表的作用

列车编组顺序表(运统 1，见表 6-2-2)是记载列车组成情况，作为车站与机车乘务组司机间、铁路局集团公司之间交接车辆的依据，也是编制车站作业计划、进行运输统计工作的原始资料。因此，凡由编组站、区段站及列车始发站发出的一切列车(包括挂有车辆的单机、轨道车附挂路用车)，均由车站按列车实际组成情况编制列车编组顺序表，并按规定及时发送“运统 1”和“列车编组通知单”(简称“运统 1 乙”)电子信息。

表 6-2-2　列车编组顺序表　　（运统 1）

____站编组____站终到　经由站____ ________年____月____日____时____分　　　________次列车

自首尾（不用字抹销）　　　　制表者：　　　　　　检查者：

顺序	车种	罐车油种	车号	自重	换长	载重	到站	货物名称	发站	篷布和小型箱栏	票据号	收货人或卸线	车辆使用属性	记事

自编组站出发及在途中站摘挂后列车编组

站名	客车				货车					其他	合计	自重	载重	总重	换长	铁路篷布合计
	合计	担当局	其中行李车	担当局	重车	空车	非运用车	代客	P_{65}							
* *—合计																
—企																
—国铁																
—集																
—特																
—行																

列车到达时间：　　月　　日　　时　　分　　　交接时间：　　时　　分　　　司机签章：

（二）列车编组顺序表的填记

1. 表头部分

（1）编号及二维码：编号由 3 位字母（列车出发站电报码）、6 位数字（年月日，YYMMDD）和 3 位字符（当日出发列车的流水号，包含数字和 26 个小写英文字母）组成，二维码供自动识别编号信息。

（2）编组站名：填记列车始发站名。列车在分界站或运行途中的编组站、区段站更换本表时，表头仍应填记原编组始发站名。终到站为本列车的计划终到站。经由站填记本次列车前方第一个编组（区段站）（含外铁路局集团公司）或终到站名。向其他企业移交时填记分界站名。

（3）年、月、日、时、分：按日历日填记列车计划发车时间，列车出发后，在现车系统中填记列车实际出发时间并更正原计划发车时间。

（4）列车车次：填记实际开行车次。

（5）自首尾：列车编组顺序表中车辆的填记顺序，不用字抹销。

（6）制表者、检查者：签字（代号）或盖章。

2. 编组内容部分

(1)车种:填记货车基本记号及辅助记号(车种、车型)。通过铁路主数据平台获取铁路货车技术管理信息系统(以下简称 HMIS 系统)的货车车种信息,无法获取或获取的车种与车体标记不一致时,按车体标记填记。

(2)罐车油种:根据罐车车体标记以简字填记。轻油填“Q”,黏油填“L”。车体上的油种涂有代用字样时,按所代用的油种填记。

(3)车号:根据车体上的大号码填记。如发现双号码时,以车底架侧梁号码为准。

(4)自重及换长:根据《技规》中“机车重量及长度表”规定填记机车的自重及换长。通过铁路主数据平台获取 HMIS 系统的货车自重及换长信息,无法获取或获取的自重、换长与车体标记不一致时,按车体标记填记。无规定时在本栏填记车体标记的自重及换长。

(5)载重:根据货运票据记载的货物实际重量(无实际重量按计费重量)填记。一票多车只有合计载重吨数时,成组中的第一辆和最后一辆用“—”表示,中间用“+”表示。对下列货车装载重量,按如下规定填记:

①重客车按客车车体外部标记载重填记。

②代客重车按每辆按 10 t 计算。

③快速班列重车按《铁路快运货物班列预订服务与运输组织管理暂行办法》的有关规定填记。

④货车上装载的重集装箱填记“货重+箱重”合计重量。

⑤空集装箱按《统规》的“集装箱技术参数表”规定自重填记,40 ft 铁路运输发电箱重量填记 25 t。

⑥整车回送铁路篷布每张按 60 kg 计算。

⑦回送其他铁路货车用具(加固材料、军用备品等),按实际重量计算;整车回送无实际重量时,按货车标记载重的 1/3 计算。

⑧零散货物快运车辆,按车辆出发时的实际货物重量填记,即车辆到达时的载重加本站装车货物重量,再减去本站卸车货物重量。

其中,“零快”货物入 1.5 t 小型铁路集装箱运输时,按“货重+箱重”合计重量填记,箱重按 200 kg/箱统计;小型铁路集装箱整车回送时,依据“特殊货车及运送用具送清单”(图 6-2-2)填记重箱全计数。

特殊货车及运送用具回送清单 No.

发站(公司)		到站(公司)		发送日期		回送命令号码	
车种车号		施封号码		到达日期		回送种类	
回送的货车或运送用具				承运人记事			
种　类	号　码	数　量	重　量(kg)	附注			
合计							

发站经办人: 到站经办人:

图 6-2-2 特殊货车及运送用具回送清单

⑨批量零散货物快运车辆按实际重量填记。

(6)到站:按货运票据填记重车的到达站名。其他有指定到站的车辆亦在此栏填记到达站名。

(7)货物名称:按货运票据记载的货物名称填记。对下列车辆按规定字样填记。

①整装零担车填记"整零"。

②零散货物快运车辆,填记"零快"。

③运用空车填记"空"字。

④非运用车填记非运用种别,如检修车填记"检修"、代客车填记"代客"、路用车填记"路用"等字样。

⑤企业自备空车、企业租用空车填记"自备""租用",军运货物运单填记军运号码。

⑥整车运送铁路集装箱时,按实际状态填记[箱主、箱型、重(或空)、箱数];汽车箱填记[汽、箱型、重(或空)、箱数](其中 25 ft 箱归入 20 ft 箱填记,50 ft 箱归入 40 ft 箱填记)。

注:集装箱区分铁路箱和自备箱,其中铁路箱区分普通箱和特种箱,普通箱分为通用箱和敞顶箱。箱主按照集装箱分类分别填记"通""特""敞""自",箱型 20 ft 填记二、40 ft 填记四、45 ft 填记五,箱数使用阿拉伯数字填记,如"通二重 2";40 ft 铁路运输发电空箱填记"特四空 1";小型铁路集装箱整车回送时,填记"零快"。

⑦批量零散快运车辆按货运票据记载的货物名称填记,使用 20 ft、40 ft 铁路集装箱进行批量零散货物快运时,货物名称按集装箱规定填记。

⑧机械冷藏车中的机械车运用状态记"空"。

⑨铁路局集团公司协商使用特货公司 JSQ 型货车运输自驾游小汽车期间,货物名称填记"零快"。

⑩货物特快、快速班列车辆货物名称填记"行快"。

⑪一车货物有数种品名时,按其中重量最多的货物品名填记;如只有一个重量时,按第一个品名填记,并在品名之后增填"等"。

(8)发站:重车按货运票据填记发站名,空车填记空车始发站名。

(9)篷布及小型箱:按货运票据和"特殊货车及运送用具回送清单"填记铁路篷布张数。1.5 t 小型铁路集装箱运输时填记箱数。

(10)票据号:整车运输的车辆,填记货物运单号码,一票多车时,每车均须填记货物运单号码。集装箱(含批量入箱)、零散快运运输的车辆,填记货车装载清单号码。凭特殊货车及运送用具回送清单运输的车辆,填记回送清单号码。凭货运记录运输的车辆,填记货运记录号码。

(11)数据格式:货物运单为 char12,5 位字母+7 位数字;装载(回送)为 char11,装载(回送)清单号码后 11 位的 4 位字母和 7 位数字;货运记录为 char11,货运记录号码后 11 位的 4 位字母和 7 位数字。

(12)收货人或卸线:按货物运单记载的收货人填记。

(13)车辆使用属性栏。

①车辆使用属性反映专业运输使用车辆情况(包括其所属和所用非所属车辆),其中集装箱、特货、行包和快运使用车辆属性分别填记"集" "特""行"(代码分别为"01""02""03")。

②集装箱专业运输所属车辆指国铁集装箱车(X);特货公司所属车辆指国铁长大货物车(D)、冷藏车(B)、汽车运输车(J);行包和快运专业运输所属车辆指国铁行李车(XL,邮政车 XU、UZ 比照行李车统计)、货物快运车辆(PB 和 P_{65})。

③装运 1.5 t 小型铁路集装箱时,车辆使用属性填记“行”;使用 20 ft、40 ft 铁路集装箱装运批量零散货物时,车辆使用属性填记“行”;在铁路局集团公司协商使用特货公司 JSQ 型货车运输自驾游汽车期间,车辆使用属性填记“行”。

④专业运输租用车指为专业运输所用,而非其所属的国铁货车(包括特货公司租用的集装箱专业运输所属货车)。

a. 集装箱专业运输租用车:使用非集装箱专业运输所属的国铁货车运送集装箱(不含特货公司汽车箱)、回送铁路篷布。

b. 特货公司租用车:特货公司跨装货物运输中使用的非特货公司所属游车;特货公司汽车箱运输所使用的国铁货车。

c. 行包和快运专业运输租用车:使用非行包和快运专业运输所属的国铁货车(特货公司所属车辆除外)装运行李、包裹和快运货物。铁路运输企业按“零快”方式运输自驾游小汽车所使用的特货公司 JSQ 型货车。

⑤铁路联合运输车辆标识在该栏反映,填记“联”(代码“07”),铁路联合运输指两个及以上铁路运输企业共同完成铁路客货运输业务。

(14)记事栏:除下列规定外,按铁路局集团公司规定填记:

①对装载危险、易燃普通货物的车辆,按《技规》的规定填记隔离记号(三角隔离标记填记为“G1”~“G8”)。

②对外国车辆填记国名;对企业自备车填记企业简称;对军方自备车填记“军方自备”。

③对联合运输途中发生倒装的车辆,倒装作业后填记原车种车号并注明“倒装”。

④1.5 t 小型铁路集装箱运输时,填记“小型箱”。

⑤批量零散快运货物车辆,填记“批快”。

⑥使用 20 ft、40 ft 铁路集装箱进行批量零散货物快运时,填记“批快”。

⑦在铁路局集团公司协商使用特货公司 JSQ 型货车运输自驾游小汽车期间,记事栏填记“自驾车”。

⑧本站出发的不良货车,依据“不良货车通知单”,填记“不良货车”。

⑨铁路或自备敞顶集装箱运输时,标记“产权或配置铁路局集团公司标识+敞顶箱”。35 t 集装箱(敞顶集装箱除外)运输时,标记“35T”。

⑩40 ft 铁路运输发电箱填记“发电箱”。

3.“自编组站出发及在途中站摘挂后列车编组”部分

(1)站名:编组始发列车填记始发站名。列车在分界站或运行途中的车站更换本表时,填记更换站名。

(2)客车:填记客车的辆数。

(3)货车:分别按合计、企业自备车、国铁货车和集、特、行六行填记。专业运输租用车除在各专业运输行表示外,并以负数在国铁货车、合计行分别列示。

(4)各栏均结算合计行。表内主要关系为:

合计栏=客车合计栏+重车栏+空车栏+非运用车栏+其他栏;

各栏合计行=企业自备车行+国铁货车行。

列车编组顺序表内各栏，必须填写正确、清楚、齐全。不使用同音字、非规定的简化字，字迹不清或有涂改时，应在记事栏内注明。使用车站管理信息系统（或预确报系统）编制“运统 1”的车站，必须坚持车辆使用属性（包括租用车）、票据号与货运票据信息进行人工核对。

（三）列车编组顺序表传递

列车编组顺序表由机车乘务组传递。

以电子信息传递时，值乘司机出发前，通过移动作业终端签认“运统 1”和“运统 1 乙”电子信息，并与机车号、值乘司机及出勤时间信息绑定，由司机将签认后的“运统 1”电子信息交付到下一区段站、终到站、经由的铁路局集团公司分界站。

纸质交接、传递时，车站除留存一份外，一份交值乘司机（长交路途中更换司机的列车，应保证途中每班司机一份“运统 1”），一份由司机带到下一区段站、终到站，并按规定及时传输上报确报库。对经由铁路局集团公司分界站交出的列车，需增添一份，由司机交分界站统计人员。铁路局集团公司或车站根据实际需要，可增添“运统 1”的份数。

四、列车运行图和列车时刻表

列车运行图是列车运行的图解。列车应当按照列车运行图规定的时分运行。它是运用坐标原理表示各次列车在各个车站到达、出发或通过的时刻。我国铁路列车运行图以纵轴表示列车运行距离，横轴表示运行时分。即横线表示站名线，其中粗线表示技术站或有技术作业的中间站；竖线表示时分线。上、下斜线分别表示上、下行列车运行线。各类列车的车次标记在区段两端发车站邻接区间运行线正上方，如图 6-2-3 所示。

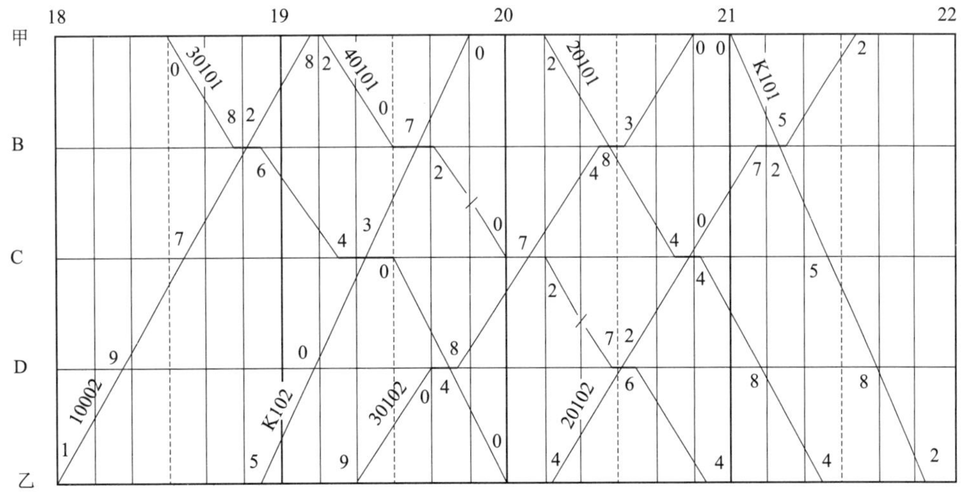

图 6-2-3　列车运行图

列车运行线与站名线的交点为列车到达、出发或通过车站的时刻。在十分格运行图上，只填写十分钟以下的数字，其中到、发时分填写在运行线与站名线相交的钝角内，通过时分填记在列车出发一侧的钝角内。

列车运行时刻表是根据列车运行图的规定，以表格的形式表示各次列车在车站的到、发或通过时刻，见表 6-2-3。

表 6-2-3 列车运行时刻表

站名	下行				上行			
	区段 30101	摘挂 40101	直通 20101	快速旅客 K101	直达 10002	快速旅客 K102	区段 30102	直通 20102
甲	18:30	19:12	20:12	21:00	19:08	19:50	20:50	21:32
B	48 56	30 42	… 28	… 12	52 …	37 …	33 24	15 21:07
C	19:14 30	20:00 12	44 54	… 25	37 …	23 …	20:07 …	50 …
D	… 44	27 36	… 21:08	… 38	19 …	19:10 …	48 40	32 …
乙	20:00	20:54	21:24	21:52	18:01	18:55	19:19	20:14

第三节 货物列车编组

货物列车编组计划是全路的车流组织计划,它能统一安排全路的解编作业任务,具体规定全路各编组站编组各种列车的种类、内容和办法。

图 6-2-1 中,甲站戊方向列车编组计划的内容见表 6-3-1。

表 6-3-1 甲站列车编组计划

发站	到站	编组内容	列车种类	定期车次	附注
甲	戊	戊及其以远	技术直达列车		
甲	丙	(1)丙及其以远(不包括戊及其以远) (2)空敞车	直通列车		
甲	乙	乙及其以远(不包括丙及其以远)	区段列车		
甲	乙	(1)A—D 间按站顺 (2)E—H 间按到站成组	摘挂列车		按组顺编

从表 6-3-1 中可以看出,按列车编组计划规定,甲站应编组甲—戊方向四个到达站的货物列车,并应按其编组内容的规定编组这些列车。

货物列车应按照列车编组计划、列车运行图和《技规》等有关规定进行编组,具体内容如下:

(1)编入货物列车的车辆去向、车辆编挂方法等应符合列车编组计划的规定。

(2)货物列车的重量和计长应符合列车运行图的规定(摘挂列车除外)。未经有关部门批准,车站不准发出欠轴、超重和超长列车。

(3)编入货物列车中的车辆技术条件、装载危险货物车辆的隔离、关门车的编挂、机车编入列车的条件等,均应符合《技规》的规定。

一、禁止编入列车的机车车辆

(1)插有扣修、倒装色票的及车体倾斜超过规定限度的,见表 6-3-2。

表 6-3-2　车体异状允许限度表

允许限度(mm) 分类	客车	货车	
		空	重
中、侧梁在枕梁间下垂	—	40	80
敞车车体胀出	—	80	150
车体倾斜	50	75	

(2)曾经发生冲突、脱轨、火灾、爆炸或曾编入发生特别重大、重大、较大事故列车内以及在自然灾害中损坏,未经检查确认可以运行的。

(3)装载货物超出机车车辆限界,无挂运命令的。

(4)装载跨装货物(跨及两平车的汽车除外)的平车,无跨装特殊装置的。

(5)平车及敞车装载货物违反装载和加固技术条件的。

(6)未关闭侧开门、底开门以及平车未关闭端、侧板的(有特殊规定者除外)。

(7)由于装载的货物需停止自动制动机的作用,而未停止的。

(8)企业自备机车、车辆、自轮运转特种设备和城市轨道车辆、进出口机车车辆过轨时,未经铁路机车车辆人员检查确认的。

(9)缺少车门的(检修回送车除外)。

(10)超过定期检修期限的客车车辆(经车辆部门鉴定的回送客车除外)禁止编入旅客列车。

二、列车中车辆的编挂

1. 装载危险、易燃货物的车辆

危险货物、易燃等货物在受到高热、摩擦、撞击时,易引起燃烧、爆炸或毒气扩散,威胁行车及人身安全。为保证运输安全,装载危险、易燃等货物的车辆编入列车时,按"铁路车辆编组隔离表"(表 2-4-4)规定进行隔离。

车辆编组隔离的目的在于:一是使易燃易、爆危险品与火源隔离,防止意外发生;二是一旦发生事故,能尽量减少或避免扩大损失。例如,爆炸品与机车、搭乘旅客的车辆实行隔离,爆炸品与放射性物品不得编入同一列车中。

2. 超限车、特种车辆

编挂超限货物车辆或特种车辆时,按国家及国铁集团规定或临时指示办理。

3. 机械冷藏车、BX 型车组

需中途上水的机械冷藏车、BX 型车组应编在列车中部或后部。

机械冷藏车、BX 型车组因有各种机械设备、电路和管道,牢固性差,所以,在条件允许时,应尽量挂于列车中部或后部。

4. 装载蜜蜂的车辆

装蜜蜂的车辆与装载农药的车辆原则上不得编挂在同一列车上。如因车流不足、分别挂运有困难,在本次列车运行全程内不发生列车折角转向运行的条件下,可编入同一列车内,但应将蜜蜂车挂在农药车的前部,并隔离 4 辆以上。

蜜蜂车和生石灰车编在同一列车内时应隔离 2 辆以上,并将蜜蜂车挂在生石灰车的前部。

5. 装载货物突出车端不加挂游车的车辆

装载货物突出车端不加挂游车时，货物突出端不得与带风挡客车连挂。

6. 其他车辆

装有密接式车钩的客车需附挂货物列车回送时，不得超过10辆，其后编挂的其他车辆不得超过1辆。

客车与平车、共用平车以外的货车连挂时，不得与货车有人力制动机端连挂；客车与平车、共用平车人力制动机端连挂时，平车、共用平车的人力制动机不得使用，处于非工作状态。

军用及其他对编挂位置有特殊要求的客车按有关规定办理。

7. 单机挂车时

不准挂装载爆炸品、超限货物的车辆。

三、车辆挂运的注意事项

(一)鲜活货物车辆挂运要求

1. 基本要求

对装运鲜活货物的车辆，必须加强运输组织，坚持优先受理、优先配空、优先进货装车、优先取送、优先编组、优先挂运。

各级调度对装有鲜活货物的列车、车辆应重点掌握，防止途中积压。对装有鲜活货物的车辆，除由于在中间站装(卸)车必须编入摘挂、小运转列车外，途中均应编入快运列车或直通、直达、区段列车。

车辆在编组站、区段站的中转停留时间，原则上不得超过车站有关去向的货车中转停留时间，中转停留超时的，车站要主动联系上级调度部门尽快安排挂运。

在鲜活货物运量集中的区段，应开行鲜活货物或以鲜活货物为主的班列、直达、快运等快速货物列车。在其他区段，应积极组织挂运快速货物列车。

2. 装运易腐货物的车辆的挂运要求

装有易腐货物的车辆，在运行途中不得保留。遇有特殊情况需要保留时，保留站应立即向铁路局集团公司调度、货运部门报告，同时采取措施妥善处理，并编制普通记录说明原因。

装有易腐货物的车辆、集装箱因技术状态不良等原因发生滞留不能继运时，滞留站应及时报告铁路局集团公司调度、货运部门，并尽量组织按原运输条件倒装。由于气温、技术条件等限制不能倒装又不宜在当地处理的货物，滞留站应通知发、到站及时联系托运人、收货人，并限时提出处理办法。超过要求时间未接到答复或因等候答复使货物造成损失时，由发生地铁路局集团公司与发送铁路局集团公司协商处理。

3. 活动物车辆挂运要求

装有活动物的车辆，车站应及时组织挂运，压缩活动物车辆的在途时间。

对挂有活动物需要上水车辆的列车，发站或上水站应拍发电报依次向前方上水站进行预报，上水站应将其接入备有上水设备的股道。上水预报电文内容和代号见表6-3-3。

表6-3-3　上水预报电文内容和代号

内容	开车月、日	车次	车型车号	货物品名	到站	收货人
代号	(1)	(2)	(3)	(4)	(5)	(6)

注:1. 在电文首部冠以“上水预报”字样。

2. 整列运输时，代号(3)只报车型、车数，不报车号。代号(6)由最后一个上水站向到站预报。

(二)超限车的挂运

1. 挂运流程

发站挂运超限、超重车前,应向铁路局集团公司调度所拍发超限超重车辆挂运申请电报。

挂运跨及两个铁路局集团公司的超限、超重车辆前,需向邻局进行预报,并征得邻局调度所的同意后方可挂运。相邻铁路局集团公司调度所间的预报内容,应包括挂运车次、确认电报号码、车型、车号(含游车、隔离车)、到站、品名、超限等级、超重等级和有关注意事项等。

铁路局集团公司调度所接到车站挂运申请或邻局预报后,应根据超限超重货物运输确认电报认真核对,制定管内具体运行条件,填写“超限超重车辆挂运通知单”,纳入日(班)计划,并将管内具体运行条件以调度命令下达有关站段。

车站接到挂运命令后,应及时做好车辆挂运准备工作,并将调度命令交值乘司机。

车辆挂运时,运行有限制条件的超限、超重车,除有特殊要求外,禁止编入直达、直通列车。

2. 接发列车要求

挂有超限车的列车,按《站细》规定的线路办理到发或通过。遇到特殊情况需要临时变更线路时,须得到铁路局集团公司批准。

3. 超限车的运行

(1)挂有超限车的列车运行在双线、多线或并行单线的直线地段与邻线列车会车时,应遵守下列规定:

①邻线列车运行速度小于等于 120 km/h 的,两运行列车之间的最小距离大于 350 mm 者不限速,300～350 mm 之间者运行速度不得超过 30 km/h,小于 300 mm 者禁止会车。

②邻线列车运行速度大于 120 km/h 小于等于 160 km/h 的,两运行列车之间的最小距离大于 450 mm 者不限速,400～450 mm 之间者运行速度不得超过 30 km/h,小于 400 mm 者禁止会车。

③邻线列车运行速度大于 160 km/h 的,禁止会车。

曲线地段与邻线列车会车,必须根据规定相应加宽。

(2)超限车在运行过程中,如超限货物的任何部位接近建筑物或设备时,应遵守下列规定:

超限货物的任何超限部位与建筑物或设备之间的距离(以下简称限界距离),在100 mm 至 150 mm 之间时,速度不得超过 15 km/h;限界距离在 150 mm 至 200 mm 之间时,速度不得超过 25 km/h;限界距离不足 100 mm 时,由铁路局集团公司根据实际情况制定办法。

(3)电气化区段,超限货物顶部距接触网导线的垂直距离 $L \geqslant 350$ mm 时,可不停电运输。超限货物顶部距接触网导线的垂直距离,在线路平面海拔高度超过 1 000 m 时,应按每超过 100 m 增加 3.5 mm 的附加安全距离计算(不足 100 m 时四舍五入计算)。

(三)危险货物车辆的挂运

危险货物应快装、快卸、快取、快送、优先编组、优先挂运。站内停放危险货物车辆时,应采取安全防护措施,对需要看护的重点危险货物,由车站派员看守并报告铁路公安部门。

第四节　货检站货物列车技术作业

为保证列车运行的安全与货物的完整，货物列车在始发站、终到站、运行途经技术站的到发线上及摘挂列车在中间站办理的各项技术作业，统称为货物列车技术作业。这些作业项目、程序与时间标准统称为货物列车技术作业过程。

一、技术站货物列车的技术作业种类

按照货物列车在站技术作业过程，技术站办理的货物列车种类有自编始发列车、无调中转列车、部分改编中转列车和到达解体列车四种。

技术站办理的列车技术作业取决于列车的种类。

以图 6-4-1 为例，图定牵引定数为：甲→乙区段 3 200 t，乙→丁区段 2 600 t，丁→戊区段 2 600 t，按编组计划规定甲站编开至戊站的直通货物列车。

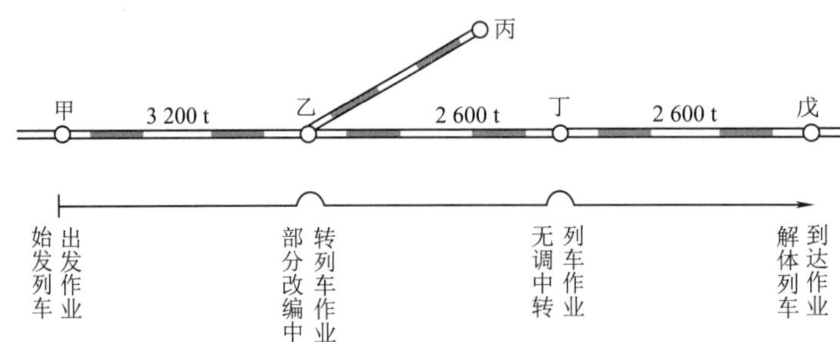

图 6-4-1　技术站货物列车作业种类示意图

据此，该列车在上述技术站进行的列车技术作业分别为：

1. 始发列车出发作业

在甲站进行始发列车出发作业。由技术站或装车站编组始发的货物列车，在编组完了转往列车出发线上所进行的技术作业，称为始发列车出发作业。

2. 部分改编中转列车作业

在乙站进行部分改编中转列车作业。在技术站进行变更重量、变更方向或成组甩挂车组等少量调车作业后，继续运行的货物列车，称为部分改编中转列车。技术站对这种列车在到发线上进行的技术作业，称为部分改编中转列车作业。根据作业内容不同，部分改编作业包括以下三种：

(1)变更货物列车重量。

当相邻区段牵引定数不同时，在技术站需进行减轴或补轴作业。如图 6-4-1 所示，由甲站始发开往戊站的直通列车，在乙站需进行减轴 600 t 的减轴作业。反之由戊站始发开往甲站的直通列车，在乙站需进行补轴 600 t 的补轴作业。

(2)换挂车组。

如图 6-4-2 所示，甲站开往丁站的货物列车，其在甲站始发时的编组内容包括乙、丙、丁三个车组，列车运行到达乙站后，摘下乙、丙车组，换挂上去丁站的车组。

(3)变更列车运行方向。

当直达、直通列车经过有分歧方向的技术站时，因车场进路的关系，需变更运行方向后

才能继续运行。如图 6-4-3 所示，由甲站始发开往丙站的货物列车，在乙站虽不改变编组内容，但需调换列车首尾，即改变运行方向后，才能继续向丙站运行。

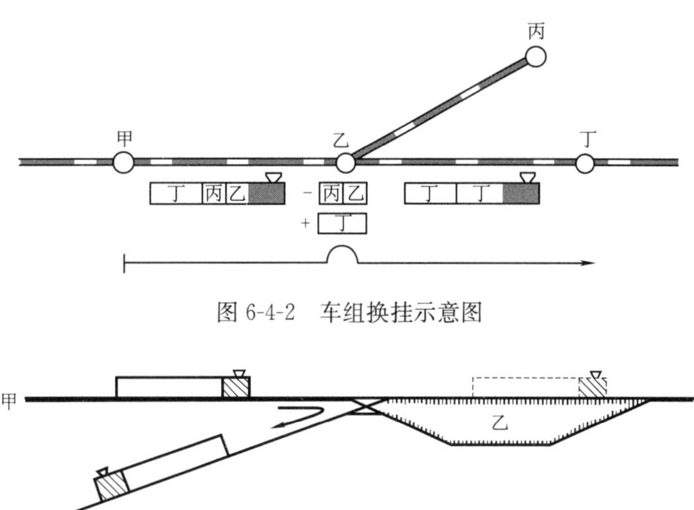

图 6-4-2　车组换挂示意图

图 6-4-3　变更列车运行方向示意图

3. 无调中转列车作业

在丁站进行无调中转列车作业。在技术站不进行改编调车作业，但为了列车继续运行的安全和货物完整，在到发线上对列车所进行的中转技术作业，称为无调中转列车作业。

4. 解体列车到达作业

在戊站对列车进行解体列车到达作业。货物列车到达技术站后，全部车列需进行解体的列车，称为解体列车，该列车解体前在到达线上办理的技术作业，称为解体列车到达作业。

二、货检站货物列车作业内容

虽然各种货物列车在技术站所办理的作业内容和要求不完全相同，但下列一些技术作业都是必须办理的。

1. 车辆技术检修作业

由于货物列车重量大、速度快，在运行过程中冲击力也很大，在这种状况下车辆的走行和连接部分很容易发生损坏，有些车辆配件可能磨耗超过规定标准或丢失，车辆的制动部分可能动作失灵，这将严重危及列车运行安全。因此列车运行一段距离后，必须由驻站列检所的检车人员对列车车辆进行技术检查和修理。

检车人员主要检查车辆技术状态是否符合《技规》的规定。如发现车辆技术状态不良时，尽可能进行不摘车修理。对于必须摘车修理的车辆，应按规定插上扣修色票，注明故障内容及送修地点，填发车辆检修通知单，通知有关人员及时甩车。

2. 列尾作业员技术作业

货物列车尾部必须挂“列车尾部安全防护装置”，简称“列尾装置”。小运转列车是否挂列尾装置，由铁路局集团公司根据列车运行距离等条件确定。列尾装置包括机车控制盒和尾部主机两部分。解体列车列尾装置的摘解、始发列车列尾装置的安装以及中转列车列尾装置的换挂，均由列尾作业员负责。

列尾作业员应按有关规定及时填写“列尾装置使用登记表”，用机车车号确认设备将本务机车号码输入尾部主机，确定尾部主机与机车的“一对一”关系，并认真监听核对，确保列车运行安全。

3. 列车及票据的交接

对到达技术站的列车，车号人员或车站指定人员（以下简称“车号人员”）应按照作为列车确报的列车编组顺序表（主要记载列车中车辆的编挂顺序、到站等情况，并以此作为车辆交接的依据）对列车及货运票据进行检查，核对无误后与机车乘务组办理相应手续后接收列车。

对出发列车则应根据事先编制好的出发列车编组顺序表检查核对现车及货运票据，保证列车编组顺序表、货运票据、现车“三相符”，核对无误后与机车乘务组办理车列交接，确保出发列车的质量。

4. 检查票据、核对现车

车号人员应按照列车编组顺序表检查核对现车和货运票据。对无调中转列车、部分改编中转列车和到达解体列车，车号人员应按照作为列车确报的列车编组顺序表检查核对现车；对自编始发列车则根据事先编制的列车编组顺序表检查列车编组是否符合列车编组计划、列车运行图和《技规》的有关规定，核对列车编组顺序表、货运票据、现车是否一致。发现问题应及时报告有关人员处理，确保出发列车质量。

5. 货运检查及整理

货车车辆在经过一段较长距离的运行后，货物的装载状态可能会发生变化，为了保证继续运行的安全，需要进行装载整理。这项作业由车站的货检员负责进行。货检员主要检查货物装载、篷布（网）苫盖及捆绑、货车门窗盖阀关闭情况、施封等有无异状、罐车有无泄漏等，发现异状进行及时处理。若不能在列车停站时间内处理完毕或发现有盗窃、损坏等情况，应按规定编制记录，通知车站调度员（车站值班员）甩车处理。

6. 更换机车或机车乘务组换班

列车到达技术站后，一般要进行机车更换作业，如果采用循环运转制，在基本段不更换机车时，则需进行机车乘务组换班作业。

到达机车由检车人员负责摘下，车站值班员应及时安排到达机车入段进行整备作业。

出发机车按规定时间提前出段，在待机线上或指定地点等候。等待车辆技术检修结束并撤除防护信号，及时连挂车列并按规定进行试风，准备发车。

7. 准备发车及发车

对出发列车，车站的出发车号人员按列车编组顺序表核对现车和货运单据无误后，按规定将货运单据装入票据封套，并用封条封好，连同一份列车编组顺序表与机车乘务员办理签字手续交接，车站发车人员将列车途中运行注意事项通知司机并按规定进行试风，具备发车条件后及时发出列车。

三、技术站货物列车技术作业过程

（1）到达解体列车的技术作业过程见表 6-4-1。

（2）自编始发列车的技术作业过程见表 6-4-2。

（3）无调中转列车的技术作业过程见表 6-4-3。

（4）部分改编中转列车技术作业过程见表 6-4-4。

表 6-4-1　到达解体列车的技术作业过程

顺序	作业项目	时间（min）				
		0	10	20	30	40
1	检车员、车号员、货运检查员、列尾作业员等出动					
2	车站作业人员与到达司机现场办理运统1和货运票据交接					
3	技术检修作业（包括摘挂机车）					
4	排风、摘挂作业					
5	列尾作业员技术作业					
6	车号员核对现车					
7	货运检查					
8	准备解体					
作业总时分						

表 6-4-2　自编始发列车的技术作业过程

顺序	作业项目	时间（min）				
		0	10	20	30	40
1	检车员、车号员、货运检查员、列尾作业员等出动					
2	技术检修作业（包括摘机车、试风）					
3	列尾作业员技术作业					
4	车号员检查现车					
5	货运检查					
6	车站作业人员与出发司机办理运统1和货运票据交接					
7	准备发车及发车					
作业总时分						

表 6-4-3　无调中转列车的技术作业过程

顺序	作业项目	时间（min）				
		0	10	20	30	40
1	检车员、车号员、货运检查员、列尾作业员等出动					
2	车站作业人员与到达司机现场办理运统1和货运票据交接					
3	技术检修作业（包括摘机车、试风）					
4	列尾作业员技术作业					
5	车号员核对现车					
6	货运检查					
7	车站作业人员与司机办理运统1和货运票据交接					
8	准备发车及发车					
作业总时分						

四、列车信息及票据的传递过程

为了保证车站能有充分的时间提前安排各个作业环节的作业计划，列车始发站应在列车出发后及时将列车编组顺序表的内容向列车终到站及有关车站发出列车确报。

货运票据和列车编组顺序表随列车到达终到站，为了避免车、票分离，保证货票排列顺序与实际列车编成顺序完全一致，车站对信息的处理和票据传输应按一定的流程进行。技术站的信息和票据的作业流程如图 6-4-4 所示。

表 6-4-4　部分改编中转列车技术作业过程

顺序	作业项目	时间（min）				
		0	10	20	30	40
1	检车员、车号员、货运检查员、列尾作业员等出动					
2	车站作业人员与到达司机现场办理运统1和货运票据交接					
3	技术检修作业（包括摘机车、试风）					
4	列尾作业员技术作业					
5	车号员核对现车					
6	货运检查					
7	摘挂车辆					
8	车站作业人员与司机办理运统1和货运票据交接					
9	准备发车及发车					
作业总时分						

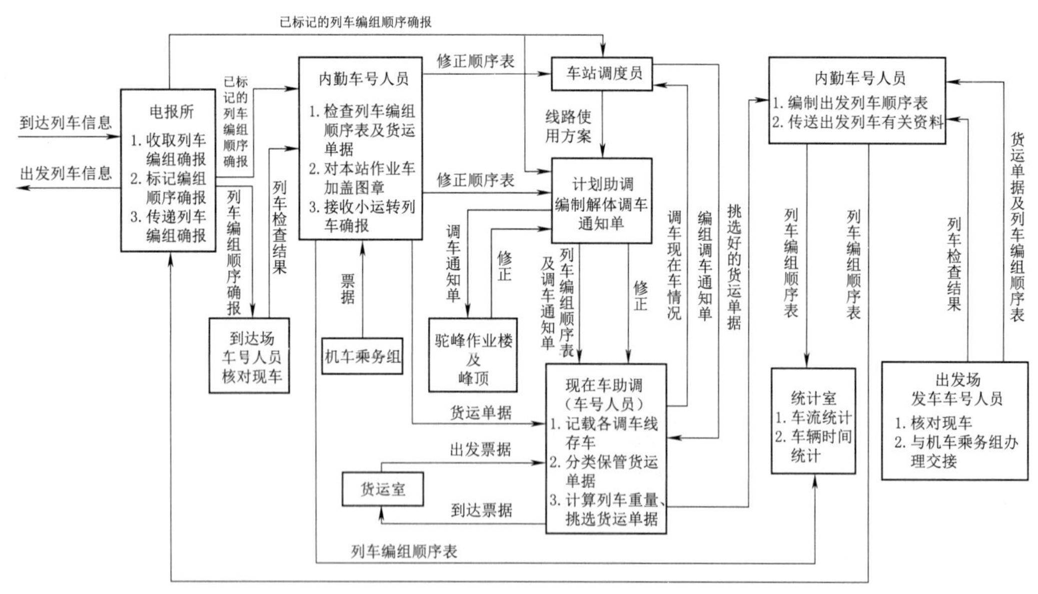

图 6-4-4　列车编组信息传递流程

第五节　车站作业计划

铁路日常工作计划包括调度部门编制的旬、日(班)计划和车站编制的车站作业计划。车站作业计划是根据铁路局集团公司下达的日(班)计划编制的，是为保证完成铁路局集团公司的日(班)计划任务，实现列车运行图、列车编组计划的行动计划。

车站作业计划包括班计划、阶段计划和调车作业计划。

一、班计划

铁路运输工作从当日 18:00 至次日的 18:00 为一个工作日。一个工作日分为两个班，即当日 18:00 至次日 6:00 为第一班，次日 6:00 至 18:00 为第二班。

班计划是车站完成一个班内(12 h)运输经营生产任务的作业组织计划。

车站每班工作开始前，根据铁路局集团公司调度所布置的分方向的接发列车数、装卸车数和排空车数等任务要求，由主管运输的副站长(调度室主任或运转主任)按技术作业过程规定的程序、工作制度、作业方法和时间标准等，分析车流接续、线路设备、劳力等方面的情况而编制的保证完成上级布置的班计划任务的基本作业计划。

班计划的编制一般在 14:00～17:00(或 2:00～5:00)阶段内进行，各站班计划的编制时间可由各铁路局集团公司在上述时间内容确定。班计划的内容应根据车站的业务性质和设备条件确定。一般应包括列车到、发计划，卸、排、装计划，班工作指标及其他重点事项等。

站长(或副站长)负责审批班计划，并部署重点任务和关键事项。

二、阶段计划

阶段计划是车站班计划分阶段的具体安排，是完成班计划的具体保证。它是将班计划任务分为若干阶段，加以具体安排的计划。阶段计划由车站调度员编制。一般情况下，一个班分为 3～4 个阶段，一个阶段 3～4 h。

编制阶段计划时，车站调度员应根据班计划任务、列车预计到达时分、编组内容、车辆集结和机车供应情况及上一阶段作业进度，以及与车站值班员共同确定的列车占用到发线程序等进行编制。阶段计划的主要内容应包括：

(1)到发列车车次、时分、到发场别、占用线路顺序及编解时间。

(2)编组列车的顺序和编组内容。

(3)向各车场、货物作业地点的每次取送车作业时间和取送车数。

(4)检修车、洗刷车、客车车底等取送车数和每次作业时间。

(5)中转列车成组甩挂的车数和时间；调车机车的运用和整备计划等。

在阶段计划开始前半小时，由车站调度员和车站值班员将阶段计划和上级有关命令、指标、重点要求分别向有关工种人员布置下达。

三、调车作业计划

调车作业计划是实现阶段计划、指挥调车机车的具体行动计划。调车作业计划由调车领导人(车站调度员、调车区长或车站值班员)负责编制。

调车领导人应根据阶段计划任务、列车到达确报、调车场(区)内车辆停留情况及调车作业进度等有关资料，按照技术作业过程及有关规定编制调车作业计划。

编制调车作业计划，使用调车作业通知单，其主要内容包括编解车次、场别、股道、摘挂车数、特殊限制及作业起止时分等。

四、车站行车工作细则

《站细》是车站行车工作组织的基本规定，是车站编制日常作业计划，办理接发列车、调车作业和各项技术作业，进行日常运输生产分析总结、铁路局集团公司下达技术指标任务的主要依据。凡在车站作业的车务、客运、货运、机务、车辆、工务、电务、供电、信息、房建等部门人员必须遵照执行。

《站细》应包括以下主要内容：

(1)车站的位置、性质、等级和任务。

(2)日常作业计划及生产管理制度。

(3)接发列车工作。

(4)调车工作。

(5)客货运工作。

(6)军事运输工作。

(7)各项技术作业及时间标准。

(8)车站通过能力和改编能力等。

第六节　货运计量安全检测设备

货运计量安全检测设备是对货车、集装箱进行科学计量及安全检测，确保行车安全的重要设备，主要包括轨道衡、超偏载检测装置、汽车衡、装载机电子秤、轮重测定仪及其附属设备。货运计量安全检测设备配置目标是满足承运人确定货物重量和安全风险防控需要，控制装车源头，强化途中监控，保证卸车质量，实现货运安全有序可控。

铁路局集团公司应按照“货运计量安全检测全覆盖”和“先进、成熟、经济、适用、可靠”的原则，根据货物性质、作业量、场地条件等具体情况，合理确定设备类型、数量和安装地点，并配置安装到位。

货运计量安全检测监控系统(简称“货运计量系统”)是以传感技术、信息技术等为支撑，以超偏载检测装置、轨道衡等计量安全检测设备为基础，通过国铁集团、铁路局集团公司、车站三级联网的统一软件监控管理平台，对货车装载状态进行实时计量安全检测监控、全程追踪和智能评判的信息系统。

货运计量系统的配置目标是动态监控、全程把关，形成全天候、全方位、全过程的货运计量安全检测监控网络，主要应用在国铁集团、铁路局集团公司、货运站段(货运中心)、货检站和货运站。新建、改扩建铁路时，计量安全检测设备和货运计量系统应同步规划、同步设计、同步建设、同步验收、同步投入运用。

一、货车超偏载检测装置

货车超偏载检测装置是一种自动对行进中的列车实行不停车、不摘钩连续动态称量计量检测设备，能够对行进中货物列车的总重、速度、货车超偏载信息进行检测，实现对运输途中货物装载状态进行重点监测和预警，预防和消除货物运输中的安全隐患。

货车超偏载检测装置是货运计量系统的重要组成部分，是检测货车超载、偏载、偏重的主要装置之一，是确保铁路运输安全的有效途径。

1. 货车超偏载检测装置组成及工作原理

超偏载检测装置主要由机械承载部分、传感器、数据采集系统和工控机系统四部分组成，如图 6-6-1 所示。

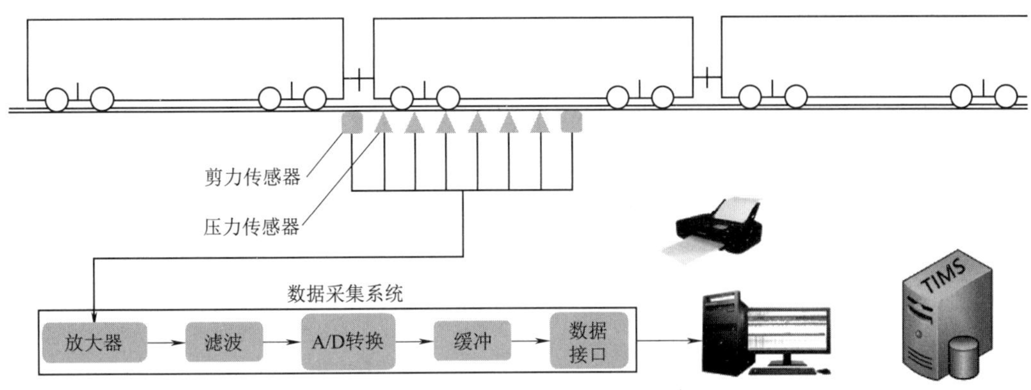

图 6-6-1　货车超偏载检测装置组成

(1)机械承载部分。机械承载部分由特制混凝土枕或钢制轨枕组成。

(2)传感器。传感器是超偏载检测装置的核心测量元件,传感器将所承受的力的信号线性地转换成电压信号传送到数据采集系统中去。在超偏载检测装置中,应用到两种类型的传感器,一是压力传感器,用来测量钢轨的压力;二是剪力传感器,用来测量钢轨弯曲变形的剪力。

(3)数据采集系统和工控机系统。数据采集系统由电源、放大器、滤波器、A/D 转换器、数据接口和通信线路等组成。当车辆通过时,传感器产生的模拟信号通过电路传递到数据采集系统的放大器,通过滤波后,由 A/D 转换器转换成数字信号,经过缓冲装置和数据接口传递到工控机系统,在称量软件的支持下,完成系统自检、数据采集和数据处理,对行进中货物列车的总重、速度、货车超偏载信息进行检测,实现对运输途中货物装载状态进行重点监测和预警。

2. 超偏载车辆的判定

超偏载检测装置仅用于铁路货车的超偏载检测,其数据不作为计费和贸易结算的依据,但作为行车事故分析依据。

装载液态货物的罐车超载判定以轨道衡或罐车容积计量为准。对 D 型车和自轮运转货物的检测数据,不作为判定超偏载的依据。超偏载检测装置、轨道衡在列车通过速度超过称量速度范围时,其检测数据不作为判定超偏载的依据,但可作为判断货物装载加固状态的参考。

(1)超偏载状态包括三个方面:

①超载状态,单位为 t。

②纵向偏载状态(简称偏重),单位为 mm。

③横向偏载状态(简称偏载),单位为 mm。

超偏载预警主要内容包括:时间、车速、站名、方向、列车编组、车位、车型、车号、到发站、品名、超载、偏重纵偏、偏载横偏。

(2)货车超偏载分为严重、一般两级,具体分级标准见表 6-6-1。

3. 超偏载监控网络系统

为加强超偏载货车管理,提高装车质量,通过计算机网络将检测站超偏载设备、车站监测信息平台、铁路局集团公司以及国铁集团监测信息平台进行互联,从而实现国铁集团、铁路局集团公司、检测站三级管理的货车超偏载监测信息监控网络系统,如图 6-6-2 所示。超偏载监控网络系统的建设，对加强超偏载货车管理工作，提高装车质量，保证运输安全发挥着重要作用。

表 6-6-1　货车超偏载分级标准

项目	严重	一般
超载	大于货车容许载重量 10 t	大于货车容许载重量 5 t 但未达到严重程度
偏载	货物重心投影距车底板纵中心线距离大于 150 mm	货物重心投影距车底板纵中心线距离大于 100 mm 但未达到严重程度
偏重	货车两转向架承受重量之差大于 15 t	货车两转向架承受重量之差大于 10 t 但未达到严重程度

注：以上的分级标准仅作为货检站整理、换装的依据，不作为装车站是否处理超偏载问题的依据。

(1)车站监测信息平台的主要功能。

①对检测设备操作间传输的信息实时进行存储、处理、显示、打印、预警以及数据统计。

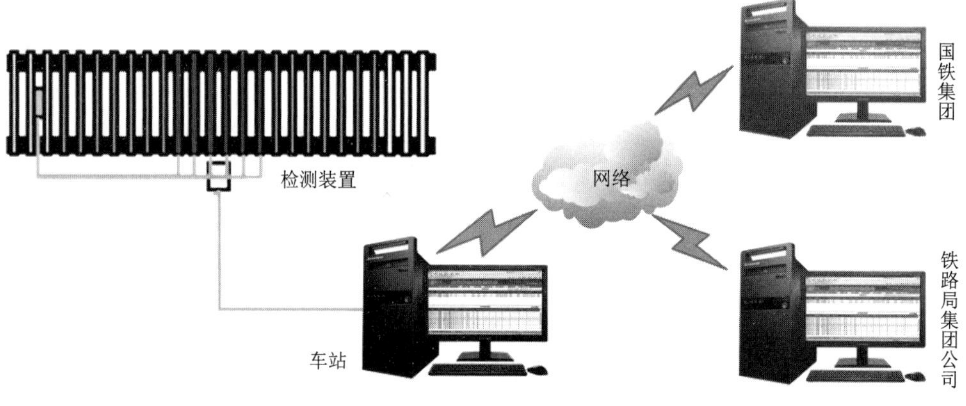

图 6-6-2　货车超偏载监测信息监控网络系统组成

②对通过检测设备的列车按规定的标准报文格式进行存储或打印，该内容包括序号、日期、时间、检测站站名、方向、机车和货车类型、辆数和速度。

③打印日(班)的累计工作报告，调阅某一检测设备的某一时段的通过车报文、自检信息等。

④实时反映检测设备及通道的工作状态和故障状态。

⑤自检功能。

⑥完成铁路运输管理信息系统(TMIS)确报等货运信息的集成与匹配。

(2)铁路局集团公司监控信息平台的主要功能包括：监控管辖货检站检测报警处理状况；监控管辖货运站装车报警核实状况。

(3)国铁集团监控信息平台的主要功能包括：监控各货检站检测报警处理状况；监控各铁路局集团公司货运站装车报警核实状况。

二、轨道衡

轨道衡是对货车、集装箱进行科学计量及安全检测监控，确保行车安全的重要设施，是检测货车装载质量的重要手段，是铁路运输安全的重要保障。

1. 轨道衡的分类

轨道衡分轻型轨道衡、静态轨道衡和动态轨道衡三种。

(1)轻型轨道衡

轻型轨道衡是一种小型矿车、电瓶车、配料车和轻型铁路车辆等装货时称重的衡器，通常用于 600～1 000 mm 轨距车辆的称重，称量范围多在 10～30 t，在铁路运输中较少使用。

(2)静态轨道衡

静态轨道衡指对独立的、静止的车辆进行计量检测工作的轨道衡，计量方式为双向整车一次称重。静态轨道衡按其工作原理传力方式分为机械式静态轨道衡和电子式静态轨道衡两类。

①机械式静态轨道衡由承重台、杠杆系统和示值装置三部分构成。称量时，机车以低于 3 km/h 的速度将货车准确停止在承重台上，脱钩后，司秤员移动计量杠杆上的大、小游砣使杠杆平衡，按大、小游砣在主、副杠杆上的示值之和读出称量。它具有准确度较高、性能稳定、经济实用等优点。缺点是操作复杂、效率低、不宜安装在列车出入频繁的线路上。

②电子式静态轨道衡由承重台、传感器、称重显示仪表和数字打印机四部分组成。能自动显示称量数值和打印记录。具有计量准确、速度快、自动化程度高、远传信息等特点。

(3)动态轨道衡

动态轨道衡是一种对列车进行不停车、不摘钩连续称重的计量设备，有机电结合式和电子式两种。计量方式分为整车计量、转向架计量和轴计量。承重台有单台面、双台面、三台面等。

动态轨道衡按称重轨与引轨的联结方式又分为断轨式和不断轨式完全不同的两种。

断轨式动态轨道衡是指称重测量区的称重轨与引轨是通过过渡块进行联结的轨道衡，即称重轨与引轨是断开的，检测精度高，长期稳定性好，维护量较少。缺点是对秤体冲击大，不称重计量时过衡速度有限制(35 km/h 以下)，计量时速度 5～25 km/h。

不断轨式动态轨道衡称重测量区的称重轨与引轨通过接头夹板连接，没有独立的承重台，长期稳定性不好，使用精度相对低于断轨式轨道衡。优点是对秤体冲击小，不称重计量时过衡速度不限制，计量时速度 5～35 km/h。

电子动态轨道衡主要由称重台面(秤台)、称重传感器、称重智能仪表、上位计算机四部分组成，与之相配套的还有经专门设计并施工的基坑、整体道床、引轨、过渡器、限位装置和检测室等辅助部分。断轨式轨道衡基本结构如图 6-6-3、图 6-6-4 所示；不断轨式轨道衡基本结构如图 6-6-5 所示。

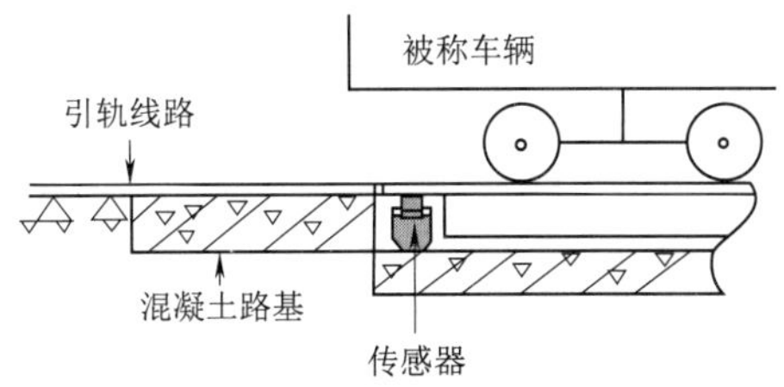

图 6-6-3　断轨式轨道衡的基本结构

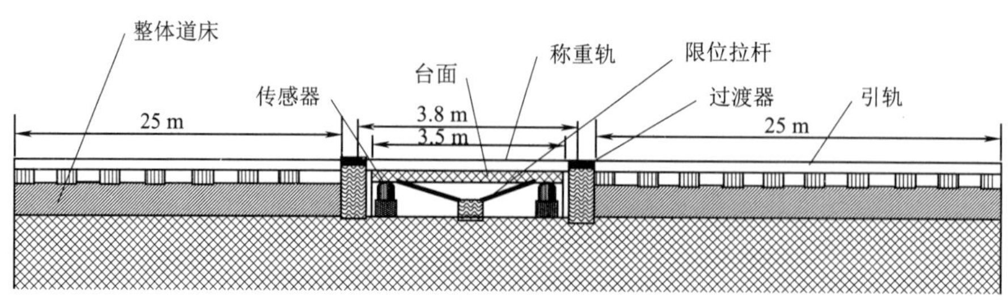

图 6-6-4　断轨轨道衡的辅助部分

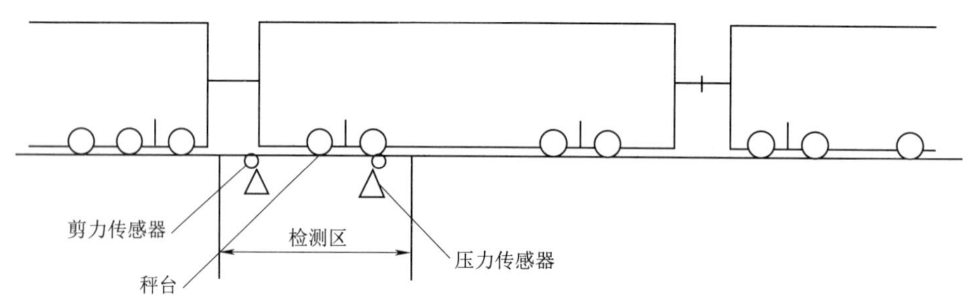

图 6-6-5　不断轨式轨道衡基本结构

电子动态轨道衡称重原理如图 6-6-6 所示。被称量车辆的重量(载荷)通过称重台面，将重量传递到称重传感器上，称重传感器将重量转换为模拟量的电信号，经导线传到智能仪表中的 A/D 转换器中，A/D 转换器将模拟信号转变为数字信号，再经数据采集和分析等过程后将数据传输到上位计算机中进行显示和打印，从而完成整个称重过程。

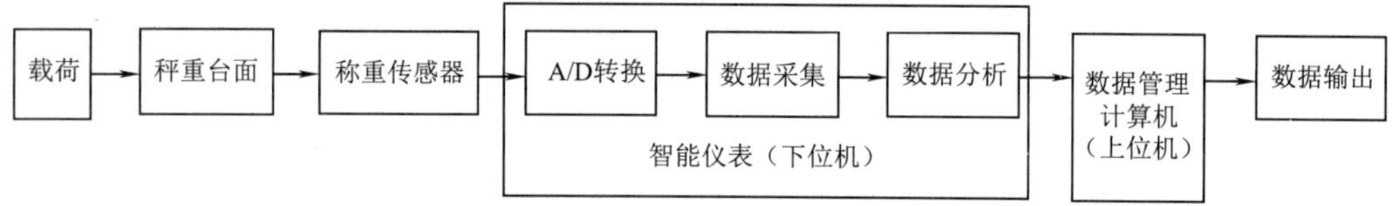

图 6-6-6　电子动态轨道衡的称重原理

电子动态轨道衡与超偏载检测装置的区别主要体现在两个方面：

一是确认重量上的区别。轨道衡是国家认可的强制检定的计量器具，它的准确性、可靠性远大于超偏载仪，超偏载仪检测发现的超载车辆必须要到轨道衡进行复衡确认重量；称重作业要求(主要是速度)比超偏载仪严格，所出具的数据是可进行溯源的。

二是偏载检测上的区别。超偏载检测装置是进行了偏载偏重检测的，而轨道衡的检定中没有偏载偏重检定项目，所出具的数据只可以作为本站进行偏载偏重判断依据，国铁集团是不予承认的。

2. 轨道衡监控网络系统

轨道衡监控网络系统包括通道、电源、货运站轨道衡设备、车站监测信息平台、铁路局集团公司监控信息平台、国铁集团监控信息平台等。

(1)车站监测信息平台的主要功能。

①对轨道衡设备检测传输的信息实时进行存储、处理、显示、打印、预警以及数据统计。

②对通过轨道衡设备的货车按规定的标准报文格式进行存储或打印，该内容包括序号、

日期、时间、轨道衡设备站名、方向、机车和货车类型、辆数、速度。

③打印日(班)的累计工作报告，调阅某一轨道衡设备的某一时段的通过车报文、自检信息等。

④实时反映轨道衡设备及通道的工作状态和故障状态。

(2)铁路局集团公司监控信息平台主要功能：一是监控管辖货运站过衡检测状况；二是监控管辖货运站过衡报警核实状况。

(3)国铁集团监控信息平台主要功能：一是监控各大货运站过衡检测状况；二是监控各铁路局集团公司货运站过衡报警核实状况。

3. 轨道衡的配置条件

(1)年运量在 50 万 t 以上的车站，应配置轨道衡或超偏载检测装置。

(2)发送液化气体和年运量 30 万 t 以上的铁路专用线(专用铁路)，必须配置轨道衡。

三、轮重测定仪

轮重测定仪是一种对铁路货车轮重测定的仪器，测定仪可以预先组装，提高装配精度，并且体积小、重量轻，操作方便，减小劳动强度，新型轮重测定仪安全载荷可达 16 t。

轮重测定仪按重量读数显示方式分为仪表式和数显式两种，其称重原理基本相同，数显式轮重测定仪可实现单车数据存储和打印功能，适合铁路中、小站和专用线作为主要或辅助检测仪器来控制装车点车辆的装载量，可检测出在水平线路上停放的车辆超、偏载。其缺点是必须将 8 个车轮全部检测才能得到重量数据，测定时间长、程序复杂、效率低，通常需要 2 人或以上操作且检测作业时需要进行安全防护。

1. 轮重测定仪使用

(1)将其左、右支承座置于钢轨上，左右支承座的顶块分别与车轮踏面左、右两侧接触，滑块组合的尺片置于车轮一侧的轨面上放平。

(2)使左右支承座的定位块紧靠车轮外侧。

(3)锁紧拉杆、顶杆，使左右支承座与车轮卡紧成一体。

(4)将滑块组合调整到右支承座一侧，尺片置于轮轨结合面一侧。

(5)锁紧泄油阀，慢慢给高压油泵加压，油缸中的活塞移动，反向顶起车轮。

(6)当滑块组合上的尺片从车轮下迅速通过时，停止加压，计算机记录数据并储存(仪表式轮重测定仪读数据并记录)。

(7)将滑块组合复位。

(8)缓缓打开泄油阀。

(9)按顺序松开顶母、调整母。

(10)将左右支承座抽出放在另一个车轮下，重复上述操作，依次测量完每个车轮。

(11)通过对货车 8 个轮的分别测重，加减计算即可得到车辆的总重及超、偏载情况。轮重测定仪检测偏载示意如图 6-6-7 所示。

①测算货物总重($Q_{总}$)，以及货物装载是否偏重可按下式计算：

$$R_A=Q_1+Q_2+Q_3+Q_4-\frac{Q_{车}}{2}\leqslant\frac{P_{容}}{2}$$

$$R_B=Q_5+Q_6+Q_7+Q_8-\frac{Q_{车}}{2}\leqslant\frac{P_{容}}{2}$$

$$Q_{货}=R_A+R_B$$

式中 $Q_{车}$——货车自重，t；

$P_{容}$——货车容许载重量，t。

若$|R_A-R_B|>10$ t 即为偏重。

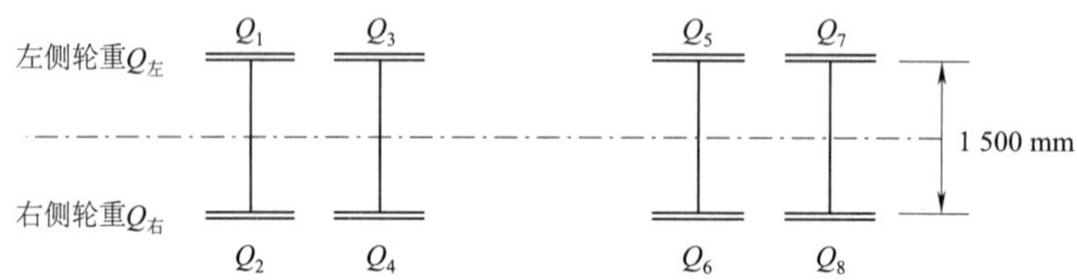

图 6-6-7　轮重测定仪检测偏载示意图

②测算货物是否偏载可按下式计算：

$$Q_{左}=(Q_1+Q_3+Q_5+Q_7)-\frac{Q_{车}}{2}$$

$$Q_{右}=(Q_2+Q_4+Q_6+Q_8)-\frac{Q_{车}}{2}$$

$$b=750-\frac{1\ 500Q_{左}}{Q_{货}}\text{或}\ b=750-\frac{1\ 500Q_{右}}{Q_{货}}$$

若计算结果$|b|>100$ mm 即为偏载。

2. 轮重测定仪维护及注意事项

(1)仪器应轻拿轻放，不可随意拆卸。

(2)测量时发现单轮重量超过标定最大测量值 13 t 时要停止加压，防止油缸活塞崩出。

(3)卸载时应缓慢打开泄油阀。

(4)不得测量停留在弯道或坡道上连接在一起的车辆。

(5)液压油不足时应按所在区域所适用的油品补充。

四、货运计量安全检测设备与货运计量系统运用管理

货运计量安全检测设备和货运计量系统运用管理应遵循主管负责，逐级负责，专业管理，预防为主，确保安全的基本原则，对竣工验收后的计量安全检测设备，产权单位应对设备进行分类编号，及时纳入固定资产管理。

(一)货运计量安全检测设备运用管理

1. 计量检定

计量检定是评定计量器具计量性能和进行量值传递的重要形式，也是量值准确可靠的重要保障。计量技术机构应按相应检定规程对货运计量安全检测设备进行定检。

超偏载检测装置、轨道衡检定分首次检定、后续检定(即周期检定)、计划外检定和仲裁检定。

新安装超偏载检测装置、轨道衡经首次检定合格并取得检定证书后方准投入运用。

超偏载检测装置、轨道衡的检定周期为一年。在用的超偏载检测装置、轨道衡应申请周期检定，检定合格并粘贴“检定合格证”标志后方可使用。

轨道衡检修后可能影响其计量性能的，应经检定合格并粘贴“检定合格证”标志后方可使用。超偏载检测装置检修后可能影响其计量性能的，应经检定合格并粘贴“检定合格证”

标志或期间核查合格后方可使用。

计量检定应遵守《铁路货运计量检测设备运用管理规则》有关规定。

2. 期间核查

期间核查是为确认超偏载检测装置示值误差是否满足要求，在两次检定之间进行的核查，包括远程核查和现场核查。国家轨道衡计量站及各分站应严格按照《铁道货车超偏载检测装置期间核查规范》[JJF(铁道)606]进行期间核查。

(1)进行期间核查的超偏载检测装置应具备下列条件：

①满足《铁道货车超偏载检测装置》(TB/T 3096)和超偏载检测装置有关技术条件的规定。

②经检定合格且在有效期内。

(2)属于下列情况之一的超偏载检测装置必须进行期间核查：

①检定合格后的第 6 至 9 个月期间。

②施工或检修后可能影响计量性能的(必须检定的除外)。

③经综合分析认定，超偏载检测装置重量检测值误差超过 2 t 的。

④国铁集团货运主管部门或铁路局集团公司货运主管部门认为有必要进行核查的。

超偏载检测装置期间核查工作应遵守《铁路货运计量检测设备运用管理规则》有关规定。

3. 设备检修

铁路局集团公司应按照“专业检修、各负其责、预防为主、确保运用”的原则，做好计量安全检测设备检修相关工作。

超偏载检测装置、轨道衡检修分为定期检修、临时修理和日常维护。

(1)定期检修。

定期检修包括月检、小修、大修。超偏载检测装置、轨道衡定期检修周期见表 6-6-2。

表 6-6-2 定期检修周期表

修程	月检	小修	大修
超偏载检测装置	1 个月	6 个月	3 年
轨道衡	2 个月	1 年	3 年

定期检修应按《超偏载检测装置、轨道衡检修标准》进行，并遵循以下原则：

①月检以全面检测为主。

②小修以保持状态为主。

③第一次大修以更换传感器为主，第二次大修以更新为主；承载机构应保持三个大修周期以上，按照实际状态更换。

④当多种修程重叠时，以高级修程为主，高级修程涵盖低级修程内容。

⑤根据周期检定时间，大修修程可以提前或错后进行，但不得超过两个月。

(2)临时修理为临时故障处理。

(3)日常维护。

配置超偏载检测装置、轨道衡的车站负责设备日常维护工作。日常维护为周检，超偏载检测装置每周至少一次，轨道衡每周至少三次。

日常维护人员需经铁路局集团公司培训合格后上岗，并应保持人员相对稳定。

日常维护人员应及时做好日常维护工作，发现问题应及时处理或通知铁路局集团公司计量所或信息技术部门。日常维护后应认真填写"超偏载检测装置、轨道衡日常维护和故障情况记录簿"。

4. 设备故障

超偏载检测装置、轨道衡等计量安全检测设备，由于设备质量、维修保养不当及违规操作等原因，造成停机或影响正常使用均为设备故障。设备故障分为三类：

(1)责任连续停机时间超过 48 h，为一类故障。

(2)责任连续停机时间超过 24 h，不超过 48 h，为二类故障。

(3)责任连续停机时间不超过 24 h，为三类故障。

超偏载检测装置、轨道衡发生一、二类故障由铁路局集团公司货运主管部门组织处理，发生三类故障由车站组织处理。

设备发生故障时，按下列条款划责：

(1)经分析认定确系设备质量原因，由产权单位根据合同，向生产厂家进行索赔。

(2)维修保养不当的，追究养护维修单位责任。

(3)由于联网应用系统原因，列应用软件维护单位中国铁道科学研究院集团有限公司电子所责任。

(4)因检定、校准、期间核查原因，列检定、校准、期间核查单位责任。

(5)由于车站违规操作或未及时申请检定、校准、期间核查等原因，列车站和铁路局集团公司相关部门责任。

(6)由于违规施工原因，列施工单位责任。

(7)无法判明责任的，由铁路局集团公司货运主管部门组织专家分析认定。

(二)货运计量系统运用管理

货运计量系统按照《信息系统安全等级保护基本要求》三级要求进行管理。货运计量系统维护单位应制定并落实系统服务器安全、操作安全、应用软件管理、系统数据管理、业务数据管理、计算机病毒防范、应急处置等方面的安全管理制度，保证系统运行安全和数据安全。

国铁集团、铁路局集团公司和车站货运计量系统维护单位应制定完备的数据备份方案和管理办法，并明确如下要求：

(1)每季度应对货运计量系统配置文件等重要数据进行一次完全备份。

(2)每次进行货运计量系统维护工作前应对系统配置文件和重要数据进行完全备份。

(3)业务数据应定期进行备份。

(4)各类备份数据保留期限至少 1 年。

(5)数据恢复操作应严格按照规定的流程执行。

(三)应急处置

铁路局集团公司应组织制定计量安全检测设备和货运计量系统发生各类故障时的应急预案，明确应急处置责任主体和安全保障具体措施，保证应急处置统一指挥，处置有序、高效。

计量安全检测设备和货运计量系统发生故障后，使用单位应及时通知铁路局集团公司检修单位、货运计量系统维护单位，并向铁路局集团公司货运主管部门和信息化主管部门报告，报告内容包括：车站、地点、故障发生时间、概况、原因初步判断、处置情况等。铁路局集团公司检修单位、货运计量系统维护单位在发现或接到故障报告后应立即进行故障分析和处理，确保在最短时间内恢复正常使用并记录故障原因、故障及其修复时间。

一般故障应在 24 h 内修复，如设备损坏严重，应及时启动小修或大修程序，确保在最短时间内恢复正常使用。

对影响计量检测性能的故障，修复后应对计量安全检测设备进行检定、校准或期间核查，以符合计量检测要求。

第七节　货车超限及装载状态监测系统

一、货车超限及装载状态监测系统组成

铁路货车超限监测及装载状态监测系统主要用于铁路货车超限情况的动态和静态监测及装载状态的人工监视。它由数据采集子系统、数据传输子系统、数据处理子系统、视频监视子系统及系统控制子系统组成。

(1)数据采集子系统：由测量相机、龙门架、背景板和照明设备等组成，其主要功能是用来采集货车外部状态及货物装载状态的图像信息。

(2)数据传输子系统：负责将数据采集子系统采集的视频信息传输至控制室。

(3)数据处理子系统：主要由计算机系统和应用软件组成，负责将现场传送的视频信息转换成数字图像信息输入计算机，并对数字图像信息进行目标识别、修正等处理，最后计算出货车装载的超限与否，并进行报警。

(4)视频监视子系统：该部分主要由电视墙和数字录像机组成，通过该子系统，操作人员可分别由顶部和左右两侧对货车装载状态进行监视，也可以对超限监测的详细情况进行监视。

(5)系统控制子系统：该部分将现场灯光、镜头雨刷、显示切换、远程情况下现场电源控制集中在控制台，使用户足不出户便可实现对系统的全局进行控制。

二、超限检测系统检测功能

超限检测系统通过安装在龙门架上的两个二维激光扫描传感器组成扫描断面(图 6-7-1)，实时对通过列车的纵断面轮廓进行测量，可以检测得到通过车辆及货物的断面轮廓尺寸，进而判断货物超限与否以及超限的尺寸、部位、等级等。该系统可运用于正线、长大隧道、特大框架桥入口前、到达场或出发场，能够避免由于超限引起的安全事故。

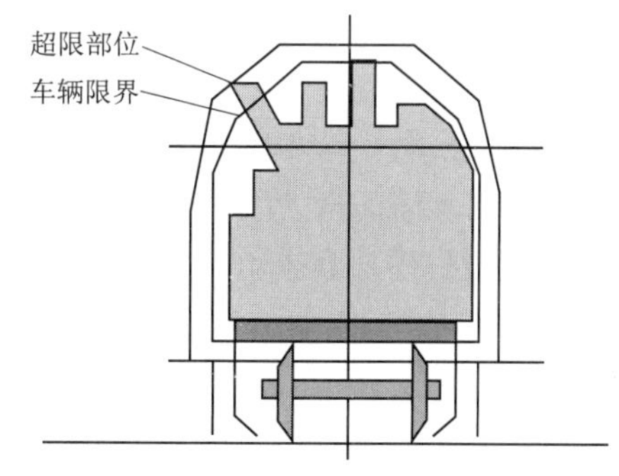

图 6-7-1　超限实例示意

三、超限检测系统术语

(1)超限车辆：装载货物后，整体尺寸轮廓超出机车车辆限界要求的车辆，称为超限车辆。

(2)门架：横跨铁路线路，用来作为传感器安装基础的建筑物。

(3)测量断面：在测点处与线路前进方向垂直的理论平面。

(4)测量坐标 x 轴方向：在测量断面内，两钢轨顶点连线的延长线。

(5)测量坐标 y 轴方向：在测量断面内，垂直于 z 轴方向且通过线路中心线的方向。

四、超限指标

根据《超规》,定义各超限指标如下:

1. 最大轮廓超限级别

最大轮廓超限级别分为三级:一级超限、二级超限、超级超限。

(1)一级超限:超过机车车辆限界而未超过一级装载限界为一级超限。

(2)二级超限:超过一级装载限界而未超过二级装载限界为二级超限。

(3)超级超限:超过二级装载限界而未超过建筑限界为超级超限。

2. 最大轮廓超限幅值

最大轮廓超限幅值指超限点的 x 坐标或者 y 坐标超过机车车辆限界对应点的幅值,例如 40 就表示超出机车车辆限界 40 mm。现在的超限以 x 轴方向超限居多,y 轴方向超限只有在超限点 y 坐标大于机车车辆限界的最高点 4 800 mm 才发生。

3. 最大轮廓超限位置

最大轮廓超限位置指的是最大超限点在最大轮廓扫描断面里的位置,一共有 8 个部位,分是前端、左上、左中、左下、右上、右中、右下、后端,如果该位为 1,就表示该部位有超限点,如 01001000 就表示左上右上部位超限。

(1)上部超限:y 坐标大于 3 600 mm 的超限部位属于上部超限。

(2)中部超限:y 坐标大于 1 250 mm 且小于等于 3 600 mm 的超限部位属于中部超限。

(3)下部超限:y 坐标大于等于 150 mm 且小于等于 1 250 mm 的超限部位属于下部超限。

4. 最大超限断面位置

最大超限断面位置表示最大超限断面从本车厢扫描开始计数,第几帧被扫描到,能反映出最大超限断面在一车厢里的位置。例如,最大超限断面位置为 57,车箱扫描次数为 124,则表示最大超限断面位置基本在本辆车厢中间位置。

5. 超限次数

超限次数表示本辆车共有几个断面超限。

6. 车厢扫描次数

超限扫描次数表示本辆车一共扫描了多少次。

五、超限车辆处理

超限车辆根据报警区别为一级黄色、二级橙色、超级红色,并且对报警车辆进行上、下、左、右 4 个方向拍照,在车辆限界轮廓图中显示报警部位及超限幅值。

监控人员发现超限车辆报警时,应及时通知货检值班员,由货检值班员组织人员进行现场检查确认,对货物装载确认超限的车辆,应扣车进行处理。对因盖阀张开、绳索甩动、加固材料翘起及押运人等原因造成的超限,应及时进行整理。

六、视频监控

通过现场安装的摄像头、高清照像机,从上、下、左、右 4 个方位对通过安全门装置的车辆进行实时拍摄,并保留图像数据。通过监控管理平台,实现对到达、出发、通过列车的门、窗、盖、阀关闭,货物装载加固以及篷布苫盖等情况的实时监控,确保对问题车的及时处理。

第八节　铁路货车装载视频监视系统

铁路货车装载视频监视系统(以下简称“视频监视系统”)是以(高清)货车装载视频设备、车号识别设备等为基础,采用先进的计算机网络技术及信息处理与集成技术,实现货物装载状态高清视频、图像信息的自动收集、检测监控和集中管理,为各级货运管理部门和作业部门提供清晰、直观的货车装载信息。可实现全天实时监控、昼夜均能清晰地监视测点情况,视频清晰、无拖尾,保证监控区域全覆盖、无盲区。

一、视频监视系统安设

视频监视系统主要安装在到达场入口、编组场牵出线和出发场出站线路咽喉部位,货检站可对列车(车辆)进行预检或查看重点检查部位。

二、视频监视系统功能

视频监视系统主要具备以下功能:

1. 实时监控货车的两侧和顶部图像及状态

(1)提供车辆整体图像信息来观察货物装载加固状态。

(2)提供细部图像信息来观察车辆篷布苫盖状态,施封及门、窗、盖、阀关闭情况。

2. 实时慢放功能

视频监视系统可根据作业需要,设定视频图像低速进行实时播放。

3. 图像信息匹配功能

视频监视系统通过对过车实时图像叠加车型、车号、车位信息,为货检作业提供完整的作业信息。

4. 录像查询功能

(1)能按车次、车号、日期等综合查询。

(2)图像多画面同步回放,在回放时能实现慢、快、倒等多种播放功能。

(3)有图像抓拍功能和在录像或回放时能任意缩放画面大小至用户需要。

5. 信息的整合功能

(1)通过车次、车号、车位、时间,可准确定位、查询过车图像。

(2)通过网络接口与货检应用系统连接,实现机检信息整合。

(3)通过网络实现系统监测信息的共享,问题车辆检测,监控信息上传、下载。

三、智能照明系统

智能照明系统具有照明灯亮度均匀、功耗低等特点,能够实现夜间来车自动开启,车离开自动熄灭。

第九节　货检应用系统

货检应用系统是利用现代计算机技术、多媒体技术、图像检测计算机及其他先进技术,以技术装备辅以人工,实现对货检作业的集中、实时、可视化追踪监控,实现货检作业分层管理、集中控制;建立货检作业计划指挥层,设置货检调度员,统一指挥现场作业;细化班计划下达、阶段计划下达、到达预检、作业监控、扣车处理、出发检查作业内容，增强作业计划性、可控性，提高作业效率。以人机结合、跟踪管理代替传统货检作业管理模式，提高货检作业质量和检测效率，更好地保障铁路运输的安全。

一、货检应用系统的组成

货检应用系统是将到达列车视频监控系统、超限检测系统、超偏载检测系统、轨道衡检测系统、出发列车视频监控系统等系统集成到一个管理系统，实现各系统联网并用以实现从列车进站到列车出发的全程监控管理，实时检测报警，信息共享和数据综合处理等，以真正实现“统揽全局，可视指挥”之功能。

二、货检应用系统的设备组成

1. 检测设备

检测设备包括超偏载检测装置、轨道衡、视频监视设备、站场作业视频监控设备、超限检测装置。

2. 终端显示设备

终端显示设备包括显示屏、显示器等。

3. 信息处理及控制设备

信息处理及控制设备包括数据服务器、计算机、打印机、图像编解码器及存储设备、VGA 矩阵、鼠标键盘切换器等。

4. 网络传输设备

网络传输设备包括光缆、通信电缆、光端机、交换机、无线通信设备。

5. 供电设备

供电设备为一级负荷供电设备。

三、货检应用系统的功能

1. 行车预告语音提示功能

对列车到达预告信息进行自动语音提示，提示内容包括：“某方向、某次列车到达某场、某道”，同时显示信息提示框，直到货检值班员确认，以防止漏检。

2. 阶段计划自动传输处理功能

引入、生成阶段到发计划，货检主任通过列车编组顺序表查询，确定本阶段重点列车，标注重点事项，自动传输到货检值班员及货检作业岗点。另外，系统能够实时预告列车到达计划，自动传输到货检值班员和货检主任。

3. 视听综合预检报警功能

(1)报警信息集中显示处理。将超限、超偏载、轨道衡、危险货物运输安全监控系统、货车运行状态地面安全监测系统(TPDS)实时检测的预警信息进行集中处理、自动关联和匹配，通过同一个用户界面进行集中展示。

(2)实现多种报警方式。通过不同颜色区分显示不同系统报警数据，同时进行语音报警提示。货检值班员通过点击，查看报警车辆的图像、录像、数据等详细信息。

4. 货检作业信息综合处理功能

(1)货检作业计划的自动传输与布置。货检值班员根据语音提示的列车到达预告信息，从信息系统标注的阶段计划中选择到达车次、作业人员，自动生成作业计划信息，传输到货检相应作业岗点，给出语音提示“有新增列车计划到达，请接收”，直至货检员确认，确认后反馈到货检值班员。

(2)货检现场作业信息的反馈。货检员现场作业后，通过系统终端录入作业完了时间、问题车登记处理等相关信息，自动反馈到货检值班员和车站值班员终端，并给出语音提示“某场、某道、某次列车货检作业完毕”。

(3)对问题车相关信息实现站内实时追踪。系统根据问题车登记信息，对车辆运行动态及作业处理信息进行实时跟踪。货场处理完毕后，由货运人员输入作业信息，系统取消问题显示标志。

(4)作业日志图表自动生成。系统安装作业日志图表格式，对计划信息和现场作业信息进行自动写实，并能进行综合查询、处理、打印等，取消原有手工日志登记。

(5)自动统计。按照《检规》的要求，实现各种台账信息的统计、查询，报表生成、打印。

(6)自动分析。按要求对各类信息进行工作量、作业情况等不同角度的分析，并提供自动分析自设定工具。

(7)货检规章综合管理。纳入货检相关规章文电，可以进行任意查询和检索、导入、导出。

5. 电报自动拍发功能

货检主任(或指定货检胜任人员)根据货检员的检车结果或超偏载等报警情况，选择要拍发的车次、车号，根据扣车种类选择电报模板，自动生成电报。

6. 数据上传

实现站段、铁路局集团公司、国铁集团三级联网，实现信息共享。

四、货检应用系统的货检作业流程

应用货检应用系统的车站，货检作业流程如图 6-9-1 所示。

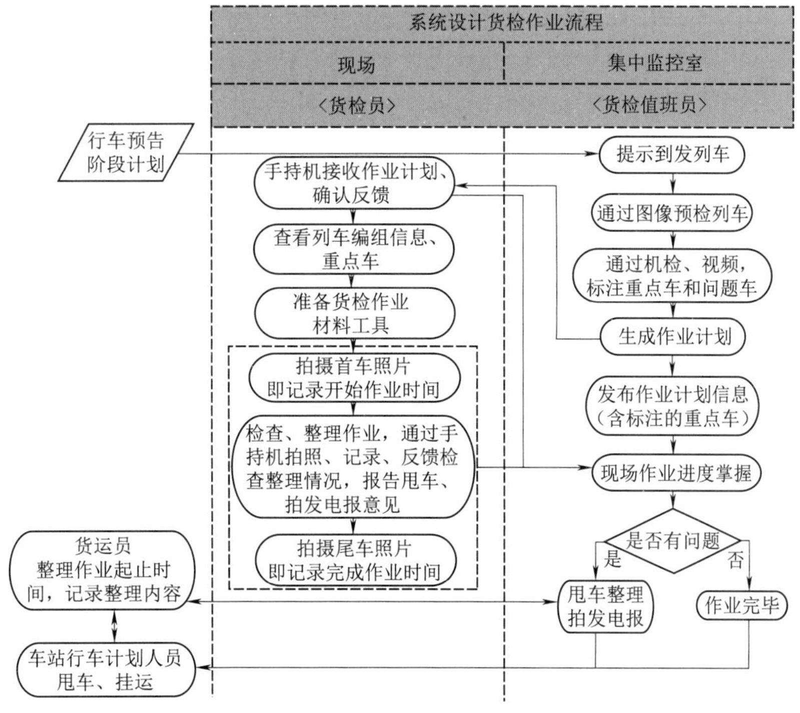

图 6-9-1　货检作业流程

复习思考题

1. 简述货检站定义及分类。
2. 货检人员应具备哪些条件？
3. 货检工具及备品有哪些？
4. 简述货检站管理制度。
5. 简述列车概念及列车必须具备的条件。
6. 简述列车的分类。
7. 列车车次是如何规定的？
8. 简述列车编组顺序表的作用。
9. 哪些机车车辆禁止编入列车？
10. 装载危险、易燃货物的车辆在列车中的编挂有何要求？
11. 装载蜜蜂的车辆在列车中的编挂有何要求？
12. 机械冷藏车、BX 型车组在列车中的编挂有何要求？
13. 超限车、特种车辆在列车中的编挂有何要求？
14. 简述鲜活货物车辆挂运要求。
15. 简述危险货物车辆挂运要求。
16. 简述货检站货物列车作业内容。
17. 简述车站作业计划的种类及作用。
18. 简述货运计量安全检测设备作用及配置目标。
19. 什么是货运计量系统？简述货运计量系统的配置目标。
20. 简述货车超偏载检测装置组成及工作原理。
21. 简述货车超偏载分级标准。
22. 电子轨道衡与超偏载检测装置的区别主要体现在哪两个方面？
23. 简述轮重测定仪维护及使用注意事项。
24. 何谓设备故障？设备故障分为哪几类？
25. 货车超限检测系统如何报警？超限车辆如何处理？
26. 简述货检应用系统的功能。

第七章 货运交接检查

货运交接检查是为了贯彻区段负责制，保证行车安全和货物安全，划清运输责任，对运输中的货物(车)和运输票据，要进行交接检查，并按规定处理的一项作业制度。货物发送前、运输途中(途经货运检查站)和到达后均应进行交接检查。

第一节 列车的交接、检查

我国铁路货物列车实行站与站间交接检查的区段负责制，车站负责交接检查的工作。

区段负责制是指在对货物列车的交接检查中，按列车运行区段划分责任的制度。凡列车在技术作业车站停车时间在 35 min 以上的(包括 35 min)，无论是否图定，都应按有关规定进行检查，检查的主要内容包括列车技术检查(以下简称“列检”)、站车交接和货运检查。

凡中间站保留及甩挂作业的货物列车(包括非保留临时停车的)，由车站负责看护，保证货物安全，发现问题要按行车和货物运输安全的要求处理。

车站和列车(车务)段应根据货物、运输票据交接检查的要求，制定实施办法，明确责任。车站各工种之间也应建立相应的交接检查制度。

一、列检

列检是列车编组完毕、开车之前，或列车到达后、尚未解体之前，在车站上对整列车进行的技术检查。

列检由列车检修所来承担。列检内容是检查车辆走行部分的转向架及制动系统是否出现问题与故障，并及时排除。

列检人员检查车辆，发现因货物装载超载、偏载、偏重、集重引起技术状态不正常时，应及时通知车站处理；车辆自动制动机的空重位置不符合时，应进行调整。

二、站车交接

站车交接是指车号人员按列车确报(列车编组顺序表)核对现车(特殊情况下，遇有随车纸质票据时，应同时核对纸质票据)，无误后，按规定与机车乘务员办理交接的一项制度。

运输票据由机车乘务组负责传递。运输票据由编组列车的车站封固并与机车乘务组实行封票签字交接。列车运行中在车站更换机车时，由更换地所在的车站检查封固状态，并负责传递。机车乘务人员负责将票据完整地传递到列车终到站、甩挂作业站，并与车站办理票据签字交接，没有车站签字不得退勤，若票据丢失则追查当事人责任。途中临时甩挂作业时，由甩挂作业的车站编制普通记录后启封处理，并将运输票据连同普通记录重新封固。

车站与机车乘务员在商定的地点进行地面交接。

运输票据(货物运单、封套)上的到站、车号、封印号码各栏,不得任意涂改。在装车站(含分卸站)、换装站、变更处理站因作业需要或填写错误时,应按规定更改。

运输票据丢失时,还应于当日上报主管铁路局集团公司。被查询站接电后,均应于48 h内电复或继续查询。发站接到查询电报后,48 h内应按票据的内容拍发电报并将票据抄件寄送到站处理。

三、货运检查

货运检查作业(以下简称“货检作业”)是指货检员按规定检查列车中货物装载、加固、施封及篷布苫盖状态,以及车辆的门窗关闭情况,发现异状时应及时处理的一项作业制度。其主要任务是保证货物(车)装载加固状态良好,保证行车安全。

1. 基本要求

(1)车站调度员(值班员)应及时将班计划、阶段计划、变更计划下达给货检人员。

车站调度员(值班员)或有关人员应在列车到达前或出发列车编组完毕,按接发列车作业标准,将到发车次、股道、时刻、编组辆数等有关信息通知货检人员。

货检岗位应与车站调度员(值班员)加强作业联系,防止图定停车时间不足 35 min、但实际停车 35 min 及以上的列车漏检,影响生产秩序。

(2)货检人员应及时准确掌握到发列车车次、股道、时刻、列车编组内容及重点车情况,并准备好作业工具和作业手册。

(3)货检人员应专人专职,不允许与其他工种混岗;作业时应按照规定着装,佩戴臂章,应严格执行《铁路车站货运作业第 5 部分:货运检查作业》(TB/T 2116.5—2005)。

(4)货检作业时,应采取有效的防护措施,确保货检人员的人身和作业安全。

(5)货检作业应在规定的技术作业时间内完成,检查作业和在列整理完毕后及时向车站调度员(值班员)报告,未接到货检作业完毕的报告不准动车。

2. 货检作业基本程序

货检作业的基本程序包括:计划安排和作业准备→列车到达预检→现场检查→发现问题的处理。

3. 货检区段负责制

铁路货检工作实行区段负责制。

货检区段负责制是指货检站按规定的检查范围、技术要求和作业标准,对货物列车(含军用列车,下同)进行货检作业后,保证货物列车安全继运到下一个有货检作业的货检站,并承担相应的安全责任。发生问题后能有效证明货检站工作质量良好的,可不按区段负责制列货检站责任。

对中间站保留及甩挂作业的货物列车,车站发现问题后要及时处理,中间站应保证货物列车安全继运到下一货检站。

四、交接检查内容及发现问题处理

检查交接的内容,以及发现问题的处理方法,按表 7-1-1 规定办理。

表 7-1-1　交接检查内容及发现处理

顺号	检查内容	发现的问题	处理方法
1	运输票据或封套	(1)有票无货(车)或有货(车)无票	编制记录并拍发电报
		(2)货物运单或封套上记载的车号、到站与编组顺序表不符	
		(3)货物运单或封套上记载的车号、到站有涂改，未加盖带有所属单位的经办人名章时	
		(4)货物运单或封套上记载的车号与现车不符	编制记录并拍发电报，查明情况后继运
		(5)货物运单或封套上封印号码被划掉、涂改，未按规定盖章	编制记录并拍发电报证明现状继运。货车上无封印时，由发现站确定是否补封
		(6)货物运单或封套以及编组顺序表记有铁路篷布，现车未盖有铁路篷布；现车盖有铁路篷布，货物运单或票据封套以及编组顺序表未记载或记载张数不符	编制记录并拍发电报
2	货车的施封	(1)封印失效、丢失、断开或不破坏封印即能开启车门	拍发电报并补封。是否清点货物由发现站确定
		(2)运输票据或封套上记载的封印站名或号码与现封不一致或发生涂改	核对站名，拍发电报。到站检查封印站名、号码
		(3)货车已施封，但未在运输票据或封套上记明封印号码。编组顺序表无"F"字样	编制记录证明现状继运
		(4)未使用施封锁施封(罐车和朝鲜进口货车除外)	拍发电报并补施施封锁
		(5)在同一车门上使用两个以上封串联施封	拍发电报并补封，如因车门技术状态无法补封时，车站以交方责任继运
		(6)货车两侧或一侧在车门上部门扣处施封	按现状拍发电报
		(7)施封货车的上部门扣未以铁线拧固(车门构造只有一个门扣或上部门扣损坏的除外)	由发现站拧固
3	装有货物的货车	(1)车门窗未按规定关闭(损坏的车窗已用木板、铁箱、木箱封固的除外)	由发现站关闭并拍发电报
		(2)货物损坏、被盗	拍发电报、编制记录进行处理
		(3)棚车车体、平车或集装箱专用平车装运的集装箱箱体的可见部位损坏或集装箱箱门开启	拍发电报并由车站处理
		(4)易燃货物未按规定苫盖篷布或未采取规定的防护措施	拍发电报，编制记录补苫篷布并采取防护措施
		(5)篷布(包括自备篷布)苫盖捆绑不牢、被刮掉或被割危及运输安全	及时进行整理。丢失或补苫篷布时由发现站拍发电报并编制记录
		(6)货物装载有异状或超过货车装载限界；支柱、铁线、绳索有折断或松动，货物有坠落的可能；车门插销不严，危及运输安全；底开门车用一个扣铁关闭底开门(如所装货物能搭在车地板横梁上，且另一个搭扣用铁线捆牢者除外)	由发现站按规定换装或整理并拍发电报
		(7)超限货物无调度命令	取得调度命令后继运
4	货车使用和通行限制	(1)货车违反运行区段的通行限制	拍发电报，并由车站换装适当货车
		(2)装载金属块、木材或空铁桶使用的车种违反《加规》货车使用限制表的规定	

交接检查时发现的问题除按有关规定进行处理外，还应于列车到达后120 min内以电报通知上一货检站，同时抄知发到站，必要时抄知有关单位和部门。

列车运行途中，发现问题，按下列规定办理：

（1）发现卧装卷钢，发生滚动；货物活动部件发生旋转、开放，会刮打行车设备或影响邻线机车车辆；存在直接危及行车安全的其他情形，应立即停车处理。

（2）发现焦炭围挡倒塌或存在危及行车安全的其他情形，应在前方站停车处理。

（3）发现加固材料松动，但不会发生货物活动部件旋转、开放；或存在行车安全隐患的其他情形，应在前方停车站处理（若途经货检站，应在货检站停车处理）。

第二节　站车交接及发现问题处理

站车交接是铁路运输生产中的重要环节之一，是车站行车组织工作的重要组成部分。对保证列车质量、行车计划工作的计划管理、组织指挥生产、保证行车安全等方面起着十分重要的作用。

站车交接由车号人员负责完成。其主要任务是安全、正确、及时地完成列车票据交递、现车核对、列车编组顺序表的编制或修改，保证列车编组正确，做到现车、票据信息、列车编组顺序表三统一，确保列车出发安全、正点。其主要工作内容包括：

（1）认真核对列车顺序表、运输票据（特殊情况下，遇有随车纸质票据时）、到达解体或编组始发列车，保证现在车与票据信息相一致，有TMIS系统的车站，应保证系统内的现车与实际相一致。

（2）在列车到达技术作业中，依据确报认真核对现车，将到达列车编组内容和调车作业中应注意的事项，及时反映给车站调度员、调车区长，以便及时正确地编制调车作业计划。

（3）认真检查运输票据，妥善保管和传递运输票据，保证现车与票据信息相符。

（4）按照调车作业计划和现在车情况，及时整理运输票据，对编组始发列车认真编制列车顺序表，同时复核列车编组是否符合列车编组计划和列车运行图的要求，是否符合《技规》《危规》等有关车辆编组隔离的规定。列车出发后，及时将列车编组顺序表等有关资料向终到站（或前方确报点）发出列车编组确报，保证确报内容详细、准确，为列车到达站的技术作业创造条件。

（5）正确掌握现车的情况，及时向车站调度员、调车区长提供编制阶段计划、调车作业计划所需要的资料。

一、到达解体列车交接作业

1. 现车交接

现车交接是指车号人员凭列车编组顺序表，对货物列车的列车编组、车辆信息进行逐一核对的一项作业制度。

对到达货物列车，外勤到达车号人员在接到列车编组顺序表后，应认真了解货物列车编组情况。在接到车站值班员（调度员）接车通知后，于列车到达前，到达车站指定位置立岗接车，在列车到达时依据列车编组顺序表核记载事项逐辆对现车，核对内容包括顺序、吨数、车种、确定车辆的辅助标记、罐车油种、车号、关门车、篷布等内容，并在规定时间内核对完现车。

现车检查时，发现列车编组与顺序表记载不一致时，应在列车编组顺序表上认真做好标记，并及时通知解体调车计划编制人员，以便解体调车计划人员及时修正调车作业计划，并向上级报告。

2. 票据交接与检查

票据交接是指车号人员与机车乘务组在车站指定地点进行运输票据(列车编组顺序表、货运票据)交接，并对到达票据按规定进行检查的一项作业制度。

对到达货物列车，机车乘务组通过手持机向车站办理电子运统 1(列车编组顺序表)交接。遇有随车纸质票据时，外勤车号人员应在列车停点时间内，到车站指定位置向机车乘务组接收票据，并及时将运输票据交内勤车号人员。内勤车号人员根据列车编组顺表记载与票据信息进行核对并逐票检查货运票据，核对内容包括吨数、车种、车号、载重、到站、品名、收货人、篷布、特殊标记、鲜活货物的经由及运输限制条件等，发现问题，按规定处理。

列车编组顺序表、现车和票据信息核对无误后，将接收后检查完毕的纸质票据交现车管理人员。

3. 现车管理

现车管理人员在接到纸质货运票据后，将到达本站的货运票据挑出，移交货运室；其他货运票据以及由货运室转来的出发重车纸质货运票据，按照调车作业计划通知单记载，将货运票据分到代表编组场各个股道的货运票据分类架柜里。

货运票据分类架柜的每一空格对应调车场内的一条股道，空格内存放货运票据。现车管理人员应根据调车作业计划通知单及时调整货运票据分类架柜上存放的货运票据，保证货运票据与实际线路上存放的车辆一致。

对本站发送的重点货物车辆(如装运鲜活货物、危险货物、超限货物的车辆)以及到达本站中转的重点货物车辆，现车管理人员应进行登记并掌握，保证这些车辆及时正确地挂运。对由于货物本身、车辆技术状态或自然灾害等原因，发生货车滞留，在站滞留时间达到48 h，应拍发电报，通知发到站；必要时，应抄送有关铁路局集团公司。

二、自编始发列车交接作业

现车管理人员应实时掌握每一调车线上车辆集结情况，按车站调度员(或调车区长)的要求，及时计算出发列车的总重、计长，检查确认列车编组是否符合规定，发现问题及时报告调车区长(或调度员)。

现车管理人员根据现车顺序和有关规定要求，编制出发列车编组顺序表。将复检并签字后的列车编组顺序表通过现车系统发送给有关人员。遇有纸质货运票据时，应根据编组计划挑选货运票据，并按编组计划排好票据顺序传递给车号人员。

车号人员在接到出发列车编组顺序表后，应在规定时间内，按出发列车编组顺序表核对列车，确认列车编组顺序表与现车一致。对检查中发现的问题及时向有关人员报告。

现车检查完毕，确认无误后，车号人员应在规定时间内通过现车系统向机车乘务组发送电子运统 1，机车乘务组通过手持机接收电子运统 1，核对无误后进行签认。遇有纸质票据时，车号人员还应在规定时间内，到指定的票据交接地点与机车乘务组办理票据交接。

列车出发后，车号人员应在规定时间内，向前方站、调度所发出确报。

三、货运票据

货运票据是指示货车运行的依据,包括货物运单、回送清单、装载清单等。

1. 凭货物运单交接的车辆

(1)整车货物每车应有运单一份,跨装、爬装及使用游车的货物,每组有运单一份。

(2)使用机械冷藏车(车组)运输的货物,同一到站、同一收货人,可以数车合提一份运单。

(3)按后付办理的军事运输只有军运货票,没有运单。

(4)回送卸空的企业自备货车、租用货车。

(5)回送润滑油空罐车(两侧涂打××站专用)。

(6)装在货车上回送入厂检修的事故破损机车、客货车。

(7)回送的轨道起重机及无火机车。

(8)修理后回送的空租用车和企业自备车。

2. 凭"特殊货车及运送用具回送清单"运送的车辆

"特殊货车及运送用具回送清单"(以下简称"回送清单"),是铁路内部根据规定运送下列铁路所属的货车或用具(产权属国铁集团)的运输及交接凭证:

(1)按规定免费挂运的非运用车。

(2)卸(送)空罐车(润滑油专用空罐车应凭收货人提出的货物运单填制货票免费回送)、散装粮食车(L_{17}型)、散装水泥车(K_{15}型、U_{60}型)、长大货物车(D型)、运梁专用车(N_{15}型)、毒品专用车(W型)、集装箱专用车(X型)。

(3)向指定站回送需要洗刷除污的货车。

(4)铁路空集装箱。

(5)运营用衡器。

(6)按规定以调度命令免费运送的装卸机械和工具。

(7)军用移动设备(军用备品)、军用移动站台和装卸备品、军用捆绑加固材料(装置)。

(8)货车篷布及根据调度命令调拨、送修及修好返回的防湿篷布。

(9)国铁集团规定免费回送的其他物品。

特殊货车及运送用具回送清单由车站负责填发,各栏要填写清楚、正确,有更改时应加盖带有站名的经办人名章。

回送清单应具备车站编制的顺序号码,加盖车站日期戳,并有经办人签名或盖章,方为有效。按调度命令回送的应将命令号码记入"回送命令号码"栏内。

3. 凭货运票据封套运送的车辆

(1)国际联运货物和以车辆寄送单回头的外国铁路货车。

(2)一辆货车内装有两批以上的货物,如整零车。

(3)整车分卸货物。

(4)以货运记录补送的货物。

(5)附有证明文件或代递单据较多的货物。

货运票据封套封面应逐项填记,并加盖站名戳记和经办人名章。对有关货车编组、解体、调车、挂运时应注意的事项(包括规定的符号和标记),应在"记事"栏内注明。

封套内运输票据的正确完整由封固单位负责。除卸车站或出口国境站外,不得拆开封套。当运输途中发生特殊情况必须拆开封套时，由拆封套的单位编制普通记录证明(附入封套内)，并再行封固，在封口处加盖带有单位名称的经办人名章。

4. 凭其他条件运送的车辆

(1)回送检修的车辆，凭“检修车回送单”(车统26)。

(2)编挂装卸用的轨道起重机及附属车辆，凭调度命令。

(3)装载超限货物的车辆挂运时，除运单、货票以外，还应有调度命令。

(4)企业自备机车车辆过轨时，除运单、票据以外，还应有调度命令。

(5)外国车辆凭“车辆寄送单”向国境站回送。

(6)其他非运用车，如救援用车、除雪车、消防车、电线路修复车、电信通信车、轮渡用平车、机车附属宿营车、机车附属水罐车等，只凭列车编组顺序表挂运。

5. 票据修改的有关规定

货运票据记载了货物的去向、到站、货物品类(性质)和运送条件等，对合理组织运输、正确编组列车起着重要作用。因此，在货物运输过程中，对必须修改的货运票据(含票据封套)应按规定修改。

货运票据修改时，应将错误的内容划消抹去，但被划消抹去的内容仍可辨认，并将正确的内容填写在被划消抹去内容的上方或下方，要求更正后的内容必须清晰易辨，然后在更正处加盖车站戳记，必要时应加盖经办人的人名章。

四、发现问题的处理

在日常工作中，由于诸多因素及工作情况的变化、作业环节的把握等，会遇到“车、票分离”“车、票不符”等常见问题。

1. 车、票分离

所谓车、票分离，是指现车应有票据信息，实际没有票据信息；或空车不应有票据信息，实际有票据信息。

2. 票、车不符

票、车不符是指现车与票据信息记载不一致。

在现车及票据交接检查中，对发现的问题，应正确了解问题的特点，及时、有效地采取措施，合理补救，划分责任，消除影响。

第三节　货检作业内容及程序

货检作业是货检站一项重要技术作业，是贯彻区段负责制、保证列车运行安全的重要措施。

为提高货检作业效率，运用“货检应用”的货检站，在“货检应用”和相关检测监控设备状态良好的情况下，可以通过视频监控、超偏载检测等设备对到达列车进行预检，代替货检员出场立岗预检；或对到达列车以机检代替现场人工检查。机检代替人工预检或现场检查的具体范围和管理要求由铁路局集团公司根据本局实际自定，并报国铁集团运输局备案。

一、货检作业的主要内容

(1)货物列车中货物装载、加固状态。

(2)货车篷布及篷布绳网苫盖、捆绑状态。

(3)施封(罐车、集装箱、SQ型或JSQ型车端门处施封除外)。

(4)货车门、窗、盖、阀关闭情况,以及罐式集装箱盖、阀关闭情况。

(5)《超规》规定的事项(不检查军用超限货物的超限超重货物运输记录)。

(6)设备检测发现的超偏载问题。

(7)货车、货物、集装箱、篷布等顶部和敞车内货物等视频监控设备可视部位的情况。

(8)危险货物押运人押运情况。

(9)对无列检作业的车站,还应检查自动制动机的空重位置,不符合时应进行调整。

(10)国铁集团规定的其他事项。

二、货检作业的程序

1. 计划安排和准备

(1)货检值班员应及时收取班计划、阶段计划、变更计划,以及到发车次、股道、时刻、编组辆数等有关信息。

到达列车在邻站预告、出发列车在车列编成,由车站值班员电话通知货检值班员作业车次、股道、时刻等信息;车号室及时将列车编组顺序表及时通知交给货检值班员。

货检值班员在接到货检作业通知后,应确定工作内容、检查重点、安全事项及要求等内容,制订作业计划,安排接车货检工组(员)。

对军用列车以及超限、超重、超长货物,普通平车装运的长钢轨、卷钢、剧毒品、爆炸品、硝酸铵、气体类等重点货物,要在货检工作日志上标记车次、车种、车数、品类。

运用"货检应用"的车站,货检值班员应通过"货检应用"接收行车预告阶段计划,确定检查列车("货检应用"自动标注重点车,自动匹配设备检测、视频监控、车号自动识别AEI等信息),并通过实时监控列车到达视频(或及时通过录像回放查看列车到达视频)和查看设备报警信息,补充标注重点车和问题车,生成作业计划并发布。

(2)货检值班员根据计划,将工作内容、检查重点、安全事项及要求等向货检员传达、布置,并登记有关台账。

货检员在接到作业任务后,应掌握到达(出发)列车车次、股道、时刻、编组内容及施封、重点车情况,携带相关作业工具和备品做好作业准备。

运用"货检应用"的车站,货检员通过手持机接收作业计划;手持机故障时通过岗位终端接收作业计划。发现列车编组和实际不符时,货检值班员通过"货检应用",货检员通过手持机重新匹配编组信息。

2. 列车到达预检

货检员接到作业任务后,应在列车到达前5 min出场立岗(到指定接车地点立岗,不得侵入邻线限界),在列车到达、通过时,对列车进行目测预检(目测检查可视部位),掌握货物列车的动态装载状态,并对发现问题在货检作业手册进行记载。

货检员出场时,应落实以下规定:

(1)必须按规定穿防护服,佩戴好防护用品。

(2)根据作业要求,按规定携带必要的备品及工具。如货检作业手册、对讲机(手持机)、盒尺、粉笔、撬棍或手钳、手锤、手电,铁线、施封锁是否携带及数量根据预检车状况确定。

(3)遵守"货检作业人员的人身安全"规定。

(4)预检列车作业时,必须确认接车地点并不得侵入邻线限界,随时注意机车、车辆动态和列车运行状况，防止车门、货物、绳索等刮碰打伤。

目测预检列车时，对苫盖货物的篷布顶部、集装箱顶部、敞车装载的不超出端侧墙货物的装载状态，可不检查(运用“货检应用”的车站除外)。

3. 现场检查

(1)开始检查作业前，货检员应通过电台向货检值班员报告，在征得货检值班员同意后，开始作业。

(2)货检员应从车列一端逐车进行检查。

(3)货检作业时，货检员应对车列首尾车辆、重点车按规定涂打规定的检查标记，对检查重点内容进行记录，对检查中发现的问题按规定处理。

①货检员作业时，要在列车首、尾部货车的两侧明显处涂打检查标记，并在货检作业手册上记录首、尾车号。

②罐车和集装箱的封印、苫盖货物的篷布顶部、集装箱顶部、敞车装载的未超出端侧板货物的装载状态，可不检查。

③遇超限、超重货物和剧毒品等重点车时，按照作业标准和有关规定检查，逐车在货车两侧明显处涂打检查标记。

④对发现的问题按规定拍照留存，并在货检作业手册上记载发现问题车的车种、车号、现状及处理情况。作业后，将货检作业手册交货检值班员转记在货检工作日志以及“货检作业检查处理情况登记表”上。

(4)现场检查应严格遵守“货检作业安全”的有关规定。

(5)现场检查必须在规定的技术作业时间内完成。

(6)货检作业完了，货检员应通过对讲机(手持机)向货检值班员报告，以便货检值班员向车站值班员报告作业完了时间和登记有关台账；作业结束后必须返回货检室。

运用“货检应用”的车站，货检员应通过手持机分别拍摄首、尾车照片，记录检查开始、完成时间；通过手持机对问题车、押运人证件等信息进行拍照或记录并反馈。

手持机故障时通过岗位终端补录信息，货检值班员核实无误后确认作业完成，记录作业完成时间。

4. 发现问题的处理

货检作业发现问题时，应及时向货检值班员报告，并对发现的问题按有关规定处理。货检作业完成后，应及时登记有关台账；需途中签认的危险货物按规定签认；需拍发电报的，应于列车到达后 120 min 内以电报通知上一货运检查站，必要时抄知有关单位和部门；需编制记录的，按规定编制记录。

超偏载检测装置、“货检应用”、货车运行状态地面安全监测系统(TPDS)监测人员以及列检人员发现货车超偏载或装载加固异状，通知车站货检检查或货检、列检在车站到发场等联合检查时，货检值班员要及时派人到现场检查和处理，迅速反馈信息，并在货检工作日志上记录通知人、时间、处置地点、问题概况、现场检查及处理情况、信息反馈时间、接收人。

第四节 换装整理作业

在运输过程中发现货车偏载、超载、货物撒漏，以及因车辆技术状态不良，经车辆部门扣留，不能继续运行，或根据有关规定需要换装整理时，由发现站（或铁路局集团公司指定站）及时换装整理，以避免发生行车事故或造成货物损失。

一、整理作业

（一）在列整理

货检作业中，发现货物装载加固不良、篷布苫盖违反要求、门窗盖阀关闭不良等危及行车安全的车辆，由货检员确认人力可以整理，且不影响列车正点开出时，应在采取有效防护措施后，由货检员或整理工共同对车列内需整理货车进行整理。

1. 在列整理作业程序

（1）对需在列整理的车辆，货检员对问题车的车号及发现的问题，应用数码相机（手持机）拍照留存。

（2）向货检值班员（车站值班员）报告发现的问题及车号，预计作业时间，请求作业防护。

（3）在征得货检值班员（车站值班员）的同意后，方可开始整理作业。

（4）整理作业应在预计时间内完成。整理作业在预计时间内不能完成时，应及时通知货检值班员（车站值班员）。

（5）整理作业完毕，应进行复检，符合要求后用数码相机（手持机）拍照留存。

（6）向货检值班员（车站值班员）报告作业完了时间。

2. 在列整理作业要求

在列整理时，货检员应按有关规定进行作业，确保人身安全。

（1）必须严格遵守整理作业开始和作业结束时的报告制度。

（2）必须按规定标准对车辆进行整理，整理后应进行复检，并符合装载加固要求。

（3）整理作业在预计时间内完不成应及时通知车站（场）值班员。

（4）在列整理作业时，严格执行一人防护，一人作业，作业完毕及时通知货检值班员，由货检值班员通知车站值班员及有关部门。

（5）严禁在列车或车列运行当中整理货车。

（6）严禁手抓篷布绳索上下进行整理作业。

（7）严格落实《电气安全规则》有关规定。

（二）甩车整理

货检作业中，发现货车偏载、超载、货物撒漏等货物装载加固不良、篷布苫盖违反要求等危及行车安全的车辆，又不能在列整理时，应甩车整理。

1. 甩车整理的范围

（1）篷布苫盖不整或缺少腰绳、篷布绳网。

（2）货物发生严重倾斜、偏载、移位、窜动、坠落、倒塌和渗漏。

（3）超限货物按普通货物办理。

（4）加固支柱折断，或装载加固材料（装置）超限。

（5）棚车车门脱槽，罐车上盖张开。

（6）罐车发生泄漏或溢出。

（7）危险货物运输押运或施封等问题需甩车处理的。

（8）货车、货物、集装箱、篷布等顶部或车体上有异物且无法在列处理。

（9）火灾。

(10)货物明显被盗丢失。

(11)发生其他危及行车安全情况不能在列整理时。

2. 甩车整理的作业流程

(1)对需甩车整理的车辆,货检员应对问题车的车号及发现的问题,用数码相机(手持机)拍照留存。

(2)向货检值班员报告问题车辆的车种、车号、在列位置、甩车整理原因。

(3)货检值班员在接到报告并确认后,确定整理场所,编制普通记录,并通知车站值班员(调度员),说明扣送车在列位置、车种、车号、扣车整理原因、送车地点及是否加挂游车,是否限速运行,以便安排甩车计划。

(4)货检值班员及时通知车号人员撤出票据(有纸质票据时),将编制的记录移交车号室,由车号人员通知相关人员拿取并进行签认登记。

(5)按规定拍发电报。

二、换装作业

在运输中发生甩车处理的货车,不能原车安全继运的,以及因车辆技术状态不良,经车辆部门扣留需要换车时,应进行换装处理。

列检工组在列检作业过程中,发现车辆技术状态不良、定检过期的货车,应在货车上插挂规定的色票“装载货物的重车技术状态不良,施修前需倒装”(车统—19)(图 7-4-1),并填发“车辆检修通知单”(车统—23)交给车站作为扣车的依据,并通知列检值班员。

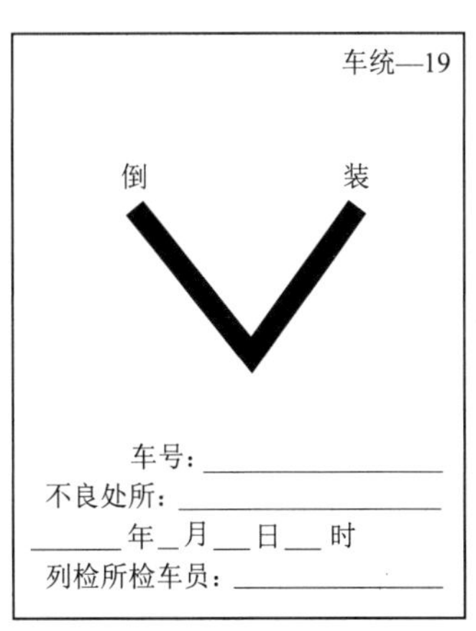

图 7-4-1　换装扣修色票

因车辆技术状态不良,经车辆部门扣车时,由列检值班员通知车站值班员(调度员)和货检值班员。

货检值班员在接到车辆部门的扣车通知后,按规定编制普通记录,并按下列要求处理:

(1)及时通知车站值班员(调度员),说明扣送车在列位置、车种、车号、扣车原因、送车地点及是否加挂游车,是否限速运行,有无调车作业限制等,以便安排甩车计划。

(2)及时通知车号人员撤出票据(有纸质票据时),将编制的记录移交,由车号人员通知相关人员拿取并进行签认登记。

(3)在规定时间内向上一检查站拍发电报,并抄送有关铁路局集团公司货运部。

三、换装整理的作业要求及费用清算

在运输中发现货车偏载、超载,货物撒漏,以及因车辆技术状态不良,经车辆部门扣留,不能继续运行,或根据有关规定需要换装整理时,由发现站(或铁路局集团公司指定站)及时换装整理,并在运单"承运人记事"栏记明有关事项。

1. 换装整理作业要求

(1)不允许在挂有接触网的线路(设有隔离开关的线路除外)上进行换装或整理作业。

(2)严格遵守《管规》《装卸安规》《电气安全规则》等规章有关作业规定,保证作业安全。

(3)货物装载加固应遵守《加规》《超规》等有关规定,货物装载应符合货物装载的基本技术条件及要求。

(4)货物倒装时,尽可能使用与装运车辆同一型号的货车,使用其他类型货车时,必须遵守"铁路货车使用限制表"的有关规定。

按方案装车的换装车,应按原方案进行换装;装载货物为试运方案以及需要发站协助处理的货车,应联系发站派人协助处理。

(5)严格遵守换装整理作业时间。

换装整理的时间一般不得超过 2 d。如 2 d 内未换装整理完毕,应由换装站以电报通知到站,以便收货人查询。

(6)货检站应对扣留的换装整理货车进行登记,并按月汇总报主管铁路局集团公司,同时通知有关铁路局集团公司。

2. 费用清算

货物换装整理所需的加固材料,由车站购置,以成本列支并保证满足使用需要。

铁路责任的货物整理费由整理站(铁路局集团公司)列销。

换装费由原装车站(铁路局集团公司)负担。但由于行车事故或调车冲撞造成的换装费由责任单位负担;因车辆技术状态不良发生的换装属车辆部门责任,换装费由发生铁路局集团公司负担。

需要向责任单位清算的换装费,由换装站将记录连同有关费用的单据按月汇总报主管铁路局集团公司,在发生换装的次月内向责任铁路局集团公司(或责任单位)清算,但每一责任铁路局集团公司每月发生款额累计不足 1 000 元的不清算。

第五节　特殊情况货检作业

一、列车密集到达

(1)车间和班组要合理安排货检人员休假,保证正常生产需要。

(2)因现场施工、车站畅通有梗阻或其他突发情况需调整场间车流时,值班主任应对各场(组)货检员进行临时调整。

(3)货检值班员应按照阶段计划,及时了解并掌握列车预到(转)情况,加强与本场车站值班员的联系,提前获取列车到达(转线)信息,合理安排接车货检人员。

(4)遇列车集中到发或货检员出勤严重不足时，货检值班员及时向车间值班干部反映，车间要及时组织胜任人员快速赶到作业岗点进行“支援接车”作业，保证枢纽畅通。

二、重点列车

(1)遇有重点列车时，车间值班干部或值班主任要根据要求提前到岗进行监控。

(2)货检值班员应指派业务技术好、责任心强的货检员进行检查现车作业。

(3)货检人员在接到货检值班员下达的接车命令后，要认真对照列车编组顺序表，准确掌握重点车情况，做好检查现车准备工作。

(4)凡遇到挂有危险品车辆的列车，接车货检员必须严格按照相关规章要求的标准认真检查，严格落实危险品登记和押运人签认制度，认真核对押运人证件，杜绝错填、漏填现象的发生。

(5)在检查中发现问题应积极采取妥善的处理措施，并按照规定逐级上报。

(6)需业务指导复查、鉴定的重点车辆，在接到通知后，应及时到场，认真进行复查、鉴定，做好记载、拍照等相关工作并提出处理意见。

三、专特运列车

1. 准备工作

(1)货检车间干部参加由站长组织的特运、专运方案会议后，要亲自向当班货检值班员传达有关内容和注意事项，上岗干部要盯人、盯岗并检查落实情况，做好准备工作。

(2)当班货检值班员接到车间干部布置的任务后，要及时安排业务技术好，责任心强的接车货检员负责检查现车。

(3)接车货检员要及时做好准备工作，提前立岗，做好预检作业工作。

2. 检查重点

(1)货车篷布、装备罩衣等的苫盖、捆绑加固状态，篷布网、伪装网、加固绳网的苫盖、捆绑加固情况。

(2)货车门、窗、阀、盖的关闭状态。

(3)超长、超重、超限货物的装载、加固状态。

(4)货物是否位移。

(5)三角木(或方木)钉牢在车地板上，有无翘起。

(6)加固线是否绞紧、有无磨损。加固装置是否有开焊、破损、失效等情况。

(7)旋转部位是否锁定。

(8)平车车地板、敞车端侧墙、闸台及车钩上有无未回收的备品和杂物。

(9)其他加固重点部位等。

3. 问题处理

(1)接车货检员检查现车时，发现有危及行车安全和货物安全问题时，要及时报告车间盯岗干部和货检值班员，盯岗干部应立即上报车站安全生产指挥中心，请求处理意见。需甩车整理或换装时，车间盯岗干部要立即报告业务主管部门，由业务主管部门请示铁路局集团公司货运部同意，并要求随乘人员或押运员留守监督指导换装。

(2)超限货物发生偏移，须进行复测，复测数据超出确认电报且无法恢复的，重新办理申请电报。

(3)检查列车完毕后，货检员应将有关内容及时报告货检值班员，货检值班员需做好记录。

第六节　货检作业人身安全

一、人身安全基本要求

1. 一般规定

(1)接班前须充分休息,班前、班中严禁饮酒,如有违反,立即停止其所承担的任务。

(2)按规定着装,正确佩戴、使用劳动防护用品和安全防护用品,不准使用不合格的安全用品;当班严禁穿拖鞋、高中跟鞋,不准敞衣解扣。

(3)班中必须坚守岗位,讲普通话。

(4)执行职务时,必须按规定的走行路线行走。

严禁在钢轨上、车底下、轨枕头、道心等处坐卧或站立,或在车底下避雨、乘凉、休息。

2. 顺线路行走时的要求

顺线路行走时,应走两线路中间,并注意邻线的机车车辆和货物装载状态,严禁在道心、轨枕头上行走。不准脚踏钢轨面、道岔连接杆、尖轨等。严禁扒乘机车车辆,以车代步。

3. 横越线路时的要求

(1)横越线路时,要精神集中,不得边走边看计划、票据、文物等。

(2)严格执行"一站、二看、三通过",注意左右机车车辆的动态及脚下有无障碍物,严禁抢越股道。

(3)横越停有机车车辆的线路时,先确认机车车辆暂不移动,然后从停留车辆两端 5 m 以外绕行,并注意邻线来车。严禁在运行中的机车车辆前面抢越。

4. 跨越车辆时的要求

必须横越列车、车列时,应先确认列车、车列暂不移动,然后由通过台或两车车钩上越过,勿碰开钩销,要注意邻线有无机车车辆运行,严禁钻车。

二、人身安全防护制度

为加强作业联系,确保货检作业人身安全,货检站必须制订相关作业制度,货检作业人员必须严格遵守。

1. 货检作业的防护制度

(1)货检作业及在列整理作业前,货检员应向货检值班员请求作业防护,在得到货检值班员的同意后,方可开始货检作业。

(2)正线、相邻线路的作业防护。

①货检值班员接到正线、相邻线路的作业通知时,要主动向车站值班员了解邻线通过车情况,并向货检员作重点说明,布置作业安全注意事项。

②货检员出场作业时,在相邻正线一侧的检查,须逆向来车方向,注意邻线列车动态,作业中严禁侵入邻线限界。

③正线(邻)列车通过时必须停止作业。

车站值班员接到正线列车预报后要及时通知货检值班员,货检值班员要及时将正线通过车情况通知货检作业人员,以便货检作业人员及时停止作业;货检作业人员正在进行检查作业发现邻线机车、列车接近或接到货检值班员通知邻线有车通过并接近时,需停止作业。列车通过后，车站值班员应电台回复货检值班员，以便通知货检人员后货检人员自行继续作业。

(3)列车技检、货检作业过程中，信号楼已提前向该线路转入本务机车，列检作业人员在技检作业中需挂机车时，须与信号楼联系。信号楼值班员要确认货检作业人员已作业完毕或停止作业后，方准通知列检连挂机车，并执行如下联系制度：

①列检作业人员挂机车前，通过列检值班员与信号楼联系。如货检作业已完毕，信号楼可直接通知列检挂机车。

②如货检作业未完毕，信号楼通知货检值班员停止货检作业，在接到货检作业已停止的通知后，通知列检值班员可以挂机车。机车连挂妥当后，列检值班员通知信号楼，信号楼通知货检值班员继续作业。

(4)中间站遇货检作业时，车站值班员要做好人身安全互控。必须确认列车或车列停妥后方准同意货检作业人员开始作业；必须确认货检作业完毕后，方准连挂机车或开放信号。

2. 货检作业呼唤应答制度

为保证作业安全，车站值班员、货检值班员、货检员等作业人员相互间，在工作联系中应严格执行互唱确认制度。

(1)到达列车在邻站预告、出发列车在车列编成，由电话通知货检值班员作业车次、股道时，双方应互唱确认。

(2)货检值班员接到通知后安排货检员开始作业后，应电话通知车站值班员作业开始时间时，双方应互唱确认。

(3)货检作业中货检员、货检值班员相互间使用电台联系，必须严格执行呼唤应答制度，收到呼唤必应答。

(4)货检值班员接到货检员作业完了报告后，应电话通知车站值班员作业完了时间，并互唱确认。

车站值班员在接到货检值班员报告后，无论是否进行货检作业，都应将货检作业开始时间和结束时间后登记在车统—14(列检技术检查签认登记本)记事栏中。已实现交互式信息系统的货检站，应通过信息系统完成上述内容。

3. 作业开始和结束时的报告制度

货检作业开始前和结束后、在列整理作业开始前和结束后，货检员应通过电台向货检值班员报告作业开始和结束时间。

三、电气化区段作业人身安全

电气化铁路区段作业，必须遵守《电气安全规则》和《装卸安规》有关规定。

1. 一般规定

为保证人身安全，除牵引供电专业人员按规定作业外，任何人员及所携带物件、作业工器具等须与牵引供电设备高压带电部分保持 2 m 以上的距离，与回流线、架空地线、保护线保持 1 m 以上距离，距离不足时，牵引供电设备须停电。

各种车辆上方的接触网设备未停电并办理安全防护措施前，禁止任何人员攀登到车顶或车辆装载的货物上。

牵引供电设备故障时，与牵引供电设备相连接的支柱、接地引下线、综合接地线等可能出现高电压，未采取安全措施前，禁止与其接触，并保持安全距离。

发现牵引供电设备断线及其部件损坏，或发现牵引供电设备上挂有线头、绳索、塑料布或脱落搭接等异物，均不得与之接触，应立即通知附近车站，在牵引供电设备检修人员到达未采取措施以前，任何人员均应距已断线索或异物处所 10 m 以外。

2. 货检作业安全

(1)货检人员作业时，禁止登高或用直竿物、卷尺(绝缘限界尺除外)测量货车装载高度。

(2)禁止登高检查货物装载状态和进行整理作业。

(3)禁止在线路上(旁)抛掷铁线、绳索等物体。

(4)发现货车超载超高或超过车辆端侧板的货物装载有异状(包括捆绑铁线、盘条、钢丝绳的余尾在顶部上翘，罐车上盖开启等)，及时甩车或送到无电区处理。

四、现场检查作业人身安全

现场检查作业时，货检员除必须遵守“人身安全”、“货检作业安全制度”和“电气化区段作业安全”外，还应遵守下列规定：

(1)货检员出场作业需按规定着装(需具有反光标志)，佩戴标志。夜间作业时，须携带照明工具。

(2)预检列车作业时，必须确认接车地点并不得侵入邻线限界，随时注意机车车辆动态和列车运行状况，防止车门、货物、绳索等刮碰打伤。

(3)现场检查时，货检员要走靠近检查车列一侧或两条线路间中心位置，严禁侵入邻线限界，并随时注意观察邻线机车车辆动态。

注意走行的区段有无障碍，要招上(车上货物有无坠落的可能，车门是否关闭等)，顾下(路料等杂物)，防止车辆碰挂、摔倒碰伤。

遇线路间堆放有路料、闸瓦、钢轨等障碍物必须绕行时，须观察邻线无机车车辆移动后方可快速绕行通过；遇风、雨、雪天气，严禁背身、扭身前进。

(4)邻线有机车车辆移动时，须停止作业，待机车车辆全部出清线路后方可进行作业。

(5)货检作业时，禁止使用手机和戴耳机。

复习思考题

1. 何谓区段负责制？
2. 简述站车交接的概念及其主要任务。
3. 什么是现车交接？其主要任务是什么？
4. 什么是货运检查？其主要任务是什么？
5. 简述货检作业的基本要求。
6. 何谓货检区段负责制？有何要求？
7. 简述站车交接的主要工作内容。
8. 哪些车辆凭“特殊货车及运送用具回送清单”运送？
9. 站车交接发现问题如何处理？
10. 简述货检作业的主要内容。
11. 简述货检作业的程序。
12. 货检作业中，发现哪些情况可进行在列整理？
13. 简述在列整理作业程序和作业要求。

14. 货检作业中,发现哪些情况可进行甩车整理?
15. 简述甩车整理的范围。
16. 什么情况下应进行换装作业?
17. 简述换装整理作业要求。
18. 列车密集到达情况下,如何做好货检作业?
19. 如何做好重点列车货检作业?
20. 专特运列车货检作业应做好哪些准备工作?
21. 专特运列车货检作业时,重点检查哪些内容?
22. 专特运列车货检作业中发现问题应如何处理?
23. 简述人身安全的一般规定。
24. 顺线路行走时,如何保证人身安全?
25. 横越线路时,如何保证人身安全?
26. 为保证安全,如何做好货检作业的防护?
27. 电气化区段如何保证货检作业安全?
28. 简述货检现场检查作业安全规定。

29.6 月 10 日 12:45,21013 次列车到达 K 站(电气化区段,货检站,有货检应用系统),列车确报如下:

到达列车编组

自首　　接收人:×××　　核对人:×××　　股道　SD02

AP —— KP　　A 站——　　K 站　　6—10　12:45　　车次:21013

顺序	车种	罐车油种	车号	自重	换长	载重	到站	货物名称	发站	篷布	票据号	收货人或卸线	车辆使用属性	记事
1	P_{62K}		3125296	24.0	1.5			空	A					
2	P_{62K}		3125297	24.0	1.5	60	H	其他饮料	A		—	—		F
3	P_{62K}		3125298	24.0	1.5	60	H	其他饮料	A		—	—		F
4	P_{62K}		3125299	24.0	1.5	60	H	其他饮料	A		—	—		F
5	P_{62NT}		3322092	23.4	1.5	55	H	皮棉	A		—	—		F
6	P_{64K}		3404905	25.6	1.5	58	H	皮棉	A		—	—		F
7	P_{62NT}		3322099	23.4	1.5	48	H	面粉	A		—	—		F
8	C_{62AT}		4482463	22.1	1.2	52	H	玉米	A	1	—	—		
9	C_{62AK}		4486483	22.1	1.2	60	H	大米	A		—	—		
10	C_{62AK}		4892566	22.9	1.2	58	H	卷钢	A	1	—	—		易窜
11	C_{62AT}		4501979	22.1	1.2	60	H	块煤	A		—	—		
12	C_{70}		1649267	23.8	1.3	70	H	矿粉	A		—	—		
13	C_{64K}		4892555	22.9	1.2	63	H	矿粉	A		—	—		

续上表

顺序	车种	罐车油种	车号	自重	换长	载重	到站	货物名称	发站	篷布	票据号	收货人或卸线	车辆使用属性	记事
14	C_{64K}		4892505	22.9	1.2	63	H	矿粉	A		—	—		
15	C_{64K}		4892515	22.9	1.2	63	H	矿粉	A		—	—		
16	C_{62AK}		4586488	22.1	1.2	38	H	原木	A		—	—		
17	NX_{70A}		5483358	23.8	1.5	5	H	自二空 2	A		—	—		
18	NX_{70A}		5483356	23.8	1.5	28.5	H	通四重 1	A		—	—		
19	NX_{70A}		5483309	23.8	1.5	66	H	自二重 2	A	2	—	—		敞顶箱

试完成货检作业，并回答下列问题。

(1)货检员在接到作业任务后，应做好哪些准备工作？

(2)货检员出场作业时，应落实哪些规定？

(3)列车到达预检作业有何要求？

(4)货检作业现场检查时，应遵守哪些规定？

(5)对货检作业中发现的问题车，按规定如何处理？

第八章　货物(车)交接检查

货物(车)的交接检查是货检作业最基本的内容,是保证列车运行安全,货物安全的重要措施。货物(车)交接检查包括空车检查和重车检查。

空车交接检查时,凭列车编组顺序表(运统1)和车体外状进行交接。

重车交接检查时,施封的货车凭施封状态和车体外状交接;未施封的货车凭车体外状和货物装载加固状态进行交接。

第一节　一般规定

一、货车车体外状检查

货车门、窗、盖、阀关闭不严,加固不良,在货物运送过程中,由于受到外力的作用,可能会造成货车门、窗开放等危及行车安全的问题,为此,在交接货车检查时,应认真检查货车车体外部状态,保证运输安全。

1. 货车车体有无破损、部件有无损坏

检查货车车体可视部位有无破裂,部件有无损坏,如罐车的罐体有无破裂、卡带有无断裂、附件有无损坏等危及行车安全的问题。

2. 检查货车的门、窗、盖、阀关闭状态

(1)对带有门、窗的敞、棚车类货车,应认真检查门、窗部件有无损坏,关闭是否良好,是否按规定进行加固。

(2)检查罐车(罐式箱)的盖、阀及机械冷藏车上盖的关闭状态。

3. 货车车体有无倾斜、外胀

货车车体倾斜(图8-1-1)主要是由于车内货物装载不均衡,造成车辆重心倾向一侧或偏载,或由于车辆技术状态不良等原因造成的。货车车体倾斜严重时,会造成货车旁承游间一侧被压死,当车辆在运行至曲线半径较小的弯道时,车辆有脱轨、燃轴、热切、颠覆等危险。为保证运输安全,《技规》规定,车体倾斜的货车超过75 mm时,禁止编入列车。

车体外胀(图8-1-2),敞车中门外胀,车门变形、损坏,造成敞车中门容易开启,引起严重的装载和行车事故,车门外胀的,还可能超出限界。为保证运输安全,《技规》规定,重车车体外胀超过150 mm,空车车体外胀超过80 mm时,禁止编入列车。

4. 检查平车端、侧板状态

对带有端、侧板的平车,应检查端、侧板是否处于立起关闭状态;端、侧板放倒时有无按规定进行加固。

5. 检查自动制动机的空重位置

自动制动机空重位置调整与检查分工:在发站由监装卸货运员负责;编入列车时,由列检作业人员负责;无列检技术作业的由货检人员负责;无货检作业和列检作业的由车站负责。

检查发现自动制动机的空重位置不符合要求时,应及时进行调整。

图 8-1-1　车体倾斜

图 8-1-2　车体外胀

6. 检查车体有无异物

车体异物(如车顶异物,敞、平车绳拴上的废旧铁线、绳索)在列车运行时容易掉落或刮蹭线路旁边人员、设备,给运输安全带来隐患。

二、重车交接检查

重车又可以分施封的货车、未施封的货车、有押运人的货车等多种情况。交接检查时,对施封的货车一般凭车体外状和施封状态进行交接,未施封的货车凭车体外状和货物装载加固状态进行交接。

重车交接检查的主要内容包括:

(1)有无违反货车使用限制或通行限制。

(2)货车车体外状是否良好,有无扣修通知、色票。

(3)施封的货车(集装箱),施封是否有效。

(4)苫盖篷布运输的货物,篷布(绳网)苫盖、捆绑是否符合有关规定。

(5)货物装载、加固状态是否符合有关要求。

(6)货物的押运情况。

(7)有无货车超偏载问题。

(8)需要插挂的货车表示牌是否齐全。

(9)其他规定需检查的内容。

三、货物(车)货运检查时发现问题的处理

1. 在装车站

交由货运部门处理,符合要求后再接收。

2. 在中途站

交接检查发现问题,除按表 7-1-1 有关规定办理外,并做好下列工作:

(1)对超偏载货车,按本节“四、超偏载货车处理”有关规定办理。

(2)发现易燃货物未按规定苫盖篷布(绳网)或未采取防护措施,发现站须按规定补苫和

处理后，电告发站、发局，并抄国铁集团货运部。

(3)发现押运备品不符合要求，押运员身份与携带证件不符或押运员缺乘、漏乘时应及时甩车，做好登记，并通知发站或到站联系托运人、收货人补齐押运员或押运备品，编制普通记录后方可继运。发现押运人未按规定着装、吸烟等其他违反押运规定的行为时，应立即纠正。

(4)发现活动物染疫、疑似染疫、病死或死因不明时，应及时向当地动物防疫部门报告并按动物防疫部门的规定妥善处理，同时拍发电报通知发到站和上级主管部门。

(5)发现货物被盗，应保护好现场，及时向上级部门报告并向公安部门报案，并按有关规定处理。

(6)对需要换装、整理的货车，除按有关规定办理外，还应做好下列工作：

①发生换装、整理时，应在运单"承运人记事"栏记明有关事项。属于托运人责任的换装、整理或补修包装，所需费用，由处理站填发垫款通知书，随同运输票据递送到站，向收货人核收。

②对扣留换装整理的货车应进行登记，并按月汇总报主管铁路局集团公司，同时通知有关铁路局集团公司。

③装有超长、超限、超重货物的货车，发现货物位移应及时拍发电报并通知有关单位，超限货物应根据有关资料复核尺寸是否相符，并向铁路局集团公司调度报告，按其指示处理。

(7)于列车到达 120 min 内拍发电报通知上一检查站，抄发站、到站及有关铁路局集团公司。需编制记录时，按规定编制记录。记录和电报要重点说明不良情况和原因。

3. 在到站

需编制记录时，按规定编制记录；需拍发电报的，应于列车到达 120 min 内拍发电报通知上一检查站，必要时抄发站及有关铁路局集团公司。记录和电报要重点说明不良情况和原因。

四、超偏载货车处理

1. 在装车站

配置轨道衡等计量安全检测设备的装车站应重点做好易超载货物的装车计量检测工作，对确认超载的，必须进行卸载处理，复检确认货物重量不超过货车容许载重量后，方可挂运；对亏吨且具备满载条件的货物，补装后应复检确认，保证装车后货物重量不超过货车容许载重量。

2. 在货检站

货检站应加强超偏载检测装置检测结果的核实确认和处理。运输途中因雨雪导致增载时，装车站(单位)或装车铁路局集团公司凭县级及以上气象部门公布的气象信息，经上级主管部门核实确认后，可扣除雨雪增载量进行责任判定。

(1)超偏载货车处理。

对严重超偏载货车，应立即甩车，整理后方能挂运。对一般超偏载货车，货检站在确认不危及行车安全时可不甩车整理，应记录车种、车号、发到站、货物品名等，并将上述信息及时通知发到站，电报通知下一货检站，同时在 24 h 内将信息上报铁路局集团公司货运主管部门。

对装运卷钢和本局管内装车站装运，并发生一般超偏载问题的货车，应比照严重超偏载车进行处理。

发现长钢轨运输列车(指同时具备运、收、卸长钢轨作业能力的专用设备,适用于 50 m 及以上长钢轨运输)超偏载情况时,检测站应及时通知随车人员检查处理,必要时出具书面通知。

铁路局集团公司货运管理部门应充分利用货运计量系统及时掌握管内超偏载报警车动态,并纳入每日交班内容。对严重超偏载报警车,日常超偏载盯控人员、装卸车(箱)质量主管人员和设备运用管理主管人员应加强沟通和协作,按责任分工加强原因分析、跟踪处理过程,并指定专人 3 d 内反馈给国铁集团货运管理部门。属货运装车质量问题,应通过复衡或轮重测定仪测定等方式确定具体超偏载数值;属设备运用问题的,应分析具体的原因,明确整改措施。

(2)严重超偏载货车换装整理作业流程。

①车站货检人员应根据检测结果,核对现车无误后,及时向车站行车调度部门报告。

②车站行车调度部门接到货检人员报告后,值班人员及时安排甩车,并送入指定地点。

③车站对甩下的货车重新过衡或进行偏载偏重复核。确认超偏载后,按规定整理和拍发电报。对超载报警车,应留存复衡单;对偏载报警车拍照不少于 2 张,一张为带车号的整体照片,其他为能反映核实偏载情况的整体或局部照片;偏重报警车拍照不少于 3 张,一张为带车号的整体照片,其他为能反映车辆两端装载情况或整体的照片。

④车站对甩下的超载货车进行卸载处理,并确认货物重量不超过货车容许载重量且不偏载不偏重后,方可编入列车继续运行。对甩下的偏载偏重货车进行处理,并确认不偏载不偏重后方可放行。

第二节　空车交接检查

一、敞车交接检查的内容及典型案例

1. 交接检查中的典型案例

(1)车体倾斜,如图 8-1-1 所示。

(2)车门外胀,如图 8-1-2 所示。

(3)车门关闭不良。

例如,20××年 1 月 20 日,某次货运列车在 B 站货检时,因货检人员未按规定对机后 1 位车辆左侧中门进行捆绑加固,造成运行中车门开放,将 X_1 信号机机构打断,构成铁路交通一般 C 类事故。

(4)空车不空或车内有异物。

例如,图 8-2-1 为某站排空敞车,因空车不空,造成车辆偏载。

(5)货物卸车后,未对车内及车体上的残货进行清扫,车体异物未清除,如图 8-2-2 所示。

2. 交接检查的内容及质量要求

针对空敞车交接检查时的典型问题,交接检查时应按表 8-2-1 规定的项目、内容及质量要求认真检查,发现问题按规定处理。

图 8-2-1　空车不空

图 8-2-2　钩链上绳索未清除

表 8-2-1　空敞车交接检查的内容及质量要求

序号	检查项目	内容及质量要求
1	侧门(中门)	(1)无破损,无严重变形; (2)配件齐全,无缺失、损坏,作用良好; (3)上下门锁关闭顺序正确,锁闭到位,按规定加固; (4)车门关闭良好,各部件作用良好
2	下侧门	(5)无破损,无严重变形; (6)门轴无开焊,门带、折页无断裂; (7)门搭扣齐全无损坏,关闭后落槽; (8)车门关闭良好,各部件作用良好
3	车体	(9)车体异状符合表 6-3-2 有关规定; (10)车辆端侧梁、闸台等部位已清扫,无残货; (11)货车钩链、绳拴等部位无危及运行安全的悬挂物
4	车内(有视频监控的车站)	(12)货物已卸空、清扫,车内无杂物
5	火灾异情	(13)无火灾等异情
6	其他	(14)有重空阀的车辆,重空阀位置正确

二、棚车的交接检查的内容及典型案例

1. 交接检查中的典型案例

(1)车门开启。

例如,图 8-2-3 为直通某次货物列车中空棚车,运行右侧车门开启,危及行车安全。

图 8-2-3　棚车车门开启

(2)车门下滑轮脱槽或短少。

例如,图 8-2-4 为某次货物列车,第 25 位空棚车运行左侧门滑轮脱槽。图 8-2-5为某次货物列车,机后第 12 位空棚车运行左侧车门缺少一门轮。

图 8-2-4　棚车车门下滑轮脱槽

图 8-2-5　棚车车门缺少一滑轮

(3)车体异物,如图 8-2-6 所示。

2. 交接检查的内容及质量要求

棚车车门部件损坏、滑轮脱槽、会造成车门关闭不良;车体异物在运输途中抛洒会给行车安全带来隐患。交接检查时应按表 8-2-2 规定的项目、内容及质量要求认真检查,发现问题按规定处理。

图 8-2-6　棚车顶部碎石块

表 8-2-2　空棚车交接检查的内容及质量要求

序号	检查项目	内容及质量要求
1	车体	(1)车体异状符合表 6-3-2 有关规定; (2)车顶无异物,车体无危及运行安全的悬挂物
2	车门	(3)门鼻无损坏,按规定加固; (4)门锁部件损坏、缺失,锁闭良好; (5)滑轮导轨无变形、损坏,滑轮无缺失、损坏并按规定加固; (6)车门无严重变形,立帮无脱槽; (7)车门关闭,各部件作用良好
3	车窗	(8)关闭良好,无破损
4	火灾异情	(9)无火灾等异情
5	其他	(10)有重空阀的车辆,重空阀置于空车状态

三、平车交接检查的内容及典型案例

平车交接检查中典型的问题:一是车体异物未清除;二是车地板未清扫,如图 8-2-7 所示;三是平车端(侧)墙未立起。

针对平车交接检查时的典型问题,交接检查时应按表 8-2-3 规定的项目、内容及质量要求认真检查,发现问题按规定处理。

图 8-2-7　平车底板砂石卸后未清理

表 8-2-3　空平车交接检查的内容及质量要求

序号	检查项目	内容及质量要求
1	车地板	(1)车地板清扫干净、无异物
2	端(侧)板	(2)端(侧)板锁铁、墙板无损坏； (3)端(侧)板应立起,放下运输时,按规定加固
3	车体	(4)车体异状符合表 6-3-2 有关规定； (5)车侧绳栓、支柱槽等部位无危及运行安全的悬挂物
4	火灾异情	(6)无火灾等异情
5	其他	(7)有重空阀的车辆,重空阀置于空车状态；

第三节　货车施封检查

货车(集装箱)施封是货物（车）交接,划分运输责任的一项手段,是贯彻区段责任制,保证货物运输安全的重要措施。凡使用棚车、冷藏车、罐车、集装箱(空箱除外)装运货物时,除派有押运人的货物,需要通风运输的货物和组织装车单位认为不需施封的货物可不施封外,其他货物都应施封。

交接检查时,除罐车、JSQ 车和集装箱的封印不需检查外,施封的货车必须按规定对施封状态交接检查,如有异状,按规定处理。

一、货车施封要求

1. 基本要求

对需要施封的货车施封时,应使用车站出售的或从经铁路有关部门批准的定点厂家生产的施封锁。

施封前,应认真检查施封锁,发现施封锁有下列情况之一时,按无效封处理,不得使用:

①钢丝绳的任何一端可以自由拔出,锁芯可以从锁套中自由拔出。

②钢丝绳断开后再接,重新使用。

③锁套上无站名、号码和站名或号码不清、被破坏。

货车施封后须对施封锁的锁闭状态进行检查,确认落锁有效,不破坏封印不能开启车门。施封后,应在货物运单、票据封套和货车装载清单上记明,且记明施封及号码。

2. 施封方法

货物装车后,应使用粗铁线将两侧车门上部门扣和门鼻拧固并剪断燕尾,在每个车门下部门扣处各施施封锁一枚。

对装有剧毒品(品名表特殊规定栏有特殊规定 67 的,下同)的毒品专用车施封后,还应在车辆上门扣用加固锁加固并安装防盗报警装置。

小汽车专用车施封时,应将上部门锁锁闭,在下部门扣处施封一枚。

二、货车施封的交接检查

对货车施封的交接检查,应按运输票据记载,逐车检查货车施封状态。

1. 在发站

按照运输票据的记载，逐车检查施封部位是否正确，施封锁站名、号码是否清晰，不破坏封印不能开启车门，确认施封是否有效。发现问题，交由货运部门处理，符合要求后再接收。

货车施封交接检查的内容及质量要求见表 8-3-1。

表 8-3-1 货车施封交接检查的内容及质量要求

序号	检查项目	内容及质量要求
1	施封部位	(1)施封部位正确； (2)不破坏封印不能开启车门
2	施封锁	(3)施封锁站名、号码清晰
3	运输票据	(4)货车施封与运输票据记载一致

注：对装有剧毒品的车辆，加固锁加固和防盗报警装置无缺失、损坏，作用良好。

2. 在中途站

货物列车无改编作业时，货检站对货车的施封状态，仅凭列车编组顺序表的有关记载检查施封是否有效，不核对站名、号码；货物列车有改编作业时，货检站对货车的施封状态，交接时只核对站名，不核对号码。

整车货物变更到站时，处理站应对该车的装载加固情况进行检查，对施封货车应检查施封是否完好，站名、号码是否与票据相符。

发现问题，按规定处理。但装车站按施封办理的货车，途中不得改按不施封办理。

3. 在到站

按照运输票据的记载和表 8-3-1 货车施封交接检查的内容及质量要求逐车检查，确认施封是否有效。发现问题，按规定处理。

三、国际联运货车施封检查

我国发往或换装到朝鲜以及朝鲜进口或过境我国的棚车、冷藏车，应选用上下部门扣良好的车辆，上部门扣以 10 号铁线拧固，下部门扣施以施封锁(环状)。列车编组站在列车编组顺序表上均应注明“㊇”字样。

朝鲜进口或过境我国的，上部门扣以 8 号铁线拧固，凭下部门扣原朝鲜封印(铅饼)交接。

在发站、到站、局间分界站(或商定的交接站)以及补封站，均应检查封印的站名、号码。发现封印丢失、失效，由交方编制普通记录并补施封锁。

其他国际联运货车的施封及交接方法，按《管规》规定办理。

国境站对外交接时，按现行国际联运办法的规定办理。

第四节 篷布苫盖交接检查

篷布是铁路货车辅助用具，用于苫盖敞车装运的怕湿、易燃货物或其他需要苫盖篷布的货物。篷布苫盖捆绑质量直接影响运输安全和货物安全，因此交接检查时，必须认真检查篷布的苫盖捆绑情况。

一、篷布苫盖不良的危害

1. 易引发行车事故

篷布苫盖捆绑不良，篷布、绳索就有可能刮坏行车设备或超限(图 8-4-1)构成行车事故。

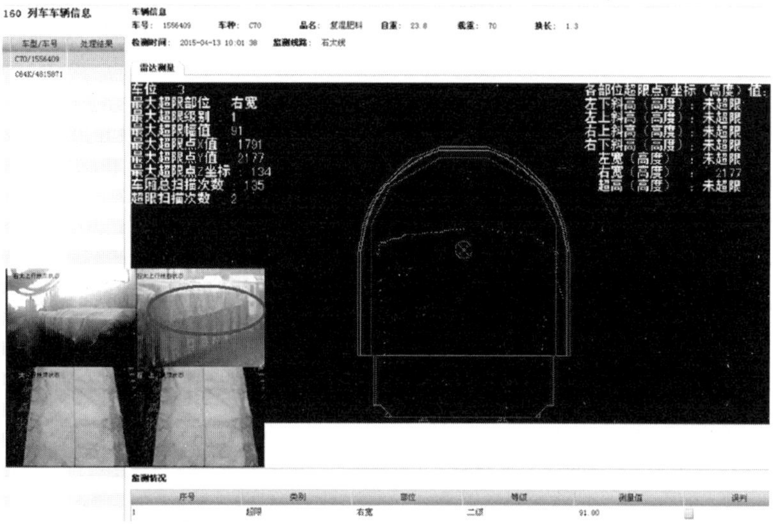

图 8-4-1　篷布苫盖捆绑不良,导致超限

如《事规》第十四条中一般 C 类事故范围:

C16. 列车运行中刮坏行车设备设施。

C17. 列车运行中设备设施、装载货物(包括行包、邮件)、装载加固材料(或装置)超限(含按超限货物办理超过电报批准尺寸的)或坠落。

2. 危及人身安全

列车运行时,篷布脱落、绳索断开会危及接发列车人员、列检人员、货检人员等铁路工作人员的人身安全。

3. 造成货物损失

篷布苫盖捆绑不良,会造成装运货物的湿损、丢失,易燃货物还会引发火灾。

二、篷布苫盖要求

1. 认识篷布

篷布是铁路货车辅助用具,用于苫盖敞车装运的怕湿、易燃货物或其他需要苫盖篷布的货物。篷布由布体、眼圈、角绳、端绳、压绳等组成,图 8-4-2 为铁路货车 D 型篷布示意图。

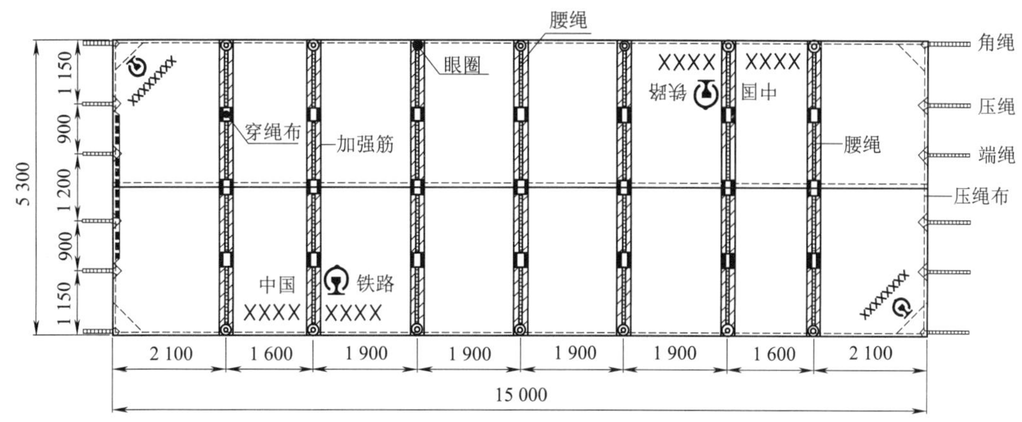

图 8-4-2　铁路货车 D 型篷布示意图(单位:mm)

篷布按产权分为铁路篷布和自备篷布。毒害品、腐蚀性物品及污染性物品不得使用铁路篷布。

2. 篷布苫盖的基本要求

(1)货物装载高度超过端侧墙 1 m 以上或有押运人乘坐的敞车不得苫盖篷布。

(2)篷布、篷布绳网不得作为货物加固材料使用。

(3)需要加固的货物必须在苫盖篷布前捆绑加固完毕。

(4)货车绳拴上无残留的旧绳头、铁线等废弃物。

(5)货物装载高度低于车辆端侧墙时,可安置篷布支架,支架突出部位与篷布接触处应采取防磨措施。

3. 篷布的苫盖

(1)苫盖前质量检查。

布体完整,无破损,眼圈完好,标记、号码完整清晰。绳索齐全、完整、无接头、插接牢固,与篷布连接正确。

(2)苫盖方法。

①正面(腰绳向外)纵向苫盖。货车两侧篷布下垂高度应一致。货车人力制动机一端篷布下垂遮盖端墙部分高度 300～500 mm,另一端下垂遮盖端墙部分高度 600 mm 左右。

②每车苫盖一张篷布。车辆较短时,篷布多余部分可折叠在中部相邻两腰绳处的篷布下方,折叠部分两腰绳对角拉紧拴固。

③将篷布角绳拉紧,使篷布角向内侧展开成三角形,布角两面压平后折向货车端墙,在车辆两端严密包角,使压绳压住包角。

(3)篷布按以下方法捆绑:

①篷布绳应拴结在货车绳栓上,不得捆绑在其他部位。

②货车两端篷布角绳沿货车端墙交叉后分别拴结在车辆端部的两绳栓上。角绳经货车人力制动机闸台时,应从其上方通过;经闸杆、提钩杆时,应从其内侧穿过。

③货车两端篷布中间的二根端绳分别垂直向下拉紧拴结在车辆端部的两绳栓上,经提钩杆时,也应从其内侧穿过。

④篷布每端的压绳应压住篷布包角拉紧,使篷布紧贴在车辆端墙上,分别捆绑在车辆侧部的第一个绳栓上,不得拴结在牵引钩上。

⑤腰绳应直拉拴结在车侧绳栓上。弹力绳弹力部分的拉伸长度根据装载货物的情况具体确定,不得小于 200 mm。车辆中间有绳栓的,中间的腰绳捆绑在车辆中间的绳栓上;车辆中间无绳栓的,篷布中间的腰绳分别捆绑在靠近车辆中间的绳栓上。其他腰绳,从车辆两端开始,朝向车辆中部,顺序捆绑在相应绳栓上。弹力棒不紧靠眼圈时,应将弹力绳从中间收起,并将中间多余绳索折叠打两个死结后余尾用绳卡或麻线绑 5 圈与自身绳杆捆紧。

⑥篷布绳栓结采用蝴蝶套结法或回头花结法,拴结后的绳头,应绕在自身绳杆上,至少打两个死结。绳头余尾长度 100～300 mm。

⑦除篷布自带绳索和篷布绳网外,不得使用其他绳索捆绑篷布。

(4)篷布绳网苫盖。

苫盖篷布绳网时,网要盖正,网眼完全张开,与篷布密贴。先从车辆两侧拴结,使篷布绳网完全盖住篷布,最后拴结车辆两端的拴结点。篷布绳网与货车的捆绑按照篷布与货车的捆绑要求办理。

(5)篷布绳、篷布绳网系绳余尾均须使用绳卡进行加固。使用时,将拴结后的绳尾拉紧贴在自身绳杆上,绳卡头印有标记面及齿面朝向外侧,离绳尾部 50 mm 处,将锁绳绕过绳尾和绳杆后从锁绳插槽底部向上穿出，并沿锁绳插槽方向拉紧，将卡绳端锁紧齿与压块上的齿啮合，此时，绳卡进入锁紧工作状态。打开时，沿插槽反方向用力拉锁绳，绳头沿断裂槽处破坏，绳卡即可打开。

4. 苫盖后检查

(1)篷布苫盖平坦，货物不外露，两端包角密贴，两侧线条流畅。各部位不超限。

(2)绳索拴结、捆绑位置正确，绳结牢固，无松弛脱落，捆绑在绳栓上的绳索呈蝶翅形结，绳头余尾长度 100～300 mm。

(3)货车人力制动机一端篷布下垂遮盖端板部分长度 300～500 mm。货车人力制动机闸盘外露，不影响人力制动机及提钩杆使用。另一端的下垂高度 600 mm 左右，篷布过长时可超过此长度，但不得影响压绳使用。

(4)车辆两侧篷布下垂高度一致。

(5)篷布(包括篷布绳网)苫盖完毕后，装车单位对车辆两侧(包括篷布号码)、两端篷布苫盖状态各拍照一张，留存 3 个月。

三、交接检查中的典型案例

1. 货车篷布未苫盖绳网

图 8-4-3 为某站用敞车装纤维板，货车篷布未苫盖绳网，被途中货检站扣车处理。

2. 篷布破损或篷布被割货物被盗

图 8-4-4 为 NX_{70}5452299 装汽车，汽车自苫布顶部破损 3 m。图 8-4-5 为某站用 C_{64K} 4873317 装运的大米，因途中篷布被割货物被盗，导致偏重 13.3 t。

图 8-4-3　货车篷布未苫盖绳网

图 8-4-4　苫布顶部破损

3. 篷布绳索问题

图 8-4-6 为 C_{62BK}4666127 装运化肥，篷布绳索折断。图 8-4-7 为篷布、绳网的绳索未按规定拴结。

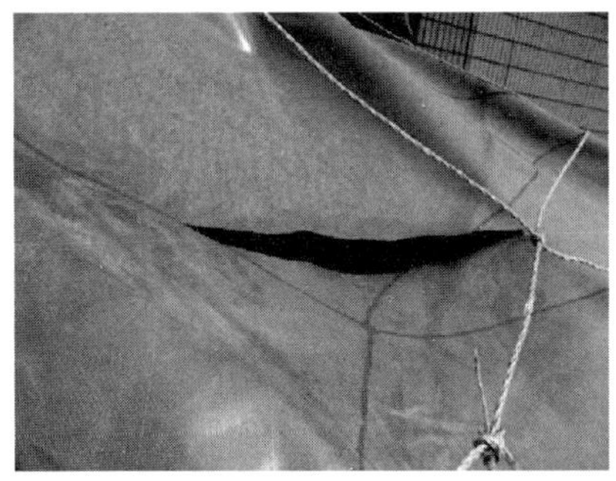

图 8-4-5　篷布顶被割，货物被盗

图 8-4-6　篷布绳索折断

4. 货物装载不良,货物下垂外露

图 8-4-8 为 C_{70}1573479 装运玉米,货检作业时,发现运行方向右侧有货物下垂外露。

图 8-4-7　篷布、绳网的绳索未按规定拴结

图 8-4-8　货物下垂外露

四、交接检查内容及发现问题的处理

苫盖篷布的货车货运检查时,检查人员应按照运输票据的记载逐车检查,按货车篷布交接检查内容及质量要求(表 8-4-1)检查篷布绳网的苫盖捆绑情况,不得遗漏。发现问题按规定处理。

发现易燃货物未按规定苫盖篷布绳网或未采取防护措施,发现站须按规定补苫和处理后,电告发站、发局,并抄国铁集团货运部。

表 8-4-1　货车篷布交接检查的内容及质量要求

序号	检查项目	内容及质量要求
1	篷布数量	(1)现车与票据记载篷布块数一致
2	篷布布体	(2)篷布布体完整、无破损,货物无被盗
3	篷布苫盖	(3)篷布苫盖平整,车辆两侧篷布下垂高度一致,货物不外露,两端包角密贴,两侧线条流畅,各部位不超限; (4)货车人力制动机闸盘外露,不影响人力制动机及提钩杆使用; (5)篷布顶部无异物
4	篷布绳网	(6)篷布绳网的网眼完全张开,与篷布密贴,完全盖住篷布
5	篷布及绳网的绳索	(7)篷布及绳网的绳索齐全、无接头
6	绳索的拴结	(8)绳索拴结、捆绑位置正确,绳结牢固,无松弛脱落; (9)绳索余尾处理符合要求
7	火灾异情	(10)无火灾等异情

第五节　货物押运工作的检查

货物押运工作是保证货物运输安全的重要措施,对运输途中需要照料或看护货物,托运人应按规定派押运人。

一、货物押运工作的一般要求

在铁路货物运输中,有些货物因性质特殊,在运输途中需要由熟悉货物性质的人加以特殊防护和照料,才能保证货物在运输途中的安全与完整,托运人必须派人押运。

1. 下列货物在运输时应按规定派押运人

(1)活动物。

(2)需要浇水运输的鲜活植物。

(3)生火加温运输的货物。

(4)挂运的机车和轨道起重机。

(5)液化气体罐车(含卸空车)。

(6)特殊规定应派押运人的货物。

对需派押运人的货物,除特定者外,每批押运人数不应超过两人。托运人要求增派押运人或对上述以外的货物要求派押运人时,须经承运人承认并在运单上"承运人记事"栏内注明。

对派押运人运的货物,托运人应在货物运单"托运人记事"栏记明押运人的姓名、联系电话、证件名称及号码。

2. 对押运员的一般要求

从事货物押运工作的押运人,应遵守押运人须知中规定的事项和有关铁路货物运输的规定:

(1)押运人应熟悉所押运货物的习性,押运时应携带所需安全防护、消防、通信、检测、维护等工具以及生活必需品,不得携带危险品和违反政令限制的物品。

(2)押运员应随身携带能证明自己押运身份的有效证件及"押运人须知";按规定穿着印有红色"押运"字样的黄色马甲,不符合规定的不得押运。

(3)押运途中要严格执行全程押运制度。

(4)押运员执行押运任务期间,不得生火(需要生火加温运输的货物除外)、做饭、用明火照明,严禁吸烟、饮酒及做其他与押运工作无关的事情。在途中严禁擅自离岗、脱岗。

(5)严禁押运员在区间或站内向押运间外投掷杂物。对押运期间产生的垃圾要收集装袋,到沿途有关站后,可放置车站垃圾存放点集中处理。

二、鲜活货物的押运要求

运输活动物时,托运人必须派熟悉动物特性的押运人随车押运,负责做好动物的饲养、饮水、换水、洒水、看护和安全工作。押运人每车一至两人。押运人携带物品只限途中生活用品和途中需要的饲料和饲养工具,并严格遵守"押运人须知"和铁路的有关规定。为放蜂需要带的狗必须装在铁笼内,并交验检疫证明。装运活鱼托运人随车携带增氧机时,必须配带 1～2 只灭火器。随车携带的动力用柴油不得超过 100 kg。柴油应盛装于小口塑料桶内,口盖必须拧紧,严密不漏。严禁使用汽油动力增氧机,严禁携带汽油上车。

运输过程中发现活动物染疫、疑似染疫、病死或死因不明时,押运人应及时通知车站。车站发现上述情况时,应及时向当地兽医主管部门、动物卫生监督机构或者动物疫病预防控制机构报告,同时拍发电报通知发、到站和上级主管部门,并采取隔离等控制措施,防止动物疫情扩散。严禁乱扔染疫、疑似染疫的活动物,病死或死因不明的活动物尸体。

活动物的排泄物以及垫料、包装物、容器等污染物应由押运人或收货人在铁路指定站或到站清除,并按动物防疫部门的规定处理,不得中途随意向车外抛撒,不得违规在中途站清扫和冲洗。

三、危险货物运输押运

1. 全程押运的危险货物

(1)爆炸品(烟花爆竹、军事运输除外)、硝酸铵。

(2)剧毒品(《品名表》"特殊规定"栏有第67条特殊规定的,以下同)。

装运剧毒品的罐车和罐式箱不需押运。

(3)罐车装运气体类(含空车)危险货物。

新造出厂的和洗罐站洗刷后送检修地点的及检修后首次返空的气体类危险货物罐车不需押运,但应在运输票据上注明"新造车出厂"、"洗刷后送检修"或"检修后返空"字样。

(4)其他危险货物需要押运时按有关规定办理。

2. 同一托运人、同一到站押运方式、车辆及人数规定

(1)气体类6辆重(空)罐车(含带押运间车辆)以内编为1组,每组押运员不得少于2人;每列编挂不得超过3组;每组间的隔离车不得少于10辆(原则上需要用普通货物车辆隔离)。

(2)剧毒品(《品名表》"特殊规定"栏有第67条特殊规定的)4辆(含带押运间车辆)以内编为1组,每组2人押运;2组以上押运人数由铁路局集团公司确定。

(3)硝酸铵4辆以内编为1组,每组2人押运;2组以上押运人数由铁路局集团公司确定。

(4)爆炸品(烟花爆竹除外)每车2人押运。

上述车辆编组隔离除符合本条规定外,还应符合《技规》关于铁路车辆编组隔离的规定。

派有押运员的车辆,成组挂运时,途中不得拆解。

3. 对危险货物押运员的要求

对需全程押运的危险货物,押运人除应遵守"对押运员的一般要求"外,还应遵守下列有关规定:

(1)押运员应当掌握所押运危险货物的性质、危害特性、包装容器、载运工具的使用特性和发生意外的应急措施。

(2)押运员除应随身携带能证明自己押运身份的有效证件及"押运人需知"外,还应携带"培训合格证明"。气体类罐车押运员应按《危规》附件8有关规定携带工具备品及证件资料。

(3)押运员在押运过程中应遵守铁路运输的各项安全规定,并对自身安全和所押运货物的安全负责。

(4)押运管理工作实行区段签认负责制。

爆炸品、硝酸铵、剧毒品(非罐装)、气体类和其他另有规定的危险货物运输作业实行签认制度。作业应按规定程序和作业标准进行并签认。要对作业过程内容的完整性、真实性负责,严禁漏签、代签和补签。签认单保存期半年。

押运员在途中要严格执行全程押运制度,押运员应在所押运的车辆前与货检人员认真进行签认"铁路危险货物途中作业签认单"、"铁路剧毒品途中作业签认单"或"危险货物罐车途中作业签认单(气体类)",严禁擅自离岗、脱岗。

押运员应在所押运的车辆前与货检人员签认"全程押运签认登记表",托运人再次办理运输时(含应押运的气体类罐车返空)应出具此登记表,并由车站保留3个月。对未做到全

程押运的,再次办理货物托运时车站不予受理。

(5)押运员应熟悉应急预案及施救措施,在运输途中发现异常现象时,应及时采取应急措施并向铁路部门报告。

4. 对押运间管理

对有押运间的货车,押运间的运用管理应遵守下列规定:

(1)押运间仅限押运员乘坐,不允许闲杂人员随乘。运行时,押运间的门不得开启。押运间内应保持清洁,严禁存放易燃易爆物品及其他与押运无关的物品。

(2)对未乘坐押运员的押运间应锁闭,车辆在沿途作业站停留时,押运员应对不用的押运间进行巡检,发现问题,及时处理。

(3)押运员应对押运间进行日常维护保养,破损严重的要及时向所在车站报告,由车站通知所在地货车车辆段按规定予以扣修。对门窗玻璃损坏等能自行修复的,应及时修复。

四、有押运人车辆交接检查中的典型案例

1. 押运人在押运途中吸烟

20××年4月27日,某次货运列车运行至A站3道,机后20位NX_{17K}5264349(装载汽车)因押运员吸烟后乱扔烟头引燃平车木地板停车,12:12将明火扑灭,木地板着火面积4.65 m²,如图8-5-1所示。构成铁路交通一般C类事故。

被烧毁的车地板

押运员扔的烟头

押运员的香烟

图8-5-1　押运员吸烟后乱扔烟头引燃平车木地板

2. 押运员向车外乱扔杂物

20××年5月8日,某次货物列车运行至陇海线偃师至首阳山间,与某次旅客列车会车时,尾前第2位P_{62N} 3320597车内的押运员向外抛物,造成旅客列车机车玻璃被击碎,司机面部受伤。

五、交接检查内容及发现问题的处理

货物押运工作是保证货物安全和运输安全的重要措施,对有押运人的车辆检查时,应按表8-5-1规定的项目、内容及质量要求,认真检查货物押运工作。

表8-5-1　货物押运工作交接检查的内容及质量要求

序号	检查项目	内容及质量要求
1	押运员在岗情况	(1)押运员有无擅自离岗、脱岗; (2)押运员姓名、身份证号与货物运单记载一致; (3)危险货物押运员人数符合规定

续上表

序号	检查项目	内容及质量要求
2	押运员有无按规定携带必要的证明文件	(4)押运人按规定携带“押运人须知”; (5)危险货物押运人按规定携带“培训合格证明”; (6)气体类罐车押运员携带“全程押运签认登记表”; (7)按规定携带必要的其他证明文件
3	押运备品	(8)押运备品符合规定
4	有无违反货物押运规定行为	(9)押运员按规定穿着印有红色“押运”字样的黄色马甲; (10)押运员无吸烟、饮酒、生火(需要生火加温运输的货物除外)、做饭、用明火照明,乱扔垃圾等违反押运规定的行为
5	押运间检查	(11)对有押运间的车辆,检查下列内容: ①押运间内应保持清洁,无易燃易爆物品及其他与押运无关的物品; ②未乘坐押运员的押运间锁闭良好,无异状
6	货车表示牌	(12)对需要禁止溜放、限速连挂、编组隔离的车辆有按规定插挂货车表示牌
7	危险货物签认	(13)爆炸品(烟花爆竹、军事运输除外)、硝酸铵、剧毒品、气体罐车(含空车),货检员与押运员现场办理签认
8	其他	(14)货检员应对押运员证件等信息进行拍照或记录并反馈

检查发现押运备品不符合要求,押运员身份与携带证件不符或押运员缺乘、漏乘时应及时甩车,做好登记,并通知发站或到站联系托运人、收货人补齐押运员或押运备品,编制普通记录后方可继运。

检查发现押运人未按规定着装、吸烟等其他违反押运规定的行为时,应立即纠正。

第六节　棚车交接检查

棚车是有顶棚、侧墙、地板、车门和车窗的铁路货车,属于整体承载结构。棚车主要用来装运贵重、怕湿等易受自然条件影响的货物,有的棚车还可在车内安装火炉、烟囱、床板等,必要时可以运送人员和牲畜。

铁路棚车包括普通棚车和专用棚车两类。专用棚车是指专门用于装运某一类货物的,如行包专用车、邮政车、活顶棚车、毒品专用车等。普通棚车主要用于装运普通货物,在棚车家族中数量最多。

一、棚车装载货物的基本要求

使用棚车装载成件包装货物时,应从车辆的两端向车辆中部连续装载货物,应排列紧密、整齐,码放稳固,做到紧密装载,大不压小、重不压轻,大件、重件不堵车门。

混装货物应排列紧密、整齐。容易窜动、滚动、倒塌的货物不得装在车门处。

货物装车后,除有押运人的货物、需要通风运输的货物外,按规定关闭并加固车门。除托运人认为不需要施封的货车外,在每个车门下部门扣处各施施封锁一枚,并在运输票据上记明施封及号码。

二、棚车在交接检查中的典型案例

1. 偏载

20××年6月8日，站用P62NT3313533装箱装货物，托运人与外勤货运员共同检查，该车装负重轮25件、主动轮10件。6月10日17:50由货三调入站内5道，21:18由该站挂出。6月12日2:01，该车由某次挂运至货检站，轨道衡发现该车偏载8.9 t，该货检站扣车处理。

棚车装运货物时，应从货车两端向中部连续装载。车内货物装载不均衡，车辆重心倾向一侧，严重时会将旁承游间压死。由于旁承游间压死，造成车辆一侧游间为0，车辆在运行至曲线较小的弯道时，车辆有脱线、燃轴、热切、颠覆等危险。

2. 偏重

20××年4月5日，某站用P64K3403186装运的一车骨粉，到站茂名，4月6日通过柳州南站超偏载检测发现该车偏重16.43 t(图8-6-1)，随即甩车到柳州东站处理。

车号:**3403186**车辆追踪信息

序号	车站	测点	检测设备	通过时间	车种车型	车号	发站	到站	品名	自重(t)	标重(t)	允增(t)	总重(t)	净重(t)	超载(t)	偏载(mm)	偏重(t)
1	柳州南	柳江	超偏载	20××/04/06 22:57	P64K	3403186	—	茂名东	骨粉	25.60	58	2.20	79.30	53.70	0	右47	后16.43

图8-6-1　P64K装骨粉偏重

经查，车内所装货物并非全部为运单记载品名骨粉，而是夹有一半骨头，骨头和股粉虽包装大小基本相同，但件重不同，且两种货物在车内分布不均衡，导致货车偏重。

3. 超载

如某站用P703811720装运纯碱，经货检站时，超偏载检测发现该车超载7.6 t，复衡确认超载7.9 t。

4. 车门关闭不良

(1)车门关闭不严，如图8-6-2所示。

(2)车门滑轮导轨变形、损坏。

棚车车门滑道断裂(图8-6-3)、变形、开焊(图8-6-4)，在车门开启过程中会顺着滑道断裂、变形断开处脱落。列车运行中，由于受各种力的作用较大，滑道开焊程度加大，会产生滑道下沉，车门脱落等事故。

图8-6-2　棚车车门关闭不严

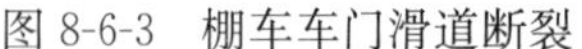
图 8-6-3　棚车车门滑道断裂

图 8-6-4　棚车车门滑道变形、开焊

(3)车门下滑轮脱槽或短少。

图 8-2-4 为某次货物列车，第 25 位空棚车(P_{62}NK3315913)运行左侧门滑轮脱槽。

图 8-2-5 为某次货物列车，机后第 12 位空棚车(P_{62}N3319164)运行左侧车门缺少一滑轮。

棚车车门滑轮出槽主要有两方面原因：一是由于车门滑轮向外弯曲变形，脱离滑道；二是由于车内货物挤胀车门，造成滑轮脱离滑道。

棚车车门滑轮出槽、缺少滑轮，容易造成车门脱落，危及行车安全和货物安全。

(4)车门立帮脱槽，货物外露。

某站用 P_{70}3109668 装运大米，货物装车时，由于车门处货物紧靠车门，在列车运行时，在外力作用下，车门处货物挤压车门，造成车门边框脱槽，货物外露，如图 8-6-5 所示。

图 8-6-5　P_{70} 装玉米挤压车门，导致立帮脱槽

车门关闭不严，会造成货物外露，容易造成货物的被盗、丢失或湿损。

车辆在运行过程中或车作业中所产生各种力的作用，车门立帮出槽，会使车门窜向另一侧，车门开启将导致货件或车门脱落，造成车辆脱线或颠覆事故。

5. 车底板破损，货物外露

20××年 5 月 4 日，某次通过临沂北站胶新线上行 TFDS 探测站发现机后 30 位 P_{70} 3803039 地板多处破损，一袋化肥即将脱落，如图 8-6-6 所示。检查发现该车车地板已破损 4 处，最大破洞 850 mm×490 mm，使用宽度 60～80 mm 的木条纵向压在破洞上方，因木条未与车底板固定，造成货物外露。

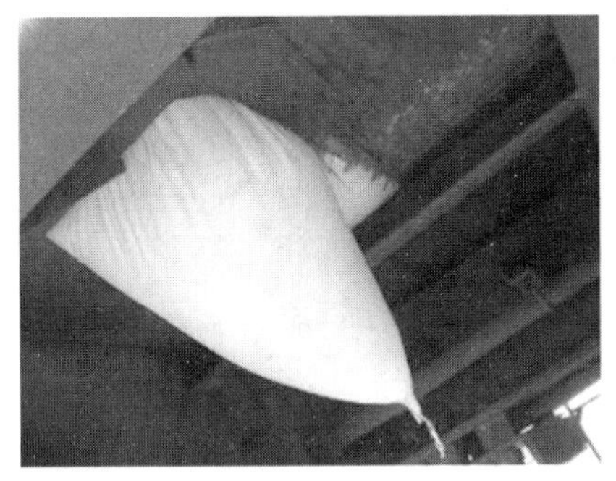

图 8-6-6　棚车底板破损,货物外露

6. 施封无效

装运货物的棚车,在货运交接中,发现封印站名、号码不清晰,票据记载施封而实际无封印,到站检查发现封印号码与票据记载不一致,均按施封无效处理。

例如,某次列车到达石家庄南站,货检发现,机后第 14 位 P_{62T}3120002,内装卷烟,货车左侧无封,石家庄南站会同公安补封(05657)一枚继运。

三、交接检查的内容及质量要求

棚车车门部件损坏、滑轮脱槽会造成车门关闭不良;车门关闭不良、货物外露易造成货物的被盗、丢失或湿损;车体异物在运输途中抛洒会给行车安全带来隐患。交接检查时应按表 8-6-1 规定的项目、内容及质量要求认真检查,发现问题按规定处理。

表 8-6-1　棚车交接检查的内容及质量要求

序号	检查项目		内容及质量要求
1	车辆检查	1.1 车体	(1)车体异状符合表 6-3-2 有关规定; (2)车体及地板无破损,货物无外露; (3)车顶无异物,车体无危及运行安全的悬挂物
		1.2 车门	(4)门鼻无损坏,按规定加固; (5)门锁部件无损坏、缺失,锁闭良好; (6)滑轮导轨无变形、损坏,滑轮无脱槽、无缺失、无损坏并按规定加固; (7)车门无严重变形,无破损; (8)车门关闭良好,立帮入槽,货物不外露,无被盗痕迹
		1.3 车窗	(9)车窗无损坏、短少,关闭良好; (10)需通风运输时,开启的车窗加固良好,不超限
		1.4 其他	(11)无扣修通知、色票; (12)有重空阀的车辆,重空阀位置正确
2	货车施封		(13)施封的货车,按表 8-3-1 规定的项目、内容及质量要求检查
3	押运工作		(14)对有押运员的车辆,按表 8-5-1 规定的项目、内容及质量要求检查
4	货车表示牌		(15)对需要禁止溜放、限速连挂、编组隔离的车辆有按规定插挂“货车表示牌”
5	超偏载情况		(16)无超载、偏载、偏重问题
6	火灾异情		(17)无火灾异情
7	其他		(18)鲜活货物无死亡、病害、变质、污染

注:需开启棚车门、窗时通风运输的货物,应检查门、窗是否固定良好;是否采取防止车门意外开启的安全措施;开启的门窗不超限。

第七节　散堆装货物(车)交接检查

一、散堆装货物特点及装运车辆

散堆装货物运量一直居铁路货物运输之首,具有装车集中、成组装车比重大,货物重量易受外界自然条件的影响等特点。

散堆装货物一般价值相对较低,货物品质不易受自然条件的影响,对装运车辆及运输条件的要求不高,主要以敞车装运,部分散堆装货物使用煤炭漏斗车、矿石车、C_{80} 型等专用车辆装运。

二、散堆装货物装载加固要求

散堆装货物装车应使用货运计量安全检测设备防止超载,装车后应采取平顶等措施防止偏载偏重。

针对散堆装货物运输中的典型问题,装运散堆装货物时,应做好下列工作:

(1)装车前和装车后,均应检查车门关闭状态,对车门关闭不严的货车,应进行封堵,以防止在运送途中货物撒漏,造成货物损失、污染环境。

(2)货物装车时,对颗粒较大的散堆装货物,其装载高度距端侧梁高度应预留出一定的安全高度,防止货物抛洒到车体外。

(3)散堆装货物装车后必须平整货物顶面。

散堆装货物装车后必须平整货物顶面的主要目的有两个方面:一是采用划线装车时,保证货物装载量的准确性;二是防止车辆出现偏载、偏重、集重装载等情况,危及行车安全或损坏车辆。

(4)正确确定货物的装载量,防止超载或亏吨。

(5)对运输过程中易出现扬尘的货物,应按规定进行抑尘处理。

(6)在货物装卸车作业完了,应认真清扫车体、车钩连接处的残货。

三、散堆装货物运输中的典型案例

1. 车门关闭不良、货物撒漏

(1)中门下门未锁闭或关闭不正确,如图 8-7-1 所示。

图 8-7-1　敞车中门下门锁未落实,造成车门外胀、货物撒漏

(2)中门上销未插入上侧梁锁套。

图 8-7-2 为站发站洗精煤，用 C_{64K}4854809 型车装运，货检发现运行右侧中门上销未插，车门外胀。

图 8-7-2　中门上销未插

(3)下侧门关闭不良或部件损坏。

图 8-7-3 为 C_{62BK}4627041 型车运行左侧小门门轴开焊，货物外漏。

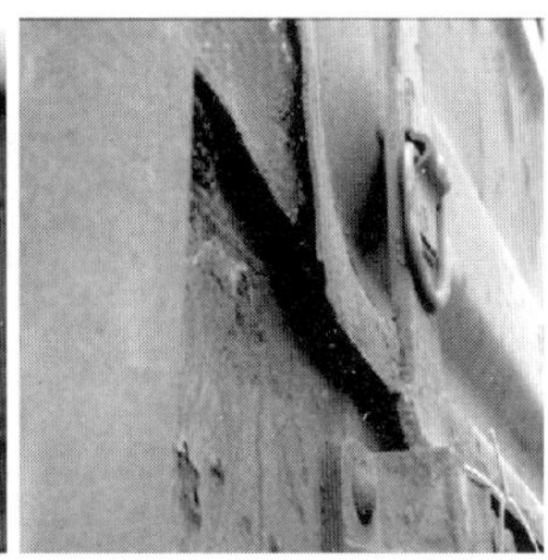

图 8-7-3　下侧门门轴开焊，货物外漏

使用敞车装运散装货物时，由于货物的挤压，会造成车门变形、外胀、车门关闭不良，货物撒漏。车门外胀严重时会危及邻线列车的运行安全，撒漏的货物不仅污染环境，还可能会对线路旁的行人、设备及会让的车辆造成危害，货物撒漏严重时，还会造成车辆偏重或偏载，危及行车安全。

(4)底开门车的底开门未关闭，货物撒漏。

底开门车的车门结构比较复杂，底开门未关闭一是会造成货物撒漏；二是部分货车底开门在打开状态时会超限。

20××年 4 月 17 日，某次货物列车(总重 3 135 t、编组 38 辆、计长 41.8，全列风动卸砟车)运行至 A—B 站间，机后第 28 位车辆运行方向右侧卸砟底门开启石砟撒漏，先后将与之交会的某次货物列车机车玻璃和机车右侧近光灯罩打破，被 A 站车站值班员喊停，经处理后 18:44 开车，构成铁路交通一般 C 类事故。经事后调查分析，造成本次事故的主要原因是车门开闭机构各塞门和离合器位置错误造成。

(5)车地板有破损，封堵不良，货物撒漏。

图 8-7-4 为 C_{62BK}4651807 型车装运洗块煤，因选用车地板状态不良的货车，货物途中撒漏，导致偏重 10.58 t。

图 8-7-4　车底破损，货物撒漏

2. 货物被盗

20××年 4 月，某站用 C_{70}1602983 型车装运的块煤，因途中货物被盗，导致偏载 118 mm。

3. 违反货车使用限制，货车超载

20××年 6 月，某站用使用焦炭专用车（C_{70}C1540281）装运原煤，到站 B，途经过 A 站时，超偏载检测装置时报警超载 30.5 t，如图 8-7-5 所示。

车号：1540281 车辆追踪信息

序号	车站	测点	检测设备	通过时间	车种车型	车号	发站	到站	品名	自重(t)	标重(t)	允增(t)	总重(t)	净重(t)	超载(t)	偏载(mm)	偏重(t)
1	C	京哈上行	超偏载	20××/06/11 20:02	C_{70}C	1540281	—	B	原煤	23.80	70	0	85.10	61.30	0	右 0	前 1.44
2	A	京哈上行	超偏载	20××/06/05 03:20	C_{70}C	1540281	—	B	原煤	23.80	70	0	124.30	100.50	30.50	右 4	前 0.30
3	A	米沙子	TPDS	20××/06/05 02:42	C_{70}C	1540281	—	B	原煤	23.80	70	0	118.60	94.80	24.80	左 10	后 0.17

图 8-7-5　C_{70}C 型车装原煤超载

4. 偏重

20××年 10 月，某站用 C_{70}1591032 型车装末煤，到站 B 站，途经 A 站时，超偏载检测装置时报警偏重 16.2 t，如图 8-7-6 所示。

车号：1591032 车辆追踪信息

序号	车站	测点	检测设备	通过时间	车种车型	车号	发局	发站	到局	到站	品名	自重(t)	标重(t)	允增(t)	总重(t)	净重(t)	超载(t)	偏载(mm)	偏重(t)
1	C	三台子	TPDS	20××/10/08 03:36	C_{70}	1591032	甲	—	乙	B	末煤	23.80	70	0	52.30	28.50	0	左 8	前 14.7
2	C	马三进场	超偏载	20××/10/08 04:32	C_{70}	1591032	甲	—	乙	B	末煤	23.80	70	0	49.50	25.70	0	右 3	前 14.6
3	A	上行 1 号	超偏载	20××/10/08 07:13	C_{70}	1591032	甲	—	乙	B	末煤	23.80	70	0	52.80	29	0	右 6	前 16.2

图 8-7-6　C_{70} 型车装原煤超载

5. 车体残货未清扫或车体异物

散堆装货物装(卸)车作业后,应认真清扫车体残货,清理车体异物。车体上未清扫的残货或异物,在列车运行过程中,可能会对线路旁的行人、设备及会让的车辆造成伤害。

京九线某次货运列车运行至 A—B 站间时,因机后12 位、13 位车辆装载石英砂,列车运行中,由于车体上残留的石英砂坠落(图 8-7-7),将与之交会的某次机车大玻璃击裂,构成铁路交通一般 C 类事故。

5. 敞车装焦炭围挡加固不良

图 8-7-8 为某站用 C70H1502745 型车装运焦炭,使用围挡加固并苫盖焦炭网,围挡倒塌,货物垂落。

6. 货物装车后未平顶或平顶工作不到位

图 8-7-9 为某站用 C62B4600400 型车装末煤,途经货检站时,货检发现该车未平顶,扣车处理。经调查,该车采用跨线漏斗装车,由于平顶机械作业不到位而造成。

图 8-7-7　车体残货未清扫

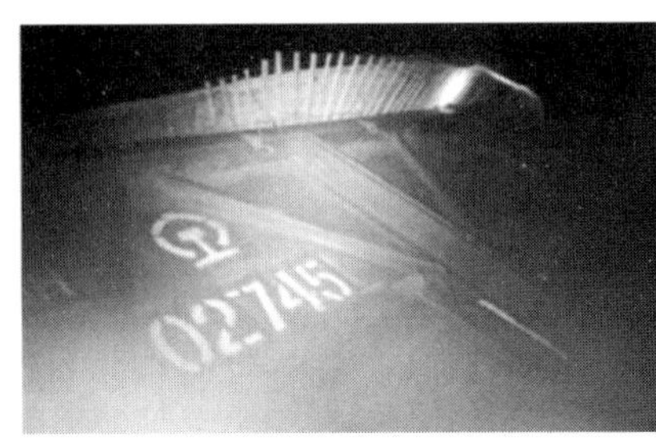

图 8-7-8　围挡倒塌,货物垂落

图 8-7-9　货物装车未平顶

四、交接检查内容

1. 使用底开门车装散堆装货物时

(1)检查底开门关闭状态。

K_{18DA} 型、K_{18AT} 型、K_{18AK} 型、KM_{70} 型等底开门车，应认真检查并确认底开门锁闭，且8个锁体处于落锁位置；连杆应冲过“死点”与上曲拐贴严，到达自锁位置；双向风缸处于收回位置；列车主管至储风缸的截断塞门与储风缸至操纵阀的截断塞门处于关闭状态；操纵阀手把位于手动位置。

K_{18F} 型、K_{18DG} 型、K_{18DG}(Ⅱ)型底开门车，应认真检查并确认底开门锁闭，四通阀手柄必须置于关门位；离合器拨叉手放在手卸位；首车与尾车的控制管均与机车和守车分开。

石砟漏斗车，应认真检查并确认底开门锁闭，风动系统中双向活塞应处于收回位置；离合器置于开位置；列车主管至储风缸的截断塞门与储风缸至操纵阀的各截断塞门关闭；各操纵阀把手处于中立位；装有防误转动装置的货车，须将防误转动装置与上部传动装置锁闭。

(2)检查货物是否平整顶面。

(3)检查车体无残货、车顶有无异物。

(4)检查是否超载、偏载、偏重。

(5)其他需检查的事项。

2. 使用敞车装运散堆货物时

使用敞车装运散堆货物时，按表 8-7-1 中规定的项目、内容及质量要求交接检查。

表 8-7-1　敞车装散堆装货物交接检查的内容及质量要求

序号	检查项目		内容及质量要求
1	车辆检查	1.1 侧门	(1)无破损，无严重变形； (2)配件齐全，无缺失、损坏，作用良好； (3)上下门锁关闭顺序正确，锁闭到位，按规定加固； (4)车门关闭、封堵良好，货物不外露
		1.2 下侧门	(5)无破损，无严重变形； (6)门轴无开焊，门带、折页无断裂； (7)门搭扣齐全无损坏，关闭后落槽； (8)车门关闭、封堵良好，货物不外露
		1.3 车体	(9)端侧墙无破损(封堵良好)，货物无外漏(撒漏)； (10)车辆端侧梁、闸台等部位已清扫，无残货； (11)货车钩链、绳拴、车辆顶部等部位无危及运行安全的悬挂物； (12)车体异状符合表 6-3-2 有关规定
		1.4 其他	(13)无扣修通知、色票； (14)有重空阀的车辆，重空阀位置正确
2	装载加固		(15)货物顶面平整，无被盗痕迹； (16)使用围挡时，围挡加固状态良好，有无倒塌危险； (17)焦炭网苫盖捆绑符合要求，绳索余尾是否符合规定； (18)无超载、偏载、偏重
3	火灾异情		(19)无火灾等异情

第八节　敞车装成件货物交接检查

敞车具有很大的通用性，是铁路运输中用途最广、数量最多的货车。敞车不仅用于装运散堆装货物，还适于装运成件货物中除阔大货物外的大多数货物。

一、装载加固要求

敞车装成件货物时，货物装车前应认真清扫车地板，装车时必须执行装载加固方案，遵守《加规》关于敞车装载货物免于集重装载的有关规定。货物装车后，应认真检查货物装载加固、车门的关闭状态，清除车体异物。

1. 成件包装货物

装载成件包装货物时，应排列紧密、整齐。

当装载高度或宽度超出货车端侧墙(板)时，应层层压缝，梯形码放，四周货物倾向中间，两侧超出侧墙(板)的宽度应一致。袋装货物袋(扎)口应朝向车内。对超出货车端侧墙(板)高度的成件包装货物，应用绳网或绳索串联一起捆绑牢固，也可用挡板(壁)、支柱、镀锌铁线(盘条)等加固。

袋装货物起脊部分应使用上封式绳网等进行加固。

2. 金属块、锭、坯

装载单件重量 1 t 及以下的金属块、锭、坯时，须均匀分布在车地板上。靠端侧墙(板)处货物的装载高度须低于端侧墙(板)。

单件重量超过 1 t、不足 4 t 的金属块、锭、坯，应大小头颠倒，均衡装载，可使用挡木或支撑方木加固。

成垛(捆)装载时，要求堆码整齐，并用镀锌铁线或盘条捆牢防止倾覆。

3. 钢板

使用敞车装载钢板，钢板宽度小于 1.3 m 时，应双排顺装，每垛使用盘条(钢丝绳)或钢带整体捆绑，捆绑间距不大于 2.5 m。钢板宽度不小于 1.3 m 时，可单排顺装。长度 7～9 m的钢板允许中部搭头，两端紧靠车端墙。

每垛货物高度一般不得大于货物底宽的 80%，不满足时应采取有效措施防止倒塌，货物层间及与车地板间应衬垫防滑。

4. 成捆或盒装薄板、马口铁、矽钢片

成捆或盒装薄板、马口铁、矽钢片等货物可使用敞车、棚车装载。成垛装载时，要求分布均衡，每垛货物高度不得大于货物底宽的 80%。货物层间及与车地板间须加防滑衬垫。

5. 钢丝绳、电缆

钢丝绳、电缆使用敞车卧装时，可使用钢、木座架，并采取加固措施。使用敞车立装时，每个轮盘下部垫横垫木(条形草支垫)或稻草垫。

6. 型钢及管材

型钢及管材使用敞车装载，根据需要可使用硬木支柱(钢管支柱)、隔木、掩木、稻草垫(条形草支垫或稻草绳把)、镀锌铁线、钢丝绳等材料进行加固。

(1)长短不一的各类型钢及管材混装一车时，应将重的装在下面，轻的装在上面，长的装在两侧，短的装在中间。

同一规格型钢及管材应成垛(捆)装载,堆码整齐,必要时,允许搭头、压边、压缝或重叠装载。

(2)型钢及管材的装载高度超出侧墙(板)时,每垛货物至少安插两对支柱。超出高度在1 m及以内时,捆1道腰线;超过1 m时,捆2道腰线。必须封顶。

敞车起脊装载钢管不使用支柱时,每垛(捆)管材需用钢带或钢丝绳捆绑,层间衬垫防滑。

(3)使用有端侧板平车装载长大型钢时,应紧密排摆成梯形,层间加垫防滑衬垫,并采用整体捆绑及反又字下压式加固。

(4)使用敞车装载大型管材时,应成垛(捆)装载,底部须掩垫牢固。仅使用衬垫防滑时,装在最上层的管材超过端侧墙高度应小于管材直径的1/2。

7. 其他成件货物(卷钢除外)

(1)装载货物时,对易窜动货物应在货物与车地板间及货物层间采取防滑措施;对易滚动货物采取防滚动措施。

(2)加固货物时,加固材料的数量、规格必须符合方案要求;必要时,加固线与货物、车辆棱角接触处应采取防磨措施。

(3)加固线应拴结在车内拴结点或车辆的绳拴上,绳索的余尾长度不小于100 mm,不大于300 mm。

二、敞车装成件货物交接检查中的典型案例

1. 货物装载加固不良

敞车装成件货物时,必须按方案装车。由于装车作业时,装车质量把关不严,在调车作业或列车运行时,由于外力的作用,致使货物发生移动(窜动)、滚动、倾覆、倒塌、坠落等危及行车安全和货物安全的各种问题。

(1)无方案装车。

20××年7月9日,某站用C_{70}1650087型车装运钢丝绳,无方案装车,且纵向未采取有效加固措施,导致偏重10.66 t,如图8-8-1所示。

(2)加固线捆绑不符合要求,绳索余尾未按规定处理,带来安全隐患,如图8-8-2所示。

(3)加固线与货物及车辆棱角处均未采取防磨措施,如图8-8-3所示。

(4)袋装货物超出端侧墙装载时,未按规定成梯形码放、向内收缩、层层压缝,如图8-8-4所示。

图8-8-1 无方案装车,货车偏重

图8-8-2 加固钢丝绳余尾未处理

其安全隐患是:当车辆运行时,超出端侧墙的货物会在纵向力的作用下向外窜出,存在倒塌、坠落等危险,危及行车安全。

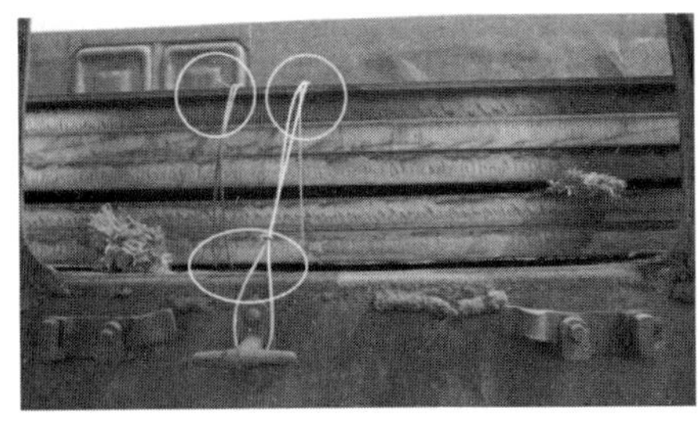

图 8-8-3　未采取防磨措施

图 8-8-4　货物顶部收缩幅度不足

(5)未采取防滑措施。

某站用敞车装载型钢 3 车,如图 8-8-5 所示。车内货物为 5.1 m 长方形钢管。车内货物靠两车端两垛装载,每垛码放四层,层间无防滑措施,两货垛纵向间距 2.3 m,存在偏重隐患;且并排装载货件横向缝隙较大,存在偏载隐患。

(6)装载加固不良,货物倒塌,造成车辆偏载。

某站用 C62BK4675372 型车装工字钢,由于违反装载加固要求,造成车内货物倒塌,车辆偏载 154 mm,如图 8-8-6 所示。

经事后分析,造成货物倒塌、车辆偏载原因是:一是货物未按要求装满车宽;二是对顶层货物进行了整体捆绑,违反了"对货物反又字整体捆绑 2 道"的规定。

图 8-8-5　未采取防滑措施

图 8-8-6　货物倒塌,造成车辆偏载

2. 调车超速连挂,货物窜动、车体破损

图 8-8-7 为敞车装圆钢,因调车作业时超速连挂,导致货物纵向窜动,车辆端墙破损。

图 8-8-7　圆钢纵向窜动,车辆端墙破损

三、交接检查内容及质量要求

为保证运输安全，对装运成件货物的敞车，按表 8-8-1 中规定的项目、内容及质量要求交接检查。

表 8-8-1　敞车装成件货物交接检查的内容及质量要求

序号	检查项目		内容及质量要求
1	车辆检查		(1)按表 8-8-2 规定的项目、内容及质量要求检查
2	装载加固	2.1 超出端侧墙的货物	(2)袋装货物，两侧超出侧墙宽度一致，并倾向中间； (3)装载货物加固良好，绳索、绳网、状态良好，无松脱；货物无倒塌、坠落、窜出的危险； (4)绳索无折断，拴结位置正确，余尾处理符合要求
		2.2 未超出端侧墙的货物	(5)货物无窜动、滚动； (6)加固线无折断、松脱，拴结位置正确，余尾处理符合要求； (7)加固线与货物、车辆棱角接触处已应取防磨措施的已采取
3	篷布苫盖		(8)苫盖篷布的货车，按表 8-4-1 规定的项目、内容及质量要求交接检查
4	超限检查		(9)各部位不超限
5	押运工作		(10)对有押运员的车辆，按表 8-5-1 规定的项目、内容及质量要求检查
6	货车表示牌		(11)对需要禁止溜放、限速连挂、编组隔离的车辆有按规定插挂“货车表示牌”
7	超偏载情况		(12)无超载、偏载、偏重问题
8	火灾异情		(13)无火灾异情

表 8-8-2　敞车装运货物时，车辆交接检查内容及质量要求

序号	检查项目	内容及质量要求
1	侧门	(1)无破损，无严重变形； (2)配件齐全，无缺失、损坏，作用良好； (3)上下门锁关闭顺序正确，锁闭到位，按规定加固； (4)关闭良好，货物不外露
2	下侧门	(5)无破损，无严重变形； (6)门轴无开焊，门带、折页无断裂； (7)门搭扣齐全无损坏，关闭后落槽； (8)关闭良好，货物不外露
3	端(侧)墙	(9)端侧墙无破损(封堵良好)，货物不外露(漏)
4	车内(有视频监控的车站)	(10)车底已清扫，车内无杂物
	车体	(11)货车钩链、绳拴、车帮、车辆顶部、闸台等部位无危及运行安全的悬挂物； (12)车体异状符合表 6-3-2 有关规定
5	其他	(13)无扣修通知、色票； (14)有重空阀的车辆，重空阀位置正确

第九节　集装箱货物(车)交接检查

集装箱运输是铁路货物的主要运输方式之一,在铁路货物运输中具有举足轻重的地位,做好集装箱货物(车)的交接检查,对保证行车安全具有重要意义。

一、装运集装箱的车辆

集装箱应使用集装箱专用平车或共用平车装运,禁止使用普通平车装运。确需使用敞车装运集装箱时,运行速度应执行有关规定,装运重箱时应采取防止偏载偏重的措施。

罐式箱和冷藏箱限使用集装箱专用平车(含共用平车)装运。

进入青藏线格拉段(不含格尔木站)和拉日线的重集装箱禁止使用敞车装运,空集装箱禁止使用未安装 F-TR 型锁的集装箱专用平车装运。

发往台州南站的集装箱禁止使用敞车装运。

二、装载加固要求

集装箱装车前,必须清扫干净车地板,确认箱体状态良好、车体上无杂物。集装箱专用平车或共用平车的锁头齐全,状态良好;装车时严格执行《箱规》附件 3 集装箱装运方案和集装箱平车装运方案;加固集装箱时,不得采用在货车上焊接、钉固等损坏车辆的加固方式,并遵守下列规定。

(1)集装箱不得与其他货物装入同一辆货车内。

(2)端部有门的 20 ft 集装箱使用集装箱专用平车或共用平车装运时,箱门应朝向相邻集装箱。但使用 X_{4K} 集装箱平车,两端箱位装载集装箱、中间箱位未装载集装箱时,箱门应朝向外侧门挡。

(3)使用未安装 F-TR 锁集装箱专用平车和共用平车装运空集装箱时,必须使用 4 股以上 8 号镀锌铁线捆绑。

其中,使用共用平车时,将集装箱底部角件与车辆捆绑牢固;使用专用平车时,将相邻两箱底部角件捆绑在一起,仅装运一箱时,须将集装箱底部角件与车辆底架捆绑牢固。卸车前,要将铁线剪断并清除干净,防止损坏车辆和箱体。

(4)使用敞车装运集装箱时,应均衡装载,并采取防止偏载的措施。

集装箱装车后,装车后必须确认锁头完全入位,箱门处的集装箱专用平车门挡或共用平车端板立起;全车集装箱总重不得超过货车标记载重,且应符合货车装载技术条件要求,保证货车不出现超载、偏载、偏重等问题。

三、集装箱货物(车)交接检查中的典型案例

1. 集装箱锁头未落入箱底槽

图 8-9-1 为 A 站发 B 站集装箱,该车集装箱后端 F-TR 型锁头未按规定落入箱底槽。图 8-9-2 为 C 站发 D 站集装箱,该车集装箱左侧前后端 F-TR 型锁头未按规定落入箱底槽。

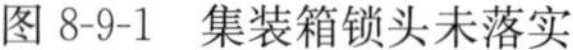

图 8-9-1　集装箱锁头未落实

图 8-9-2　集装箱锁头未落实

2. 空箱坠落

空集装箱使用未安装 F-TR 锁的集装箱专用平车或共用平车装空集装箱，装车后未按规定加固，在运输途中，在外力作用下，造成集装箱从货车上坠落。

20××年 1 月 6 日 17:50，某次列车运行至某处，机后 22、23 位车（共用平车）运行方向前端各 1 个 20 ft 空集装箱坠落在线路旁，如图 8-9-3 所示，构成铁路交通一般 C 类事故。

图 8-9-3　坠落的集装箱

3. 偏载、偏重

（1）违反集装箱装载要求，造成的车辆偏重。

20××年 10 月，某站用 C_{62AK}4509816 型车装两个 20 ft 集装箱，其中一个为空箱，一个为重箱，途经货检站时，检查发现车辆偏重 20 t。

（2）敞车装集装箱未采取防止货物移动的措施，造成的偏重。

20××年 9 月，某站用 C_{70}1610206 型车装的两个 20 ft 集装箱，由于集装箱装车后未采取防止货物移动的措施，运输途中在外力作用下，两集装箱纵向窜动，造成车辆偏重 13.42 t，如图 8-9-4 所示。

图 8-9-4　敞车装集装箱装纵向窜动

(3)敞顶箱装散装货物未平顶，装车作业把关不严，造成车辆偏载。

20××年7月29日，某站组织的敞顶箱循环列车，途经货检站时，超偏载检测发现机后第1位车号C_{70}1557733车辆偏重5.7 t、偏载102 mm，超出允许范围。货检站将该车送至货场进行整理。现场发现，该车装运的两个20 ft敞顶箱(内装砂石料)，箱内货物严重偏向一侧，且两箱偏重朝向一致，是造成该车偏重偏载的直接原因。

4. 箱体破损

由于集装箱本身质量问题或装载加固不良，货物运输途中，在外力作用下，集装箱破损。图8-9-5为集装箱运输途中箱顶脱落。

图8-9-5　集装箱箱顶脱落

5. 箱顶异物

3月23日14:50，某次列车到达A站，机后第2位5225013为某站发B站罐式箱自二重二，机检发现集装箱顶部有异物(图8-9-6)，A站扣车处理。

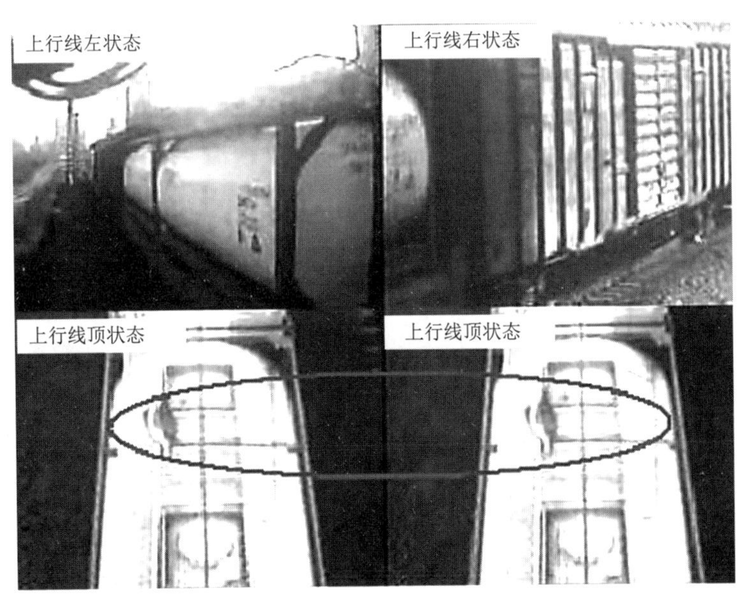

图8-9-6　箱顶异物

四、集装箱货物(车)交接检查内容及质量要求

为保证行车安全,集装箱货物(车)交接检查按表 8-9-1 规定的项目、内容及质量要求交接检查。

表 8-9-1 集装箱货物(车)交接检查的内容及质量要求

<table>
<tr><th>序号</th><th colspan="2">检查项目</th><th>内容及质量要求</th></tr>
<tr><td>1</td><td colspan="2">车辆的使用</td><td>(1)无违反货车使用限制;
(2)货车无扣修通知、色票</td></tr>
<tr><td rowspan="6">2</td><td rowspan="6">集装箱</td><td>2.1 箱体</td><td>(3)箱体可视部位无破损、部件无损坏;
(4)箱体无危及运行安全的悬挂物,箱顶无异物;
(5)端、侧部有门的集装箱,箱门关闭、加固良好</td></tr>
<tr><td>2.2 罐式箱</td><td>(6)罐体无破裂,罐体、阀门、管路、无渗漏;
(7)人孔、进(出)料口顶盖关闭良好、无渗漏;
(8)安全阀、气象阀无缺失、损坏;
(9)扶梯、步道无损坏</td></tr>
<tr><td>2.3 干散货箱</td><td>(10)顶开门关闭良好</td></tr>
<tr><td>2.4 柴电一体式冷藏箱</td><td>(11)发电机组安装稳固并采取有效防脱落措施,无漏油现象;
(12)易腐货物无腐烂、变质;
(13)车辆两侧按规定插挂“禁止溜放”表示牌</td></tr>
<tr><td>2.5 外接电式冷藏箱</td><td>(14)电源连接线无脱落现象;
(15)易腐货物无腐烂、变质;
(16)车辆两侧按规定插挂“禁止溜放”表示牌</td></tr>
<tr><td>2.6 敞顶箱</td><td>(17)货物装载不超出顶面;
(18)散堆装货物顶面平整;
(19)敞顶箱苫盖篷布时:
①布体完整、眼圈完好、绳索齐全、无破损;
②苫盖平整、货物无外露;
③绳索拴结捆绑位置正确,拴结牢固,无松弛脱落</td></tr>
<tr><td rowspan="2">3</td><td rowspan="2">装载加固</td><td>3.1 敞车装运时</td><td>(20)货车检查按表 8-8-2 规定的项目、内容及质量要求检查;
(21)已采取防止货物移动的措施</td></tr>
<tr><td>3.2 专用平车、共用平车装运时</td><td>(22)车地板(架)已清扫,无杂物,车体无危及运行安全的悬挂物;
(23)共用平车端板立起,部件无损坏;
(24)车辆锁头无缺失、损坏,锁头落入箱底槽,箱底任何一角无翘起;
(25)箱门相对或箱门朝向立起的门挡或共用平车端板;
(26)使未安装 F-TR 锁专用平车、共用平车装运空箱,按规定加固,加固线无折断,余尾处理符合要求</td></tr>
<tr><td>4</td><td colspan="2">货车表示牌</td><td>(27)对需要禁止溜放、限速连挂、编组隔离的车辆按规定插挂“货车表示牌”</td></tr>
<tr><td>5</td><td colspan="2">超偏载情况</td><td>(28)无超载、偏载、偏重问题</td></tr>
<tr><td>6</td><td colspan="2">火灾等异情</td><td>(29)无火灾等异情</td></tr>
<tr><td>7</td><td colspan="2">其他</td><td>(30)无扣修通知、色票;
(31)有重空阀的车辆,重空阀置于重车状态</td></tr>
</table>

第十节　平车装大件货物交接检查

平车是铁路运输中除敞车、棚车以外数量最多的货车，除集装箱专用车外，主要用来运送钢材、机械设备、混凝土桥梁等大件货物。

一、平车装运货物的要求

平车装大件货物时，货物装车前应认真清扫车地板，装车时必须执行装载加固方案。货物装车后，将货车端侧墙立起(货车端侧墙放下时，应按规定加固)，并认真检查货物的装载加固状态，清除车体异物。

1. 基本要求

(1)使用平车装运货物时，必须按方案装车。

(2)加固货物时，加固材料的数量、规格必须符合方案要求；加固方法符合装载加固方案。

(3)加固线应拴结车侧(端)的绳拴或支柱槽上，必要时，加固线与货物、车辆棱角接触处应采取防磨措施。绳索的余尾长度不小于 100 mm，不大于 300 mm。

2. 装运超长货物时

(1)装运超长货物时，应遵守“超长货物装载技术条件”。

(2)超长、超限货物装车后，车辆转向架任何一侧旁承游间不得为零(弹性旁承及旁承承载结构的货车除外)。遇球形心盘货车一侧旁承游间为零时，可用千斤顶将压死一侧顶起，落顶后出现游间，表明货物装载符合要求。

(3)货物装车后，应在货物或车地板上标画颜色醒目的易于判定货物是否移动的检查线。

(4)装运超长货物，发站还应在货物运单、票据封套、编组顺序表及货车表示牌上注明“超长货物”字样；以连挂车组装运时，应注明“连挂车组不得分摘”字样。

限速运行时，发站应在货物运单、票据封套、编组顺序表及货车表示牌上注明“限速××公里”字样。

3. 装运超限、超重货物时

超限、超重货物应按批准的装载加固方案装车，严格执行“装车质量签认制度”，禁止无确认电报装车。

(1)装车前。

①超限、超重货物装车前，按批准的装载加固方案测量货物尺寸；并在货物上标明重心位置(投影)、索点。

②通知车辆部门检查车辆技术状态；确认拟使用的车种、车型、车数符合确认电报和装车要求，装载加固材料和装置的规格、数量及质量符合装载加固方案规定。

③测量车地板的长度和宽度，在负重车上标划车辆纵横中心线。

④开好车前会，向装车人员布置装车事项。

(2)装车时。

装车时，站段应派超限超重运输和装载加固专业技术人员到装车现场进行指导。装载和加固作业须严格按装载加固方案进行。

(3)装车后。

①装车后,须检查、确认货物装载加固符合规定要求。重点检查、确认:

a. 货物实际装载位置符合装载加固方案。

b. 车辆转向架旁承游间符合规定。

c. 使用的加固材料和装置规格、数量、质量和加固方法、措施、质量符合装载加固方案。

d. 垫木、支(座)架等加固装置状态良好,完好无损坏。

e. 钢丝绳等加固线已采取防磨措施,捆绑拴结牢固,拴结点无损坏。

f. 焊接处焊缝长度、高度符合规定,焊接质量良好。

g. 跨装车组连接处的提钩杆捆绑牢固,车钩缓冲停止器已按规定安装。

h. 带有制动装置、变速器和旋转装置的货物,制动装置全部制动,变速器置于初速位置,旋转部位锁定牢固。

i. 自轮运转货物的动力传动装置已断开(机车车辆除外),制动手柄在重联位置并固定良好。

装车后,车辆转向架任何一侧旁承游间不得为零(结构规定为常接触式旁承的货车除外)。遇球形心盘货车一侧旁承游间为零时,可用千斤顶将压死一侧顶起,落顶后出现游间,表明货物装载符合要求。

使用落下孔、钳夹式车辆装载的货物,装后货物底部与轨面的距离不得少于 150 mm。

②确认货物装载加固符合规定要求后,须对照确认电报重点复核、确认:

a. 货物突出车端的尺寸、货物突出端与游车上所装货物的距离符合要求。

b. 超限货物装后各部位的尺寸(高度和宽度)、重车重心高未超出确认电报范围。

c. 货物支重面长度(跨装货物支距)符合要求。

d. 其他各有关数据符合要求。

③确认符合确认电报条件后,用颜色醒目的油漆标画易于判定货物是否移动的检查线,在货物两侧明显处以油漆书写、刷印或粘贴"×级超限、×级超重",或挂牌标识,并按规定在车辆上插挂货车表示牌。

④按规定会同有关单位(部门)填写"超限、超重货物运输记录",签认"车站超限、超重货物发送作业质量控制表",在货物运单、票据封套、编组顺序表上注明"超限货物"、"超重货物"或"超限、超重货物";以连挂车组装运时,应注明"连挂车组,不得分摘";限速运行时,应注明"限速××km/h"。

4. 普通平车使用六支点专用货物转向架装运 25 m 长钢轨时

普通平车使用六支点专用货物转向架装运 25 m 长钢轨时,两平车地板面高度差超过 20 mm 时,必须垫平,可不安装车钩缓冲停止器。遇有涂打㊇的平车,允许放下端侧板进行装运;提钩杆和放下的端侧板要捆紧锁牢。

5. 普通平车使用长钢轨专用座架多车负重装载装运长钢轨

(1)车辆选取与使用。

普通平车装运长钢轨(含道岔轨)时,应根据长钢轨的规格,选用一定数量车地板长度和标重合适的木地板平车;相邻车辆间不得使用车钩缓冲停止器。

对涂打㊇的平车,允许放下端侧板进行装运。装车前,将车辆提钩杆和放下的端侧板要捆紧锁牢。

(2)长钢轨专用座架选用和安装要求。

装载长钢轨时,应使用同一型号的长钢轨专用座架和紧固装置,相邻车辆上的座架底面高度(相对轨面)应相等,如高度不等超过规定限度时,需要垫平。

(3)长钢轨装载要求。

①长钢轨应沿车辆纵向对称装载,正向摆放,分层装载。相同长度的长钢轨端部应尽量对齐,因技术原因不能对齐时,则端部长短差不得大于 200 mm。

②长钢轨采用横向整层紧固方式进行固定,每一层钢轨装载完毕后,在该层锁定座架处使用对应型号紧固装置将本层钢轨紧固并与座架固定为一体。专用座架每层隔梁装后应锁定,每个锁定座架应捆绑加固在车侧丁字铁或支柱槽上。

③其他要求

a. 短尺长钢轨与定尺长钢轨混装时,应横向靠内侧、沿车辆纵中心线对称装载。必要时,应采取配重措施。

b. 不同型号的道岔轨混装时,同层钢轨型号必须相同,且较重型号钢轨应自下而上从底层装起。

c. 专用车组固定循环运输长钢轨、专用座架原车回送时,座架在平车上保持原位置及加固方式不变,紧固装置和隔梁应采取有效措施固定。

(4)重车车组禁止通过驼峰和溜放。

6. 预应力梁

(1)预应力梁装载方法。

长度为 32.6 m(重量不大于 115 t)和 24.6 m 的预应力梁,使用木地板平车装运时,只准使用 N17AK、N17AT、N17GK、N17GT、N17K、N17T、NX 型共用平车,可不受表 5-2-1 平车局部地板面承受均布载荷或对称集中载荷时容许载重量表的限制。

①长度为 32.6 m 的预应力梁,跨装支距一般为 27～28 m 并根据梁型确定,使用两辆平车负重跨装(中间加挂游车一辆)运送时,负重车及游车限用 13 m 长木地板平车。

②长度为 24.6 m 的预应力梁,跨装支距一般为 17.6～18 m 并根据梁型确定,使用两辆平车跨装运送时,限用 NX17B、NX17BH、NX17BK、NX17BT、NX70、NX70H 型共用平车。

(2)预应力梁的加固方法。

①货物转向架下架体每端用 8 号镀锌铁线、盘条或钢丝绳拉牵成八字形,捆绑在车侧丁字铁或支柱槽上。

货物转向架上架体与桥梁底部之间,需加防滑垫木。防滑垫木上应加铺一层橡胶垫,桥梁底部两侧与货物转向架上架体挡铁之间,用木楔楔紧卡牢。

②在货物转向架上架体预应力梁的两侧,分别使用斜支撑进行加固。斜支撑顶部与预应力梁体必须密贴顶牢,并用 8 号镀锌铁线或盘条将斜支撑与转向架上架体捆牢。

③横向位移不超过 20 mm,长度为 32.6 m 梁的纵向窜动不超过 250 mm、长度为 24.6 m及以下梁的纵向窜动不超过 150 mm 时,可以继续运行。

④斜支撑产生纵向倾斜时,必须进行整理。

7. 钢板及型钢

使用平车装载钢板时,可单排或双排顺装,装载高度超出端、侧板时,可使用支柱。每垛钢板采用反叉字下压加固,视钢板长度不少于 2 道,端部采用交叉斜拉加固。

使用有端侧板平车装载长大型钢时,应紧密排摆成梯形,层间加垫防滑衬垫,并采用整体捆绑及反叉字下压式加固。

二、平车装大件货物交接检查中的典型案例

1. 未按方案装车

20××年4月，某站用N17AK5062470型车装运轨枕，名义上按030117号装载加固定型方案装车，但实际装车的轨枕件重0.305 t，与方案中件重0.282 t不符，导致超载3.6 t。

2. 加固材料的规格、数量不符合要求

(1)使用加固线加固的货物，因加固材料的规格、数量不符合要求，在车辆运行中，由于外力的作用，致使加固线折断，货物窜动。

20××年7月13日，某次货物列车机后11位平车装载的钻井仪表组合平台，因捆绑的加固材料规格、数量不符合要求，在车辆运行中，由于外力的作用，捆绑钻井仪表组合台输出传动箱铁线松脱，造成输出传动箱向列车运行方向右侧转动倒下，超出车体1 800 mm(图8-10-1)，击打线路旁纳凉的行人、建筑及设备，造成22死亡、2人重伤、14人轻伤的铁路重大交通事故。

(2)使用掩档类加固材料，由于扒锔钉数量不足，造成掩档材料不起作用，如图8-10-2所示。

3. 加固线捆绑拴结不符合要求或未按规定采取防磨措施

(1)加固线松脱。

由于加固线捆绑拴结不符合要求，或加固线预紧力过大造成车辆部件损坏，加固线松脱。

图8-10-3为某站用NX17BK5283639型车装运机械零件，途经货检站时，货检发现运行右侧丁字铁丢失，加固钢丝绳脱落，扣车处理。

图8-10-1　钻井仪表组合台输出传动箱转动倒下

图8-10-2　掩挡不起作用

(2)未按规定采取防磨措施，如图8-10-4所示。

使用钢丝绳、盘条、铁线作为加固材料时，加固线与货物棱角、车底板边缘处无防磨措施时，在车辆运行中由于外力作用，造成加固线与货件棱角或车底板边缘发生摩擦，容易折断，造成货物发生位移，危及行车安全。

图8-10-3　加固线脱落

图8-10-4　加固线未按规定采取防磨措施

4. 货物外挂物脱落

9月22日，某次列车到达A站，机检发现N175040201型车运行前部右侧有一绿色铝合金板(图8-10-5)，该板长1 105 mm，宽625 mm，厚约2 mm。

图8-10-5　货物外挂脱落

经调查，该次列车全列编组50辆，其中机后第1～6位为某站装载履带式货物。该绿色铝合金板为机后第3位NX17BT5281646型车装载的货物上脱落的防护板。

5. 平车端板未立起

图8-10-6为平车装车后，未按规定立起端板。

图8-10-6　平车端板未立起

三、平车装大件货物交接检查内容及质量要求

1. 一车负重装载时

平车装大件货物一车负重装载(不使用游车)时，货物(车)按表8-10-1规定项目、内容及质量要求交接检查。

表8-10-1　平车装大件货物交接检查的内容及质量要求

序号	检查项目		内容及质量要求
1	车辆检查	1.1 车地板	(1)车地板清扫干净、无异物； (2)共用平车的锁头均处于非工作位
		1.2 端(侧)墙	(3)端(侧)墙锁铁、墙板无损坏； (4)端(侧)墙立起，放下运输时与车体捆绑一起
		1.3 其他	(5)无扣修通知、色票； (6)有重空阀的车辆，重空阀位置正确

续上表

序号	检查项目		内容及质量要求
2	装载加固	2.1货物装载状态	(7)货物装载状态良好,无移动、滚动、倒塌现象; (8)易旋转货物的臂、斗、梁加固良好稳固
		2.2加固线	(9)加固线拴结位置正确,捆绑牢固、无松脱危险; (10)加固线无折断,与货物棱角、车底板边缘按规定采取防磨措施; (11)加固线余尾处理符合要求
		2.3掩挡	(12)三角挡、掩木、挡木钉固良好,无移动、变形、损坏
3	超限检查		(13)非超限货物装车后不超限; (14)超限货物,按表8-10-2规定项目、内容及质量要求检查
4	押运工作		(15)除军运、长大货物车、有驾驶室的机械类货物外,不得设置押运棚,不得有押运人押运; (16)对有押运员的车辆,按表8-5-1规定的项目、内容及质量要求检查
5	超偏载情况		(17)无超载、偏载、偏重问题
6	货车表示牌		(18)对需要禁止溜放、限速连挂、编组隔离的车辆有按规定插挂货车表示牌
7	车体异物		(19)车侧绳拴、支柱槽及货物等部位无危及运行安全的悬挂物
8	火灾异情		(20)无火灾等异情
9	其他		(21)货物突出车端装载,未加挂游车时,未连挂带风挡的客车

2. 超限、超重车的交接检查

(1)禁止超限、超重车无调度命令挂运。

发站挂运超限、超重车前,应向铁路局集团公司调度所拍发超限超重车辆挂运申请电报,在征得调度所的同意并取得调度命令后方可挂运。挂运时,调度命令交值乘司机。

运行上有限制条件的超限、超重车,除有特殊要求外,禁止编入直达、直通列车。

挂有超限车的列车,按《站细》规定的线路办理到发或通过。遇到特殊情况需要临时变更线路时,须得到铁路局集团公司批准。

(2)超限、超重车的途中检查。

超限、超重车的途中检查是确保超限、超重货物运输安全的重要措施,铁路局集团公司必须加强对超限、超重车运行途中的检查,落实区段负责制。

途中检查站应按下列内容检查超限、超重车,并在超限超重货物运输记录上记录,签认检查结果。

①有无超限超重货物运输记录及其填写是否完整。

②货物两侧明显位置,是否有超限、超重等级标识。

③是否标画有检查线,货物装载加固是否良好,加固材料是否有松动或损坏。

如发现问题,应按照《检规》和《管规》等文件中的有关规定处理。

超限、超重车交接检查时,除按表8-10-1规定项目、内容及质量要求检查外,还应按表8-10-2中规定的项目、内容及质量要求交接检查。

表 8-10-2 超限、超重车交接检查内容及质量要求

序号	检查项目	内容及质量要求
1	调度命令	(1)有挂运调度命令
2	列车编组	(2)运行上有限制条件的超限、超重车,未编入直达、直通列车,特殊情况除外
3	限超重货物运输记录	(3)有超限超重货物运输记录; (4)限超重货物运输记录填写完整
4	超限超重货物标识	(5)在货物两侧明显处以油漆书写、刷印或粘贴"×级超限""×级超重",或挂牌标识
5	检查线	(6)在货物或车地板上标画颜色醒目的易于判定货物是否移动的检查线
6	其他	(7)在超限超重货物运输记录上记录,签认检查结果

3. 一车负重超长货物(车)的交接检查

一车负重超长货物(车),除按表 8-10-1 规定项目、内容及质量要求交接检查外,还应按表 8-10-3 规定的内容及质量要求交接检查。

表 8-10-3 一车负重超长货物(车)交接检查内容及质量要求

序号	检查项目	内容及质量要求
1	垫木或支架	(1)垫木或支架无变形、无移动现象; (2)垫木或支架中心线之间距离符合表 5-2-1 规定
2	提钩杆	(3)用铁线将连挂车组的提钩杆捆牢
3	超长标识	(4)在货物两侧明显处以油漆书写、刷印或粘贴"超长货物",或挂牌标识
4	检查线	(5)在货物或车地板上标画颜色醒目的易于判定货物是否移动的检查线
5	超限检查	(6)非超限货物装车后不超限; (7)超限货物,按表 8-10-2 规定项目、内容及质量要求检查
6	其他	(8)共用游车时,两货物突出端间距不小于 500 mm; (9)游车上装载的货物,与货物突出端间距不小于 350 mm,货物突出部分的两侧未装载货物

4. 长度为 32.6 m(重量不大于 115 t)和 24.6 m 的预应力梁交接检查

长度为 32.6 m(重量不大于 115 t)和 24.6 m 的预应力梁,除按表 8-10-1 规定的项目、内容及质量要求检查外,还应按表 8-10-4 规定的项目、内容及质量要求检查。

表 8-10-4 预应力梁交接检查的内容及质量要求

序号	检查项目	内容及质量要求
1	有无违反货车使用限制	(1)无违反货车使用限制
2	货物转向架	(2)货物转向架无移动、开焊、变形现象; (3)跨装支距符合要求
3	车钩缓冲停止器	(4)跨装车组按规定使用车钩缓冲停止器(特殊情况除外)
4	提钩杆	(5)用铁线将连挂车组的提钩杆捆牢
5	超长超限货物标识	(6)在货物两侧明显处以油漆书写、刷印或粘贴"超长货物""超级超限",或挂牌标识

5. 其他跨装运输的货物

其他跨装运输的货物，除按表 8-10-1 规定的项目、内容及质量要求检查外，还应按表 8-10-5规定的项目、内容及质量要求检查。

表 8-10-5　跨装运输时，货物车交接检查内容

序号	检查项目	内容及质量要求
1	货物转向架	(1)货物转向架、支架无移动、开焊、变形现象； (2)货物转向架的上架体与跨装货物，下架体与车辆分别加固在一起。加固方法不影响车辆通过曲线
2	车钩缓冲停止器	(3)按规定使用车钩缓冲停止器(特殊情况除外)
3	提钩杆	(4)用铁线将连挂车组的提钩杆捆牢
4	超长货物标识	(5)在货物两侧明显处以油漆书写、刷印或粘贴“超长货物”，或挂牌标识
5	加装货物	(6)对未达到容许载重量的货车，加装货物符合规定，但不得加装在货物的两侧，与跨装货物端部间距不小于 400 mm
6	货车表示牌	(7)按规定在货车两侧插挂“禁止溜放”表示牌
7	超限货物	(8)非超限货物装车后不超限； (9)超限货物，按表 8-10-2 规定项目、内容及质量要求检查

6. 长钢轨(车组)的交接检查

使用普通平车、共用平车用长钢轨专用座架装运长钢轨时，按表 8-10-6 规定内容及质量要求交接检查。

表 8-10-6　普通平车、共用平车用长钢轨专用座架装运长钢轨时，交接检查的内容及质量要求

序号	检查项目	内容及质量要求
1	车体检查	(1)车地板清扫干净、无异物； (2)车侧绳栓、支柱槽、座架等部位无危及运行安全的悬挂物； (3)共用平车的锁头均处于非工作位； (4)车辆提钩杆和放下的端(侧)板已捆紧锁牢
2	长钢轨专用座架及安全防护门	(5)座架架体、安全防护门完整，部件无缺失、变形、损坏，作用良好； (6)两侧插板插入支柱槽内，加固螺栓、螺母无缺失、损坏，加固螺栓、螺母无体松动； (7)安全防护门已关闭，锁闭状态良好
3	加固线	(8)加固线拴结位置正确，捆绑牢固、无松脱危险； (9)加固线无折断，与车底板边缘按规定采取防磨措施； (10)加固线余尾处理符合要求
4	长钢轨的装载加固	(11)长钢轨端部对齐；参差时，端部长短差不得大于 200 mm； (12)紧固装置部件无缺失、变形，无损坏，作用良好
5	检查线标画	(13)在车地板上标画颜色醒目的易于判定货物是否移动的检查线
6	火灾异情	(14)无火灾异情
7	其他	(15)无扣修通知、色票； (16)有重空阀的车辆，重空阀位置正确

第十一节　罐车交接检查

罐车是用以装运各种液体、气体和粉末状货物等的铁路车辆,罐车在铁路运输中占有很重要的地位,做好罐车交接检查,对保证运输安全具有重要意义。

一、罐车装(卸)车作业要求

罐车装(卸)车作业前,除按一般要求办理外,重点做好以下工作:

1. 装车作业要求

(1)装车前,托运人应确认罐车是否良好,附件齐全、无缺失、无损坏。罐体外表应保持清洁,标记、文字应能清晰易辨。罐体有漏裂,阀、盖、垫及仪表等附件、配件不齐全或作用不良的罐车禁止使用。

气体类危险货物充装前应有专人检查罐车,按规定对罐体外表面、罐体密封性能、罐体余压等进行检查,不具备充装条件的罐车严禁充装。

(2)充装时气体类危险货物的充装量不得超过货车的标记载重量。液体类危险货物充装量不得大于罐车标记载重量;同时要留有膨胀余量,充装量上限不得大于罐体标记容积的95%,下限不得小于罐体标记容积的83%。

(3)充装完毕后,关闭阀门,盖好人孔盖,拧紧螺栓,严禁混入杂质。罐体外表应保持清洁,上面涂打的标记文字应能清晰可辨。

气体罐车充装完毕后,充装单位应会同押运员复检充装量,检查各密封件和封车压力状况,认真详细填记“充装记录”,符合规定时,方可申请办理托运手续。

(4)装运危险货物的罐车重车重心限制高度不得超过2 200 mm。

(5)对有调车作业限制、编组隔离等运输要求的货车,按规定插挂货车表示牌。

2. 卸车作业要求

卸车时必须将罐车卸净。装(卸)车后应认真关闭阀门,盖好人孔盖,拧紧螺栓。罐体外表应保持清洁,上面涂打的标记文字应能清晰可辨。

气体类危险货物罐车卸后罐体内应留有不低于0.05 MPa的余压。

二、罐车交接检查的典型案例

1. 货物泄漏

(1)罐车车体破裂造成的货物泄漏。

图8-11-1为某次列车机后第20位硫酸罐车车体左侧中部有一条4 cm×5 cm裂纹,造成泄漏。

(2)罐车部件损坏造成的货物泄漏。

20××年12月13日,某次列车到达某站到达场4道,机后4~9位挂有A站发B站液化石油气(铁危编号21053,有特殊臭味,比重1.5,不溶于水)6车,该组车在到达场2 h后排风,制动员发现机后4位罐车顶部泄漏,该站立即启动应急预案。

经事后调查,这起泄漏事故的直接原因是罐车安全阀弹簧折断,起跳后不能回位造成。

图 8-11-1　硫酸罐车车体裂纹，货物泄漏

(3)由于超载，车内压力过大，引起的货物外溢。

20××年 3 月 6 日，某次列车到达 C 站 2 场 3 道，机后第 46 位为 A 站换装发 B 站环氧氯丙烷(铁危编号 61052，比重 1.18，开杯闪点 40.56 ℃，强刺激性)，用G110886014装运。货检作业时，货检发现车顶法兰盘处液体外溢，该站立即起动应急预案。因处理及时得当，未造成人员中毒及环境污染。

经事后调查，这起泄漏事故的直接原因是超装，由于车内压力过大，导致法兰盘与盲板脱落，造成泄漏。

2. 上盖关闭不良

图 8-11-2 为罐车上盖螺栓未入槽孔锁闭。

3. 安全附件损坏

图 8-11-3 为罐车护栏横杆断开，危及行车安全。

图 8-11-2　上盖螺栓未入槽孔锁闭

图 8-11-3　罐车护栏横杆断开

三、罐车交接检查的内容及质量要求

罐车运输中，上盖张开、部件损坏、货物泄漏等问题，都会给行车安全带来隐患，甚至造成事故。为保证运输安全，罐车的交接检查应按表 8-11-1 规定的项目、内容及质量要求进行交接检查。

表 8-11-1　罐车交接检查的内容及质量要求

序号	检查项目	内容及质量要求
1	罐体	(1)罐体外表保持清洁； (2)罐体卡带无裂损、无松动； (3)罐体无破裂、变形，货物无泄漏、渗漏现象
2	盖阀	(4)部件齐全、无损坏、无缺失； (5)盖阀关闭良好，无泄漏、渗漏现象； (6)下部卸料管无泄漏、渗漏现象
3	安全附件	(7)安全附件(如侧梯、走台、栏杆等)无损坏，无危及行车安全问题
4	押运工作	(8)对有押运员的车辆，按表 8-5-1 规定的项目、内容及质量要求检查
5	货车表示牌	(9)对需要禁止溜放、限速连挂、编组隔离的车辆有按规定插挂“货车表示牌”
6	超偏载情况	(10)无超载、偏载、偏重问题
7	火灾异情	(11)无火灾异情
8	其他	(12)无扣修通知、色票； (13)罐车顶部及安全附件等处无垃圾杂物或危及运行安全的悬挂物； (14)有重空阀的车辆，重空阀位置正确

第十二节　装运木材的车辆

一、装载加固要求

1. 一般要求

木材使用敞车装载时，应大小头颠倒，紧密排摆，紧靠支柱，压缝挤紧；两端木材应倾向货车中部，不准形成向外溜坡。腐朽木材应采取防火措施。

2. 起脊装载要求

为提高货车载重力利用率，充分利用限界空间，木材常采用起脊装载并使用支柱或围挡进行加固。木材起脊装载时，装车后中心高度不得大于 4 600 mm。

装载原木、坑木、小径木、板方材时，应对每垛起脊部分做整体捆绑，每道整体捆绑线的铺设位置距车辆端、侧墙顶面向下不小于 100 mm。材长大于 4 m 的，每垛整体捆绑 5 道，4 m及以下的每垛整体捆绑 3 道。

整体捆绑线应使用直径不小于 7 mm 的钢丝绳或破断拉力不小于 21 kN 的专用捆绑加固器材；整体捆绑线的余尾部分折向车内，并用 U 形钉钉固。

为防止起脊部分货物发生纵向窜动，装运板、方材时，货物高度超出车辆端侧墙的，应在车辆两端安装挡板(围装除外)，并使用 8 号镀锌铁线对挡板进行拦护；不使用挡板时，靠车辆两端的起脊部分的顶层，应使用 8 号镀锌铁线 2 股对原木端部向支柱方向兜头拦护，镀锌铁线与每根原木端部接触处用 U 形钉钉固。

3. 支柱的使用要求

装载木材使用支柱加固时，木支柱必须选用坚实圆直木材，支柱折断时，必须更换。支柱的对数应符合表 8-12-1 的规定。

表 8-12-1 支柱的对数

每垛木材的长度 L(mm)	每垛木材使用支柱对数
2 500≤L<5 000	3
5 000≤L<8 000	4
L≥8 000	5

每对支柱捆绑腰线和封顶线各 1 道。腰线不得卡侧墙,捆绑松紧适度,应使上层木材与下层木材密贴。腰线及封顶线的捆绑周数应符合表 8-12-2 的规定。

腰线除使用镀锌铁线外,还可使用专用捆绑加固器材,此时,整体捆绑线可使用 ϕ6.5 mm盘条 2 股。

紧靠支柱的木材,两端超出支柱的长度,不得小于 200 mm(由支柱中心线算起)。

紧靠支柱顶部的木材不得超出支柱。紧靠支柱的原木,其树节、枝丫、弯曲部分或根部,两侧允许超出支柱。

表 8-12-2 腰线及封顶线的捆绑周数

捆绑材料	规格	腰线周数	封顶线周数
镀锌铁线	ϕ4.0 mm	3	2

注:1. 装载杉木时,腰线周数可按封顶线周数办理;

2. 每道封顶线与每根原木的接触处使用 U 形钉钉固。

4. 短材的装载要求

长度不足 2.5 m 的木材不能全部成捆时,需用长材或成捆材压顶。其装载方法可根据木材长度,分别采取:

(1)围装:将木材沿车辆端侧墙内侧竖立一周,超出端侧墙部分,不得大于端侧墙高度(立装木材长度)的 1/2。围板厚度不得小于 40 mm,围板四周用 8 号镀锌铁线 2 股串联,并用 U 形钉钉固。

(2)顺装:每垛内插 2 对支柱,垛间距离须小于木材本身长度的 1/5。

二、交接检查时的典型案例

1. 木材纵向窜动

图 8-12-1 为敞车装运木材端头窜出。造成这一问题的主要原因包括端头拦护铁线股数、规格不符合要求;原木码放不紧密、发生窜动,腰线以上整体捆绑不牢固。

其存在的安全隐患是:在车辆运行中,出现紧急制动时,原木有脱落的危险;当车辆运行在曲线上时,窜出的货物与相邻车辆会发生撞击,给行车安全造成极大隐患。

2. 支柱断裂

加固支柱不符合要求,造成支柱断裂,如图 8-12-2 所示。支柱断裂的主要原因是支柱口径小或有锯口,或木支柱材质不符合加固要求、强度低,造成支柱折断。

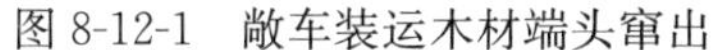

图 8-12-1　敞车装运木材端头窜出

图 8-12-2　木支柱断裂

3. 货物超压支柱

敞车装载小杆货物超压支柱，或装载木材超压支柱，如图 8-12-3 所示。其危害主要是：如加固线松动，会使超压支柱的货物窜动、滚动，易发生货物倒塌、坠落等问题，危及行车安全。

4. 加固线拴结位置错误

加固木材用的腰线、封顶线、兜头线应拴结在支柱上，余尾折向车内。封顶线、兜头线应用 U 形钉与木材钉固。图 8-12-4 为封顶线加固盘条盘结点在货物顶部。

图 8-12-3　敞车装载木材超压支柱

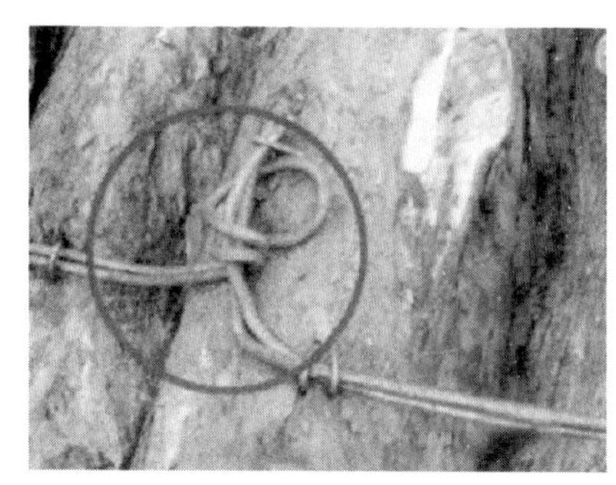

图 8-12-4　盘条盘结点在货物顶部

三、交接检查的内容及质量要求

为保证运输安全，装木材的敞车在交接检查时，按表 8-12-3 中规定的项目、内容及质量要求交接检查。

表 8-12-3　装运木材的敞车交接检查的内容及质量要求

序号	检查项目	内容及质量要求
1	车辆检查	(1)按表 8-8-2 规定的项目、内容及质量要求交接检查
2	装载加固	(2)装车后中心高度不大于 4 600 mm； (3)按规定使用支柱，支柱无折断； (4)货物无超压支柱现象； (5)按规定采取防止货物纵向窜动措施； (6)紧靠支柱的木材，两端超出支柱的长度，由支柱中心线算起不小于 200 mm； (7)加固材料的规格、数量、拴结位置正确，余尾折向车内

续上表

序号	检查项目	内容及质量要求
3	超限检查	(8)货物装载不超限
4	超偏载情况	(9)无超载、偏载、偏重问题
5	火灾异情	(10)腐朽木材已采取防火措施; (11)无火灾等异情

第十三节　轮式、履带式货物(车)交接检查

轮式、履带式货物经铁路运输时,除使用专用货车装运外,还可使用普通平车、共用平车和集装箱装运。加固货物常采用掩挡加固和拉牵加固。

轮式、履带式货物一般带有驾驶室,货物本身附件较多,部分货物还带有回转装置。货物装载加固不良,运输过程中,在外力作用下,容易造成驾驶室门开放、附件脱落、货物移动等,危及行车安全。为保证运输安全,应认真做好货物交接检查工作。

一、装载加固要求

(一)使用平车装运时

轮式、履带式货物应使用木地板平车、共用车装载(专用货车装运时除外)。使用共用平车装载时,应将锁头置于非工作位。

1. 顺装时

轮式、履带式货物顺装时,相邻两辆间距不小于 100 mm,如图 8-13-1 所示。轮径 1 000 mm以下的前轮(组)前端、后轮 (组)后端以及轮径 1 000 mm 及以上的前后轮(组)前后端,均应安放相应规格的掩挡,掩紧钉固,并采用八字形拉牵加固。双排顺装时,相邻两车间距不小于 50 mm,如图 8-13-1 所示。

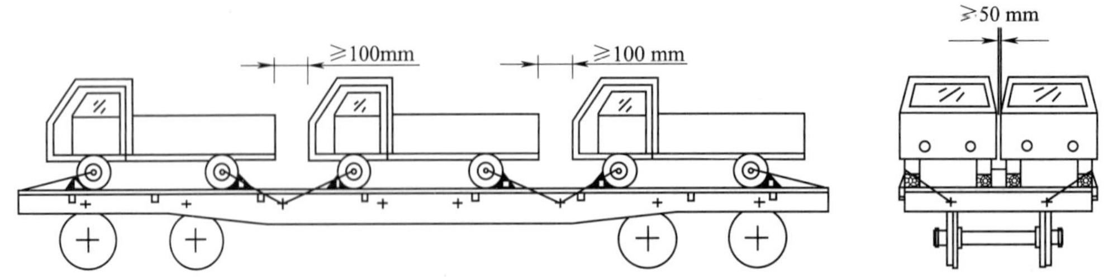

图 8-13-1　轮式货物顺装

装载履带式货物时在履带前后放置方木或挡木掩紧钉固。对回转式货物应采取防止转动措施,并根据货物结构特点在平衡铁处放置支架。

2. 横装时

轮式、履带式货物横装时,相邻两辆应头尾颠倒,间距不小于 50 mm,每辆前轮后端、后轮前端或前轮前端、后轮后端安放三角挡并掩紧钉固。

3. 跨装时

轮式货物跨装运输时,跨装在两平车上的汽车,其头部与前辆汽车的尾部间距不小于

350 mm,跨及两平车的汽车应在其前轮外侧或内侧 50 mm 处钉固侧挡(不用三角挡及捆绑),后轮前后均用三角挡掩紧钉固,并采用小八字形等拉牵加固,如图 8-13-2 所示。

图 8-13-2　汽车跨装运输

4. 爬装时

有厢汽车爬装时,爬装在前部车厢内的前轮不需加固,但后轮前后均用三角挡掩紧钉固,并用镀锌铁线斜拉(斜拉线与水平夹角不大于 60°)。爬装车组最后一辆的后轮,应采用小八字形拉牵加固,如图 8-13-3 所示。

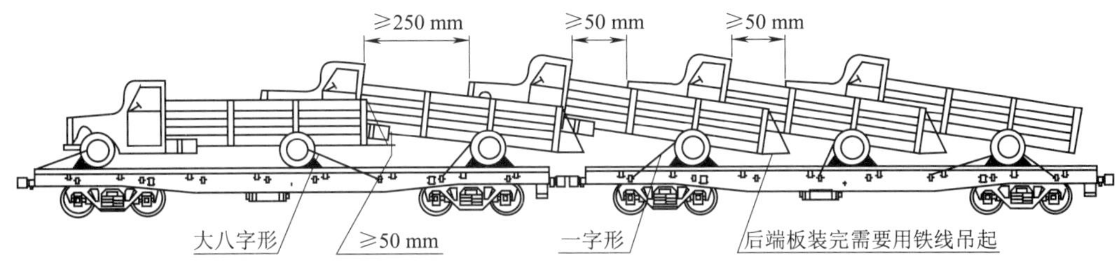

图 8-13-3　有厢汽车爬装

无车厢的汽车爬装时,应将第二辆及其后各辆的前轮依次放在前辆的后轮上对齐,重叠装载两轮轴应上下对齐,并捆在一起(不宜过紧),后轮前后均用三角挡掩紧钉固,并采用小八字形等拉牵加固,如图 8-13-4 所示。

图 8-13-4　无厢汽车爬装

5. 对货物本身的加固要求

轮式、履带式货物一般自带动力,本身有制动装置,货物装车后应制动,门窗闭锁并将变速手柄放在初速位置(运输轿车时,挡位放在空挡或 P 挡上),制动手柄或拉杆应处于制动位置。

对易脱落的车体附件,应拆除,以防运输途中脱落。

对回转式货物应采取防止转动措施,并根据货物结构特点在平衡铁处放置支架。

(二)使用集装箱装运时

轮式、履带式货物集装箱装运时,比照“轮式、履带式货物使用平车装运时的装载加固要求”办理,货物装箱后,不得超限。加固货物时,紧固索具(钢丝绳、镀锌铁线)、止轮器只允许与集装箱箱体固定,紧固索具不得拴结在车辆上。

使用集装箱装运轮式、履带式货物,除遵守上述规定外,还应遵守下列要求:

1. 装载要求

使用25 ft板架箱装载汽车顺装两行时，如汽车外侧轮胎超出集装箱地板，超出宽度不得大于30 mm，且须在外侧轮下加垫专用垫板。

使用50 ft板架箱装载汽车斜装时，装载后的每台汽车头部与前一台汽车的尾部及翻板间的距离不小于60 mm，如图8-13-5所示。每台汽车的后轮前端，前轮前后端均用止轮器掩紧，并将止轮器牢固地固定在箱体上。用紧固索具在每台汽车的每侧前轴向后拉牵1道，在汽车中部底架上拉牵1个八字形，汽车后轴板簧处向前拉1道；每台车的后轴上用镀锌铁线下压固定于箱体翻板上。

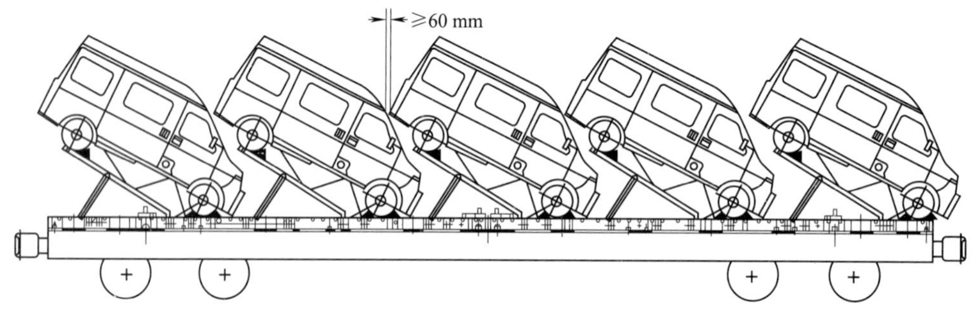

图8-13-5　50 ft板架箱汽车斜装

2. 装运要求

使用板架集装箱装载汽车时，只准使用X_{6B}系列、X_{6C}系列、NX_{17B}系列、NX_{70}系列和NX_{70H}系列装运。装卸车作业应遵守“集装箱装卸车作业规定”。

需跨装运输时，平车地板高应相等，按规定使用车钩缓冲停止器，用铁线将连挂车组的提钩杆捆牢。

货物装车后应在货车两侧插挂“禁止溜放”表示牌。

二、交接检查中的典型案例

1. 货物加固不良

使用掩挡类加固材料，由于扒锔钉数量不足，造成掩挡材料不起作用，如图8-13-6所示。

2. 轮式、履带式货物的部件加固不良

20××年4月24日22:45，某次货物列车运行至A站与B站间与某次客车会车时，机后第16位货车所装载石油钻采设备沿列车运行方向右侧侧门开放脱落(图8-13-7)，将该次客车车厢11块玻璃打碎，并造成机车车辆多处划痕。22:53，该次客车运行至K96＋800处，机车撞击脱落的设备侧门，造成机后第1位客车下部总风管与支管三通阀处断开。该事故构成铁路交通一般C类事故(C17)。

三、交接检查的内容及质量要求

1. 使用平车、共用平车装运时

轮式、履带式货物使用平车、共用平车装运时，货物(车)交接检查按表8-13-1规定的项目、内容及质量要求交接检查。

图 8-13-6　掩木未起到掩挡货物移动作用

图 8-13-7　车门脱落

表 8-13-1　轮式、履带式货物使用平车、共用平车装运时，货物(车)交接检查的内容及质量要求

序号	检查项目		内容及质量要求
1	车辆检查		(1)端(侧)墙锁铁、墙板无损坏； (2)非跨装运输时，端(侧)墙立起；跨装运输时，放下的端板与车体捆绑牢固； (3)NX 型车集装箱锁头处于非工作位； (4)车地板清扫干净、无异物；车侧绳栓、支柱槽等部位无危及运行安全的悬挂物； (5)无扣修通知、色票； (6)有重空阀的车辆，重空阀位置正确
2	货物检查		(7)驾驶室门、窗已关闭，加固良好(有押运人除外)； (8)易松动部件加固良好或已拆除； (9)无危及运行安全的悬挂物
3	装载检查	3.1 顺装时	(10)前后车相邻两辆间距不小于 100 mm； (11)双排顺装时，相邻两车间距不小于 50 mm； (12)跨装在两平车上的汽车，其头部与前辆汽车的尾部间距不小于 350 mm，其前轮外侧或内侧 50 mm 处钉固侧挡
		3.2 横装时	(13)相邻两车间距不小于 50 mm
		3.3 爬装时	(14)爬装汽车头部与前一台车驾驶室后部的间距不小于 50 mm；汽车后端板用铁线吊起，与前面所装汽车底部距离不小于 50 mm； (15)跨及两平车的，头部与前一台驾驶室后部不得小于 250 mm；
		3.4 跨装时	(16)跨装在两平车上的汽车，其头部与前辆汽车的尾部间距不小于 350 mm
4	货物加固	4.1 掩挡	(17)无短少、变形、损坏，钉固良好，无移动
		4.2 加固线	(18)加固线拴结位置正确，捆绑牢固、无松脱危险； (19)加固线无折断，与货物棱角、车底板边缘按规定采取防磨措施； (20)加固线余尾处理符合要求
		4.3 其他	(21)货物装载状态良好，无移动、滚动现象； (22)回转式货物应采取防止转动措施，并根据货物结构特点在平衡铁处放置支架
5	超限检查		(23)非超限货物装车后不超限； (24)对超限货物，按表 8-10-2 规定的项目、内容及质量要求检查
6	押运工作		(25)对有押运员的车辆，按表 8-5-1 规定的项目、内容及质量要求检查
7	超偏载情况		(26)无超载、偏载、偏重问题
8	货车表示牌		(27)对需要禁止溜放、限速连挂的车辆有按规定插挂货车表示牌
9	火灾异情		(28)无火灾等异情

2. 使用集装箱装运时

轮式、履带式货物使用集装箱装运时，货物（车）交接检查按表 8-13-2 规定的内容及质量要求交接检查。

表 8-13-2　轮式、履带式货物使用集装箱装运时，货物（车）交接检查的内容及质量要求

序号	检查项目		内容及质量要求
1	有无违反货车使用限制		(1)无违反货车使用限制
2	车辆检查		(2)端(侧)墙锁铁、墙板无损坏； (3)非跨装运输时，端(侧)墙立起；跨装运输时，放下的端板与车体捆绑牢固； (4)车辆锁头无缺失、损坏，锁头落入箱底槽，箱底任何一角无翘起； (5)车地板(架)已清扫，无杂物；车侧绳栓、支柱槽等部位无危及运行安全的悬挂物； (6)无扣修通知、色票； (7)有重空阀的车辆，重空阀位置正确
3	集装箱检查		(8)箱体可视部位无破损、部件无损坏； (9)箱体无危及运行安全的悬挂物，箱顶无异物； (10)板架箱箱体端部的活动渡板锁闭状态良好，锁闭到位
4	货物检查		(11)驾驶室门、窗已关闭，加固良好(有押运人除外)； (12)易松动部件加固良好或已拆除； (13)无危及运行安全的悬挂物
5	货物装载		(14)除按表 8-13-1 中第 3 项规定内容及质量要求交接检查外，还应检查下列内容： ①货物装车后不超限； ②板架箱还应检查下列内容： a. 25 ft 板架箱，汽车外侧轮胎超出集装箱地板，超出宽度不大于 30 mm，并在外侧轮下加垫专用垫板； b. 50 ft 板架箱，汽车斜装时，装载后的每台汽车头部与前一台汽车的尾部及翻板间的距离不小于 60 mm
6	货物加固	6.1 掩挡	(15)无短少、变形、损坏，钉固良好，无移动
		6.2 加固线	(16)加固线拴结位置正确，捆绑牢固、无松脱危险； (17)加固线无折断，与货物棱角、车底板边缘按规定采取防磨措施； (18)加固线余尾处理符合要求
		6.3 其他	(19)货物装载状态良好，无移动、滚动现象
7	货车表示牌		(20)对需要禁止溜放、限速连挂的车辆按规定插挂“货车表示牌”
8	超偏载情况		(21)无超载、偏载、偏重问题
9	火灾异情		(22)无火灾等异情

第十四节　卷钢（车）交接检查

近年来，通过铁路运输的卷钢呈大幅度增长趋势，卷钢的件重、体积越来越大，规格越来越多，且卷钢货物本身具有易窜动、滚动的特点。做好卷钢装车、途中交接检查工作，对确保货运安全具有十分重要的意义。

一、装载加固要求

1. 车辆的使用

卷钢应优先使用专用车和木地板平车装运。使用敞车装运时，仅限使用 C_{62A*} 型、C_{62A*K} 型、C_{62AK} 型、C_{62A*T} 型、C_{62AT} 型、C_{62BK} 型、C_{62BT} 型、C_{64K} 型、C_{64H} 型、C_{64T} 型、C_{70} 型、C_{70H} 型、C_{70E} 型、C_{70EH} 型等敞车装载。

装运卷钢应选用车地板状况良好的平车、敞车和专用车，装车前装车单位要对车地板上残留的煤渣、矿石及其他杂物进行彻底清理。

2. 装载加固要求

卷钢装车时应严格控制温度，防止草质加固材料焦煳、燃烧等造成加固失效。

卷钢可立装、卧装或集束立装。装运时，优先采用立装方式装运卷钢，优先使用钢座架卧装卷钢。禁止敞车内采用凹形草支垫、稻草掩挡等试运材料顺向卧装卷钢。禁止卷钢与其他货物混装。

立装时，卷钢的直径宜大于本身高度，不满足时应采取有效的防止倾覆和位移的措施。

卧装时，可使用钢座架(座架须与车体加固)；用木地板平车卧装时，可将相邻卷钢用夹具或镀锌铁线(盘条等)捆在一起，并用三角掩挡紧钉固。

集束立装时，集束端最短距离应大于集束高度，卷钢中部用镀锌铁线(盘条等)捆绑在一起，并采取防止镀锌铁线(盘条等)下滑措施。

卷钢无论立装、卧装或集束立装，均应采取有效的防滑措施。

除装载在座架上，以及使用凹形草支垫(含凹形玉米秸秆支垫)、稻草掩挡装运的外，卷钢(组)本身应用镀锌铁线、盘条或钢丝绳等与车体捆绑加固，加固线与货物、车辆的棱角处应采取防磨措施，余尾处理符合要求。

3. 装车质量签认

卷钢装车执行装车质量签认制度，货物装车后，应按规定签认“卷钢装车作业质量签认单”。

二、交接检查中的典型案例

1. 加固线与货物、车地板棱角处未采取防磨措施

图 8-14-1 为钢丝绳与卷钢棱角处未采取防磨措施，钢丝绳折断。

2. 加固线余尾未按规定处理

图 8-14-2 为加固钢丝绳余尾未处理。

3. 加固不良，货物滚动

20××年 4 月，某站装运的卷钢(C_{64H}4205064 型车装运)，因装载加固不良，途经货检站调车作业时，由于车辆超速连挂，卷钢窜滚，造成偏载 169 mm、偏重 38.41 t，如图 8-14-3 所示。

4. 违反定型方案装车

20××年 5 月 18 日至 25 日，某局在卷钢铁路装运安全专项检查中发现，某站用 NX_{17AK}5272931 装运卷钢，违反“070302 号定型方案”要求，在卷钢下铺设稻草垫，如图 8-14-4 所示。

图 8-14-1　加固线未采取防磨措施

图 8-14-2　加固钢丝绳余尾未处理

图 8-14-3　卷钢滚动，造成车辆偏载偏重

图 8-14-4　卷钢下铺设稻草垫

三、交接检查的内容及质量要求

为保证行车安全，对装运卷钢的车辆，交接检查时应按表 8-14-1 中规定的项目、内容及质量要求交接检查。

货检站应严格卷钢（车）的日常交接检查和信息反馈。

一是要充分发挥货运计量安全检测监控系统作用，超偏载检测站检测发现卷钢超偏载报警的，都必须立即核实处理，确认无安全隐患后方可放行；未核实处理的一律追究责任。对核实的问题车，除按规定拍发电报外，还应拍摄电子图片，同时发送至国家轨道衡计量站和国铁集团货运部。发生局和装车局要将问题车货物装载加固情况和调车作业情况，以及问题发生原因、整改措施一并报国铁集团货运部。

表 8-14-1　卷钢（车）交接检查的内容及质量要求

序号	检查项目		内容及质量要求
1	车辆检查	1.1 敞车装运时	（1）按表 8-8-2 规定的项目、内容及质量要求交接检查
		1.2 平车（共用平车）装运时	（2）车地板清扫干净、无异物； （3）端（侧）板应立起，锁铁、墙板无损坏
2	装载加固		（4）货物无滚动、窜运，装载状态良好； （5）加固线无折断、松脱，拴结位置正确，余尾处理符合要求； （6）加固线与货物、车辆棱角接触处应采取防磨措施的已采取
3	篷布苫盖		（7）苫盖篷布的货车，按表 8-4-1 规定的项目、内容及质量要求交接检查
4	超偏载情况		（8）无超载、偏载、偏重问题
5	火灾异情		（9）无火灾等异情

二是要加强监控人员培训，切实发挥系统把关作用，卷钢发生滚动属一类报警，必须立即停车处理。

三是要强化监控手段，在编组场和出发场间或牵出线适当位置安装视频监控装置，一并纳入货检站安全集中监控系统，实现对敞车内货物装载加固状态的全面监控。

四是到站应按照国铁集团批准的试运方案要求，对敞车装载卷钢的装载加固状态进行检查确认，发现问题时按规定拍发电报。

第十五节　鲜活货物(车)交接检查

一、易腐货物

(一)易腐货物装运要求

易腐货物应使用冷藏车或冷藏集装箱装运。装车(箱)时，一般限运同一品名同一热状态的货物；不同热状态的易腐货物不得装于同一车(箱)内；性质相互影响的货物，不得混装运输。

1. 使用机械冷藏车装运时

使用机械冷藏车运输时，货物的质量、温度、包装和选用车辆、装运方法，均应符合《鲜规》“易腐货物机械冷藏车运输条件表”“易腐货物运输包装表”“易腐货物装载方法表”的规定。

使用机械冷藏车(包括空车回送和回空代用)，应由发站逐级上报国铁集团调度部门，经调度命令承认后方可使用。车站应将调度命令号码填记在“机械冷藏车装车通知单”内。冷藏车使用时应做到经济、合理、安全。

(1)冷藏车严禁用于装运易污染、腐蚀和损坏车辆的非易腐货物。

(2)无包装的水果、蔬菜(西瓜、哈密瓜、南瓜、冬瓜除外)等易污染、损坏车内设备的易腐货物不得用冷藏车装运。

机械冷藏车组中不同的货物车，可以装运温度要求不同的货物。每个货物车装载货物的重量，不得超过车辆的标记载重量。

2. 使用冷藏集装箱装运时

使用冷藏集装箱运输时，冷藏集装箱装箱前预检和温度设置等操作，以及箱内货物的质量、温度、包装和装载，由托运人负责，且货物装载高度不得超过箱内限高标识线。

冷藏集装箱发电机所用柴油装载量不得超过油箱容积的95%。

冷藏集装箱总重应符合集装箱运输有关规定。

车站接收冷藏集装箱时，冷藏集装箱的温度与托运人设定的运输温度相差明显(一般按4 ℃掌握)，经托运人确认不影响货物质量的，可以组织运输，但应在“冷藏箱供电作业单”的备注栏内注明“温度不符，质量托运人自负”字样，并经托运人签认。

冷藏箱限使用集装箱专用平车(含共用平车)装运。使用冷藏箱装易腐货物，需要途中供电服务的，应使用BX车组装运，装车时应遵守《箱规》有关集装箱装车作业有关规定。

冷藏集装箱(无论空重)、机械冷藏车、BX型车组(不具备供电功能的除外)禁止溜放。BX型车组运输途中不得拆解。

3. 使用棚车装运时

在一定季节和区域内不易腐烂、变质、冻损的易腐货物，经托运人确认不影响货物质量的，承运人可根据托运人的要求，使用棚车或通用集装箱装运。使用棚车装运时，应按“使用棚车运输易腐货物的措施”。

装车作业时，对需要通风运输的水果、蔬菜等易腐货物要留有足够的通风空隙。同时可将车辆门窗开启固定，用栅栏将货物挡住，并在货物运单“承运人记事”栏注明“圈开”（“圈开”表示开门窗运输），“圈开”应转记在“列车编组顺序表”记事栏内。开启的门窗最外突出部位不得超限。

（二）易腐货物（车）的交接检查

1. 使用棚车装运时

易腐货物使用棚车装运时，可比照表 8-6-1 规定的项目、内容及质量要求交接检查。

2. 使用集装箱装运时

集装箱装运易腐货物时，可比照表 8-9-1 规定的项目、内容及质量要求交接检查。

3. 货物无腐烂、变质

检查发现易腐货物腐烂、变质等问题时，应立即通知车站联系托运人、收货人并妥善处理，防止货物损失扩大。

处理货物腐烂、变质情况时，应扣除运输途中的合理损耗。

二、活动物

（一）活动物的装运要求

1. 车辆的使用要求

装运活动物应选用专用车辆、敞车或有窗的棚车。

装运牛、马、骡、驴、骆驼等大牲畜，应使用木（竹）地板货车，并采取有效措施将活动物拴紧；确因木（竹）地板货车不足需要使用其他货车时，应采取衬垫等防滑措施。

装运活鱼不得使用全钢棚车及车窗不能开启的棚车（采用增氧机运输的除外）。

2. 装车作业要求

禽、畜可单层或多层装载，每层的装载数量由托运人根据季节、运输距离、活动物的体积及选用的车种车型等情况确定。装运活动物的车辆可开启门窗，但应采取措施防止大牲畜头部伸出，并在货物运单“承运人记事”栏注明“圈开”（“圈开”表示开门窗运输），“圈开”应转记在“列车编组顺序表”记事栏内。对开启的车门应捆绑牢固，并用栅栏将活动物挡住。开启的门窗最外突出部位不得超限。

活动物装车后，应在货车两侧插挂“禁止溜放”表示牌。

3. 货物的押运

运输活动物时，托运人必须派熟悉动物特性的押运人随车押运，负责做好动物的饲养、饮水、换水、洒水、看护和安全工作。押运人每车 1～2 人。押运人应遵守货物押运的有关规定。

（二）活动物（车）的交接检查

装运活动物的车辆在交接检查时，应重点检查下列内容：

1. 使用棚车装运时

使用棚车装运时，可比照表 8-6-1 规定的项目、内容及质量要求交接检查。

2. 使用敞车装运时

使用敞车装运时,可比照表 8-5-1、表 8-8-2 规定的项目、内容及质量要求交接检查。

3. 是否需要在本站上水

对装运活动物的车辆,还应检查是否需要在本站上水。

4. 活动物无病残死亡

发现活动物染疫、疑似染疫、病死或死因不明时,应及时向当地兽医主管部门、动物卫生监督机构或者动物疫病预防控制机构报告,同时拍发电报通知发、到站和上级主管部门,并采取隔离等控制措施,防止动物疫情扩散。严禁乱扔染疫、疑似染疫的活动物,病死或死因不明的活动物尸体。

第十六节　剧毒品(车)交接检查

剧毒品系指《危险化学品目录》中注明的剧毒化学品。《品名表》"特殊规定"栏有第 67 条特殊规定的剧毒品,均实行铁路剧毒品运输跟踪管理,运输时采用剧毒品黄色专用运单,并在运单上印有骷髅图案。

未列入剧毒品跟踪管理范围的剧毒品不采用剧毒品黄色专用运单,但仍按剧毒品分类管理。

整列运输剧毒品由国铁集团确定有关运输条件。

各级货运、运输等部门,要把需跟踪管理的剧毒品日常运输纳入每日交班内容,严格掌握发运、途中和交付的情况。

一、装卸作业

各铁路局集团公司要根据专用线办理剧毒品运输的情况,配齐专用线货运员。

装车作业时,货运员要会同托运人确认品名、清点件数(非罐装),监督托运人进行施封,并检查施封是否有效。装有剧毒品的车辆应在车辆上门扣用加固锁加固并安装防盗报警装置。到站卸车时,应与押运人、收货人共同确认封印状态,并及时与收货人办理交接手续。

剧毒品(非罐装)运输作业实行签认制度和全程押运制度。作业应按规定程序和作业标准进行并签认。要对作业过程内容的完整性、真实性负责,严禁漏签、代签和补签。签认单保存期半年。

二、货运检查

车站货检人员对剧毒品车辆应作重点检查。交接检查时,除按一般要求检查外,还应做好下列工作:

(1)用数码相机或手持机两侧拍照(如车号、施封、门窗状况),并存档保管至少三个月。

(2)押运工作检查可比照表 8-5-1 中有关规定办理。

货检人员应与押运员在所押运的车辆前认真签认"铁路剧毒品途中作业签认单""全程押运签认登记表"。

检查发现押运备品不符合要求,押运员身份与携带证件不符或押运员缺乘、漏乘时,应及时甩车,做好登记,及时通知发站派人处理并采取监护措施,同时报告铁路公安部门。检查发现押运人未按规定着装、吸烟等其他违反押运规定的行为时,应立即纠正。

(3)施封检查可比照表 8-3-1 中有关规定办理。

发现装有剧毒品的车辆或集装箱无封、封印无效以及有异状时,应立即甩车,并报告铁路公安部门共同清点,按规定进行处理。如发生丢失被盗等问题,立即报告铁路局集团公司和国铁集团调度、货运部门及铁路公安部门。

三、计算机跟踪管理

剧毒品(《品名表》"特殊规定"栏注有特殊规定第 67 条的,以下同)运输实行三级计算机跟踪管理。

1. 基本要求

(1)铁路剧毒品运输计算机跟踪管理应以办理站为基础,国铁集团、铁路局集团公司和车站,根据不同层次管理要求建立信息管理系统。

(2) 计算机跟踪管理工作由国铁集团负责方案规划和监督指导,铁路局集团公司负责方案实施和日常管理,铁路信息技术部门负责软件维护、更新、完善等技术支持,保证系统正常运转。

(3)办理剧毒品运输的车站应与剧毒品计算机跟踪管理系统联网运行。需具备原始信息及时发送和接收能力,要求配备相应的传输、通信、打印等信息跟踪管理设备。

(4)装车站要将剧毒品运单所载信息,及时生成"剧毒品运输管理信息登记表",实时报告剧毒品运输跟踪管理系统。内容包括剧毒品车的车号(集装箱类型、箱号及所装车号)、发到站、品名及编号、件数、重量和承运、装车日期等。

(5)挂有剧毒品车辆的列车,应在"运统 1"记事栏中注明"D"字样,并将剧毒品车辆的车种车号、发到站、货物品名、挂运日期、挂运车次等信息及时报告给铁路局集团公司行车确报系统和剧毒品运输跟踪管理系统。

(6)中途站发现装有剧毒品的车辆或集装箱无封、封印无效以及有异状时,应立即甩车,报告所属铁路局集团公司和铁路公安部门,并共同清点。同时按规定及时以电报形式,向发到站及所属铁路局集团公司和国铁集团货运部报告有关情况。继续运送时,按(4)办理。

(7)剧毒品到站后和卸车交付完毕后,立即将车种车号(集装箱箱型、箱号及所装车号)、发到站、托运人、收货人、品名及编号、件数、重量、到达日期、到达车次、交付日期等信息上网报告剧毒品运输跟踪管理系统,并在 2 h 内通知发站。

2. 剧毒品的跟踪管理

剧毒品运输安全要作为重点纳入车站日班计划、阶段计划。车站编制日班计划、阶段计划时要重点掌握,优先安排改编和挂运。车站要根据作业情况建立剧毒品车辆登记、检查、报告和交接制度,值班站长要按技术作业过程对剧毒品车辆进行跟踪监控。

(1)列车出发作业。

车号员要认真编制列车编组顺序表(运统 1),并在剧毒品车辆记事栏内标记"D"符号。发车前认真核对现车,确保出发列车编组、货运票据和列车编组顺序表内容一致。发车后,要及时发出列车确报。

车站调度员(车站值班员)于列车出发后,将剧毒品车辆的挂运车次、编挂位置等及时报告铁路局集团公司调度,并将信息登录到剧毒品运输信息跟踪系统。

(2)列车改编作业。

车站调度员(调车区长)要准确掌握剧毒品车辆信息,及时安排解编作业,正确编制调车作业计划,并在调车作业通知单上注明标记。严格执行剧毒品车辆禁止溜放和限速连挂规定。

调车指挥人员要按调车作业计划,将剧毒品车辆的作业方法、注意事项直接向司机和调车作业人员传达清楚,严格按要求进行调车作业。作业完毕,及时将剧毒品车辆有关信息向车站调度员(调车区长)报告。

(3)列车到达作业。

车号员严格执行核对现车制度,发现列车编组、货运票据和列车编组顺序表(运统1)内容不一致时,及时记录并向车站调度员(调车区长)汇报。对剧毒品车辆要进行标记。完成上述工作后应将有关情况及时报告车站调度员(调车区长)。

(4)调度指挥。

铁路局集团公司调度应将剧毒品运输纳入日(班)计划并负责全程跟踪。跨铁路局集团公司运输时,各铁路局集团公司间调度要互相进行预报,预报内容包括挂运车次、车种、车号、品名、发站、到站。各级调度部门要及时组织挂运,重点组织放行,成组运输的不得拆解,无特殊情况不得保留;挂有剧毒品的列车遇特殊情况,必须停车或保留时,要通知车站采取监护措施,同时报告铁路公安部门。

各级调度部门要掌握每天6:00和18:00装车、接入、交出、到达的剧毒品运输情况。

复习思考题

1. 在装车站,超偏载货车如何处理?
2. 在货检站,超偏载货车如何处理?
3. 简述严重超偏载货车的处理流程。
4. 简述货车施封的基本要求。何谓施封无效?
5. 简述货车施封的交接检查内容及要求。
6. 简述苫盖篷布的货车货运检查的内容及要求。
7. 简述需全程押运的危险货物。
8. 简述同一托运人、同一到站押运方式、车辆及人数规定。
9. 哪些危险货物押运管理工作实行区段签认负责制?
10. 装运散堆装货物时,应做好哪些工作?
11. 装运集装箱时,车辆使用有何要求?
12. 简述装运集装箱时的装载加固要求。
13. 简述轮式、履带式货物顺装、横装、跨装、爬装时的装载加固要求。
13. 简述活动物(车)的交接检查内容。
14. 货检作业中,发现活动物病残死亡如何处理?
15. 需跟踪管理的剧毒品,货检作业中应做好哪些工作?
16. 6月15日12:45,某次列车到达K站(电气化区段,货检站,有货检应用系统),列车确报如下:

到达列车编组

自首　　接收人：×××　　核对人：×××　　股道：SD01

AP —— KP　　A站——　　K站　　6-15　12：45　　车次：×××

顺序	车种	罐车油种	车号	自重(t)	换长	载重(t)	到站	货物名称	发站	篷布	票据号	收货人或卸线	车辆使用属性	记事	预设问题及说明
1	P_{62K}		3125296	24.0	1.5			空	A						第3号滑轮损坏且未按规定加固
2	P_{62K}		3125297	24.0	1.5	60	H	其他饮料	A		—	—		F	
3	P_{62K}		3125298	24.0	1.5	60	H	其他饮料	A		—	—		F	
4	P_{62K}		3125299	24.0	1.5	60	H	其他饮料	A		—	—		F	列进方向左侧无封
5	P_{62NT}		3322092	23.4	1.5	55	H	皮棉	A		—	—		F	
6	P_{64K}		3404905	25.6	1.5	58	H	皮棉	A		—	—		F	车门开放约10 cm缝隙，可见内装皮棉外露，并有不同程度的污损
7	P_{62NT}		3322099	23.4	1.5	48	H	面粉	A		—	—		F	右侧车门立帮脱槽，内货外露，并有不同程度的污损
8	C_{62AT}		4482463	22.1	1.2	52	H	玉米	A	1	—	—			列进方向篷布腰绳、角绳各被割断一根，篷布掀起一角，内货外露
9	C_{62AK}		4486483	22.1	1.2	60	H	大米	A		—	—			未苫盖篷布
10	C_{62AK}		4892566	22.9	1.2	58		卷钢	A	1	—	—		易窜	偏载140 mm，偏重16 t
11	C_{62AT}		4501979	22.1	1.2	60	H	块煤	A		—	—			端、侧梁上残货均未清扫
12	C_{70}		1649267	23.8	1.3	70	H	矿粉	A		—	—			右侧侧门关闭不严，货物撒漏
13	C_{64K}		4892555	22.9	1.2	63	H	矿粉	A		—	—			超偏载检测装置报警，该车货物重量为71 t
14	C_{64K}		4892505	22.9	1.2	63	H	矿粉	A		—	—			超偏载检测装置报警，该车货物重量为76 t
15	C_{64K}		4892515	22.9	1.2	63	H	矿粉	A		—	—			
16	C_{62AK}		4586488	22.1	1.2	38	H	原木	A		—	—			列进方向3号支柱有裂痕
17	NX_{70A}		5483358	23.8	1.5	5	H	自二空2	A		—	—			集装箱角件未与车体加固

续上表

顺序	车种	罐车油种	车号	自重(t)	换长	载重(t)	到站	货物名称	发站	篷布	票据号	收货人或卸线	车辆使用属性	记事	预设问题及说明
18	NX_{70A}		5483356	23.8	1.5	28.5	H	通四重1	A		—	—			
19	NX_{70A}		5483309	23.8	1.5	66	H	自二重2	A	2	—	—		敞顶箱	箱顶篷布有裂痕,玉米外露
20	X_{70}		5313359	22.4	1.2	29	F	自四重1	A		—	—		GK/J	说明:柴电一体式冷藏箱
21	N_{17AK}		5060098	20.1	1.3	—46	F	金属构件	A		—	—		LC	加固线松动,货物相对于垫木纵向移动100 mm
22	N_{17AK}		5066691	20.1	1.3	—	F		A		—	—		LC/0	
23	N_{17AK}		5060198	20.1	1.3	—112	F	预应力梁	A		—	—		J/LC/N//0 公司令:5754	货物发生纵向移动150 mm/货物发生纵向移动100 mm,斜支撑发生纵向倾斜
24	N_{17AK}		5066191	20.1	1.3	+	F		A		—	—		J/LC/N/0	
25	N_{17AK}		5066192	20.1	1.3	—	F	预应力梁	A		—	—		J/LC/N/0	
26	C_{70}		1649297	23.8	1.3	60	F	通二重2	A		—	—			
27	P_{64K}		3405966	25.6	1.5	50	F	柑橘	A		—	—		R/U/GK/圈开/容许24日	押运人证件不全
28	P_{64K}		3415966	25.6	1.5			空	A						
29	P_{64K}		3415967	25.6	1.5			空	A						
30	N_{17AK}		5060096	20.6	1.3	45		压路机	A		—	—			说明:压路机顺装
31	N_{17GT}		5050197	20.6	1.3	—12	J	重型卡车	A		—	—		LC/J/0	说明:3台顺装,中间一辆跨及两平车运输
32	N_{17GT}		5050198	20.6	1.3	—	J		A		—	—		LC/J/0	
33	N_{17GT}		5050199	20.6	1.3		J	空	A						
34	GQ_{70}	Q	0332300	23.2	1.5	70	J	汽油	A		—	—		F/U/G2/危3.1	罐车护栏横杆断开
35	GQ_{70}	Q	0332359	23.2	1.5	70	J	汽油	A		—	—		F/U/G2/危3.2	
36	GY_{100S}	其他	0252492	38.7	1.7	42	K	液化石油气	A		—	—		F/LC/R/J/G1/危2.1	押运间未锁闭

续上表

顺序	车种	罐车油种	车号	自重(t)	换长	载重(t)	到站	货物名称	发站	篷布	票据号	收货人或卸线	车辆使用属性	记事	预设问题及说明
37	GY_{100S}	其他	0252493	38.7	1.7	42	K	液化石油气	A		—	—		F/LC/R/J/G1/危2.1	
38	GY_{100S}	其他	0252494	38.7	1.7	42	K	液化石油气	A		—	—		F/LC/R/J/G1/危2.1	说明：押运人乘坐于该车
39	GY_{100S}	其他	0252495	38.7	1.7	42	K	液化石油气	A		—	—		F/LC/R/J/G1/危2.1	
40	C_{70E}		1673303	24	1.3	70	N	焦炭	A		—	—			
41	C_{70E}		1673304	24	1.3	70	N	焦炭	A		—	—			2号下侧门左侧门轴开焊
42	C_{70E}		1673305	24	1.3	70	N	焦炭	A		—	—			
43	C_{70E}		1673306	24	1.3	70	N	焦炭	A		—	—			
44	C_{70E}		1673307	24	1.3	70	N	焦炭	A		—	—			车钩连接处残货未清扫
45	C_{70E}		1673308	24	1.3	70	N	焦炭	A		—	—			
46	C_{70E}		1673309	24	1.3	70	N	焦炭	A		—	—			
47	C_{70E}		1673310	24	1.3	70	N	焦炭	A		—	—			5号下侧门关闭不严，货物外露
48	C_{70E}		1673311	24	1.3	70	N	焦炭	A		—	—			
49	C_{70E}		1673312	24	1.3	70	N	焦炭	A		—	—			
50	C_{70E}		1673313	24	1.3	70	N	焦炭	A		—	—			

试完成货检作业，并处理货检作业中发现的预设问题。

第九章　事故应急管理

安全生产是铁路运输永恒的主题。做好事故的应急救援，及时有效处置铁路运输事故，迅速、有效防范和控制危险源，最大限度地减少人员伤亡、财产损失和对事故现场周边环境及社会的负面影响，维护铁路运输正常秩序，是铁路安全生产的重要工作内容。

第一节　铁路交通事故

为及时准确调查处理铁路交通事故，严肃追究事故责任，防止和减少铁路交通事故的发生，根据《铁路交通事故应急救援和调查处理条例》制定了《事规》，作为铁路交通事故处理工作的统一规程和规范，适用于国家铁路、合资铁路、地方铁路以及专用铁路、铁路专用线等发生事故的调查处理。

一、铁路交通事故定义

铁路机车车辆在运行过程中发生冲突、脱轨、火灾、爆炸等影响铁路正常行车的事故，包括影响铁路正常行车的相关作业过程中发生的事故；或者铁路机车车辆在运行过程中与行人、机动车、非机动车、牲畜及其他障碍物相撞的事故，均为铁路交通事故。

二、铁路交通事故等级

根据事故造成的人员伤亡、直接经济损失、列车脱轨辆数、中断铁路行车时间等情形，事故等级分为特别重大事故、重大事故、较大事故和一般事故。

1. 特别重大事故

有下列情形之一的，为特别重大事故：

(1)造成 30 人以上死亡。

(2)造成 100 人以上重伤(包括急性工业中毒，下同)。

(3)造成 1 亿元以上直接经济损失。

(4)繁忙干线客运列车脱轨 18 辆以上并中断铁路行车 48 h 以上。

(5)繁忙干线货运列车脱轨 60 辆以上并中断铁路行车 48 h 以上。

2. 重大事故

有下列情形之一的，为重大事故：

(1)造成 10 人以上 30 人以下死亡。

(2)造成 50 人以上 100 人以下重伤。

(3)造成 5 000 万元以上 1 亿元以下直接经济损失。

(4)客运列车脱轨 18 辆以上。

(5)货运列车脱轨 60 辆以上。

(6)客运列车脱轨 2 辆以上 18 辆以下,并中断繁忙干线铁路行车 24 h 以上或者中断其他线路铁路行车 48 h 以上。

(7)货运列车脱轨 6 辆以上 60 辆以下,并中断繁忙干线铁路行车 24 h 以上或者中断其他线路铁路行车 48 h 以上。

3. 较大事故

有下列情形之一的,为较大事故:

(1)造成 3 人以上 10 人以下死亡。

(2)造成 10 人以上 50 人以下重伤。

(3)造成 1 000 万元以上 5 000 万元以下直接经济损失。

(4)客运列车脱轨 2 辆以上 18 辆以下。

(5)货运列车脱轨 6 辆以上 60 辆以下。

(6)中断繁忙干线铁路行车 6 h 以上。

(7)中断其他线路铁路行车 10 h 以上。

4. 一般事故

一般事故又分为一般 A 类事故、一般 B 类事故、一般 C 类事故、一般 D 类事故。由于一般事故的种类较多,在此仅列出可能列货检责任的一般事故。

(1)一般 A 类事故。

A1. 造成 2 人死亡。

A2. 造成 5 人以上 10 人以下重伤。

A3. 造成 500 万元以上 1 000 万元以下直接经济损失。

(2)一般 B 类事故。

B1. 造成 1 人死亡。

B2. 造成 5 人以下重伤。

B3. 造成 100 万元以上 500 万元以下直接经济损失。

(3)一般 C 类事故。

C2. 货运列车脱轨。

C3. 列车火灾。

C4. 列车爆炸。

C13. 列车运行中碰撞轻型车辆、小车、施工机械、机具、防护栅栏等设备设施或路料、坍体、落石。

C16. 列车运行中刮坏行车设备设施。

C17. 列车运行中设备设施、装载货物(包括行包、邮件)、装载加固材料(或装置)超限(含按超限货物办理超过电报批准尺寸的)或坠落。

C18. 装载超限货物的车辆按装载普通货物的车辆编入列车。

(4)一般 D 类事故。

D10. 作业人员违反劳动纪律、作业纪律耽误列车。

国铁集团可对影响行车安全的其他情形,列入一般事故。因事故死亡、重伤人数 7 d 内发生变化,导致事故等级变化的,相应改变事故等级。

三、事故报告

事故发生后，事故现场的铁路运输企业工作人员或者其他人员应当立即向邻近铁路车站、列车调度员、公安机关或者相关单位负责人报告。有关单位和人员接到报告后，应立即将事故情况向企业负责人和事故发生地安全监管办安全监察值班人员报告，安全监管办安全监察值班人员按规定向安全监管办负责人报告。

发生特别重大事故、重大事故、较大事故或者有人员伤亡的一般事故，安全监管办应向事故发生地县级以上地方人民政府及其安全生产监督管理部门通报。

事故报告的主要内容：

(1)事故发生的时间、地点、区间(线名、公里、米)、线路条件、事故相关单位和人员。

(2)发生事故的列车种类、车次、机车型号、部位、牵引辆数、吨数、计长及运行速度。

(3)旅客人数，伤亡人数、性别、年龄以及救助情况，是否涉及境外人员伤亡。

(4)货物品名、装载情况，易燃、易爆等危险货物情况。

(5)机车车辆脱轨辆数、线路设备损坏程度等情况。

(6)对铁路行车的影响情况。

(7)事故原因的初步判断，事故发生后采取的措施及事故控制情况。

(8)应当立即报告的其他情况。

事故报告后，人员伤亡、脱轨辆数、设备损坏等情况发生变化时，应及时补报。

四、事故调查

1. 事故调查处理权限

一般事故由事故发生地安全监管办组织事故调查组进行调查。

调查组组长由安全监管办负责人或指定人员担任，安全监管办安全监察部门、有关业务处室、公安机关等部门派员参加。国铁集团认为必要时，可以参与或直接组织对一般事故进行调查。

2. 事故调查组职责

事故调查组履行下列职责：

(1)查明事故发生的经过、原因、人员伤亡情况及直接经济损失。

(2)认定事故的性质和事故责任。

(3)提出对事故责任者的处理建议。

(4)总结事故教训，提出防范和整改措施建议。

(5)提交事故调查报告。

3. 事故调查

事故调查组在事故发生后应当及时通知相关单位和人员。

事故调查组到达后，发生事故的有关单位必须主动汇报事故现场真实情况，并为事故调查提供便利条件。事故发生单位的负责人和有关人员在事故调查期间应当随时接受事故调查组的询问，如实提供有关资料和物证。

事故调查组应在规定期限内向组织事故调查组的机关提交“铁路交通事故调查报告”，报组织事故调查的机关同意后，事故调查组的工作即告结束。

4. 铁路交通事故认定书

“铁路交通事故认定书”是事故赔偿、事故处理以及事故责任追究的依据。事故调查组工作结束后 15 d 内，由属地铁路监督管理部门根据事故报告，制作“铁路交通事故认定书”，经批准后送达相关单位。“铁路交通事故认定书”的内容包括：

(1)事故发生的原因和事故性质。

(2)事故造成的人员伤亡和直接经济损失。

(3)事故责任的认定。

(4)对有关责任单位及人员的处理决定或建议。

五、事故责任判定

(1)因货物装载加固不良造成事故，定货物承运单位责任；属托运人自装货物的，定托运人责任，货物承运单位监督检查失职的，追究货物承运单位同等责任。

(2)因调车作业超速连挂和“禁溜车”溜放等造成货物装载加固状态破坏而引发的事故，定违章作业站责任。

(3)因押运人员在运输途中随意搬动货物和降低货物装载加固质量而引发的事故，定押运人员所在单位责任，货物承运单位管理失职的，追究同等责任；货检人员未认真履行职责的，追究货检人员所在单位同等责任。

(4)因卸车质量不良造成事故，定卸车单位责任，同时追究负责检查的单位责任。

(5)事故发生后，因发生单位未如实提供情况，导致不能查明事故原因和判定责任的，定发生单位责任。

(6)铁路机车车辆与行人相撞造成事故，事故当事人违章通过平交道口或者人行过道，或者在铁路线路上行走、坐卧，造成人身伤亡，定事故当事人责任。

(7)铁路运输企业批准并报国铁集团核备后的技术革新项目、科研项目在运营线上试验时，在限定的试验期限内确因试验项目本身原因发生事故，不定责任事故；但由于违反操作规程以及其他人为因素造成的事故，定责任事故。

第二节　铁路危险货物运输事故应急预案

为及时有效处置铁路危险货物运输事故，迅速、有效防范和控制危险源，最大限度地减少危险货物运输事故造成的人员伤亡、财产损失和对事故现场周边环境及社会的负面影响，维护铁路运输正常秩序，铁路各级部门应根据“铁路危险货物运输应急预案框架指南”，制订和完善铁路危险货物运输事故应急预案及施救信息网络，并根据危险货物运输的发展变化，及时修改、补充和完善有关内容。

综合北京局集团公司、郑州局集团公司铁路危险货物运输事故应急预案(以下简称应急预案)为例，介绍铁路危险货物运输事故(以下简称事故)应急救援工作。

一、工作原则

事故应急工作实行统一指挥、分级管理、逐级负责的原则。各有关部门、运输站段按照职责分工，负责事故应急救援、处置工作。

（一）分级响应

根据事故性质，按事故的可控性、严重程度和影响范围，危险货物运输事故应急响应原则上分为Ⅰ、Ⅱ、Ⅲ、Ⅳ、Ⅴ五个等级，分别为国务院或国务院授权国铁集团、国铁集团、铁路局集团公司、运输站段响应。上一级预案启动时或启动前，其下级预案按照分级响应的原则分别启动。

1. Ⅰ级应急响应标准

事故达到下列条件之一，为Ⅰ级应急响应：

（1）事故后果造成30人以上（含本数，以下同）死亡。

（2）事故后果造成100人以上中毒（重伤）。

（3）直接经济损失1亿元以上。

（4）需要紧急转移安置10万人以上。

（5）运输设备遭受破坏，中断繁忙干线铁路行车，经抢修在48 h内无法恢复通车。

（6）国务院或国务院安全生产委员会决定需要启动Ⅰ级应急响应的危险货物铁路运输事故。

2. Ⅱ级应急响应标准

事故达到下列条件之一，为Ⅱ级应急响应：

（1）事故后果造成10人以上30人以下（不含本数，以下同）死亡。

（2）事故后果造成50人以上100人以下中毒（重伤）。

（3）直接经济损失达到5 000万元以上1亿元以下。

（4）中断繁忙干线铁路行车24 h以上或中断其他线路铁路行车48 h以上。

（5）国铁集团认为有必要启动Ⅱ级应急响应的危险货物铁路运输事故。

3. Ⅲ级应急响应标准

事故达到下列条件之一，为Ⅲ级应急响应：

（1）事故后果造成3人以上10人以下死亡。

（2）事故后果造成10人以上50人以下中毒（重伤）。

（3）直接经济损失达到1 000万元以上5 000万元以下。

（4）中断繁忙干线铁路行车6 h以上或中断其他线路铁路行车10 h以上。

（5）在铁路运输过程中有毒化学品泄漏和放射性物质（物品）包装失去屏蔽功能，放射性物质（物品）撒漏或丢失。

（6）铁路局集团公司认为有必要启动Ⅲ级应急响应的危险货物铁路运输事故。

4. Ⅳ级应急响应标准

事故达到下列条件之一，为Ⅳ级应急响应：

（1）事故后果造成3人以下死亡。

（2）事故后果造成10人以下中毒（重伤）。

（3）直接经济损失1 000万元以下。

（4）中断铁路正线行车，1 h内无法恢复。

（5）在铁路运输过程中有毒化学品泄漏和放射性物质（物品）包装失去屏蔽功能，放射性物质（物品）撒漏或丢失。

（6）铁路局集团公司认为有必要启动Ⅳ级应急响应的危险货物铁路运输事故。

5. Ⅴ级应急响应标准

事故达不到Ⅳ级以上应急响应标准，但达到下列条件之一，为Ⅴ级应急响应：

(1)发生危险货物泄漏、包装破损、污染腐蚀等情况，且容易引发火灾、爆炸等，危害影响只涉及一个车站(货场、与车站衔接的专用线或专用铁路)，并通过现场处置能够控制在该区域内。

(2)车务站段或事发地单位认为有必要启动应急响应的事故。

(二)联网管理

各单位应建立危险货物运输事故应急施救网络，将管辖区域内危险货物生产单位、有关专家、设备设施、网络分布图、联络办法，纳入本单位事故应急预案。

(三)共同参与

根据事故情况，铁路局集团公司及相关单位应请求事故发生所在地人民政府、公安、消防、环保、卫生、武警部队等部门，对人员疏散、伤员救治、救灾物资保障、治安秩序维护、抢险恢复等方面给予支持，最大限度地减少人员伤亡、财产损失、环境污染和社会影响。

二、应急组织机构及职责

铁路局集团公司成立事故应急领导小组(以下简称领导小组)，由分管运输副总经理任组长，总调度长任副组长。成员由办公室(党委办公室、董事会办公室)、安全监察室、货运部、运输部、车辆部、机务部、供电部、工务部、电务部、社会保险部、财务部(收入部)、计划统计部，调度所，党委宣传部(企业文化部)、工会、铁路公安局，相关铁路办事处和事发地铁路单位负责人组成。

领导小组下设办公室，设在货运部，负责日常专业安全管理及突发事件应急处置的协调组织等工作。

1. 领导小组职责

(1)决定启动和终止应急预案。

(2)统一领导和指挥事故应急救援工作。

(3)对铁路局集团公司管内应急处置队伍和设备进行调配使用，协调铁路各部门与相关地方企业的应急救援工作。

(4)决定向国铁集团、地方人民政府报告和请求支援。

(5)根据实际，及时组织修订完善铁路局集团公司事故应急预案。

(6)其他重大、紧急事项的决策。

2. 有关部门职责

应急预案应明确办公室(党委办公室、董事会办公室)、安全监察室、货运部、运输部、车辆部等部门的职责及分工。

3. 组织指挥协调

根据事故实际情况，设立现场指挥组、事故处置组、专家咨询组、警戒保卫组、医疗救护组、环境监测组、后勤保障组、事故调查组、善后处理组、新闻报道组等应急工作组，具体负责组织、指挥和协调事故现场处置工作。

三、信息报送

车站应在发生(或接机车乘务员报告区间发生)事故以及气体类危险货物泄漏，剧毒品、爆炸品、放射性物质(物品)被盗丢失时,及时向铁路局集团公司应急管理办公室、调度所(应急救援指挥中心)、货运部及铁路公安部门报告,并在1 h内向有关车站、铁路局集团公司拍发"货运事故速报"电报,同时抄报国铁集团、所属铁路局集团公司。依法应当报告有关部门的,同时报告有关部门。

遇有火灾、爆炸、人员伤害等事故时,还需迅速向地方119、120等部门报警。

1. 信息报送内容

(1)事故类型:火灾,爆炸,中毒,腐蚀,辐射,爆炸品、剧毒品丢失,气体类危险货物泄漏等。

(2)事故发生时间。

(3)事故发生地点:站名(货场、技术站车场、专用线、专用铁路)、区间(线名、公里、米、桥梁、隧道)。

(4)事故相关单位和人员。

(5)发生事故货物品名、铁危编号、车种、车号、列车车次、机后位置、有无押运人、运输方式(整车、集装箱)。

(6)事故概况及初步分析:人员伤亡、货物损毁程度、爆炸品或剧毒品丢失数量、气体类危险货物泄漏部位、环境污染情况及对周边环境的威胁。

(7)事故地点的周边环境:铁路线路、桥隧、水源、地形、道路、厂矿、居民、天气、风向等。

(8)事故发生后采取的措施及事故控制情况、具体救援请求等。

事故报告后出现新情况的,应及时补报。

2. 应急处置报告程序

危险货物运输应急处置报告程序如图9-2-1所示。

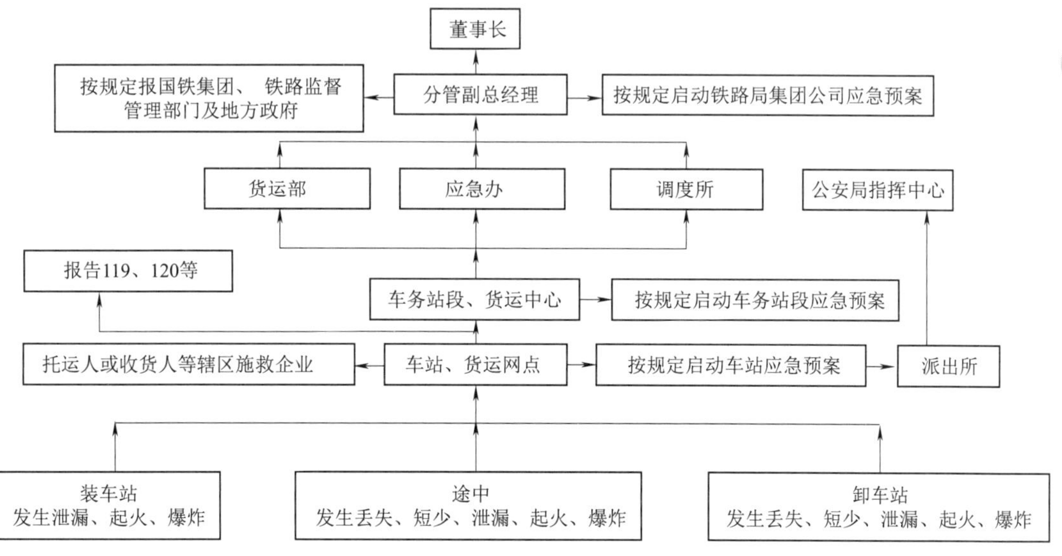

图9-2-1　危险货物运输应急处置报告程序

四、应急响应

事故达到Ⅳ级以上应急响应标准,应启动本预案,事发地运输站段、合资公司应同时启动本单位应急预案;超出本预案应急救援处置能力时,请求启动上一级应急预案。

发生事故后，事发地铁路单位主要负责人要快速到达现场。在现场指挥组到达之前，由领导小组指定专人负责指挥，开展应急处置工作。

1. 先期处置

一是立即报告车站安全值班室、车站调度员（值班员）及车间值班干部；二是紧急疏散人员；三是采取紧急措施救治事故现场伤员；四是采取接触网停电、封闭线路、将事故车辆安全隔离等措施，有效做好先期处置工作。

2. 警戒隔离

(1)警戒保卫组在事故地点、处置地点做好安全保卫、治安管理、交通疏导、现场防护、组织疏散撤离等工作，保护危险区域内的人员安全。

(2)根据现场情况、影响范围等设置警戒隔离区域，警戒区域内杜绝一切火源，严格控制进出人员及车辆，维护社会治安秩序，对肇事者及有关嫌疑人员及时采取监控措施，防止逃逸。

3. 医疗救护

医疗救护组除第一时间对受伤人员进行现场紧急施救外，应立即向120急救中心和当地政府、附近医疗机构求助，最大限度减少人员伤亡。

4. 环境监测

环境监测组协调监测部门对事故现场及周边环境进行监测，为事故救援采取措施提供监测数据，防止污染扩大，事故影响进一步加大。立即向当地环保部门报告，视情况请求，应急监测人员或技术支持。

5. 确定方案

根据事故实际情况、相关监测数据和专家组意见，现场指挥组牵头提出应急处置方案，经领导小组批准后实施。

6. 现场处置

(1)发生危险货物运输事故时，对派有押运员的，押运人员须进行先期处置、控制，防止事故蔓延、扩大。

(2)应急救援人员必须是经过自身安全防护训练的人员，必须按应急抢险设备、设施及防护用品的操作规程和要求执行。

(3)参加应急救援和现场指挥、事故调查处理人员，必须佩戴具有明显标识并符合防护要求的安全帽、防护服、防护靴等防护用具。

(4)在事发地县级以上人民政府的统一领导下，制订事故灾害现场的群众疏散撤离方式、组织程序。必要时，确定群众疏散撤离的范围、路线、紧急避难场所等。

(5)现场处置时应根据货物性质，按照危险货物应急处置方法等规定进行处理。

(6)气体类危险货物罐车发生事故时，组织具备专业处置能力的押运员或相关化工企业进行处置。出现难度较大时，可组织专业救援队伍对事故源点进行封堵，保证事故能够得到及时、有效控制。

(7)专业消防队到达现场后，现场指挥组将事故情况、先期处置情况向专业消防队进行说明，由专业消防队负责现场指挥，并根据货物性质进行救援、处置。

(8)组织社会专业机构对进入空气、水源、人体、动植物、土壤等有害物质采取有效措施，进行无害处理。

7. 事故调查

依据《危险化学品安全管理条例》《铁路交通事故应急救援和调查处理条例》《事规》等法规、规章和国铁集团、铁路局集团公司有关规定，事故调查组负责组织相关单位专业人员收集事故证据、调查取证，为事故分析提供真实依据。

8. 信息发布

依据国家和国铁集团、铁路局集团公司相关信息报道规定，新闻报道组及时、客观地对外统一发布事故信息，积极主动与新闻媒体沟通、协调，防止不实新闻报道。

9. 应急结束

事故应急处置完毕，消除现场安全隐患、采取防范措施、消除环境污染后，现场指挥组应及时向领导小组报告，由领导小组宣布应急响应结束。

五、后期处置

1. 善后处理

(1)事故应急处置完毕后，尽快修复或重建损坏的线路设施、建筑物等，恢复正常行车和运输秩序，努力减少对铁路运输的影响。

(2)按照国家和铁路有关规定，善后处理组协调相关部门，组织对伤亡人员处置和身份确认，及时通知伤亡人员家属，做好接待安置和安抚工作。

(3)按照国家和国铁集团、铁路局集团公司有关规定，对事故造成的损失进行理赔。

2. 保险或保价

(1)事故发生后，由善后处理组通知保险公司，启动保险理赔程序。

(2)对保价货物损失按《货损规则》等有关规定处理。

3. 总结和分析

事故应急处置结束后，组织各相关部门召开分析会，对事故的性质、原因、责任和应急处置过程进行总结、分析，提出防范措施和问题整改意见，并形成专题报告报铁路局集团公司突发事件应急委员会和应急管理办公室。

六、应急保障

1. 通信与信息保障

铁路局集团公司和各运输站段应建立事故救援综合信息管理系统和综合信息库，完善事故应急救援网络和专家库，确保发生事故时联系通畅、信息准确。

2. 救援装备和应急队伍保障

强化完善应急救援队伍建设，配置应急救援器材和安全防护用品，并积极开展技能培训和演练，提高快速反应和救援能力。

3. 交通运输保障

启动应急预案期间，各部门、单位要按管理权限调动管辖范围内的交通工具。根据现场需要，由地方人民政府协调地方公安交通管理部门实行必要交通管制，保障应急处置期间的交通运输需要。

4. 医疗卫生保障

各部门、单位要掌握管内医疗救治资源分布、卫生防疫能力与专长，明确联系方式，确保应急处置及时有效。

5. 治安保障

危险货物运输事故应急处置时，要明确事故现场的治安保障负责人，安排足够的警力做好应急期间各阶段、各场所的治安保障工作。

6. 物资保障资金保障

各有关部门、单位要按规定备足危险货物运输事故应急抢险设备、事故调查的交通工具、移动通信、移动数据传输及录音、摄像和便携式文字编辑、打印等设备。

7. 资金保障

各部门、单位应落实《企业安全生产费用提取和使用管理办法》等相关规定，健全有关机制，保证应急救援设备器材及防护用品的配置、运用、维护、检修以及应急演练、安全培训等需要，确保应急处置资金需求。

8. 技术储备与保障

充分利用国内外先进成熟的科学技术，积极研究开发建立科学的应急指挥决策支持系统；积极推广运用地理信息系统(DIS)、全球定位系统(GPS)、卫星遥感系统(RS)等先进技术，不断开发和更新事故应急处理指挥辅助决策系统。

第三节　事故应急处理

为及时有效处置铁路交通事故，铁路局集团公司应组织明确发生铁路交通事故时货检站的安全保障措施及应急施救信息网络；货检站在处置铁路交通突发事件时，坚持"调度集中统一指挥、行车单一指挥"的原则，最大限度地减少事故造成的人员伤亡和财产损失，维护铁路运输正常秩序。

一、发现人身伤害处理

(1)将受伤人员移至安全区域，将中毒、中暑人员移至阴凉、通风处所。不宜移动或无法移动的应就近采取急救措施。

(2)对受伤人员进行必要的救护。

(3)立即向负责人报告，组织送医院或拨打急救电话。

(4)保护好现场，积极协助有关部门调查、取证。

二、装有危险货物的车辆发现问题的处理

发现火灾或罐车装运的压缩气体、液化气体泄漏、渗漏现象，应立即向公安和施救单位及有关部门报告；发现火灾，罐车装运的压缩气体、液化气体泄漏，剧毒品、放射性物品被盗丢失以及估计损失款额达到一级损失等情况时，应在 1 h 内用电话逐级报告，通知货运安全员。

(1)查阅事故货物(车)的运输票据，了解货物的具体品名，根据《品名表》查阅货物特性；针对货物特性，确定施救方案及措施，进行施救；需要组织人员疏散时，协助公安人员进行人员疏散，杜绝盲目施救。

(2)积极抢救货物，采取保护措施，避免扩大损失。必要时将损失货物(车)与相邻货物(车)分离，避免损失涉及相邻货物(车)。

(3)及时组织卸车或转移至安全地点。

(4)按规定及时以电报形式向发站、到站、上一货检站、所在铁路局集团公司报告有关情况，并做好安全防护工作。

(5)报告要及时、准确，反映情况要清楚；报告的主要内容包括事故种类、货物名称、发现地点、时间、列车车次、编挂位置、已采取的施救措施等。

(6)对装运液化气体的车辆，发现押运人数不符合规定时应立即摘车，并及时通知上级主管部门。

(7)装有剧毒品的车辆无封、封印无效以及发现有异状或需派押运人押运的剧毒品车辆无押运人时，应立即摘车，并通知公安部门共同清点或派人看护，同时按规定以电报形式向发到站、上一货检站、发到站所在铁路局集团公司和国铁集团报告有关情况。

(8)按规定在 24 h 内向有关站、铁路局集团公司(公安部门)拍发“货物损失速报”，必要时抄报国铁集团(公安部门)、主管铁路局集团公司(公安部门)。

三、常见危险货物应急处置方法

1. 烟花爆竹火灾、爆炸应急处置方法

(1)发现站立即启动本站危险货物运输事故应急预案，同时立即拨打 119，并向当地政府及安全生产监督管理局报告，派出人员到标志明显的路口引导消防车；如发生人员伤亡，则立即拨打 120，并派出人员到标志明显的路口引导救护车，紧急抢救伤员。

(2)迅速疏散周围群众，设立警戒区。由现场应急指挥人员根据火灾、爆炸的大小确定疏散和警戒范围。

(3)如在电力接触网下发生烟花爆竹火灾、爆炸时应立即断电，确认断电后方可用水喷射灭火。

(4)爆炸停止、火焰熄灭后不能轻易解除警戒，随意靠拢事故车辆(集装箱)，防止发生二次爆炸，必须由消防人员确认不会发生二次爆炸时方可组织清理残货，残货清理必须彻底。

2. 液氯罐车泄漏应急处置方法

(1)发现站立即启动本站危险货物运输事故应急预案，同时立即拨打 119、110、120，并向当场政府及安全生产监督管理局、环保部门报告，派出人员互通情报，在标志明显的路口引导消防车、救护车，紧急抢救伤员。

(2)迅速撤离泄漏污染区人员至上风区安全地带，设置警戒隔离区，设置警示标志。疏散事故发生地周围群众，疏散范围由现场指挥员根据泄漏情况确定。

(3)切断火源，如在电力接触网下立即断电。喷洒雾状水稀释溶解氯气，由押运员或其他专业人员切断气源，控制泄漏点，如果气源一时无法切断，可以用管道将泄漏气体导入石灰水溶液中。

(4)应急处置人员应戴好自给式呼吸器，穿化学防护服，戴好化学防护眼镜和橡皮手套。如眼睛接触应用流动清水或生理盐水冲洗至少 15 min，吸入氯气，应迅速就医。

3. 无水氨(液氨)罐车泄漏应急处置方法

(1)发现站立即启动本站危险货物运输事故应急预案。

(2)迅速撤离、疏散泄漏污染区人员至上风处，设置警戒区。

(3)切断火源，如在电力接触网下立即断电。

(4)由押运员对泄漏罐车进行紧急处置，如押运员无法排除故障实行堵漏，应立即拨打

119报警,并联系就近单位的专业人员处理,或将车辆移送至安全地点作卸车处理。

(5)对泄漏气体用雾状水喷淋,或用含低浓度盐酸的雾状水喷淋稀释中和。

(6)应急处置人员必须佩戴氧气呼吸器等防毒面具。

(7)如应急人员中毒,应移动至新鲜空气流动处,如无水氨(液氨)侵入眼睛,应用流动清水冲洗。严重者必须立即就医。

4. 液化石油气及丙烯、丁二烯罐车泄漏应急处置办法

(1)发现站立即启动本站危险货物运输事故应急预案,同时立即拨打119、110、120,并向当地政府及安全生产监督管理局、环保部门报告,派出人员到标志明显的路口引导消防车、救护车,紧急抢救伤员。

(2)迅速撤离泄漏污染区人员至上风区安全地带,设置警戒隔离区,设置警示标志。疏散事故发生点周围群众,无关人员从侧风、上风向撤离至安全区,疏散范围由现场指挥员根据泄漏情况确定。

(3)切断火源,如在电力接触网下立即断电。

(4)通知押运员立即检查车辆泄漏情况,实施堵漏。如押运员无法堵漏,应将车辆进行解体分离,调动至专用线或其他方便处置的线路,设置警戒区,请就近单位专业人员处置。

(5)在堵漏过程中,可以喷雾状水抑制蒸气或改变蒸气云流向,避免水流接触泄漏物。禁止用水直接冲击泄漏物或泄漏源。

(6)建议应急处理人员戴正压自给式呼吸器,穿防静电、防寒服。作业时使用的所有设备应接地。

(7)严禁在气体扩散区内使用手机、对讲机,严禁穿带铁钉鞋上泄漏罐车,严禁使用非防爆工具进行堵漏处置,气体扩散区内禁止列车通过和调车作业。对泄漏积聚气体采用雾状水喷淋驱散,尽快排除火灾险情。隔离泄漏区直至气体散尽。

5. 汽油、柴油、煤油、航空煤油、石脑油、溶剂油、轻质燃料油等轻油类罐车泄漏的应急处置方法

(1)发现站立即启动本站危险货物运输事故应急预案。

(2)如属呼吸阀失效、罐盖处封闭不严造成泄漏,对卸料孔采取减压回落液面的处理,同时加补密封圈,对罐盖进行关闭拧紧处理。

(3)少量轻油类货物泄漏时,立即用沙土覆盖,消除隐患。

(4)大量轻油类货物泄漏时,应立即拨打119、110,派出人员到标志明显的路口引导消防车,设置警戒区,迅速疏散周围群众。对泄漏物使用沙土覆盖,或导入容器谨慎收集,严防泄漏物污染农田、水井,并检测积油点油汽浓度,如果在燃烧爆炸范围内,应安排人员看守,直至检测达到安全要求后方可撤离。

(5)由于罐车上部人孔盖处泄漏,在电力接触网下应断电后将罐盖关闭严密拧紧螺栓;由于罐体孔洞型泄漏,可先利用木楔、硬质橡胶塞、强磁堵漏设备封堵。对于罐车裂纹和孔洞型泄漏,必须通知发、收货人联系就近有关单位作卸车处理。

(6)应急处置过程中严禁烟火。

(7)人员中毒时应将患者移至清新空气流通处,解开患者衣服,必要时输氧或送医院治疗。

6. 汽油、柴油罐车火灾应急处置方法

(1)发现站立即启动车站危险货物运输事故应急预案,设定警戒隔离区域。

(2)拨打110、119、120,设置警戒区,疏散周围群众。转移周围易燃易爆物品。切断所有火源,如在电力接触网下立即断电。

(3)按照专业消防部门制订的灭火方案协助扑救,严禁用水喷射汽油(柴油),防止液体被冲散而扩大着火范围。如果汽油(柴油)流淌应筑堤拦坝或挖沟导流。

(4)用大量水喷淋冷却罐体,防止爆炸。

(5)应急处置人员必须戴防毒面具,站在上风处施救。

7. 苯、甲苯、二甲苯、粗苯罐车泄漏应急处置方法

(1)发现站立即启动本站危险货物运输事故应急预案。设定警戒隔离区域。

(2)少量泄漏时用砂土或其他不燃材料吸收。使用洁净的无火花工具收集吸收材料。

(3)大量泄漏时立即拨打119、110、120,并向当地政府及安全生产监督管理局、环保部门、公安部门报告,派出人员到标志明显的路口引导消防车、救护车,紧急抢救伤员。设置警戒区,疏散周围群众。严防烟火。警戒范围由现场指挥员确定。

(4)大量泄漏时构筑围堤或挖坑收容。用飞尘或石灰粉吸收大量液体。用泡沫覆盖,减少蒸发。尽量将泄漏物谨慎导入容器,严防泄漏物污染农田、水井、江河、湖泊。

(5)应急处置人员必须佩戴供氧式防毒面具和橡胶手套。发生中毒应立即将中毒者移至新鲜空气流动处;如果吸入皮肤,应立即离开污染区,脱去衣物,用微温肥皂水彻底冲洗,注意保暖和休息;严重者立即送医院治疗救护。

8. 甲醇、乙醇罐车泄漏应急处置方法

(1)发现站立即启动本站应急预案。

(2)由于罐车上部人孔盖处泄漏,在电力接触网下应断电后将罐盖关闭严密拧紧螺栓;由于罐体孔洞型泄漏,可先利用硬质橡胶塞封堵。由于罐车裂纹和孔洞型泄漏,必须通知发、收货人联系就近有关单位作卸车处理。

(3)大量泄漏时,应拨打119,疏散污染区人员,设置警戒区。在确保安全的前提下,堵塞泄漏口。对泄漏物围堤收容,或谨慎导入容器收集后妥善处置。残留物用沙土或其他不燃性吸附剂混合吸收。在甲醇(乙醇)蒸气积聚点喷淋水雾,降低蒸气浓度,防止火灾爆炸。

(4)应急处置警戒区内严禁烟火,禁止使用易产生火花的机械设备和工具。

(5)应急处置人员必须戴自给式呼吸器,穿消防服。皮肤接触时应立即脱去污染衣物用流动清水彻底清洗,眼睛接触时立即提起眼睑,用清水或生理盐水冲洗至少15 min,发生中毒应立即就医。

9. 甲醛罐车泄漏应急处置方法

(1)发现站立即启动本站危险货物运输事故应急预案,设定警戒隔离区域。

(2)由于罐盖、阀门松动泄漏时立即将盖阀关严拧紧。

(3)少量泄漏时,用砂土覆盖或其他不燃性吸附剂混合吸收后清除隐患。

(4)大量泄漏时,应报告当地政府及消防、环保部门,疏散污染区人员,设置警戒区。在确保安全的前提下,堵塞泄漏口。对泄漏物谨慎收集,对残留物用砂土或其他不燃性吸附剂混合吸收、清除,对泄漏处所用水冲洗。应急处置时可向泄漏物喷淋水雾,避免甲醛蒸气与空气形成具有爆炸性的混合物。

(5)应急处置严禁烟火。

(6)应急处置人员须戴自给式呼吸器,穿化学防护服。

(7)皮肤沾染泄漏物应用大量水冲洗并移动至新鲜空气处;发生中毒应迅速脱离现场,

保持安静及保暖，及时就医；溅入眼睛时用大量清水冲洗。

10. 煤焦油罐车泄漏应急处置方法

(1)发现站立即启动本站危险货物运输事故应急预案，设定警戒隔离区域。

(2)迅速将泄漏的罐盖阀门关严拧紧。由于罐车孔洞型泄漏或罐体漏裂，应就地卸车。

(3)少量泄漏时，用干砂土、麻布覆盖吸附后清除隐患。

(4)大量泄漏时，应疏散污染区人员，设置隔离区，周围设警示标志。围堤收集或导入容器，对残留物用黄土、麻布吸附后妥善处理。

(5)应急处置严禁烟火。

(6)应急处置人员应戴防护手套。皮肤沾染后用肥皂水洗涤，用软毛巾擦干后涂凡士林软膏。

11. 双氧水罐车泄漏应急处置方法

(1)发现站立即启动车站危险货物运输事故应急预案，设定警戒隔离区域。

(2)泄漏时应疏散泄漏污染区人员至安全区，禁止无关人员进入污染区。立即联系有救助能力的单位或政府部门施救。

(3)应急人员应戴好防毒面具，穿化学防护服。

(4)泄漏的双氧水不得与易燃、可燃物、还原剂、酸类、金属粉末等接触。

(5)应急人员不得直接接触泄漏物，必须在确保安全的前提下实行封堵。对泄漏物可喷淋雾状水，减少蒸发。

(6)使用砂土、蛭石等其他惰性材料吸收，统一收集处置。

12. 硫酸罐车泄漏应急处置方法

(1)发现站立即启动本站危险货物运输事故应急预案，设定警戒隔离区域。

(2)罐体轻微泄漏时，直接采用耐酸碱胶泥堵塞泄漏孔；如属罐盖处封闭不严造成泄漏，应加补密封圈，对罐盖进行关闭拧紧处理或联系就近单位处理。

(3)尽可能切断泄漏源。勿使泄漏物与可燃物质(如木材、纸、油等)接触。防止泄漏物进入水体、下水道、地下室或密闭性空间。

(4)小量泄漏时，用干燥的砂土或其他不燃材料覆盖泄漏物，用洁净的无火花工具收集泄漏物，置于盖子较松的塑料容器中，待处置。

(5)大量泄漏时，应报告当地政府及环保部门，构筑围堤或挖坑收容。用飞尘或石灰粉吸收大量液体。用农用石灰(CaO)、碎石灰石($CaCO_3$)或碳酸氢钠($NaHCO_3$)中和。

(6)由于罐体漏裂等无法堵漏时，应通知发、收货人联系就近有关单位作卸车处理。

(7)应急处理过程中要了解附近电缆、光缆等重要设施设备，防止泄漏物腐蚀，造成通信、信号故障及运输中断等严重后果。

(8)建议应急处理人员戴正压自给式呼吸器，穿防酸碱服。穿戴防护服前严禁接触破裂的容器和泄漏物。皮肤烧伤时应立即用大量清水冲洗，严重时应立即就医。

13. 盐酸泄漏应急处置方法

(1)发现站立即启动本站危险货物运输事故应急预案，设定警戒隔离区域。

(2)罐体轻微泄漏时，直接采用耐酸碱胶泥堵塞泄漏孔；如属罐盖处封闭不严造成泄漏，应加补密封圈，对罐盖进行关闭拧紧处理或联系就近单位处理。

(3)小量泄漏时，用干燥的砂土或其他不燃填料覆盖泄漏物，也可以用大量水冲洗，洗水稀释后放入废水系统。

(4)大量泄漏时，构筑围堤或挖坑收容。用粉状石灰石($CaCO_3$)、熟石灰、苏打灰(Na_2CO_3)或碳酸氢钠($NaHCO_3$)中和。用抗溶性泡沫覆盖，减少蒸发。

(5)由于罐体漏裂等无法堵漏时，应通知发、收货人联系就近有关单位作卸车处理。

(6)应急处理过程中要了解附近电缆、光缆等重要设施设备，防止泄漏物腐蚀，造成通信、信号故障及运输中断等严重后果。

(7)建议应急处理人员戴正压自给式呼吸器，穿防酸碱服。穿戴防护服前严禁接触破裂的容器和泄漏物。皮肤烧伤时应立即用大量清水冲洗，严重时应就医。

14. 液碱罐车泄漏处置方法

(1)发现站立即启动本站应急预案。

(2)罐体轻微泄漏时，直接采用耐酸碱胶泥堵塞泄漏孔，或联系就近单位处理。

(3)如大量泄漏无法堵漏时，必须立即报告当地政府和环保部门，设置隔离区。对泄漏物挖沟(坑)汇集，用酸性物质中和，并在泄漏处用大量水冲洗。同时通知发、收货人联系就近单位作卸车处理。

(4)应急处置人员应穿化学防护服，戴安全防护眼镜和橡皮手套，不要直接接触泄漏物，一旦皮肤接触，立即用清水冲洗，眼睛接触立即提起眼睑冲洗至少 15 min。

15. 肼水溶液(水合肼)罐车泄漏时应急处置方法

(1)发现站立即启动本站危险货物运输事故应急预案，设定警戒隔离区域。

(2)少量泄漏时，用干砂土覆盖或其他不燃性吸附剂混合吸收后清除隐患。

(3)大量泄漏时，应疏散污染区人员，设置警戒区，周围设警示标志，向泄漏物喷淋水雾，用砂土或其他不燃性吸附剂围堤吸收，在确保安全的前提下堵漏或就近卸车。

(4)应急处置严禁烟火，严禁现场进食、饮水。

(5)应急处置人员须戴自给式呼吸器，穿化学防护服，戴好化学安全防护眼镜和橡皮手套，不能直接接触泄漏物。一旦皮肤和衣服接触，用肥皂或清水彻底冲洗；眼睛接触用流动清水或者生理盐水冲洗；呼吸道吸入，应迅速脱离现场移动至空气新鲜处，严重者立即就医。

第四节 危险货物应急处理设备

一、正压式空气呼吸机

1. 用途和常用型号

(1)正压式空气呼吸机是一种自给开放式空气呼吸机，可用于在浓烟、毒气、蒸气和缺氧等各种环境下安全有效地进行灭火、抢险救灾和救护等工作。

(2)正压式空气呼吸机的常用型号是 RHZK-6.8/30，其中 R 指个人装备；H 指呼吸器；Z 指正压式；K 指空气；6.8 指气瓶容积(单位为 L)；30 指气瓶工作压强(单位为 MPa)，报警压力为 4～6 MPa。

2. RHZK-6.8/30 型呼吸机的结构部件及工作原理

RHZK-6.8/30 系列正压式空气呼吸机是一种自给开放式空呼吸机，具有重量轻，体积小，使用、维护方便，佩带舒适，性能稳定等优点，是从事抢险救灾、灭火作业理想的个人呼吸保护装置，广泛应用于消防、化工、船舶、石油、冶炼、仓库、试验室、矿山等部门，供消防员或抢险救护人员在浓烟、毒气、蒸气或缺氧等各种环境下安全有效地进行灭火，抢险救灾和救护工作。

RHZK-6.8/30 型呼吸机结构部分如图 9-4-1 所示。

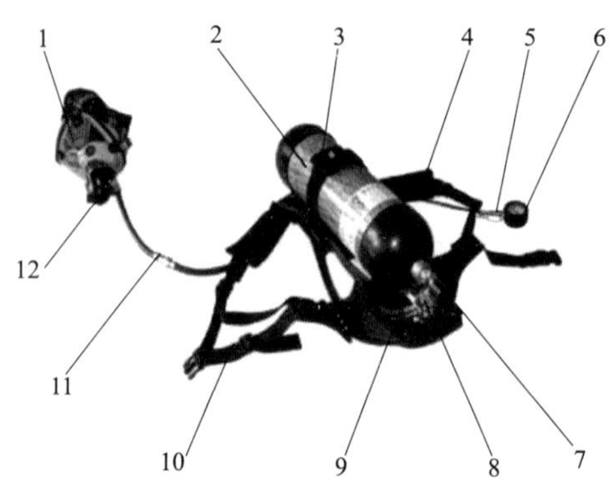

图 9-4-1　RHZK-6.8/30 型呼吸机结构部件示意图

1—面罩；2—气瓶；3—瓶带组；4—肩带；5—报警哨；6—压力表；

7—气瓶阀；8—减压阀；9—背托；10—腰带组；11—快速接头；12—供气阀

(1)全面罩设计：面罩为大视野面窗，面窗镜片采用聚碳酸酯材料，具有透明度高、耐磨性强、具有防雾功能，网状头罩式佩戴方式，佩戴舒适、方便，胶体采用硅胶，无毒、无味、无刺激，气密性能好。

面罩内设有与口鼻相贴的小口鼻罩，头罩采用收紧带与快速夹子相连，接紧收紧带使佩戴者脸部与面罩双层密封环相结合，保证使用者安全可靠的使用。

(2)供气阀和旁通机构：供气阀内设有开启和呼吸控制开关。供气阀外有气源手动关闭开关，开关杆向下按一下，听到“啪”的一声即为关。

(3)高压管路、压力表及残气报警系统：当报警哨发出连续声响，此时气瓶气源可供佩戴者使用 5～8 min，使用人员应尽快撤离现场。

(4)背托部分：作用是支承固定气瓶和减压器。背托按照人体工程学原理设计，由碳纤维复合材料注塑成型，具有阻燃及防静电功能，质轻、坚固，在背托内侧衬有弹性护垫，可使配戴者舒适。

(5)减压阀：将高压气体减压成 0.7 MPa 恒定输出压力后向供气阀供气。

(6)气瓶和气瓶阀：气瓶为铝内胆碳纤维全缠绕复合气瓶，工作压力 30 MPa，质量轻、强度高、安全性能好，瓶阀具有高压安全防护装置。气瓶阀工作压力 30 MPa，具有高压安全装置，开启力矩小。

3. 使用方法

(1)将空气呼吸机气瓶瓶底向上背在肩上。

(2)调节肩带调节带到背负舒适为宜。

(3)腰带系紧程度以舒适和背托不摆动为宜。

(4)把下巴放人面罩，由下向上拉上头网罩，将网罩两边的松紧带拉紧，使全面罩双层密封紧贴面部。

(5)把气瓶打开深吸一口气将供气阀门打开，呼吸几次感觉舒适后关闭，可以进行作业。

4. 使用、保管注意事项

(1)使用中应使气瓶阀处于完全打开状态。

(2)必须经常查看气瓶气源压力表，一旦出现高压表指针快速下降或发现不能排除的漏气时，应立即撤离现场。

(3)使用中感觉呼吸阻力增大，呼吸困难出现头晕等不适现象时应及时撤离现场。

(4)使用中听到残气报警器报警哨声后，应尽快撤离现场。

(5)气瓶在使用或充气等过程中要轻拿轻放，切勿强烈碰撞。高压压缩空气突然释放非常危险，要小心存放。如发现纤维断裂损坏或明显划痕，不应充装。

(6)应存放在低温、干燥和通风环境中，避免阳光直射，避免存放在潮湿和有毒气体的环境里，远离高温环境。

(7)使用前，打开气瓶阀开关，观察压力表，要求气瓶内空气压力为 28～30 MPa，如压力不足，应到专业充气站充至规定压力。

(8)打开气瓶阀开关，观察压力表的读数，稍后关闭，5 min 内表示压力下降不大于 4 MPa表示系统气密良好。此过程中供气阀开关应处于关闭状态。

(9)报警器系统有故障需维修时，应由专业人员进行修理，不要碰击高压管系统接头顶端，以防堵塞管路。

(10)使用前应经过专业培训，合格后方可佩戴使用，使用过程中必须确保气瓶阀处于安全打开状态。

二、过滤式防毒面具

过滤式防毒面具是利用防毒面罩与人面部周边形成密合，使人员呼吸系统与周围有毒环境隔离，同时依靠滤毒罐中吸附剂的吸附、过滤作用将外界染毒空气进行净化，提供人员呼吸用洁净空气。

1. 基本构造

过滤式防毒面具一般由滤毒罐、导气管和面罩组成，如图 9-4-2 所示。

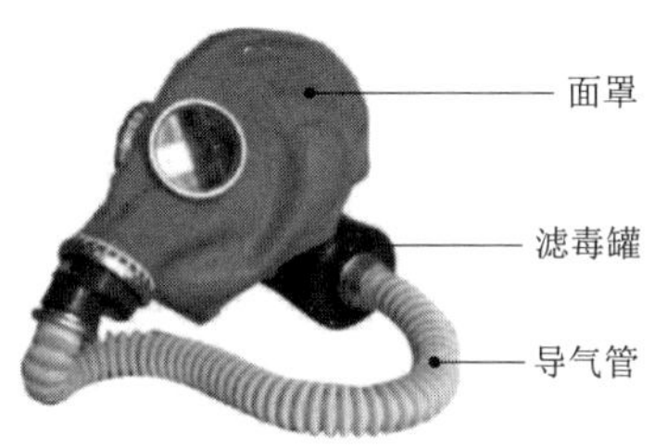

图 9-4-2　过滤式防毒面具

(1)橡胶面具，其作用是保护眼睛、皮肤免除各种刺激性毒气伤害。

(2)导气管，是连接面罩和滤毒罐的呼吸软管。

(3)滤毒罐，各型滤毒罐中间填充物均为活性炭，上下两端分别为干燥剂、纱布、隔板、弹簧。其滤毒作用主要是各种有毒气体进入罐内被活性炭吸附，使有毒气体净化为清洁气体后吸入人体。

不同型号的滤毒罐只能防护其相应的各种有毒气体和蒸气，使用时应根据需要选择对应的滤毒罐。

(4)专用背包，是放置滤毒罐和面具的专用包，可防止粉尘堵塞滤毒罐而使吸气阻力增大。

2. 使用注意事项

过滤式防毒面具使用条件是空气中的含氧量大于19.5%，小于23.5%；毒气浓度应低于2%；环境温度为－30～＋45 ℃。严禁在缺氧的环境中使用。

(1)使用时，应根据头型大小选择大小合适的面罩。

(2)根据不同的毒源选择不同型号的滤毒罐。

(3)根据产品的要求进行组装，保持连接部位密闭不漏气。

(4)佩戴时必须先打开滤毒罐的进气口使呼吸畅通，否则会出现窒息事故，威胁人身安全。

(5)检查气密性，简便的方法是：使用者佩戴好面具，用手将滤毒罐进气口堵住，做几次深呼吸，如感觉憋气、呼吸困难，说明这套面具气密性良好。

(6)在进入毒区前，必须弄清楚作业现场毒剂性质和浓度，否则禁止使用。

(7)使用中应注意滤毒罐是否失效，如闻到异样气味(毒剂味)，发现滤毒罐增重或作业时间过长，应引起警惕。

过滤式防毒面具由于受到氧含量、有毒气体浓度的限制出现泄漏、环境污染事故，不能迅速、准确、及时地测出氧含量、有毒气体浓度，更不能佩戴此面具去抢救中毒病人，因此要求事故柜内的过滤式防毒面具只限于在发现泄漏、污染环境事故时逃生使用，不得用于抢救中毒病人、抢险、抢修、处置装置泄漏作业。

3. 使用、保管注意事项

(1)每次使用后，应将滤毒罐的进气口关闭，以保持其密封并置于干燥、清洁处，防止毒气侵入或受潮失效。

(2)去污时，应使用肥皂水或0.5%的高锰酸钾溶液清洗，阴干，切勿暴晒、防止老化。

(3)滤毒罐应定期检查，对不符合使用要求的，应立即更换。

三、消防防化服

1. 用途

(1)适用于有酸碱类化学物品事故现场。

(2)在特殊情况下需与空气呼吸器和防毒面具配套使用。

2. 使用方法

(1)先撑开服装的颈口、胸襟，两脚伸进裤子内，将裤子提至腰部，再将两臂伸进两袖，并将内袖口套环套在手腕上。

(2)将上衣护胸布折叠后，拉过胸襟布将护胸布盖严，然后将前胸大白扣扣牢。

(3)戴好消防面具后，再将头罩罩在头上，并将颈扣带的大白扣扣上。

(4)最后戴上手套，将内袖压在手套里。

3. 使用、保管注意事项

(1)防化服不得与火焰及熔化物直接接触。

(2)使用前必须认真检查服装有无破损，如有破损严禁使用。

(3)使用时，必须注意头罩与面具的紧密配合，颈扣带、胸部的大白扣必须扣紧，以保证颈部、胸部气密。腰带必须束紧，以减少运动时的“风箱效应”。

(4)每次使用后，根据脏污情况用肥皂水或0.5%～1%的碳酸钠水溶液洗涤，然后用清水冲洗，放在阴凉通风处，晾干后包装。

(5)折叠时,将头罩开口向上铺于地面,折回头罩、颈口带及两袖,再向纵折,左右重合,两靴尖朝外一侧,将手套放在中部,靴底相对卷成一卷,横向放入防化服包装袋内。

(6)防化服在保存期间严禁受热及阳光照射,不许接触活性化学物质及各种油类。

(7)产品在符合标准规定的保管条件下,其保质期为5年。

四、有毒气体探测仪

1. 有毒气体探测仪用途

有毒气体探测仪能够检测空气中的可燃气、一氧化碳、硫化氢等多种有毒、有害气体的浓度。

2. 有毒气体探测仪使用

(1)屏幕能够同时显示4种气体检测浓度、自动背景光、自动调零与校准,具有连续检测和声光报警等功能。

(2)显示说明:氧气正常值为20.9%,小于18.5%为缺氧环境,大于21.5%存在爆炸危险;一氧化碳大于35%,硫化氢大于35%,可燃气体大于50%时,检测仪开始报警。

3. 使用注意事项

(1)潜在爆炸空气中氧气含量不得超过20.9%。

(2)电池按生产厂商要求进行更换。

(3)第一次充电时间为2～3 h,普通充电时间为2～3 h。

(4)为达到最佳充电量,电池需要完全充满并放完3次。

(5)充电应在每个工作日后进行,充电前先关闭检测器并插入充电适配器。

(6)严禁违章操作,禁止非工作性质的气体探测和使用,否则会损坏内部传感器或传感器失灵。

(7)特殊情况下,应配合空气呼吸机或防毒面具共同使用。

复习思考题

1. 什么是铁路交通事故?简述铁路交通事故等级。

2. 简述铁路危险货物运输事故应急救援工作的原则。

3. 简述危险货物运输事故Ⅲ级应急响应标准。

4. 简述危险货物运输事故Ⅳ级应急响应标准。

5. 简述危险货物运输事故Ⅴ级应急响应标准。

6. 什么情况下应拍发货运事故速报?简述货运事故速报内容。

7. 发生人身伤害时,如何处理?

8. 装有危险货物的车辆发现问题时如何处理?

9. 简述烟花爆竹火灾、爆炸时的应急处置方法。

10. 简述汽油、柴油、煤油、航空煤油、石脑油、溶剂油、轻质燃料油等轻油类罐车泄漏的应急处置方法。

11. 简述液化石油气及丙烯、丁二烯罐车泄漏应急处置办法。

12. 简述汽油、柴油罐车火灾时的应急处置方法。

13. 简述苯、甲苯、二甲苯、粗苯罐车泄漏应急处置方法。

14. 简述危险货物应急处理设备种类。

参考文献

[1] 戴实.铁路货运组织[M].北京:中国铁道出版社,2015.
[2] 李树章.铁路货运组织[M].上海:上海交通大学出版社,2017.
[3] 李树章,郝丽娟.铁路货运检查[M].北京:北京理工大学出版社,2016.
[4] 铁路职工岗位培训教材编审委员会.货运检查员[M].北京:中国铁道出版社,2011.
[5] 周磊,陈雷.铁路货车主要结构与使用[M].北京:中国铁道出版社,2011.
[6] 杨建秋.铁路行车组织[M].上海:上海交通大学出版社,2017.
[7] 贾毓杰.铁路信号与通信设备[M].北京:中国铁道出版社,2017.
[8] 常志平.铁路线路及站场[M].北京:中国铁道出版社,2016.
[9] 中国铁路总公司.铁路技术管理规程(普速铁路部分)[S].北京:中国铁道出版社,2014.
[10] 中华人民共和国铁道部.铁路货物运输规程[S].北京:中国铁道出版社,1991.
[11] 中国铁路总公司.铁路危险货物运输管理规则[S].北京:中国铁道出版社,2017.
[12] 中华人民共和国铁道部.铁路危险货物品名表[S].北京:中国铁道出版社,2009.
[13] 中国铁路总公司.铁路货物装载加固规则[S].北京:中国铁道出版社,2015.
[14] 中国铁路总公司.铁路集装箱运输规则[S].北京:中国铁道出版社,2019.
[15] 中国铁路总公司.铁路超限超重货物运输规则[S].北京:中国铁道出版社,2016.
[16] 中国铁路总公司.铁路鲜活货物运输规则[S].北京:中国铁道出版社,2018.
[17] 中华人民共和国铁道部.铁路货物运价规则[S].北京:中国铁道出版社,2005.
[18] 中国铁路总公司.铁路保价运输规则[S].北京:中国铁道出版社,2019.
[19] 中国铁路总公司.铁路货运安全管理规则[S].北京:中国铁道出版社,2015.
[20] 中华人民共和国铁道部.铁路货物运输管理规则[S].北京:中国铁道出版社,2000.
[21] 中国铁路总公司.货车篷布管理规则[S].北京:中国铁道出版社,2017.
[22] 中国铁路总公司.铁路货物损失处理规则[S].北京:中国铁道出版社,2018.
[23] 中国铁路总公司.铁路货运检查管理规则[S].北京:中国铁道出版社,2016.
[24] 中国铁路总公司.铁路货物装卸安全技术规则[S].北京:中国铁道出版社,2015.
[25] 中华人民共和国铁道部.电气化铁路有关人员电气安全规则[S].北京:中国铁道出版社,2013.